S. FISCHER

Katja Riemann

Jeder hat. Niemand darf.

Projektreisen

Mit einem Nachwort von
Harald Welzer

S. FISCHER

Originalausgabe
Erschienen bei S. FISCHER

© 2020 S. Fischer Verlag GmbH,
Hedderichstr. 114, D-60586 Frankfurt am Main

Satz: Dörlemann Satz, Lemförde
Druck und Bindung: CPI books GmbH, Leck
Printed in Germany
ISBN 978-3-10-397313-6

Für Roger Willemsen

Aufblende

Als Kind spielten wir im Sportunterricht ein Spiel, das hieß »Wer hat Angst vorm schwarzen Mann«. Auf einer Seite der Turnhalle stand ein Kind, auf der anderen Seite alle anderen. Das Kind rief den Satz, und die Antwort hieß: »Niemand.« – »Und wenn er kommt?«, wurde weiter gefragt. »Dann laufen wir!«

Dann rannten alle los, und das eine Kind versuchte möglichst viele der laufenden Kinder anzutippen, die dann sofort auch zu der dunklen Seite der Macht gehörten.

Man könnte denken, es sei rassistisch konnotiert, doch das ist es nicht. Es lässt sich bis auf das Mittelalter zurückführen, auf die Pest, die die Schwarze Pest genannt wurde. Oder wohl auch auf den Schatten der Angst, auf das Dunkle, das Unbekannte. Das ist schwarz. Davor hat man Angst, und konfrontierte sich in diesem Spiel damit, rannte schließlich die Angst weg.

Die Angst vor dem Unbekannten wird personalisiert. Wird zu einer Person, einem schwarzen Mann oder auch einer Gruppe schwarzer Männer.

Es ist praktisch, wenn man jemanden verantwortlich machen kann für die eigene Misere. Die verantwortliche Person oder Gruppe ist im besten Fall unbekannt. Etwas Unbekanntes, das eine Projektionsfläche bietet für alle dunklen Vorstellungen, die man darauf malen kann. Schwer lasten diese Vorstellungen, lasten die Vorurteile nun auf der Projektionsfläche. Was sich darunter befindet, interessiert nicht mehr. Wer geht und schaut sich das Unbekannte an, um es sich bekannt zu machen, frage ich mich.

Seit 20 Jahren stehe ich in Kontakt mit Menschenrechtsaktivisten überall in der Welt. Sie sind für mich die Helden der Zeit, vor allem jene, die im Feld arbeiten, deren Namen zumeist unbekannt bleiben. Seit einigen wenigen Jahren nun sind die Menschen, die sich für andere Menschen einsetzen, in Gefahr. Sie werden verbal angegriffen und körperlich attackiert, sie werden ermordet, ihre Arbeit wird zunichtegemacht, indem man ihnen beispielsweise die Mittel zerstört oder konfisziert, mit denen sie diese Arbeit leisten. Die Seenotrettung war vielleicht ein Auslöser für den Beginn der Attacken.

Als 1948 die »Universal Declaration of Human Rights«, die »Allgemeine Erklärung der Menschenrechte«, veröffentlicht wurde, die in zweijähriger Arbeit von einer achtköpfigen Gruppe kluger Menschen formuliert worden war, wurde das schmale Heft mit den 30 Artikeln eine Art Anleitung, wie Gesellschaften friedlich leben könnten. Ich habe es immer als einen Waschzettel für das Leben betrachtet. Es gibt kein Land auf der Erde, in dem alle Menschenrechte eingehalten werden. Dennoch waren wir schon mal sehr viel weiter. Aktivisten konnten ihre Arbeit machen. Jetzt lösen sie Hass aus.

Ich durfte auf den Projektreisen, die ich seit 2001 unregelmäßig unternommen habe, viele von ihnen kennenlernen und blieb mit den meisten bis heute in Kontakt. Ich empfinde das als eine große Ehre und würde es nicht wagen, mich als eine von ihnen zu sehen, sondern bin vielmehr Botschafterin und Geschichtenerzähler dessen, was ich sah und erlebte und von ihnen lernte. Die Beschäftigung damit hat mich zu einem Menschen gemacht, der sich für das Unbekannte interessiert bzw. es sich bekannt machen möchte.

Der Zustand des Unterwegsseins löst in mir etwas Unmittelbares aus, in dem ich immer nur im Moment anwesend bin. Unterwegs in Gegenden, die unbekannt sind, in die sich oft kein Tourist mehr hin verliert. Es mag sein, dass es etwas sehr Menschliches ist, zu wandern, zu reisen, unterwegs und on the road zu sein. Sich dorthin zu begeben oder zu flüchten, wo man selbst zu dem Unbekannten wird, vor dem man sich doch so fürchtet.

Im Sommer 2015 begegnete ich auf dem Frankfurter Flughafen überraschend Roger Willemsen, der auf mich zustürmte in seiner unvergleichlich heiteren Art, der lange Mensch, der meinen Arm küsste und sagte:»Kommst du nächstes Jahr nach Mannheim zu meinem Literaturfest? Wollen wir zusammen einen Abend machen über deine Menschenrechtsarbeit, davon wissen doch viel zu wenige. Du liest ein paar Texte, die wir zusammenstellen, und ansonsten unterhalten wir uns über unsere verrückten Reisen zu den Enden der Welt?«

»Au ja«, antwortete ich begeistert,»das wäre wunderbar.«

Zehn Tage vor dem Abend verließ uns Roger ...

So war ich mit zwei Musikern allein auf der Bühne vor einem ausverkauften Saal, in dem 400 Menschen um ihn trauerten, und stand es nur durch, weil es sein Abend war und ich es so machen wollte, dass es ihm gefallen hätte.

Für die Vorbereitung fragte ich meinen Freund, den Buchhändler Christian Dunker, ob er mir helfen könnte, entsprechende Texte zusammenzustellen. Dafür brauchte er von mir Informationen über Orte und Themen der Projektreisen, wie er sagte, und so schrieb ich in einer langen Nacht eine ausführliche E-Mail an ihn, auf die er am nächsten Morgen mit einem Anruf reagierte und schachmatt klang, als er sagte:»Mensch, Katja, das wusste ich ja gar nicht.« Ich lachte.

Er half mir, und nach dem Abend bat er mich, einen Artikel für seine Zeitschrift»Geistesblüten« zu schreiben, 10 000 Zeichen wären gut. Es wurden 22 000, und ich schickte den Text an Rogers engste Vertraute Insa Wilke, die ich während des Mannheimer Literaturfestivals kennengelernt hatte und die ich bat, zu prüfen, ob ich das so schreiben könnte.

Mein Text sei zu lang, sagte Christian, doch ich konnte ihn nicht kürzen und verzichtete auf die Veröffentlichung. Was ich nicht wissen konnte, war, dass Insa den Text an zwei Lektoren des S. Fischer Verlages weitergeleitet hatte. So erhielt ich ein paar Wochen später den Anruf einer Frau namens Nina Sillem, die sich als Programmleiterin der Sachbuchabteilung vorstellte. Sie sagte:»Ich habe Ihren Artikel gelesen, ich glaube, da steckt ein Buch drin.«

Der Grund, warum ich das eingangs erzähle, ist, dass ich verdeutlichen möchte, dass die Idee zu diesem Buch nicht meine war. Sie kam von Insa Wilke und Oliver Vogel und Nina Sillem. Aber letztlich war Roger Willemsen der Auslöser. Darum widme ich ihm dieses Buch. Er fehlt.

Der Titel des Buches leitet sich von den Menschenrechtsartikeln ab, die fast alle mit den Worten beginnen »Jeder Mensch hat ... das Recht auf Leben, Freiheit und Sicherheit der Person« (Artikel 3) oder »Niemand darf ... in Sklaverei oder Leibeigenschaft gehalten werden.« (Artikel 4)

Burundi. 2013

Ein Plan, der die Endgültigkeit zum Ziel hat,
gleicht einem Kunstwerk. Oder ist vielleicht nur
das Leben selbst ein Kunstwerk, nicht aber das,
was zu seiner Vernichtung führt.
Edgar Hilsenrath

Wenn man seinen Teller leer isst, dann gibt es am nächsten Tag gutes Wetter. Oder die Sonne scheint. So wurde auch ich motiviert aufzuessen und wahrscheinlich viele Generationen vor mir, seit 1870. Denn seit dem 1870er Jahr steht dieser Satz im Deutschen Sprichwörter-Lexikon. Aber anscheinend beruht diese Redensart auf einer falschen Übersetzung, habe ich irgendwann gelernt von jemandem aus dem Norden. Im niederdeutschen Platt hieß es so: »Wenn du dien Teller leer ittst, dann gifft dat morgen goodes wedder«, was übersetzt eigentlich heißt: »... dann gibt es morgen wieder was Gutes.« Denn wenn die Essenden aufessen, ist der Koch am nächsten Tag motiviert, weil man offensichtlich seine Kochkünste schätzt. Aus dem »wieder«, dem »wedder«, machte dann irgendeine Pappnase »Wetter«. Und nun isst man für die Sonne, für das gute Wetter statt für die Freude oder Anerkennung des Kochs.

Und dann gab es einen anderen Ansporn für lustlos essende deutsche oder vielleicht auch europäische Kinder, der eigentlich mehr eine Drohung war und die Keule des schlechten Gewissens erhob. »Iss auf, in Afrika hungern die Kinder.« Als ob es irgendeinen Unterschied für afrikanische mangelernährte Kinder machte, wenn ein Kind in Kirchweyhe oder sonst wo aufessen würde. Eigentlich ist es zynisch, bei Licht betrachtet.

Mangelernährung. Das war das Thema der Projektreise nach Bu-

13

rundi. Und ich hatte nicht die Spur einer Idee, was das wirklich bedeutet.

Der Lake Tanganyika, an dessen Ufern ich nach unserer Ankunft in einem Gästehaus übernachtete, bei Bujumbura, sieht aus wie ein Meer. Der See ist riesig, man sieht nur Wasser und Horizont und dahinter das Ende der Welt. Er liegt in Burundi, der Demokratischen Republik Kongo, Tansania und Sambia. Das Land Burundi liegt unter anderen neben dem Kongo, die Grenze verläuft zum größten Teil durch den See. Es ist mit diesen beiden Ländern hinsichtlich der Größe ein bisschen so wie mit David und Goliath. Burundi gehört mit knapp 28 000 Quadratkilometern zu den drei kleinsten Ländern Afrikas, wenn man die Inseln nicht mitrechnet, und ist somit etwas kleiner als Brandenburg. Der Lake Tanganyika jedoch hat eine Fläche von circa 33 000 Quadratkilometern. Gefüllt mit Süßwasser, wie ich mich versicherte, in dem ich meinen Finger hineindippte und dran nuckelte. Der zweitgrößte See Afrikas ist also ungefähr so groß wie Belgien. Womit sich der Kreis schließt, denn die Belgier übernahmen nach dem Ersten Weltkrieg die Kolonialmacht von den Deutschen und blieben bis zur Unabhängigkeit im Jahr 1961.

Der Erste, der sich über den Kolonialismus lustig gemacht hat, war Trevor Noah, Comedian aus Johannesburg, seit einigen Jahren der Moderator der US-amerikanischen Daily Show und mittlerweile weltberühmt. In seiner Stand-up-Comedy-Show »Afraid of the Dark« stellt er sich die Szene eines gerade angelandeten britischen Militärs und eines Inders vor und spielt auch gleich beide Rollen:

»Hear ye hear ye, by order of her majesty the queen, we have arrived. (Fanfare) You over there, what is the name of this land?«

»This land over here? This is called India, my good man.«

»Well I am here to tell you that now India is under the British Empire.«

»And I am glad that I can tell you that India is exactly where it was yesterday.«

»Do you know who I am.«

»No, you haven't introduced yourself.«

»I am here to represent Great Britain.«

»Who gave you that name?«

»Well, we did.«

»You call yourselfs great? Isn't that a little presumptuous? Shouldn't you just do great things, great things, great things and then the others say, oh look Britain how great you are.«

»We are Great Britain!«

»Okay, so in that case, welcome to Great India.«

»I am letting you know that we're here to colonize you, by order of the queen. She, who was ordained by God.«

»Which God?«

»Well, God.«

»You want to colonize us, but you don't know the name of your God?«

Auf einem Schild wird vor Krokodilen gewarnt, die manchmal am Ufer entlangpirschen. Was machst du, wenn dir plötzlich eines dieser schönen und angsteinflößenden Reptilien gegenübersteht, frage ich mich. Auf'n Baum? Krokodile können, soweit ich weiß, nicht klettern. Ich schaue mir für die Eventualität die Bäume an, sie sind sehr fragil, und die Zweige beginnen erst weit oben. Na bravo.

Wir treffen uns mit den burundischen UNICEF-Kollegen am Abend in einem Pavillon am Ufer des Sees, und es ist so schön, dass es mir im Herzen zieht. Die Luft ist warm und voll beglückender Gerüche, das Licht sanft. Gleich beim Ausstieg aus dem Flugzeug fühlte ich mich bereits angekommen. Mama Afrika!

Wir sitzen in großer Runde. Einige kenne ich, Johannes Wedenig zum Beispiel, den ich im Kongo kennenlernte und der jetzt Head of UNICEF Burundi ist, nachdem er vom Kongo erst ins südamerikanische Guyana beordert worden war und nun wieder auf den Kontinent zurückkehrte. Er heiratete eine burundische Anwältin, mit der er inzwischen zwei Kinder hat. Zuletzt saßen er und ich, einige Wochen bevor ich dies schrieb, zwischen Berliner Bahnhof, Auswärtigem Amt und Spree in einer Lokalität in einem Keller, dort, wo Menschen Bier aus großen Gläsern mit Wappen drauf trinken. Wir setzten uns dorthin, wo niemand saß und wo es ein bisschen aussah wie in einem eleganten und holzgetäfelten Bahnhof-Warteraum des 19. Jahrhunderts, nur ohne Zigarrenqualm, dafür mit kafkaeskem Endzeit-Ambiente. Johannes erzählte mir von seiner neuen Aufgabe, die er im Sommer 2019 in Kenia antreten würde und die in Kooperation zwischen einer Schweizer Stiftung und UNICEF entstehen würde, um Berufschancen für Jugendliche in sechs afrikanischen Ländern auf den Weg zu bringen, indem sie in digitaler Technologie geschult würden. Ein Schritt auf dem Weg, das Narrativ vom afrikanischen globalen Süden zu beenden.

Von Nairobi aus würde er, Johannes, agieren und würde damit seine langjährige Arbeit als Head of UNICEF in den verschiedensten kriegs- und krisengebeutelten Ländern beenden, um sich dieser neuen Herausforderung zu stellen. Weiterhin würde er zwar für UNICEF arbeiten, aber eben in einer neuen Konstellation und in der aufbauenden Arbeit des Projektes.

Bevor ich später ins Bett ging, textete ich ihm: »Ich komm dich in Kenia besuchen, wenn ich darf, ich hab dieses Projekt nicht ganz begriffen.« Und er schrieb prompt zurück: »Ich auch noch nicht.«

Nun aber saßen wir noch in Burundi, und er war der UNICEF-Kopf, hatte ein paar seiner Teamkollegen mitgebracht, wie zum Beispiel den Spanier Sandro, den ich im Verlauf der Reise kennen und schätzen lernte, und wir, Claudia Berger, die PR-Referentin von UNICEF Deutschland, eine amerikanische Unterstützerin, die uns begleitete, Christian Schneider, der damals neue Vorsitzende des deutschen Natcoms, und unser vertrauter Fotograf Wolfgang Langenstrasse sprachen über den heutigen Überfall auf das Westgate-Einkaufscenter im kenianischen Nairobi durch die somalische al-Shabaab-Miliz. Sie hatten die Shopping-Mall besetzt, Geiseln genommen und lieferten sich Gefechte mit dem Militär. 67 Menschen starben, 300 wurden verletzt.

Die Weltpresse war in Alarmbereitschaft und vor Ort, und das in Kenia ansässige ZDF-Team, das uns auf unserer Projektreise eigentlich begleiten wollte und heute ebenfalls hätte in Bujumbura eintreffen sollen, hatte seine Ankunft verständlicherweise um einen Tag verschoben, um über diesen erschreckenden Vorfall zu berichten. Am nächsten Tag erfuhren wir, dass ein UNICEF-Kollege in dem Center war und erschossen wurde. Der Kinderarzt Juan Jesus Ortiz-Iruri, der in den Natcoms von Malawi und Kenia gearbeitet hatte.

Bislang ist die Gegend krokodilfrei geblieben, und so sitzen wir neben dem süßen Lake Tanganyiaka und konzentrieren uns nun auf das Thema unserer Reise: Unterernährung oder, netter gesagt, Mangelernährung, auf Englisch malnutrition. Johannes und Sandro geben uns einen Überblick über die Projekte, die wir besuchen werden, und erläutern uns vor allem die unterschiedlichen Arten von Mangelernährung.

Akute Unterernährung ist aufgeteilt in moderat und schwer. Zu einer akuten schweren Unterernährung können weitere Komplikationen hinzukommen wie Malaria, Durchfall oder Atemwegserkrankungen.

Chronische Unterernährung ist das Worst-Case-Szenario. Babys kommen bereits chronisch unterernährt zur Welt, wenn ihre Mütter chronisch unterernährt sind und deshalb das Baby sich im Bauch nicht bis zu seinem vollen körperlichen und vor allem geistigen Potenzial entwickeln kann. Problematisch wird es, wenn die chronisch mangelernährt geborenen Kinder in den ersten zwei Lebensjahren unterernährt bleiben, denn dann wird das Chronische zellulär. Das nennt man transgenerational, und das ist nicht mehr reparabel. Es entsteht dabei ein emotionales, geistiges und physisches Defizit.

Chronische Unterernährung bei Kindern über zwei Jahre ist mit einer Umweltkatastrophe vergleichbar, sie hat langwierige Auswirkungen und kann ganze Regionen nachhaltig zerstören.

Wenn sich das Gehirn nicht vollständig ausbildet, wie soll man dann lernen, falls man die Chance auf Lernen erhält?! Wer soll in gesellschaftlicher Hinsicht einen Unterschied machen und das Land, die Politik voranbringen, wenn nicht die Menschen des Landes selbst.

Ayaan Hirsi Ali, Somalierin, die in Holland Asyl fand und später dort Abgeordnete im Parlament wurde, hat das Drehbuch verfasst zu Theo van Goghs Kurzfilm »Submission I« (Unterwerfung). Sie sagte ihm, er solle seinen Namen heraushalten, es wäre gefährlich, einen Film zu machen über die Koransuren, in denen die Rolle der Frau im Islam beschrieben werden. »Ach, ich bin doch sowieso ein bunter Hund«, war seine heitere Antwort. Van Gogh wurde nach der Veröffentlichung des Films ermordet. Ayaan Hirsi Ali erhielt eine Morddrohung, dass sie die Nächste wäre, und bekam daraufhin Personenschutz und wurde schließlich staatenlos, bis sie eine neue Heimat in den USA fand. 2006 hat sie ein Buch geschrieben, das »Mein Leben, meine Freiheit« heißt, in dem sie sagt: »Wir brauchen unseren eigenen Voltaire. Unsere eigene Aufklärung.« Die Impulse zu Veränderungen kommen aus dem eigenen Land. Wenn im eigenen Land jedoch ein hoher Prozentsatz an chronisch mangelernährten Heranwachsenden existiert, dann verkompliziert es die Chance auf genau diese eigene Aufklärung, von der Ayaan spricht.

Wir fahren früh los. Zwei Stunden auf roten Straßen. Nach Murayi zu einer Gesundheitsstation, die von burundischen katholischen Nonnen betrieben und von UNICEF unterstützt wird. Dorthin kommen wöchentlich 20 Mütter mit ihren mangelernährten Babys und kleinen Kindern, um sie wiegen und messen zu lassen. 30 Kinder werden pro Tag versorgt und behandelt. Die Einrichtung ist in einem Backsteinbau untergebracht, und das Rot des Hauses, das Rot der Erde und das Grün der Pflanzen beeindrucken in ihrer kontrastreichen Farbigkeit und Fülle. Auf dem Hof stehen Mülleimer, in denen man den Müll trennt – das würde Berlinern gefallen.

Die Babys werden von der bezaubernden Oberschwester Emilienne oder einer ihrer Mitarbeiterinnen in ein kleines Säckchen gehoben, das an einem Strick hängt, der mit der Waage verbunden ist, so dass man weiß, wie viel sie wiegen. Das Hineintun in das Säckchen gefällt keinem der Kinder, trotzdem sieht es wahnsinnig niedlich aus. Dann werden ihre Oberärmchen gemessen mit einem Zentimetermaß, das Rot,

Gelb oder Grün anzeigt, wenn man es einmal um den Arm wickelt. Grün ist das erstrebenswerte Ziel, Rot ein Desaster.

Danach wird ermittelt, wie viel Gramm Superfood sie in den nächsten Wochen bis zur nächsten Untersuchung essen müssen. Das Superfood ist neu, es heißt »plumpy nut« und kommt in einem kleinen Quetschdings, bei dem man eine Ecke abreißt und dann die süßliche, erdnussartige Paste, die extrem kalorien- und proteinreich ist und angereichert ist mit Vitaminen, Mineralien und Spurenelementen, herausnuckelt. Ein Säckchen mit Paste hat 2500 Kalorien. Plumpy nut gibt es seit zwei Jahren und hat die therapeutische Milch ersetzt, da diese als Pulver mit Wasser angerührt werden musste und es oft nicht sicher ist, ob das dafür verwendete Wasser auch sauber ist. Und der Brei, der früher gegeben wurde, war nicht reichhaltig genug und zeigte nicht so schnelle Wirkungen wie nun die neue Paste, durch die die Kinder relativ zügig wieder zu Kräften kommen und an Gewicht zunehmen. Die leeren Quetschdinger müssen die Mütter zur nächsten Untersuchung wieder mitbringen, als Garantie, dass es auch gegessen wurde. Wobei eine leere Verpackung natürlich keine Garantie darstellt, dass der Inhalt auch wirklich an das Kind verfüttert wurde, aber es geht hier vor allem darum, dass die Paste nicht verkauft oder weggegeben wird.

Die Ergebnisse der Messungen werden in ein Formular eingetragen, um den Verlauf der Zunahme beobachten zu können. Aber darüber hinaus wird den Müttern hier auch Anleitung gegeben über einfachste Hygiene, wie das Waschen mit Seife oder die Verwendung von Moskitonetzen. Manchmal jedoch ist selbst das zu viel verlangt, da kein Geld im Haushalt vorhanden ist für den Kauf von Seife.

Die Begleiterscheinungen der akuten Unterernährung, von denen wir erfahren, sind der Verlust der Haarfarbe oder die Gefahr, ins Koma zu fallen. Ein Mädchen erwachte aus dem Koma und war blind. Mangelernährung ist also mehr als Dünnsein.

Woher kommt die Mangelernährung, wie entsteht sie hier in Burundi, frage ich.

Der Unterschied zwischen der Mangelernährung auf dem Land und in der Stadt beträgt 70 zu 30 Prozent. Es gibt eine Überbevölkerung und zu wenig Platz zum landwirtschaftlichen Anbau, 95 Prozent der Bevölkerung sind Bauern, wenn man jemanden Bauer nennen will, der irgendetwas anpflanzt, um etwas zu essen zu haben. Der Boden wird ausgelaugt, indem man zehn Jahre dasselbe anpflanzt, dann ist der Boden versalzen. Die Arbeitslosigkeit ist hoch, die Hoffnung auf Arbeit verkümmert. Eine Wirtschaft existiert eigentlich nicht, da die Infrastruktur defizitär und Korruption verbreitet ist.

Familienplanung. Durchschnittlich werden sechs Kinder in eine Familie geboren. Kommen zwei Kinder schnell hintereinander, reduziert das zweite Kind die Nahrung des ersten, das dadurch schnell in die Falle der Unterernährung gerät, falls es nicht sowieso schon mangelernährt geboren wird. Auch wissen viele nicht, dass die Muttermilch ausreicht und nicht mit Wasser verlängert werden muss, was zu Diarrhö, Malaria und Lungenentzündung führen kann und somit zum Kindstod.

65 Prozent der Bevölkerung ist katholisch, 20 Prozent protestantisch. Dennoch empfehlen in der katholischen Gesundheitsstation, die wir besuchten, die Schwestern Kondome, solange diese außerhalb der Station angeboten und gekauft werden. Sie klären in diesem Zusammenhang auch über Aids auf.

Ich stoße auf allen Reisen immer wieder auf dieselben Zustände, auf dieselben Grundbedingungen, die ein Teufelskreis sind und mit mangelnder Aufklärung zu tun haben und vor allem mit schlechter Wirtschaft und korrupter Politik.

5000 Gemeindehelfer arbeiten in den Dörfern für das Gesundheitszentrum, das es seit 2006 gibt. Sie sind es, die geschult sind darin, Mangelernährung zu erkennen oder Malaria oder Tetanusvergiftungen oder oder oder. Sie werden von UNICEF und Partnerorganisationen geschult, ein Training, das alle drei Jahre aufgefrischt und erweitert wird. Sie sind es, die die Mütter und ihre unterernährten Babys in die nächste Health Station schicken. Sie leisten eine wertvolle wesentliche Arbeit, und ohne sie würde nichts laufen.

Wenn es Kinder gibt, die hier nicht behandelt werden können, werden sie mit einem Ambulanzwagen in ein Krankenhaus geschickt. In der Pädiatrie, also der Kinderstation des großen Gitega Hôpitals (Gitega ist die Hauptstadt Burundis), das wir ebenfalls im Laufe der Reise besuchten, arbeiten unter anderem Ärzte von »Ärzte ohne Grenzen«. Kinder mit schwerer akuter Mangelernährung und zusätzlich Malaria, Lungenentzündung, Fieber, Diarrhö oder Tetanus werden hier behandelt. Ein Kind ist hier, das deswegen nicht mehr laufen konnte. Die Anzahl der Kinder in den Krankenhäusern steigt in der Pflanzzeit, weil es dann nichts zu essen gibt. Neugeborene werden hier gegen Polio und Tuberkulose geimpft, kleine Kinder erhalten antibiotische Wurmkuren; durch nicht abgedecktes Essen, mangelnde Hygiene und Spielen im Schmutz bekommen sie Würmer, die sie zusätzlich schwächen.

Doch die Kinder, die regelmäßig in die Health Station mit den getrennten Mülleimern kommen, werden es schaffen, ihre Mangelernährung zu beenden, um chronische Mangelernährung zu vermeiden, sie werden untersucht und gepampert, und es wird auf sie achtgegeben, damit sie stabil werden und sich sowohl körperlich als auch geistig zu ihrem vollen Potenzial entwickeln können. Damit sie irgendwann zu einer Schule gehen und zur Aufklärung ihres Landes beitragen können. Damit das ein Ende nimmt mit der Korruption von Wirtschaft und Politik, von Arbeitslosigkeit und Hoffnungslosigkeit, und damit Bildung und Gesundheit für alle zum Leben dazugehören.

Es schüttet. Es regnet so stark, dass man fast nichts sehen kann, ich filme durch das geschlossene Fenster und frage mich, wie es sein kann, dass in einem so fruchtbaren Land nicht genug zu essen angebaut werden kann, damit alle satt werden. Es blieb mir bis zum Ende der Reise ein Rätsel. Zu tun hat es wohl damit, dass Burundi hügelig ist und man Terrassen bauen muss, auf denen dann gepflanzt wird. Aber dazu braucht man Landmaschinen, die nicht vorhanden sind oder nicht bezahlbar. Hat mir trotzdem nicht eingeleuchtet. Damals traute ich mich irgendwann nicht mehr, die immer gleiche Frage zu stellen, und so schrieb ich unlängst Johannes Wedenig eine E-Mail und fragte ihn noch einmal. Dies war seine Antwort:

»Es liegt in erster Linie an der Bodenerosion und archaischen landwirtschaftlichen Praktiken. Außerdem führten Vererbungen zur Zerstückelung von landwirtschaftlichen Flächen, und so wurden die einzelnen Parzellen zu klein, um wirtschaftlich zu sein. Des Weiteren sind zu viele in der Landwirtschaft unterbeschäftigt, da es sonst kaum Einkommensmöglichkeiten gibt.«

Es schüttet. Der Regen weicht die Straßen auf, bis sie wegrutschen und uns schließlich entgegenkommen. Wir rutschen durch die Gegend zu einem kleinen Dorf, zu dem der Weg ein wenig ansteigend verläuft. Hier macht das Auto schlapp, es bleibt stecken und dreht sich um die eigene Achse. Wir steigen aus – und in eine Dusche hinein. Das Auto steht nun quer mitten auf der Straße, die uns wie gesagt entgegenströmt. Sieht irgendwie gut aus, warum nicht mal quer parken. Steine werden vor die Reifen gelegt, damit das Auto nicht mit der Regenflut weggespült wird: hinab ins Tal, hinunter zum Lake Tanganyika, rüber in den Kongo, wo das Auto wieder rausgefischt wird von Warlords, die seinen rückwärtigen Teil zur Hälfte quer absägen, um daraus einen Pick-up zu machen und dann Männer mit Kalaschnikows draufzustellen. Oder Kinder mit Kalaschnikows. Aber das passiert nicht, denn das Auto krallt sich fest, offensichtlich möchte es lieber bei uns bleiben statt Bürgerkrieg zu machen.

Und so stiefeln wir los, auch wenn wir Flipflops anhaben oder Turnschuhe.

Am Ende des Dorfes wohnt ein Mann, der uns in sein Haus einlädt und uns seine Geschichte erzählt. Er hat sieben Kinder und keine Frau mehr. Als er vor einigen Jahren morgens zu seinem Feld ging, um es zu bestellen, lag mitten auf dem Feldweg ein neugeborenes Baby. Der Mann schaute herum, um die dazugehörige Mutter zu finden oder irgendjemanden, zu dem das Kindchen gehören könnte. Da war aber niemand. Und so entschied er sich, das Baby mit nach Hause zu nehmen. Als sein achtes Kind. Er zog es gemeinsam mit seinen leiblichen Kindern groß und behandelte es genauso wie diese. Als alleinerziehender Vater in einem Land, in dem die Versorgung knapp ist. Er hat immerhin ein Feld; was darauf wächst, weiß ich nicht. In seinem Haus war es schwarze Nacht und eng. Aber dieses Haus wurde Heimat und Rettung für das kleine Mädchen, das, inzwischen zweijährig, herumlief.

Im Laufe des Tages war klargeworden, dass das ZDF-Team nicht mehr kommen würde, da die Situation in Nairobi zu prekär war. So hatte man kurzentschlossen einen burundischen Amateur-Kameramann gewinnen können, der gerade angekommen war. Dieser wollte nun unbedingt filmen, wie wir den Mann vor seinem Haus begrüßen und gemeinsam hineingehen. Also bei der ersten Begegnung live dabei sein sozusagen. Wir hatten aber mittlerweile Zeit mit ihm in seinem Zuhause verbracht, seine Geschichte gehört, einige seiner Kinder kennengelernt und uns angeregt unterhalten, auch über die Dringlichkeit von Solarlampen, die in seinem Haus sicherlich einen Unterschied machen würden. Sandros Metier. Wir waren uns nicht mehr fremd, wir mussten für den Wunsch des Kameramanns so tun, als ob. Dazu traten wir wieder auf die Straße, der Regen hatte inzwischen nachgelassen, und hier sollten wir nun die Szene spielen: erste Begegnung und Begrüßung, Händereichen, Haus betreten, Schnitt. Okay, können wir machen; das sollte ich können, würde man denken, nur so richtig Bock hatte ich nicht. Aber wenn der burundische Kameramann es so gern hätte, bitte sehr.

Und dann ging's los! Der Mann war in seinem Element, er begann zu spielen! Dergestalt, dass man auch noch im dritten Rang gesehen hätte, was da vor sich geht. Er trat aus dem Dunkel seines Hauses auf mich zu, als sei ich eine langersehnte Cousine oder die wiedergefundene Schwester, breitete die Arme aus, schüttelte mit beiden Händen meine Hand, verneigte sich fast und immer wieder, so dass sein Körper sich stark bewegte, sprach zu uns einen unablässigen Schwall an Worten hin, die uns, selbst wenn wir sie wörtlich und nicht nur bezüglich seiner Haltung verstanden hätten, keine Millisekunde Unterbrechung ermöglichten, um auf sie zu reagieren, so unablässig und unermüdlich war er. Desgleichen in seiner Freude der Erstbegegnung, die vielmehr wie eine Wiederbegegnung anmutete. Er war geradewegs aus dem Häuschen, im wahrsten Sinne des Wortes, freute sich, uns zu begrüßen, und die eben noch so gefährlich erscheinende rutschige Straße wurde zu seiner Bühne. Es war phantastisch. Und ich muss leider zugeben, dass ich ein schlechter Partner war, da er mich mit seiner expressiven Performance zu einem Zuschauer machte. Ich begann zu lachen ob seiner eindringlichen Schauspielerei und weil er in unserem ganzen Gespräch keinmal so offen und begeistert gewesen war. Mein Lachen nahm er direkt als Inspiration, ebenfalls zu lachen und erneut die Hand zu reichen beziehungsweise meine zu nehmen, so dass wir schließlich Hand in Hand, wie Hänsel und Gretel, sein dunkles Häuschen betraten. Mittlerweile schüttelte ich mich geradewegs vor Lachen und Begeisterung, und es schien, als wären wir plötzlich verwandt geworden, der Mann und ich. Es war ein Höhepunkt seines Lebens, glaube ich, abgesehen von dem Tag, als er ein Baby auf dem Feldweg fand, zu dessen Lebensretter er wurde. Die unerwartete Chance auf eine Filmkarriere war wohl genauso exzeptionell, und er spielte sich die Seele aus dem Leib.

Das gefilmte Material war natürlich völlig unbrauchbar. Wir spielten nicht für live dabei, wir spielten ungefähr so extrovertiert wie das Ensemble eines Fritz-Lang-Films. Aber das macht ja nichts, denn der Mann und ich kamen uns auf diese Weise wirklich nah – im Spiel. Da, wo man alles sein darf. Er musste aber gar nichts mehr sein, er war schon was. Ein Single-Dad in einem winzigen burundischen Dorf, das eine schräge Straße hat, die bei Regen runterrutscht, einer mit sieben Kindern, einer Ziege und einem Feld, der ein Findelkind zu sich nimmt, das zu allem Überfluss mangelernährt war, und der mit der Hilfe der Schwestern in den Gesundheitsstationen das Kind so lange aufpäppelte, bis es stark war und nicht mehr gefährdet. Einer, der von Fritz Lang bestimmt engagiert worden wäre, wenn es in den zwanziger Jahren den burundischen Männern erlaubt gewesen wäre, eine deutsche Stummfilmkarriere zu machen.

Auf der Fahrt zu unserem nächsten Halt sitzt Sandro, der so schnell Englisch spricht, wie Spanier Spanisch sprechen, neben mir. Sein Thema ist Solarenergie, und er hat dazu ein Projekt entwickelt. Wir sind auf dem Weg zu dem Dorf, in dem die Solarlampen bereits eingesetzt werden. Im Auto zeigt er mir die Lampe. Sie ist an einem Gummi befestigt, das größenverstellbar ist und um den Kopf gebunden wird. Wie eine Bergarbeiterlampe. Man kann das Leuchtding einstellen, so dass das Licht, wenn man lesen möchte, auf das Blatt fällt oder, wenn man damit durch die dunkle Nacht geht, den Weg vor einem beleuchtet. Ich frage ihn, ob ich mir eine für unsere Tour ausleihen darf.

»Ja«, sagt er, »aber du musst sie mir zurückgeben.«

»Selbstverständlich«, antworte ich und probiere die Lampe gleich aus.

»Die Solarzellen in der Stirnlampe werden wieder aufgeladen durch ein Sitzfahrrad.«

»Durch ein was?«

Er lacht. »Wirst du gleich sehen.«

Drei Prozent der Bevölkerung Burundis sind an das Stromnetz angeschlossen. Somit müssen die meisten Burunder Petroleumlampen, Batterien und Kerzen kaufen, für Licht und Radio, dafür verwenden sie ungefähr 15 bis 30 Prozent ihres Budgets. In dem Dorf, das wir erreicht haben, steht vor einem Haus der Generator für die Lampen. Das Sitzfahrrad. Man setzt sich auf einen aus Brettern zusammengenagelten Sitz, auf den der Generator geschraubt ist, der rechts und links Pedale hat. Wenn man nun in dem Holzsitz sitzt und die Füße auf die Pedale setzt und zu treten beginnt, muss man genau auf die Anzeige im Generator schauen, die grün leuchten muss. Tritt man zu schnell oder zu langsam, tut sich nichts, sprich, es wird nicht geladen. Wenn man es richtig macht, benötigt man ungefähr 20 Minuten, um fünf Solarlampen aufzuladen, die dann jeweils 30 Stunden halten. Sie sind robust, man kann sie mal fallen lassen, das macht ihnen nichts. Rose, vor deren Haus der Generator steht, zeigt uns, wie man tritt, sie ist behände und geübt. Es sieht nach einem Klacks aus.

Man bietet mir den Holzsitz an, und ich kann es natürlich nicht lassen, versuche es und blamiere mich. Von wegen Klacks. Zum einen ist es sauschwer, die Pedale überhaupt zu treten, es ist, als würde man einen Berg hochfahren, zum anderen bin ich zu schnell oder zu langsam. Bis ich den Rhythmus raushabe, dauert es. Wäre das Dorf auf meine Tretkünste angewiesen, blieben sie weiterhin im Dunkeln. Aber Gott sei Dank ist das nicht der Fall, und die Kinder können auch nach 18 Uhr, wenn die Sonne ausgeknipst wird, noch lesen oder Hausaufgaben machen, und wenn man abends rausgeht, ist es in jeder Hinsicht sicherer.

Solar ist also hier nicht in erster Linie um Nachhaltigkeit besorgt, obwohl es wohl kaum nachhaltiger geht, sondern vor allem darum, Licht nach Burundi zu bringen. Bislang wurden neun Fahrradgeneratoren und zweitausend Lampen angeschafft, aber man ist ja noch am Anfang.

Eine Lampe kostet 4,50 Euro. Gleich geht das Licht aus, außer Sandro und mir hat keiner eine Stirnlampe, wir sollten abfahren und unser Hotel finden in der Schwärze der Nacht. Immer wieder bin ich erstaunt, in welchen abgelegenen Gegenden der Welt wir Gästehäuser finden. Dies hier hat sogar eine Bar, da hängen burundische Männer ab, hören Musik, trinken Bier, und wir gesellen uns zu ihnen, bekommen sogar noch etwas zu essen. Der Bau sieht aus wie irgendeine Architektur an der bulgarischen Grenze zu Griechenland zu Ostzeiten; ich muss durch den stockdunklen Garten gehen zu meiner Zimmertür. Schalte darin das unerhebliche Licht an und suche direkt nach meiner neuen Stirnlampe. Binde sie um den Kopf und lege mich damit ins Bett – klarer war das Buch niemals vorher zu sehen. Danke, Sandro.

Am nächsten Tag nehme ich an einem Kochkurs teil. Bei Mama Lumière. Im Regen natürlich. In dem Dorf, das wir auch dieses Mal erst nach langer Fußstrecke erreichen, weil das Auto nicht weiterkommt, werden wir mit Gesang empfangen, sie kommen uns bereits singend und klatschend entgegen.

Einmal die Woche treffen sich die Frauen, um zusammen für die Kinder des Ortes zu kochen. Sie treffen sich bei Mama Lumière, die lesen und schreiben kann und die die Frauen anleitet, wie man nahrhaft und gesund kocht. Würde man denken, wissen alle, ist aber nicht der Fall. Heute gibt es Bananen, Bohnen, Kartoffeln und Erdnüsse und irgendwas, das grün ist. Grün ist wichtig. Heute sind es Avocados. Hier gibt es keine Gesundheitsstation in der Nähe, mit Plumpy-nuts-Säckchen. Die Frauen müssen lernen, ihren mangelernährten Kindern ausreichend Gutes zukommen zu lassen. Daher das gemeinsame Kochen, jeder leistet einen gemüselichen Beitrag, der in den Topf kommt. Für die Mütter bleibt nichts. Doch die meisten Kinder konnten innerhalb von acht Wochen deutlich zulegen. Eine Gesundheitshelferin kommt direkt in das Dorf, um die Kinder zu wiegen und zu vermessen.

Als wir zurück zum Auto gehen, begleiten uns die Kinder des Dorfes. Sie wollen das Auto sehen und Fotos machen. Es ist schön hier, es ist wilde Natur, in die ein paar runde Hütten gebaut sind, in denen Menschen leben, die bunte Tücher tragen und viele Kinder zur Welt bringen. Ich bewundere diese Menschen, wie sie es schaffen, hier zu leben und zu überleben. Sie sind es, die das Gleichgewicht der Welt halten, sie sind es, die den Europäern ermöglichen, die Ressourcen der Erde zu versauen.

Wir gehen durch hüfthohes Grün und roten Matsch. Die Kinder springen barfüßig um uns herum. »Irgendwo hören die Wege auf, das Ziel verschwimmt, man ist nirgendwo.« (Hilsenrath)

3000 Kinder leben in Burundi auf den Straßen. Am Abend kommen wir in Ngozi an, um einige zu treffen. Der Regen ist noch stärker geworden, was man sich nicht hätte vorstellen können. It's raining cats and dogs, sagen die Engländer dazu. Ich habe keine Ahnung, wie sie darauf gekommen sind. Möglicherweise kommt es aus dem 17. oder 18. Jahrhundert, als in englischen Städten Abwasser- und Müllentsorgung noch nicht geregelt waren, so dass bei starkem Regen Katzen und Hunde durch die Straßen geschwemmt wurden. Der Zustand der englischen Städte von damals gleicht dieser heutigen burundischen Stadt. Insofern passt der Ausdruck in diese Umgebung.

Wir stehen nass unter irgendeiner abgerissenen unbehausten Wellblechbude von Ngozi und warten. Ich mache eine Tonaufnahme des Regens. Wir warten auf die Sozialarbeiter einer lokalen NGO, die jeden Mittwoch zu unerfindlicher nächtlicher Uhrzeit zu einer Art Tankstellen-Werkstatt-Bushaltestelle kommen, um an die Straßenkinder Lebensmittel zu verteilen. Ein paar Kinder sind bereits bei uns, Sandro kennt sie. Er scherzt mit ihnen, und ich frage, woher sie kommen, warum sie auf der Straße leben, wo sie schlafen. Es sind dieselben Geschichten. Die Familien sind arm und groß, so viele Kinder, nicht genug zu essen für alle, also muss einer gehen. Ein Kind. Oder zwei. Sie gehen, damit die anderen Familienmitglieder leben. Es ist ihre eigene Entscheidung gewesen, sagen mir verschiedene Jungs. Sie tun es für die Familie. Und gehen ins Ungewisse, Unbekannte, sie gehen auf die Straße, bündeln sich manchmal zu Gruppen, die sich helfen, manchmal bleiben sie allein. Schule ist offenbar keine Option, denke ich und täusche mich, wie ich später erleben werde.

Kinder, die auf Pappen schlafen oder in kaputten Häusern, manchmal auf dem Boden der Küche einer Gastwirtschaft, was bereits einem Lottogewinn gleichkommt. Die zwischen dem Weggeworfenen versuchen, etwas Essbares zu finden. In einem Land, in dem Mangelernährung ein großes Problem darstellt ...

Bei mir in der Nähe wohnte einen Winter lang eine Frau unter der Brücke. Ihre ordentliche Wohnstatt wurde stetig größer und komfortabler. Schließlich zog ein Mann dazu. Eine WG quasi, vielleicht eine Liebe, das wäre schön. Wir grüßten uns. Ich hatte ihr vor einiger Zeit eine Matratze gebracht und etwas Warmes zum Anziehen oder mal eine Tüte mit Essen. Manchmal saßen sie abends da und spielten Gitarre. Wenn ich spät an ihnen vorbeiging, hörte ich, wie der Mann schnarchte, und wunderte mich, dass sie dabei schlafen konnte. Dieselben Probleme, auch auf der Straße.

Es ist so weit, sie kommen. Wir laufen über die flussgleiche Straße zur Tankstelle, das Auto der NGO fährt vor. Sie haben Weißbrot und knallorange Limonade dabei, die wie flüssiges Bonbon zu schmecken scheint.

Und dann können wir von der Überdachung aus sehen, wie aus allen Ecken und Straßen, wie beim Rattenfänger von Hameln, die Kinder herausgesprungen kommen. Manche flitzen und springen über die Pfützen, manche gehen geradewegs hindurch, keiner hat eine Regenjacke, einige keine Schuhe. Menschen sind ansonsten nicht zu sehen. Nur die Kinder wagen sich auf die Straße, da sie dort leben. Sie sammeln sich, nehmen Brot und orangefarbenes Getränk.

»Muss es denn wirklich dieses Lebensmittelfarbengetränk sein«, frage ich.

»Das mögen sie so gern.«

Mit sechzehn Jahren seit acht Jahren auf der Straße zu leben sagt viel über die Gewalt in den Familien aus, die sie von ihrem Zuhause weggetrieben hat. Die Eltern sind im Krieg gestorben, ein Elternteil hat neu geheiratet. Dieselben Geschichten. Die Kinder verdingen sich in Ngozi, indem sie Müll wegschleppen oder Waren tragen; das Geld, das sie dafür erhalten, reicht nicht wirklich für genug Essen.

Gegenüber der Tankstelle sieht man ein Haus, das wahrscheinlich einmal blau angemalt war, es ist beleuchtet, davor steht irgendetwas, das in Europa mit dem Sperrmüll weggebracht würde. Dort zu schlafen kostet die Kinder pro Nacht 200 BF (Burundische Franc), das sind 25 Cent. Auch Geschäftsbesitzer, unter deren Vordach die Kinder manchmal schlafen, lassen sich das bezahlen. Aus der Not Kapital zu schlagen ist weltweit verbreitet und eine richtig gute Einnahmequelle.

Ein Kind hat einen Plastikkorb mit einem bunten Tuch darin, seine Kuscheldecke, schätze ich. Der Junge steht knöcheltief in der Pfütze und bewegt sich nicht, er ist fast apathisch. Vielleicht auf Droge, vielleicht traumatisiert und verwirrt. Auch als die zwei Frauen und zwei Männer von der lokalen NGO die Sandwiches und Getränke verteilen, macht er keine Bewegung. Später versteckt er schließlich sein Brot, das er endlich genommen hat, unter dem klitschnassen Tuch in seinem Plastikkorb. Ich frage mich, was davon übrig bleiben wird, nachdem der Regen es aufgeweicht hat.

Auf die Frage, ob sie, wenn man ihnen Schuluniform, Bücher, Essen und Schlafplatz zur Verfügung stellte, zur Schule gehen würden, gibt es einen Riesenapplaus. Allein die Vorstellung gebiert Phantasien:

Ein Junge will Präsident werden. Pedro von UNICEF sagt, das wäre ein Scheißjob. Ein anderer sagt, er wäre gern Chauffeur. Und zwei weitere Kinder sagen, sie würden gern als Berufswunsch täglich ausreichend essen und in einem Haus leben.

Schließlich brechen die Sozialarbeiter der lokalen NGO auf zu den nächsten beiden Stationen, an denen sie Essen verteilen. Die Kinder sind verschwunden, als wäre es ein Spuk gewesen ... Wenn der Regen nur aufhörte. Wenn die Kinder nur täglich zu essen hätten und einen Schlaf- und Schulplatz.

Tief in der Nacht sitze ich schließlich im Irgendwo mit der solarischen Untertagelampe von Sandro um den Kopf gewickelt in einem Zimmer, und das Licht scheint auf meine Aufzeichnungen. Es reicht nicht, es reicht einfach nicht, die Übermacht der Not kann durch Humanitarians und Aktivisten nur gelindert, nicht beendet werden. Denke ich, Stunden bevor ich eine Frau kennenlerne, die dazu in der Lage ist. Ihr Name: Marguerite Barankitse.

Ich schreibe in meine Kladde, und immer wieder gibt es einen kleinen Stromausfall, den ich aber nur entfernt wahrnehme, da der Unterschied zwischen Zimmerlicht an und Zimmerlicht aus nicht wirklich deutlich ist, so dass ich es ausknipse, ich habe ja die Lampe. Die schöne Parallele ist, dass ich dies in Spanien in einem Häuschen an einem wilden Fluss schreibe, während ich eine Stirnlampe trage, die meine Stieftochter mir mitgab.

Die schöne amerikanische Frau, die uns auf dieser Reise begleitet hat, heißt Stella. Sie hat 20 Jahre in Deutschland gelebt, weil sie mit einem Deutschen verheiratet war und mit ihm zwei Kinder hat. Mittlerweile ist sie zurückgekehrt nach Kalifornien. Ihr Koffer kam nicht in Bujumbura an, und da wir zügig weiterfuhren, hatte sie auch keine Gelegenheit mehr, ihn abzuholen, als er nach zwei Tagen eintraf. Also helfen wir ihr alle aus, mit Zahncreme, Shampoo und Wäsche, und so geht es auch. Gott sei Dank ist sie keine Brillenträgerin wie ich und hat die Brille im Koffer gelassen. Was ich übrigens bei weiten Reisen niemals tun würde, aus genau der Befürchtung heraus, dass der Koffer mit der

Brille nicht ankommt. Das Einzige, das man nicht ausleihen kann, wenn man eine so kurzsichtige Brillenschlange ist wie ich.

Stella ist seit über zehn Jahren aktive Unterstützerin von UNICEF. Sie ist die Geschäftsführerin einer Stiftung, die von einem großen Unternehmen gegründet wurde. Aus Personenschutzgründen nenne ich hier keine Namen, auch ihr Name ist verändert. Sie ist dafür verantwortlich, zu entscheiden, für welche Projekte wie viel Unterstützung gegeben wird. »Eigentlich ein Traumjob«, sagte ich zu ihr. »True«, sagt sie und lächelt. Die Möglichkeit zu haben, finanziell so einzutreten, dass in großem Umfang Projekte realisiert werden können, das ist wow. Der Umfang ihrer Spenden der letzten zehn Jahre für konkrete Projekte von UNICEF überall in der Welt ist astronomisch. Stella ist eine bezaubernde Person, und wir haben uns im Verlauf der Reise angefreundet. Sie ist vornehm, sanft, empathisch und aufgeschlossen und macht alles mit. Und so fahren wir also gemeinsam am nächsten Tag ins »Maison Shalom«, und dort wird sie finden, was sie sucht.

Wir fahren nach Ruyigi zu der one and only Marguerite Barankitse. Die Sonne scheint, der Himmel strahlt blitzblau, und der Regen ist nur noch eine schattige Erinnerung. Wir sind wieder trocken. Alles neu.

Marguerite, besser bekannt als Maggy, die Founderin des 1994 gegründeten Maison Shalom, begrüßt uns auf Deutsch. Sie trägt ein strahlendes Lächeln und ein rotes Kleid. Sie trägt ausschließlich rote Kleider.

Ihre Geschichte geht so: Maggy wurde 1954 in Burundi geboren; als sie fünf war, starb ihr Vater. Ihre damals 24-jährige Mutter hat ihre Tochter zur Schule geschickt, Bildung war dieser jungen Singlemutter wichtig, sie hat alles getan, um Maggy das zu ermöglichen. So schloss sie die Schule ab und wollte anschließend Lehrerin werden. Sie studierte im französischen Lourdes und arbeitete später in Zürich, daher spricht sie Deutsch. Sie ist katholisch, wie die Mehrheit Burundis katholisch ist. Und sie ist Tutsi. Mit 23 Jahren adoptierte sie sieben Kinder, vier Hutus, drei Tutsis. Die Leute im Ort sagten, du bist verrückt, und sie sagte, ja, ich bin verrückt, denn den Verrückten hören die Menschen zu.

Als der Bürgerkrieg in Ruanda ausbrach, in dessen Folge die Hutus an den Tutsis einen Genozid verübten – 800 000 bis 1 000 000 Menschen wurden getötet –, flohen sowohl Tutsis als auch später Hutu aus Ruanda. Der Konflikt schwappte nicht nur in den Ostkongo, sondern auch nach Burundi. Infolgedessen wurden 60 Mitglieder aus Maggys Familie von den Hutus umgebracht.

Die Ethnien hatten im Laufe der Geschichte Burundis häufig Konflikte, die noch geschürt wurden durch ihre unterschiedliche Behandlung während der Kolonialzeit der Belgier, die in allen drei Ländern vor Ort waren. Die Tutsis wurden für administrative Aufgaben ausgebildet, die Hutus für landwirtschaftliche. Die Tutsis verhielten sich schließlich, als wären sie besser.

1993 nahm Maggy ihre sieben Kinder und begann in einer Diözese in Ruyigi bei einem Bischof als Sekretärin zu arbeiten. Auch Freunde von ihr waren mitgegangen, hier lebten Hutus und Tutsis friedlich zusammen. In der Umgebung wurde Maggy bald bekannt als jemand, der sich deutlich für das friedliche Zusammenleben dieser Ethnien einsetzte, was nicht gut ankam. »Sie ist verrückt.« Maggy selbst sieht bis heute keinen Unterschied und führt den Konflikt nicht auf Ethnien zurück, sondern auf falsche Politik.

Am 24. Oktober 1993 kam ein Trupp von Tutsis, 600 Männer, von denen Maggy einige kannte, in die Diözese. Sie kamen, um zu töten. Oder um sich zu rächen. Man weiß es nicht. Sie kamen mit Gewalt in ihrem Gepäck. Maggy flehte um das Leben der 25 Kinder, die sich dort aufhielten, bot schließlich Geld an, eine Menge Geld, 10 000 Dollar, hier war die Diözese. Im Angesicht des Todes handelte und verhandelte sie und sagte dann zu den Männern, ich muss die Kinder erst verstecken, bevor ich euch die Dollars gebe. So führte sie die Kinder in eine kleine Kammer und überbrachte das Befreiungsgeld. Dann sagte einer der Männer, den sie kannte, du bist eine Verräterin, wir werden dich nicht töten, sondern du wirst zusehen, wie wir deine Freunde und Kollegen töten. Sie banden sie nackt auf einen Sessel. Maggys Freundin, die Tutsi ist und mit einem Hutu verheiratet, hatte zwei kleine Töchter, sie sagte: »Nimm sie zu dir, als wären sie deine eigenen Kinder.«

Dann begann das Massaker. 72 Menschen wurden vor Marguerites Augen mit Macheten ermordet und in Stücke zerhackt. Vor ihr lagen Arme und Beine, Hände und Füße ...

Als sie uns das Memorial des 24. Oktober 1993 zeigte, das etwas außerhalb des Haupthauses des »Maison« auf einem einfachen Stück Feld aufgestellt ist, und dort die Geschichte erzählte, während ihr die Tränen übers Gesicht liefen, sagte sie: »Und auf einmal war es ganz still.«

Nach dem Schreien und Flehen, dem Schlagen der Macheten und dem Geräusch, das sie machen, wenn sie Körper zerschneiden, nach den Schmerzenslauten und Schreien, den Gebeten und dem Flehen, den Todesschreien der Menschen, war das Schlachten irgendwann zu Ende. Alle waren tot. Da war es auf einmal ganz still. Die Männer gingen. Maggy saß nackt auf ihrem Stuhl zwischen all den toten Menschen, von denen sie jeden Einzelnen gekannt hatte. 25 Kinder, sowohl Tutsis als auch Hutus, hatte sie in einer Kammer versteckt. Sie hatten überlebt.

In diesem Moment wusste sie, was zu tun sei. Sie musste ein Haus für die Kinder bauen, damit sie gemeinsam leben würden, damit der Hass und das Töten ein Ende nähmen.

Unweit wohnte ein deutscher Entwicklungshelfer, Martin. Sie ging mit den Kindern zu ihm und sagte, ich werde all diesen Kindern ein Zuhause geben. Noch in der Nacht begannen sie die Toten zu beerdigen. Am nächsten Tag entstand die Idee des Maison Shalom, in dem sie bis zum Ende des Kriegs im Jahr 2003 20 000 Kindern ein Zuhause gab.

»Là, ou il y a la haine, que je mette l'amour«, steht auf dem Memorial. »Wo Hass ist, werde ich Liebe geben.«

Nach Ende des Krieges hörte die Arbeit selbstverständlich nicht auf, aber es waren weniger Kinder, die kamen. Und dort waren wir nun, in dem Zuhause so vieler Kinder, und bekamen eine Tour, die sich gewaschen hatte, nachdem wir im Haupthaus mit Maggy in ihrem plüschigen Zimmer Tee aus deutschem Porzellan getrunken hatten.

Wir gingen hinüber in die Grundschule. Im Maison Shalom gibt es vom Kindergarten bis zum Beginn der Universität und der Möglichkeit, verschiedene Ausbildungen zu machen, alles. Hätte ich es nicht gesehen, ich könnte nicht glauben, dass es existiert. In dieser Größe und Qualität, in der Schönheit und Durchdachtheit. Und jeder, dem wir hier begegnen, ist freundlich und offen, ohne Berührungsängste und spricht zumeist drei Sprachen. Kirundi, Französisch, Englisch. Also gehen wir erst mal rüber zur Grundschule, über einen Rasen, an dessen Ende das recht große weiße Gebäude steht. Es ist Nachmittag, und die Schule ist aus, aber die Kinder sind noch im Hort, obwohl es hier sicherlich nicht Hort heißt. Die Kinder tragen Schuluniformen, weil man in Burundi Schuluniformen trägt, nur mit dem Unterschied, dass die Eltern der Kinder nichts dafür zahlen müssen; und auch für die Schule nicht, wie es sonst auch an den staatlichen burundischen Schulen der Fall ist. Ein Teil der Kinder hat keine Eltern und lebt hier, andere, die sie irgendwo aufgelesen hat, versucht sie in ihre Familien und Communities zu integrieren, und wiederum andere gehen hier zur Schule und dann nach Hause.

Wir gehen also über diese großzügige gepflegte Rasenfläche, und die kleinen Vorschul- und Schulkinder in ihren blauen Uniformen kommen Maggy fröhlich entgegengerast, in einem Tempo, zu dem nur diese kleinen Mausis fähig sind. Und alle rufen irgendetwas zu uns herüber, Quatsch, nicht zu uns, nur zu Maggy natürlich. Ich kann es nicht ganz verstehen, sie sprechen wohl Kirundi, obwohl mir das Wort ganz vertraut vorkommt. Und dann, ja, dann ist es deutlich, die Kinder laufen auf Maggy zu und rufen: »O'ma! O'ma!«

Die Kinder versuchen an ihr hochzuklettern, Maggy schnappt sich eins, nimmt es auf den Arm und ein nächstes, umarmt sie im Pulk, mittlerweile skandieren die Kinder gemeinsam: »O'ma, O'ma,

O'ma ...!«, und lacht: »Sie nennen mich Oma. Ich bin ja nicht die Mama, darum habe ich gedacht, sie könnten mich doch Oma nennen, so wie man das bei euch zur Großmutter sagt.« Sie lacht sich kaputt über ihre eigene gute Idee. Ich bin fassungslos. Hier in Ruyigi, und ich behaupte mal, die meisten müssen nachsehen, wo das liegt, ruft eine ganze Schulklasse Oma.

Wir gehen durch die Schule und die großzügigen Räume; sie sind ausgestattet mit Tafeln und Schulheften, Büchern. Eine ganze Bücherei sehen wir schließlich, für die älteren Kinder. Und weiter geht es bis zu dem universitätsgleichen Schulgebäude. Hier lernen die Schüler, die den Schulabschluss gemacht haben, für die Aufnahme an der Universität in Bujumbura oder einer Universität im Ausland. Zu dem Zweck gibt es eine Kooperation mit vier europäischen Universitäten, die einmal die Woche per Skype Vorlesungen halten für die zukünftigen Studenten. Die Abschlüsse der Schüler hier sind ausgezeichnet, Maggy ist stolz auf ihre Kinder, alle werden an den Universitäten angenommen. Die jungen Leute, die sich nicht für eine akademische Laufbahn entscheiden, können andere Ausbildungen machen. Zur Hebamme, zur Krankenschwester, zum Koch. Wir gehen durch die riesige Küche. Ich habe vergessen, für wie viele Menschen hier gekocht wird. Sehr viele! Es ist riesig, es ist halb innen, halb außen. Mangelernährung ist hier offensichtlich kein Thema mehr.

In einem Zimmer der Lehrer und der Mitarbeiter des Maison platzt Maggy mit uns in eine Art Konferenz. Eine Gruppe sitzt über Plänen, anscheinend ist ein neues Gebäude in Planung. Ein junger Mann steht auf, er ist Ingenieur und betreut an Maggys Seite alle Bauvorhaben. Er ist einer der Direktoren des Maison Shalom.

»Das ist mein Sohn Richard«, sagt Maggy und stellt uns vor.

»Wir wollen nicht stören«, sagen wir.

»Nein, nein, Sie stören nicht«, sagt er freundlich lächelnd und reicht uns die Hand. Richard hat eine graue Hose an und ein weißes Hemd, das bis zu den Ellbogen aufgekrempelt ist. Seine Unterarme sind vollständig vernarbt. Er erzählt, dass sie gerade einen Fischteich planen, wenn die Käserei abgeschlossen ist, wofür alles bereits verlegt wurde.

Er ist eines der vielen Kinder Maggys, der bei ihr groß wurde, zur Schule ging, dann nach Amerika, dort Ingenieurwissenschaften studierte und nun als Ingenieur für den gesamten Campo verantwortlich ist, mit immer neuen Vorschlägen und Planungen. Als ich Maggy später frage, was mit seinen Armen passiert sei, sagt sie, dass er und seine Schwester als kleine Kinder in ein brennendes Haus geworfen worden waren. Sie konnten herausgeholt werden und wurden direkt zu Maggy gebracht, die sich um sie gekümmert hat, sie ärztlich versorgen ließ und die dann bei ihr lebten.

Zwölf Jahre nach der Gründung des Maison Shalom baute sie ein Krankenhaus, das REMA Hôpital. Auch das sehen wir und lernen Kinder von ihr kennen, die dort als ausgebildete Krankenschwestern, Hebammen und Pflegepersonal arbeiten. Teil des Krankenhauses ist das Mutter-und-Kind-Zentrum, in das Mütter aus der Gegend kommen können, um während der Schwangerschaft untersucht zu werden und ihre Kinder dort zur Welt zu bringen. Alle Einrichtungen hier sind für die Bewohner der gesamten Region Ruyigis.

Sie baute ein Kino und einen Swimmingpool, das war noch während des Krieges, und spätestens da wusste man, dass sie wirklich verrückt ist, denn wer würde so etwas in Kriegszeiten bauen. Sie sagte, die Kinder müssen nicht nur zur Schule gehen, sie müssen auch spielen und Spaß haben dürfen, darum brauchen wir das für die emotionale Gesundheit unserer Kinder.

Die katholische Kirche Luxemburgs ist ein großer Unterstützer des Maison Shalom, darum gibt es die monetären Ressourcen, um all das überhaupt aufbauen zu können. Außerdem ist UNICEF Partner und Unterstützer des Maisons, wie auch andere UN-Organisationen und Spender wie beispielsweise Stella.

Wir schauen uns das Haus an, in dem die Käserei untergebracht ist, daneben wurde bereits eine riesige Grube für den anstehenden Fischteich ausgehoben. Silbern und unwirklich glänzt das Dach der Käserei über dem Feld. Ein ganzes Dorf ist aus dem Haus Shalom geworden.

Wir fahren zurück in das Haupthaus, dort gibt es ein Café und Gästeräume, in die man sich einmieten kann, wenn hier zum Beispiel Konferenzen stattfinden; heute haben wir uns dort eingemietet. Sie nennt die Gästeräume »Villas des Anges«, Häuser der Engel.

Während wir unsere Sachen hineinschleppen, wartet Maggys strenger Fahrer, der uns die gesamte Zeit durch die Gegend gekurvt hat, im Auto. Ich frage Maggy, warum er nicht mit reinkommt.

»Oh«, sagt sie und lacht, »das würde er niemals tun, er passt auf mich auf, er ist mein Beschützer. Und dabei hätte er eigentlich mein Mörder sein sollen.«

»Wie bitte?!«

»Ja, er sollte mich töten, er hatte den Auftrag. Ich habe mit ihm gesprochen und ihn gefragt, ob er stattdessen nicht lieber einen Job haben würde, der gut bezahlt wird, hier bei mir. Als mein Fahrer. Damit er seine Familie ernähren kann. Seitdem weicht er nicht von meiner Seite und passt auf mich auf.« Sie lacht immer noch, wir unterhalten uns in einem Gemisch aus Französisch, Englisch und Deutsch. »He was my murderer«, sagt sie konspirativ und mit dem schönsten französischen Akzent.

Ich bin mal wieder sprachlos und schaue mir, als wir zurück ins Auto krabbeln, den Fahrer, der ein Mörder werde sollte, mit ganz anderen Augen an.

Maggy hat viele Menschenrechtspreise gewonnen, unter anderem den »World's Children's Prize« (WCP) im Jahr 2003. Ein Preis, der vielleicht besser bekannt ist unter dem Namen »Kinder-Nobelpreis«, den es seit dem Jahr 2000 gibt. (2000 fing ich bei UNICEF an, fällt mir dabei ein.)

Ein Preis, der von der nur denkbar größten Jury, nämlich Millionen von Kindern, vorgeschlagen, ausgewählt und entschieden wird. Der erste Preis im Jahr 2000 ging posthum an einen 16-jährigen pakistanischen Jungen, der mit fünf Jahren begann, in einer Teppichfabrik zu arbeiten und schließlich ein sogenannter debt slave wurde. Ein Leibeigener, weil er Schulden abarbeiten musste, Geld, das seine Mutter bei dem Fabrikbesitzer für eine Operation geliehen hatte. 100 Dollar. Dafür arbeitete der kleine Junge jahrelang jeden Tag zwölf Stunden. Als er frei war, begann er sich für Kinder, die debt slaves waren, einzusetzen, um sie zu befreien. Und auf die Missstände aufmerksam zu machen. Im Jahr 1995, als er sechzehn Jahre alt war, wurde er ermordet.

Marguerite Barankitse hat sich in ihrer Arbeit mit der Situation von Gefängnisinsassen auseinandergesetzt und vor zwei Jahren in Ruyigi erreicht, dass Frauen und Männer getrennt voneinander einsitzen. Wir fahren ins Gefängnis, um etwas über die Situation der Jugendlichen dort zu lernen und vor allem von ihrem neuen Projekt zu erfahren.

Als wir dort ankommen, sind gerade ein paar Jungen aus einer recht entfernten Gegend eingetroffen. Die Frage ist: Was macht man mit Kindern und Jugendlichen, die straffällig geworden sind, und wie ist die rechtliche Situation, gibt es eine Gerichtsverhandlung? Maggy gibt diesbezüglich juristischen Beistand für die Kinder, um zu erfahren, wie sich der Fall im Einzelnen verhält, ob sie überhaupt straffällig wurden und wenn ja, warum.

Die Norm ist, dass Jugendliche zu den Erwachsenen ins Gefängnis gebracht werden. Um das langfristig und nachhaltig zu ändern, gibt es von Johannes und Maggy den Vorschlag eines »centre of re-education for minors«, eines Zentrums für die Resozialisierung Minderjähriger. Das Grundstück dafür hat Maggy bereits gefunden und erstanden. Wir schauen es uns an. Man sieht nichts, außer einem länglichen Stück Land, unbebaut, unbepflanzt, einfach Land mit Grasbüscheln und Geröll. Ein Platz. Ein Grundstück. Oder Bauland, würde man in Europa sagen. Der Plan ist, dass die jungen Menschen einen eigenen Ort erhalten, in dem es Gerichtsverhandlungen geben wird, in dem es einen offenen und geschlossenen Vollzug gibt. In dem Strafmündigkeit gilt. Ein Haus, das zu den Bewohnern Ruyigis hin offen ist, in dem man eine Ausbildung und Seminare machen kann, in dem berufsbildend gearbeitet wird, in dem sich straffällig gewordene Jugendliche mit Nicht-Straffälligen Ruyigis treffen, sich begegnen, austauschen oder anfreunden und gemeinsam lernen oder chillen. Damit Prävention den Kreislauf der Kriminalität unterbricht und junge Menschen Zukunftschancen bekommen, um sich entwickeln zu können und sich zu befreien von eingefahrenen Vorurteilen und Verhaltensmustern. Damit das Töten und der Hass zwischen den Ethnien ein Ende nimmt und Menschen dazu verführt werden, ihr eigenes Schicksal und das ihres Landes in die Hand zu nehmen und zu gestalten.

Ein Zentrum für junge Menschen, in dem Fahrräder repariert werden und es Computerkurse geben wird, Musik gemacht wird, getrommelt, getanzt und gesungen, in dem sie sich ihre Kostüme selber nähen, wenn sie eine Tanztruppe gründen und Hoffnung und Phantasie entwickeln für ihre Zukunft. In dem sie ihre Strafe absitzen und währenddessen etwas lernen, um danach gewappnet zu sein für ein selbständiges Leben, ohne erneut in die Kriminalität zu rutschen.

Das ist Maggys und Johannes' Idee, das möchten sie gemeinsam bauen und gestalten und leiten. Es ist alles fix und fertig in ihren Köpfen, Johannes hat Pläne dabei und breitet sie auf der Wiese aus, zeigt, wie es aussehen soll, was benötigt wird, welches Personal dort arbeitet. Auch haben sie die Unterstützung der Politiker Ruyigis, wenn sie es denn selbsttätig bauen, wofür sie 15 000 Dollar benötigen.

Und in dem Moment trat Stella auf die Bühne und sagte: »Ihr bekommt das Geld dafür von uns.«

Musik.

Der Weg am nächsten Tag zurück nach Bujumbura ist endlos. Wir schauen aus dem Fenster und sehen Burundi, wenn es nicht regnet. Hängen unseren Gedanken nach, all den Eindrücken und Erlebnissen. So viele Menschen sind uns begegnet, die sich nicht auflösen, nur weil wir sie nicht mehr sehen, so wie wir uns nicht auflösen werden, wenn wir morgen oder übermorgen zurückfliegen nach Europa. Aber vorher gehen wir noch in eine kinderfreundliche Schule. Im Ernst. Sie heißt »child friendly school« und befindet sich in Bujumbura, das wir trotz der langwierigen Fahrt irgendwann erreichten. Kinderfreundliche Schulen sind anscheinend der neueste Schrei, und ich möchte verstehen, was hier abgeht, und darf am Englischunterricht teilnehmen.

Dass das Prinzip einer Schule ist, kinderfreundlich zu sein, denke womöglich nur ich; wie sehr es weltweit praktiziert wird, sei dahingestellt. Hier in der Schule mit 1500 Schülern ist die Idee offenbar wirklich neu, und das sieht man bereits an der Aufstellung der Schulbänke, die nicht militärisch angeordnet hintereinanderstehen, mit drei Kindern pro Bank, damit möglichst 90 Kinder in den Raum gequetscht werden können, sondern zu Gruppentischen zusammengeschoben wurden.

Die Lehrerin bewegt sich zwischen den Tischen, sagt englische Vokabeln, die Kinder rufen die Übersetzung in den Raum. Sie haben alle Bücher, Hefte, Stifte. Hier wird nicht auf gedrillte Wiederholung dessen, was der Lehrer sagt oder schreibt, gesetzt, sondern auf selbständiges Denken, man will sie dazu ermutigen, zum Denken, dazu, eine Meinung zu haben, und dazu sich eine Meinung zu bilden. Sie dürfen lernen ohne Angst. Das ist neu. Das ist nötig.

Dann klingelt es zur Pause, und was da abging, kann man sich nicht vorstellen, ein Gedränge ohne Ende, Schulhof ja, aber nichts zu tun. Ein einziger Baum steht da, vom vielen Hinaufklettern ist er schon ganz blank und kurz vorm Aufgeben. Die Toiletten sind leider in einem erbärmlichen Zustand, besser wäre, hinter das Klohaus zu pinkeln als hinein. Es gibt also noch zu tun.

Am letzten Abend gehen wir in das Rooftop-Café »Gourmand«. Das Gefälle zwischen Stadt und Land ist gewaltig. Hier sitzen junge Leute, trinken Smoothies oder Café au Lait, Studenten hocken hier über ihren Computern, es gibt free wifi, und alle Mädchen haben geflochtene braids. Erst als ich das sehe, realisiere ich, dass auf dem Land keine Frau geflochtene Zöpfe hatte, was ungewöhnlich ist, denn in afrikanischen Ländern flechten sich die Frauen Zöpfe, um lange Haare zu haben. Die Kunst in Sachen Haarflechterei ist in Afrika exzeptionell, flächendeckend verbreitet und kennt kein Ende in ihren phantasievollen farbigen Möglichkeiten, Formen, Frisuren und unterschiedlicher Zopfdicke. Die Haare sind aus Plastik und kosten wenig. Der Aufwand ist nicht das Material, sondern das Flechten selbst, was in einem Affenzahn gemacht wird und ohne Schonung der Kopfhaut des

Patienten. Doch selbst die zwei Dollar für das Plastikhaar sind in der ländlichen Region Burundis bereits zu viel verlangt. Aber vielleicht ist es auch einfach dort noch nicht angekommen, wer weiß das schon. In Bujumbura jedenfalls haben alle Mädchen braids. Oder zumindest hier im Gourmand.

Wir essen Croissants, sie sind phantastisch, es ist eine belgische Bäckerei ... Es ist wunderschön auf dem Dach des Cafés, von dem man die Stadt überblickt; hier würde ich wohl immer chillen, lebte ich in Bujumbura. Because I can. Because I am European.

Die Situation der Studenten in der Stadt ist jedoch prekär, wie sollte es auch anders sein. Immer kommt der Downer. Als Beispiel: Ein Student, der tagsüber studiert, arbeitet als Nachtwächter und erhält dafür monatlich ca. 45 000 BF, das sind ungefähr 42,50 Euro. Für das Studium muss er Gebühren zahlen, und wenn das Studium beendet ist, gibt es keinen Job.

Wir sitzen also ein letztes Mal alle zusammen, bedanken uns bei den UNICEF-Kollegen für ihre Zeit und dafür, dass sie mit uns diese Tour unternommen haben, und die burundischen Kollegen bedanken sich bei Stella, die immer nur abwinkt und sich freut über so ein gutes neues Projekt. Ich trinke einen grünen Saft; grün ist wichtig, das habe ich in einem Kochkurs irgendwo, wo die Wege aufhören, gelernt ...

Wir landen in Nairobi zwischen, hängen im Flugzeug auf der Rollbahn ab, und ich schreibe meiner besten Freundin eine SMS. »Bin in Nairobi.« Das ist natürlich ziemlich fies, und umgehend kommt eine Antwort: »Waaas???!!! O Gott!« »Nee, bin nur auf dem Flugplatz Nairobis. Bis gleich.«

Der Flug hat Verspätung, wir stehen noch ein bisschen länger in Nairobi herum, und ich versuche, mir vorzustellen, was nur ein paar Kilometer weiter gerade passiert. Im Westgate ... wo so viele Leben geendet haben. Wegen was ...?

Zurück geht es, nach Europa, nach Berlin. Zu meinem Kind, meinem Mann, meinen Freunden. In ein Land, dessen Bevölkerung genug zu essen hat, in dem Übergewicht eine Volkskrankheit zu werden scheint und andererseits immer mehr Teenager anorektisch sind. Offensichtlich haben wir ein gespaltenes Verhältnis zum Essen.

Bis zum Beginn des 19. Jahrhunderts gab es in Europa immer wieder Hungersnöte, dann kam die landwirtschaftliche Revolution. Als Heinrich Hoffmann im Jahr 1845 den meines Erachtens gruseligen »Struwwelpeter« schrieb, den er zum »Erziehungsberater« erklärte, war es neu, dass Kinder freiwillig nicht essen wollten und das Essen verweigerten, wie es bei Hoffmann der »Suppenkasper« tat und starb.

Und dann kam das Jahr 2015 – und alles wurde anders. Alle Hoffnung schien zerstört. In Burundi war wieder Krieg ausgebrochen, und Gewalt herrschte im Land. Der Präsident wollte an der Macht bleiben und schickte Truppen los, als die Bevölkerung dagegen protestierte. So kamen sie auch nach Ruyigi und ins Maison Shalom zu Maggy ...

Alles wurde zerstört. Alle wurden vertrieben, Maggy erhielt erneut Morddrohungen und floh mit ihren Liebsten, ging ins Exil nach Ruanda. Ihr Lebenswerk war zerstört. 22 Jahre hatte sie dort gearbeitet, 30 000 Kinder hatten bei ihr gelebt. Das Resozialisierungszentrum war gebaut worden. Nun war alles verloren, alles, was sie jemals erschaffen hatte ... Als ich das hörte, wurden meine Beine weich. Auf der Homepage des Maison Shalom kann man lesen:

»Als ein Ergebnis der Krise des Jahres 2015 und seit November desselben Jahres wurden die Aktivitäten des ›Maison Shalom‹ in Burundi eingestellt. Während der Krise in Burundi hat das ›Maison Shalom‹ die Massaker und Verbrechen gegen die Menschlichkeit verurteilt. Dies führte zuerst zur Schließung der Konten und später zur Schließung aller Aktivitäten durch die burundische Regierung.«

Seit 2015 haben mehr als 450 000 Burunder das Land verlassen, um in den Nachbarländern Zuflucht zu finden, mehr als 90 000 sind in Ruanda in Geflüchtetencamps.

Doch Marguerite Barankitse hatte mit über 60 allerdings nicht aufgegeben und schon gar nicht die Hoffnung verloren. Ihre Arbeit, ihr Lebenswerk geht weiter. In einem anderen Land, an einem anderen

Ort, dem »Maison Shalom Ruanda«, ein Community Center, das sie »Oasis of peace« genannt hat und in dem sie sich um Geflüchtete kümmert. Der Direktor des Hauses ist Richard, ihr Sohn, den man als Kind in ein brennendes Haus warf und der in Amerika Ingenieur wurde.

»Nach drei Jahren des Exils hatten wir jeden Grund, in Bitterkeit und Verzweiflung zu versinken. Dank Ihrer Freundlichkeit und Großzügigkeit haben Sie uns getröstet. Sie haben uns den Mut gegeben, mit Würde und Hoffnung entfernt von unserem Land zu leben, bis zu dem Tag, an dem wir in unser Zuhause zurückkehren werden. Ich danke Ihnen aus tiefstem Herzen. Maggy Barankitse, Gründerin des Maison Shalom.«

In einem TED-Talk aus dem Jahr 2018, in dem sie ihre neue Arbeit vorstellt, sagt sie am Schluss: »Wir müssen den Geflüchteten Liebe und Würde geben, aber ich bin sicher, dass ich eines Tages zurückkehre in mein Land. Wir sind eine Familie. Glaubt ihr das? Glaubt ihr, dass ich eure Schwester bin?« Applaus. Maggy lacht.

Rumänien. 2001

Jeder hat das Recht auf Leben,
Freiheit und Sicherheit der Person.
Artikel 3 der Allgemeinen Erklärung
der Menschenrechte, 1948

Die erste Reise mit UNICEF habe ich unternommen, als das World Trade Center noch stand. Man durfte Milchfläschchen mit in das Flugzeug hineinnehmen. Nicht dass ich die Absicht gehabt hätte, Milchfläschchen nach Rumänien mitnehmen zu wollen, aber vielleicht eine Flasche Wasser oder eine Kanne Tee. Damals war das noch möglich. Geraucht habe ich nicht, was man absurderweise zu noch früherer Zeit durfte, in den letzten drei Reihen vorm Klo. Jetzt nicht mehr, die Welt ist sicher, sicherer, am sichersten: ohne Rauchen, mit Milchfläschchen, so kommt man ans Schwarze Meer. Es war Frühling.

Anfang des Jahres 2001 lebte meine Mutter noch. Meine Tochter war sieben Jahre alt und in der ersten Klasse. Meinen ersten Text über meine erste Reise schrieb ich, fünf Tage bevor die Türme fielen und ich unbeweglich vor dem Fernseher saß und mich bei dem Gedanken erwischte: Wie gut, dass Mama das nicht mehr erlebt hat. Sie wäre in Panik geraten, wie sie ihr Lebtag schnell in Panik geriet aufgrund der erschütternden Erlebnisse in ihrer Familie während der Zeit des Nationalsozialismus, wie unter anderem die Verbringung ihrer Mutter in eine Irrenanstalt, aus der sie nicht zurückkehren sollte.

Im Jahr 2001 änderte sich die Währung, von Deutscher Mark zu Euro, es war die Interimszeit. Rumänien war noch nicht in der EU, das kam erst sieben Jahre später. Wir mussten Geld wechseln, von D-Mark in Lei.

Claudia Berger vom deutschen Team UNICEF begleitete mich, wie sie mich zukünftig auf fast allen Reisen begleiten wird. Sie hält zumindest den Deutschlandrekord, was Reisen in den globalen Süden angeht, sie war mehrmals around the globe. Die vielen Projektreisen, die sie unternahm und die intensiven Erlebnisse, die darin enthalten sind, haben weder ihr Herz verkümmern noch ihre Sprache verbittern lassen. Im Gegenteil, ihre vielen schönen blonden Haare strahlen wie ihre türkisfarbenen Augen, und sie wird zu einer Freundin werden, von dieser rumänischen Reise an, verbunden durch gemeinsame Erlebnisse und Begegnungen an Orten, die kein Tourist jemals sah. Sogar als wir einer westafrikanischen Zauberin auf der Insel Gorrée vor Dakar begegneten, die uns sagte, dass sie mit Hilfe von Cowryshells (Muscheln) in der Lage wäre, uns die Zukunft vorauszusagen, haben wir uns entschlossen, auch das gemeinsam zu erleben. Was sie voraussagte, findet man im Kapitel Senegal.

Wir fahren also los, und ich gab zwei riesige Koffer auf. Schleppkoffer. Keine Rollkoffer, die hatte ich damals noch nicht. Es gab sie zwar schon, aber ich hatte so etwas Neumodisches leider noch nicht. Ich schleppte also meine Koffer die fünf Stockwerke aus meiner Wohnung hinunter, gefüllt waren sie mit Kleidung meiner kleinen Tochter, die ihr nicht mehr passte oder die zu viel war. Jacken, Pullis, Hosen, Schuhe. Und ein paar Tierchen. Tage vorher war ich losgegangen und hatte Papier und Blöcke, Stifte und Süßigkeiten eingekauft. Ich war noch neu, ich wusste nicht, was man darf und was nicht, wie das standard procedere bei UNICEF aussieht.

Die Koffer waren also voller Mitbringsel für Kinder, denn das Thema der Reise hieß: Heimkinder. Meine Sachen hatte ich ins Handgepäck geworfen. Es ging los, mir war schlecht vor Aufregung. Meine Mutter war bei meiner Tochter, sie machten sich eine schöne Zeit, da war ich mir sicher, es waren ja nur ein paar Tage, sie würden sicherlich jeden Tag gemeinsam zur Schule fahren, Mama würde eine Runde durch den Wald spazieren und ihr Enkelkind dann wieder abholen. In der ersten Klasse ist ja bereits um 11.30 Uhr Schulschluss. Sie würden zusammen in einen Blumenladen gehen, und Paula dürfte sich eine Blume aussuchen, die meine Mutter ihr dann auf den Nachttisch stellen würde, weil man Blumen braucht und Farbe und Duft und die Schönheit, vor allem, wenn es noch kurz vor Frühling ist. Darum sagte meine Tochter mit Anfang 20 zu mir, als wir einen Blumenladen betraten: »Ach, Blumenläden erinnern mich immer so an meine Kindheit.«

Ich wusste, meinen Liebsten wird es gutgehen, während ich diese erste Reise unternehmen würde. Meine Mutter war vielleicht etwas unruhig, aber sie ließ es sich nicht anmerken und bat lediglich um gelegentliche Anrufe, damit sie wisse, dass es mir gutgehe. »Ja, Mama.«

Wir flogen los. In den Osten des europäischen Kontinents. In ein Land, dessen Diktator elf Jahre zuvor, am 21. Dezember 1989, vor laufender Kamera von dem Willen und Hass seines Volkes ermordet worden war. Nicolae Ceauşescu, der sich einen Palast in Bukarest hatte bauen lassen, der eines der größten zusammenhängenden Bauwerke der Welt ist. Die Gigantomanie der Diktatoren. Die großen Straßen, achtspurig, zwölfspurig. Zubringer zur Macht. Ceauşescu hatte die Idee, die Kinder des Landes in Institutionen unterzubringen und heranwachsen zu lassen. Zum Zeitpunkt unserer Projektreise, im Jahr 2001, lebten noch immer 100 000 Kinder in 500 Heimen. Eine institutionalisierte Gesellschaft schwebte ihm vor. Als könne man Menschen in Schachteln praktisch unterbringen und übereinanderstapeln, und alles, was da nicht reinpasst, kommt in eine extra Schachtel für die Ausschussware, für das unwerte Leben, wie die Nazis es nannten.

Die Stärke einer Gesellschaft misst sich an ihrem Umgang mit den Schwachen. In Rumänien konnte man auch 2001, zehn Jahre nach den Fotos, die einmal um die ganze Welt gegangen waren und Entsetzen ausgelöst hatten, auf denen Kinder zu sehen waren, die in Schweineställen aufgefunden wurden oder an Heizungskörper gekettet worden waren, die Nachwirkungen dieser Institutionen noch erleben.

Die Koffer habe ich ausgepackt, nachdem ich Dr. Matusa in Constanţa kennengelernt, nachdem ich einige ihrer 250 Kinder kennengelernt hatte. Die lovejunkies.

Die Klinik in Constanţa wirkt, als läge sie auf einem Hügel, obwohl man nur einen kleinen ansteigenden Weg aus Geröll zu ihr hochgeht, aber sie hat Charakter ohne Schönheit, und sie schaut mich an. Die Klinik hat Ähnlichkeit mit den Einrichtungen, die überall in der Welt den Eindruck vermitteln, dass man abhängig sei, dass man an diesem Faden hängt, den andere durchschneiden können. Krankenhäuser, Gefängnisse, Altenheime, Irrenanstalten, Schulen. Das sind große Häuser mit vielen Menschen darin. Wir sind im Osten. Das sieht man auch ohne Straßenschild. Trotz Mauerfall und Perestroika und dem Ende des Kalten Krieges. Das Sowjetreich ist zerfallen, die Länder begannen sich unabhängig zu machen, die Armut springt einem ins Auge, wir sind bei jenen, die wahrlich Hilfe, Nähe, Zuneigung und Berührung benötigen.

Wir besuchen die Kinder. Wir besuchen sie in einem Krankenhaus, weil sie krank sind. Sie sind HIV-infiziert oder haben Aids. Wir besuchen sie in einem Krankenhaus, das ihr Zuhause geworden ist, weil sie keine Familie mehr haben, weil sie zurückgelassen oder abgegeben wurden oder weil die Eltern bereits an Aids gestorben sind. 90000 Kinder in Rumänien wurden abgegeben oder zurückgelassen. Die Familien sind überfordert, die vielen Kinder, die auf des Diktators Wunsch im ganzen Land geboren wurden, überforderten die Finanzkraft der Familien. Mütter gebaren ihre Kinder in Kliniken und verschwanden. Andere legten ihre kranken Kinder vor das Krankenhaus, weil sie nicht wussten, wie sie die fünf gesunden Kinder und das eine kranke Kind versorgen sollten. 1989/90 wurden Tausende von Babys geimpft und durch die Impfung mit HIV angesteckt. Man vermutet, dass die Nadeln nicht steril waren.

Zur Erinnerung: Es gibt einen Unterschied zwischen HIV-positiv und Aids. HIV ist der Erreger, das ›Humane Immundefizienz-Virus‹. Aids ist die Krankheit, der Name ist die englische Abkürzung für ein ›erworbenes Immundefektsyndrom‹.

Wir gehen die Treppe hoch in den zweiten Stock, in dem sich die HIV-positiven und mit Aids infizierten Kinder aufhalten. Die Gänge sind breit, leer und dunkel, Kabel und Glühbirnen hängen von der Decke, aber es leuchtet nichts. Ein Trakt ist zugesperrt. Hier leben die Kinder, die keinen Ort, keinen Menschen haben, sondern deren Ort hier ist und deren Menschen die Ärzte und Betreuer sind – und heute sind wir es, wie wir gleich sehen werden. Ich werde in den Essensraum geschoben, in dem alle die Kinder zum Mittagessen versammelt sind und winken. Ich winke zurück. Ich weiß nicht, was ich tun soll, es scheint mir so absurd, hier zu sein, also stehe ich mit dem Rücken an der Wand und versuche mich mit der Frau Doktor zu unterhalten, um zu verstehen, was hier geschieht, doch da ertönt lautes Schreien aus einem anderen Zimmer, und sie rennt los. Nach kurzer Zeit hört das Weinen auf, und laute Stille bleibt zurück.

Die Kinder sind fertig mit dem Essen und laufen auf mich zu. Ein ganzer Haufen kleiner Mädchen und Jungen. Hände, Arme, rote und bleiche Gesichter und verwuschelte Haare, manche ohne Haare, manche mit Kopftuch, sie ergreifen meine Hand, sprechen zu mir hin, ziehen mich aus dem Raum, umarmen mich, lassen meine Hände, meine Arme nicht mehr los, versuchen, an mir hochzuklettern, drücken sich an mich. Was geschieht hier?

Elena, so nenne ich sie, ist zwölf Jahre alt und lebt hier seit zwölf Jahren. Durch eine Bluttransfusion wurde sie mit dem Virus infiziert, ihre Mutter ist tot. Sie teilt sich das Zimmer mit sieben anderen Kindern. In einem Knäuel gehen wir hinüber in das Zimmer, ich soll es mir ansehen, sie wollen mir ihre Sachen zeigen, eine Puppe, ein Bild, ein Tierchen, ein Kissen, das Bett, das am Fenster steht. Acht Betten stehen eng an eng, aber irgendwie gemütlich, wir klettern über die Betten, die vorn im Raum stehen, um zu denen, die vor dem Fenster stehen, zu gelangen, anders kommt man nicht zu dem Nachttisch, auf dem die Puppe sitzt, die ich betrachten soll, eine blonde Zersauste.

Wir sitzen in einer Gruppe auf einem Bett, und endlich bin ich angekommen. Die Kinder haben mir gezeigt, wie das geht. Sie haben keine Zeit zu verlieren, sie kennen die Welt nicht, sie kennen die Menschen nicht, sie sind angefüllt mit Sehnsucht nach Liebe und Nähe, sie nehmen jeden, der kommt und mit ihnen Zeit verbringt.

Elena sitzt auf meinem Schoß und hat ihre Ärmchen um mich geschlungen, ich spreche Englisch und zwei Worte Rumänisch, die Kinder lachen sich kaputt und wiederholen meine englischen Worte, wir verstehen uns. Ich bewundere ihre Betten, die sich jede und jeder hübsch gemacht hat, mit einem Tuch oder einem Kissen oder einem gemalten Bild, das darüber an die Wand geklebt wurde. Wir brauchen Farben und Schönheit, Blumen und Duft. Es riecht nicht gut, und die Fenster werden nicht geöffnet, Blumen gibt es auch nicht, aber vielleicht können wir uns ein paar Blumen ausdenken und zeichnen. Ich hole also die Stifte und Blöcke, und wir lagern auf den Betten und malen Blumen und unsere Namen. Die Kinder sagen »Mama Katie« zu mir, und bei allen ist das Hauptmotiv die Klinik, sie ist ihre Realität, ihr Leben, ihr Zuhause, das ist, was sie kennen. Man malt, was man kennt. An welchem Punkt beginnt man, eine Sehnsucht zu malen? Dazu muss man sich etwas vorstellen, und kann man sich nur vorstellen, was man kennt?

Dr. Matusa steht in der Tür, lächelt und sagt: »Sie haben so ein großes Bedürfnis nach Nähe, sie kennen keine Distanz.« Später erfahre ich, dass das gefährdend sein kann, vor allem für die Mädchen. Ich frage die Ärztin, ob ich meine Koffer aus dem Auto holen dürfte?

»Ja«, sagt sie, »aber wir müssen das vorsichtig organisieren, sonst gibt es nur Tränen und Geschrei.«

»Dann hole ich die Koffer, und Sie verteilen den Inhalt, wie Sie meinen.«

Ich schleppe die Koffer hoch, die zwei Stockwerke sind ein Klacks für mich, und bringe sie in das Büro der Frau Doktor, in dem sie die Sachen inspiziert. Die Kinder sollen sich anstellen, was ich etwas sehr amtlich finde, aber bitte. Sehr diszipliniert geht die Verteilung vonstatten, und kurz vor Schluss passiert doch noch ein Unglück. Rubina, so nenne ich sie, beginnt zu weinen, weil sie nicht die Schuhe erhielt, die sie gern bekommen hätte. Ich kann das nicht mit ansehen und schleiche mit ihr in einen Nebenraum und nehme aus einer anderen Tasche ein Paar dunkelrote Stiefelchen, die ihr zu groß sind, aber das macht ja nichts, man kann sie ja um die Knöchel festbinden. Sie lächelt ihre Tränen weg, nimmt meine Hand und sagt immer wieder: »Thank you, thank you.« Und das englische Wort wird zu unserem Gespräch. Man braucht nur ein Wort, das beide verstehen und kann es befüllen mit einem Gedanken und seinem Gefühl, das geht.

Es ist schwer zu gehen. Es ist das erste Mal.

Ich spreche mit Dr. Matusa, ob es nicht möglich wäre, dass wir Pakete schickten. Direkt an das Krankenhaus. Für die Kinder, die hier betreut werden oder zur Behandlung aus ihren Familien oder Pflegefamilien herkommen, insgesamt 900.

»In der Klasse meiner Tochter sind 28 Kinder, wenn wir ein Päckchen pro Woche schicken, dann wäre jeder zweimal im Jahr dran, das müsste doch lässig gehen.«

Also schrieb ich einen Brief an die Elternschaft, als ich zurückkehrte, und berichtete von der Einrichtung, der Situation der Kinder und meiner Idee, und erfreulicherweise war die Reaktion durchaus positiv. Den Testlauf machte ich und begann mit einem großen Paket, das ich an das Krankenhaus, dessen korrekte Adresse ich mir von der Ärztin hatte aufschreiben lassen, schickte. Ich schrieb Dr. Matusa eine E-Mail, dass es losgeschickt worden war. Wartete eine Woche, wartete zehn Tage. Schrieb erneut. Es sei nichts angekommen, war die Antwort. Also noch mal, ein weiteres gelbes Postpaket in XL. Dasselbe geschah.

Was passiert hier, fragte ich die Ärztin, fragte ich Claudia und erhielt von beiden die Antwort, dass die Päckchen an der Grenze kontrolliert würden und man vermute, dass die kontrollierenden Grenzer selber Kinder hätten und ein schmales Einkommen. »Wahrscheinlich sind die Pakete an der Grenze hängengeblieben und in andere Hände geraten.«

Deshalb sind die internationalen NGOs mit ihren sicheren Netzwerken und funktionalen Strukturen, die kontrolliert und respektiert werden, sinnvoll. Sie sind vor Ort und haben entsprechendes Wissen.

In Kooperation mit dem Krankenhaus gibt es eine Tagesklinik einer amerikanischen NGO, die gerade erst eröffnet wurde. Im Krankenhaus erhalten 350 Kinder antiretrovirale Behandlungen. Hier nun kommen Eltern hin, um sich Medikamente abzuholen und gemeinsam mit Sozialarbeitern trainiert zu werden für den Umgang mit Kindern, die HIV-infiziert sind. Auch hier Bilder an den Wänden. Gerahmt. Dr. Matusa zeigt uns ein Bild in blauen und gelbroten Farben. »Das ist keine Sonne, das ist meine Krankheit«, hatte das Mädchen, das das Bild gemalt hatte, der Ärztin das Bild erklärt. Das Krankenhaus und die Krankheit sind die Themen, die sich ihren Kanal in die Bilderwelt der Kinder bahnen. Das Mädchen konnte sich ihre Krankheit bildlich vorstellen, weil sie mit ihr lebte, inzwischen ist sie daran gestorben.

Daneben hängt das Bild eines anderen Mädchens, und Dr. Matusa beginnt zu weinen, als sie uns die Geschichte erzählt.

In eine Sonne sind fünf Figuren hineingemalt, die sich an den Händen halten und auf diese Weise einen Kreis bilden. Ein Kreis von Menschen im Kreis der Sonne. Die Kinder, die von ihren Eltern verlassen wurden, haben oft eine sehr enge Bindung zueinander, die wie eine Ersatzfamilie fungiert. Das Bild war entstanden, nachdem ein Junge gestorben war und die »Familie« beschlossen hatte, keinen der Ärzte in sein Sterbezimmer zu rufen, da sie unter sich sein wollten. Die Kinder hatten Kerzen angezündet und hielten sich an den Händen. Das Mädchen hat daraufhin das Sterben in einem Meer aus Licht gemalt. Es war ihr letztes Bild.

Wir fahren über Landstraßen, auf denen uns von Eseln gezogene Karren begegnen, darauf Frauen mit violetten Kopftüchern und langen Röcken, rauchende Männer auf dem Bock. Wie eine Zeitreise ins 19. Jahrhundert muten die Gefährte an. So erreichen wir die »Casa Speranta« von Marietta Drogeanu – das Haus der Hoffnung, das Marietta Anfang der 90er gegründet hatte und seitdem leitet.

Hier leben 19 Kinder. Es ist kein Krankenhaus, kein Heim, keine Schule, sondern ein Haus, in dem kleine Familien leben, deren Familienmitglieder Marietta einander jeweils vorgestellt hat: die Kinder ihren neuen Müttern, den Müttern ihre Kinder.

Vier bis fünf Kinder leben mit sich abwechselnden ein oder zwei weiblichen Elternteilen innerhalb des Hauses Speranta in Wohnungen. Die Kinder haben jeweils zu zweit einen Raum; Küche, Bad und Arbeitsraum wird, wie das so ist in Familien, gemeinsam genutzt. Sie haben ein Familienleben, gehen zur Schule, essen zusammen, machen Hausaufgaben, verbringen einen schönen Abend, decken den Tisch, streiten und vertragen sich, kriechen nachts mal rüber zur Schwester oder zum Bruder oder zu Mama ins Bett, wenn sie nicht schlafen können, weil Träume oder Schmerzen kommen.

Zusätzlich gibt es die Gemeinschaftsräume, in denen sich alle des Casas treffen, an Feiertagen wie Weihnachten oder Geburtstag oder auch ohne feierlichen Anlass.

So versucht man im Speranta, die Lebensform der Familie nachzubilden. Den Mikrokosmos, die Geborgenheit, den Alltag des Miteinanderseins und Problembewältigens, aber auch Freude und Erfolgserlebnisse miteinander zu teilen in einem kleinen Kreis. Die Väter fehlen, besser wären eine Frau und ein Mann pro WG, sagt Marietta, aber das gelingt räumlich nicht. Die Frauen, die hier ehrenamtlich arbeiten, kommen aus dem Ort Constanța und sind mittlerweile enge Partner geworden, sie alle zusammen machen diese beeindruckende Einrichtung möglich.

Ein Haus, in dem es hell ist und sauber, in dem die Fenster geöffnet werden und die Wände farbig gestrichen sind. Die Kinder, denen wir hier begegnen, sind frei und heiter, hübsch angezogen und wirken selbständig und selbstsicher. Sie sind keine Opfer.

Aus den Krankenhäusern sind sie hierhergekommen. Alle Kinder sind HIV-positiv und wurden zum größten Teil von den leiblichen Familien dort abgegeben.

Wir erhalten eine Tour durch das Haus: die Wohngemeinschaften mit Räumen, in denen gekocht, gegessen, geschlafen, gelernt wird. Und schließlich betreten wir einen stillen Raum im ersten Stock. Das Andachtszimmer. Dort hängen an einer Wand gerahmte Fotos von all den Kindern, die gestorben sind ... Ihre Namen und ihr Alter stehen darunter. Davor Blumen und Kerzen. Ein Raum, in dem die Kinder trauern. Sie setzen sich auf den Boden vor den Altar und zünden Kerzen an, denken an ihre verlorenen Freunde, die Teil ihrer Familie geworden waren. Dort sprechen sie mit Marietta und ihren Betreuerinnen über den Tod und denken darüber nach, wo die Kinder hingegangen sind, jetzt, da sie nicht mehr bei ihnen sind. Oder auch: Wann ist meine Zeit?

1994 versuchte die Direktorin, das erste HIV-positive Kind in einer regulären Schule anzumelden. Widerstand regte sich. Marietta erklärte den Lehrern und Eltern der Schule, wie wichtig es für ihre Speranta-Kinder sei, nicht ausgegrenzt von der Gesellschaft zu leben. Sie sagte, dass die Kinder um ihre Krankheit wüssten und welche Vorkommnisse für andere gefährdend seien. Sie wissen, dass, wenn sie sich an der Hand verletzt haben und bluten, sie sich sofort einen Handschuh anziehen müssen. Sie konnte überzeugen. Im Jahr darauf wurden die nächsten Kinder in der Schule angemeldet, und heute nun gehen alle Kinder in reguläre Schulen. Sie haben dort Freunde und sind die Klassenbesten. Lehrer und Eltern und Mitschüler haben ihre Grundeinstellung geändert und wirken in diesem Prozess unterstützend statt verhindernd oder ablehnend. Sie werden eingeladen zu Festen des Casa, damit sie sich ein Bild des Zuhauses machen können. Die Integration der HIV-positiven Kinder in das reguläre Schulsystem ist in Rumänien eine große Ausnahme, und ausschließlich Marietta und ihren Kolleginnen ist es zu verdanken, dass es hier so weit gekommen ist. Und natürlich den Kindern selbst, die inzwischen auch von den Familien der befreundeten Mitschüler oder Nachbarn des Casa Speranta eingeladen werden. Sie leben ein ganz normales Leben.

Ich gehe mit den Kindern in den Hof, wir wollen schaukeln und klettern und uns unterhalten, denn einige dieser Klassenbesten sprechen etwas Englisch. Schließlich sitzen wir auf einer Decke und tätowieren unsere Arme mit Filzstift, verdrücken die Bonbons, die ich mitgebracht habe, und ich lerne ihre Namen und frage sie nach Lieblingsfächern und wie es so läuft in der Schule, womit sie sich zu Hause beschäftigen, um mir dann in letzter Sekunde die Frage zu verkneifen: Was willst du mal werden, Mali?

Die Kinder erhalten extern die antiretrovirale Behandlung. Und sie benötigen doppelt so viel Proteine und Kalorien wie andere Kinder, nämlich 5000 am Tag. Das kostet.

Die Idee der Familiensimulation, als Lebensform für Kinderheime, nennt sich Foster Care oder Fosterhouses. Es sind letztlich Pflegefamilien. Es geht darum, dass die Kinder die Sicherheit erfahren, die im besten Fall die Familie dem Kind gibt, um stabil als Person zu leben und heranzuwachsen und zu lernen, mit der Krankheit umzugehen.

Ich treffe in einem der Fosterhouses, die wir besuchen und die mit lokalen, irischen, englischen, amerikanischen (oder anderen) NGOs und UNICEF kooperieren, ein hübsches elfjähriges Mädchen mit Glitzerspangen im Haar und einem komplett vernarbten Gesicht. Sie erzählt mir ihre Geschichte. Als kleines Kind wurde sie durch eine Injektion mit HIV infiziert, aber es wurde weder rechtzeitig diagnostiziert noch behandelt. Fünf Jahre lebte sie mit ihrer Mutter auf der Straße, dann kam sie in das Krankenhaus von Dr. Matusa. Die Krankheit brach schließlich so gewaltig aus, dass in ihrem Gesicht erste Geschwüre auftraten, die sich zügig verstärkten, so dass die Oberfläche ihres zarten Gesichtes sich vergrößerte, da die Geschwulste heraustraten und die Haut sich ganz dunkel verfärbte. Wie Lavagestein. Der Geruch, den die Krankheit ausströmte, ließ sie vollends vereinsamen. Dann kam sie dank einer italienischen Nichtregierungsorganisation für ein halbes Jahr in ein italienisches Krankenhaus, wurde dort versorgt und operiert, und anschließend wurde sie in Rumänien in eines der Fosterhouses aufgenommen.

Sie und ich sitzen zusammen auf einem Stockbett, während sie erzählt, dann rennt sie los und holt ein Passfoto von sich, um mir zu zeigen, wie sie vor der OP in Italien aussah. Strahlend zeigt sie mir ein wirklich verstörendes Foto.

Heute nun wird sie endlich mit der entsprechenden Behandlung versorgt, so dass eine derartige Katastrophe nicht wieder passieren wird.

Im Jahr 2001 lag die offizielle Zahl aidskranker Kinder Rumäniens bei 4500. Der rumänische Staat unterstützte seinerzeit die Familien pro Kind im Monat mit zehn Dollar, was nicht ausreichend war für entsprechende Medikamente, Kleidung und reichhaltige Ernährung.

Die Sera Foundation Năvodari, etwa 20 Kilometer nördlich von Constanța entfernt, ist ein Fosterhouse mit Kindern und Teenagern zwischen acht und siebzehn Jahren, die körperlich oder geistig behindert sind, was medizinisch ausgedrückt retardierende Entwicklung genannt wird.

Sie befindet sich in einer großen Parterrewohnung, die überaus bunt und fröhlich gestaltet ist: vor den Fenstern rote und blaue Vorhänge, gelbe, grüne, blaue, rote Stühle an den Tischen. Jeder der Betreuten hat seine privaten Sachen im eigenen Nachttisch am Bett oder in Regalen untergebracht. Man lernt in der Foundation bis zu der jeweiligen Kapazität, die alltäglichen Dinge möglichst allein zu bewältigen: Zähne putzen, aufs Klo gehen, anziehen, mit Löffel und Gabel essen, Schuhe anziehen, bevor man rausgeht und so weiter. Sie lernen, so weit es möglich ist, selbständig zu sein und nicht abhängig von den Betreuern. Lernen, sich auszudrücken, miteinander zu kommunizieren oder auch ein wenig lesen und schreiben.

Ein junger Mann zog sich seine Jacke an, da die Gruppe einen Spaziergang machen wollte. Ich konnte beobachten, wie das Schließen des Anorak-Reißverschlusses nicht nur feinmotorisch, sondern auch emotional zu einer Herausforderung wurde. Nach Schreien und Stampfen seinerseits und mit viel Lob und Motivation seitens der Betreuenden gelang es ihm. Die Schuhe vergaß er über all der Reißverschluss-Aufregung und raste auf Socken hinaus. Die Betreuer lachten und meinten: »Ach ja, eigentlich kann er ja seine Schuhe schon allein anziehen, das vergisst er nur manchmal. Wir nehmen die Schuhe mit, und vielleicht ergibt sich während des Spaziergangs eine passende Gelegenheit, sie anzuziehen. Aber es ist ja auch nicht mehr so kalt.« Es gibt viel Nachholbedarf in Sachen Selbständigkeit, und selbst wenn es mehr Platz gäbe – die Sera Foundation bietet Platz für 37 Betreute –, wäre das nicht Sinn der Sache, denn es soll überschaubar bleiben, damit die Kinder genug lernen, um selbständig die Grundbedürfnisse zu erledigen. Zähne putzen kann man lernen, auch wenn das Gehirn ein wenig durcheinandergeraten ist.

»Wir möchten, dass sie so selbständig werden, wie es ihnen gelingt.«

Immer wieder höre ich das Wort »selbständig« und frage daher: »Woher kommen denn eure Kinder und Teenager, dass es so viel Nachholbedarf gibt?« Die Kinder im Casa Speranta, erinnere ich, kamen aus dem Krankenhaus von Dr. Matusa, daher denke ich, es ist eine ganz verständliche Frage.

Die Reaktion hier jedoch ist Stille. Keiner sieht mich an, man senkt den Blick.

»War das die falsche Frage?!«

»Nein ...«

»Aber?«

»Sie kommen aus den Institutionen. Also genauer gesagt, sie kommen aus der Institution in Negru Vodă.«

Das Wort »Institution« wird oft in Verbindung mit dem Namen des ehemaligen Diktators ausgesprochen, habe ich begriffen.

»Negru Vodă?«

»Ja.«

»Ist das weit?«

»80 Kilometer.«

»Können wir hinfahren?«

Erneute Stille.

Schließlich sagt jemand: »Es ist eine Institution aus der Ceauşescu-Zeit.«

»Ja, das habe ich mir gedacht.«

»Also gut.«

Und dann fahren wir an einen Ort, den es nicht geben darf.

Schwarzes Meer heißt auf Rumänisch Marea Neagră. Constanţa liegt am Schwarzen Meer, sagte ich schon. Und Năvodari auch. Es ist schön am Schwarzen Meer, ich habe es auch von der bulgarischen Seite kennenlernen dürfen. Das biologische Schwarze Meer ist eigentlich nicht salzig, da Binnengewässer, hat aber selbständig am Bosporus eine Abkürzung zum Meer gefunden, was kein Geologe versteht. Darum ist es nun salzig. Es ist größer als Deutschland, damit man sich mal eine Größenvorstellung macht. Es gibt Boulevards am Ufer, so dass man im Sommer promenieren kann und irgendwo einkehren, es gibt gutes Essen, wie zum Beispiel das traditionelle bulgarische Essen, das ich kennen- und lieben lernte, bei dem man Kartoffeln, Tomaten, Zwiebeln und Schafskäse, mit einem Ei obendrauf geschlagen und viel Pfeffer und Salz, in eine Terrakottaschüssel gibt und in den Ofen schiebt. Es ist schön am Schwarzen Meer, es wird immer mehr zu einem Touristengebiet, das hilft.

Wenn man von der rumänischen Küste 80 Kilometer ins Landesinnere fährt, was auf der Landkarte nicht weit erscheint angesichts der Größe des Schwarzen Meers, dann ist man dort angekommen, wo wir, aufgrund meiner Bitte, außerhalb des Schedules hingefahren sind: in einer Irrenanstalt. Einer Institution aus anderer Zeit. Nicht dem Mittelalter, sondern aus der Ceaușescu-Zeit. Die Stärke eines Landes zeigt sich am Umgang mit den Schwachen. Ein diktatorischer Staat, der seine Schwachen nicht nur exkludiert, sondern wegsperrt, dass man sie nicht mehr sieht, in der Hoffnung, dass sie dann auch nicht existieren, wie es bis heute noch in Sankt Petersburg geschieht, ist nicht stark, egal, wie viel militärische Paraden die Stärke demonstrieren sollen. Die Nazis hatten sich auch dafür eine Endlösung ausgedacht. Die sogenannte »T4-Aktion«. Benannt nach der Adresse des Hauptquartiers in der Tiergartenstraße 4 in Berlin. Dort steht jetzt die Philharmonie, davor ein Mahnmal für die in den Jahren 1940/41 über 70 000 totgespritzen oder vergasten Opfer der Euthanasie während des Nationalsozialismus. Meine Großmutter war eine von ihnen.

Am Ende der Fahrt nach Negru Vodă, was sinngemäß »schwarzes Wasser« heißt, aber nicht rumänisch ist, wie mir eine rumänische Freundin erklärte, und wo die Straßen immer schmaler und schlechter gepflastert sind, sehen wir den Bau. Eine ehemalige Kaserne aus graugrünem Beton, umgeben von ungemähtem, sehr hoch gewachsenem Gras, eingefasst von Drahtzaun. Sie steht da so rum inmitten der leeren Landschaft.

Hier leben knapp 200 Menschen. Frauen, Männer, Mädchen, Jungen. Kinder, Teenager, Erwachsene. Körperlich und geistig behindert. Man wartet, dass sie sterben. Sie sterben aber nicht, sie leben dieses trostlose Leben, und man kann nur hoffen, dass in ihren Köpfen ein Film läuft.

Auf der nicht gemähten Wiese, das sehe ich erst beim Näherkommen, sitzen lauter kleine Wesen. Irdische. Sie beugen sich nach vorn und hinten; Menschen, die wackelnd im Gras sitzen, das sie nur um weniges überragen. Wie kleine Hasen aus der Fibel sitzen sie da mit ihrem Hospitalismus. Es werden viele Witze über Hospitalismus gemacht, gerade in Schauspielerkreisen, aber hier war er, der Hospitalismus, kein Fake, kein Joke, da saßen diese vielleicht zehn oder fünfzehn Kinder und Erwachsenen im Gras und wackelten, und erst später begriff ich: Das sind die Glücklichen. Sie können hinausgehen, sie sitzen im Gras, das so etwas wie Natur ist, sie sehen die Sonne, wenn sie am Himmel ist, und halten ihr Gesicht ins Licht.

Als wir den Bunker betreten, erwarten und begrüßen uns bereits eine der insgesamt drei Ärztinnen und die heute arbeitenden drei Pflegerinnen, die mit erstaunlichem Tempo informiert worden waren, dass wir heute überraschend kämen. Hinter uns fällt die Tür zur Welt, wie wir sie kannten, zu.

Schlagartig wird es dunkel. Der Geruch überfällt einen wie ein Gewitter. Es stinkt betäubend nach Pisse. Die Menschen hier sind zum größten Teil nicht in der Lage anzukündigen, wenn sie aufs Klo müssen, also tragen sie Windeln. Die Institution hat aber zu wenig Geld, um ausreichend Windeln zu kaufen, also gibt es Lappen oder eben nichts. Dann wird in die Lappen gepisst oder in die Hose oder auf den Boden, denn gerade die kleineren Kinder haben gar keine Hosen an. Die meisten auch keine Schuhe. Kinder rutschen vor uns auf dem Boden herum. Als wir die Küche betreten, in der ein Riesenbottich steht, der so aussieht, als sei er lange nicht mehr benutzt worden, sitzt dahinter, wie verlorengegangen, ein kleiner unbehoster Junge auf dem Boden. Er wird dort sitzengelassen. Ich wundere mich. Was, wenn er abhandenkommt oder in den Topf fällt oder sich irgendwo einklemmt. Er kann immerhin krabbeln oder kriechen, obwohl er aussieht, als sei er viel zu alt dafür und müsste längst laufen können. Sind seine Beine kaputt?

Es ist der Geruch aus Pisse und Erbsensuppe, aus ungelüftet, Unglück und Angst, Schmerz und Hoffnungslosigkeit, der sich wie Brei über mir auskippt.

Wir gehen in die Abteilung der Kinder. Ein Kind, ich kann nicht sagen, ob es ein Mädchen oder ein Junge ist, kommt uns entgegengelaufen. Aber nicht, um Kontakt zu suchen wie bei Dr. Matuša oder Marietta. Es rennt an uns vorbei gegen die Wand. Eine Pflegerin schnappt es und hält es fest, damit sich die autoaggressive Bewegung nicht wiederholt. Das Kindchen hat eine Pappe auf dem Kopf, die mit Schnur um das Kinn herumgewickelt ist und festgebunden wurde.

»Warum die Pappe?«, frage ich.

»Ach, wir haben einfach zu wenig Geld, um Kinderhelme zu kaufen. Die autoaggressiven Kinder müssten Helme aufsetzen, um sich vor Verletzungen zu schützen, aber wir haben keine Helme.«

Und in der Tat, die Haut im Gesicht des Kindes, das die Pflegerin nun in ihren Armen hält und das sich aufbäumt und schreit, ist völlig verkrustet. Die Nase, die Stirn, die Augen sind übersät mit Verletzungen und Schorf. Die Fingernägel.

In einem Zimmer ist gerade ein kleiner Junge aufgewacht, er sitzt benommen auf der Bettkante und ist noch in diesem Übergang zwischen Schlaf und Wachsein. Gläsern starrt er vor sich hin und beginnt abwesend, sich am Arm zu kratzen. Der Arm ist vollständig blutig gekratzt. In einem ausrangierten Rollstuhl sitzt ein Kind, das schon so lange seine Hände im Mund hat, dass sie sich fast aufgelöst haben.

Wir betreten ein Zimmer, in dem ausschließlich Gitterbettchen stehen, dicht an dicht. Kleine Kinder, Vorschulkinder, denke ich, die hier Mittagsschlaf machen.

Völlig falsch. In einem Bett liegt ein Mädchen, das die Größe einer Sechsjährigen hat. Sie hat die Augen offen, liegt bewegungslos, ist sehr dünn. Sie ist 21 Jahre alt und noch niemals aus diesem Bettchen herausgekommen. Alle Kinder tragen Pullis oder Hosen, auf denen große Zahlen mit Ölfarbe draufgeschmiert wurden.

»Was ist das«, frage ich, »was soll das?«

»Wir müssen ja wissen, wenn wir die Wäsche waschen, wem welcher Pullover passt, darum haben wir die Zahlen daraufgeschrieben, damit wir schnell zuordnen können. Die Farbe geht durch das Waschen nicht raus.«

Zahlen?!

Reicht es nicht mal für einen Namen? Nicht nur die Institutionen sind durchgezählt, Heim Nr. 3, Heim Nr. 17, nein, auch die Menschen sind durchgezählt und heißen 97 oder 121 statt Rubina oder Vadim.

Keiner hat ein Kissen oder einen Nachttisch, einen Schrank, ein Kuscheltier oder irgendetwas Persönliches oder Schönes. Nicht mal ein Laken gibt es oder Bettwäsche. Ich sehe halb aufgefressene Schaumgummimatratzen mit Plastiküberzug, auf dem sich der Urin leicht abwischen lässt. Die Decken sind nicht überzogen.

Wir gehen weiter und erfahren, dass hier kaum jemand arbeiten will, weil es schlecht bezahlt wird, es ist harte Arbeit. Die Pflegerinnen greifen energisch durch, sie sind keine schlechten oder bösartigen Menschen, es ist bewundernswert, wie sie diese Arbeit für lau machen und viel zu wenige sind, um die Anforderungen der Einrichtung zu stemmen. Vielleicht haben sie sich ein Fell wachsen lassen, das dicke Fell, von dem meine Mutter immer sagte, ich solle es mir wachsen lassen, das aber einfach nicht wuchs.

Sie haben ein Fell oder sehen das Elend inzwischen nicht mehr.

Nun verstehe ich, was man uns in der Sera Foundation in Năvodari nicht müde wurde zu erklären: »Sie sollen selbständig werden, es gibt viel nachzuholen.«

Hier wird niemandem beigebracht, wie man sich selbständig anzieht. Schon gar nicht, wie man Schuhe anzieht, weil keiner Schuhe besitzt. Es wird auch niemandem gezeigt, wie man aufs Klo geht, sie lassen es einfach unter sich gehen. Die Kinder werden gefüttert, und sie wehren sich, gefüttert zu werden, greifen in das Essen hinein. Zähne putzen? Die Pfleger putzen ihnen die Zähne, es ist zu gefährlich, wenn sie es selbst machen. Vielleicht gibt es auch kein Geld für Zahnbürsten.

Hier kann kein Kind irgendetwas. Es gibt weder Zeit noch Geld, noch Raum, ihnen etwas beizubringen oder das Leben zu verschönern mit einer Blume, einer Geschichte, einer Umarmung oder Verständnis.

Vor der Tür in Negru Vodă sitzt ein Down-Mädchen im Gras, sie ist schon älter, vielleicht eine erwachsene Frau mit einem Kindergesicht und einem großen Busen, der BH-los über ihren Bauch fällt. Ein Trisomie-21-Menschenkind. Ein Mensch mit vollem Bewusstsein und voller Wahrnehmung, mit tiefem Gefühl und Talent. In Berlin gibt es ein Theater, das heißt Rambazamba. Dort spielen ausschließlich Schauspieler mit Trisomie 21 oder anderen Besonderheiten. Es ist ein tolles Theater, es war jedes Mal ein Erlebnis, wenn ich mir dort eine Vorstellung anschaute. Der ehemalige Intendant der Volksbühne, Frank Castorf, sagte über Rambazamba:»Das einzige Theater Berlins ohne Sinnkrise.«

So eine junge Frau, die in Berlin Theater spielen würde, sitzt vor der Tür. Aus gutem Grund sitzt sie draußen: Sie ist schlau.

Drinnen sitzt ein kleiner Junge im Gitterbett, wie in einem besonders kleinen Gefängnisraum, ein Junge, dessen Beine ab dem Knie eine Abbiegung zur falschen Seite genommen haben. Dünn, geradezu ausgemergelt ist er, und seine Beine sind kaputt. Er kann nicht laufen. Er könnte krabbeln, er könnte in einem Rollstuhl sitzen, man könnte ihn operieren, das würde bestimmt gehen, aber es gibt keine Operationen für die Insassen dieses Ortes.

Die Erkenntnis, dass hier niemand, ich sage niemand, irgendetwas zur Beschäftigung hat, ein Spielzeug, einen Ball, ein Springseil, ein Stift, Papier, eine Puppe, irgendetwas, mit dem man seine Zeit verbringen könnte, diese Erkenntnis setzt ein, als ich mich zu einem Mädchen setze, das hinter dem Gitter eines Bettes sitzt und die Beine durch die Stäbe baumeln lässt. Ich wage es, sie ganz vorsichtig am Fuß zu berühren und zu kitzeln. Keine Reaktion. Noch mal. Sie schaut verdutzt in den Raum, man sieht ihrem Gesicht an, dass sie etwas spürt, aber nicht weiß, was es ist oder wo es sich ereignet oder durch was es ausgelöst wird. Doch im Verlauf unseres kleinen Kitzelspiels findet sie das alles heraus. Sie spürt, etwas passiert mit ihrem Fuß und dass es eine andere Person ist, die das Gefühl auslöst, und dass diese Person vor ihr sitzt. Ein anderer Ausdruck bemächtigt sich ihres Gesichtes, es könnte ein Lächeln sein. Dann streckt sie mir ihren Fuß entgegen, ich soll weitermachen.

Man kann hier nicht leben, denke ich, es sei denn, man wartet, bis man tot ist. Das ist wohl auch genau genommen die Idee gewesen: alle kaputten Menschen, die dem diktatorischen Staat nicht dienen können, die unwertes Leben sind, wie die Nazis es nannten, hierher zu verbringen. Oder in eine andere Institution. Ins Heim Nr. 3, Heim Nr. 57. Dort belässt man sie und wartet, bis sie sterben. Sie sterben aber nicht. Sie werden verrückt. Oder verrückter.

Der englische Autor Alan Philps hat darüber ein Buch geschrieben, das »Wolkengänger« heißt und auf einer wahren Geschichte basiert, die sich in Russland ereignete. Als er das Buch 2010 in Deutschland vorstellte, begleitete ich ihn auf seiner Lesereise. Alles in seinem Buch Beschriebene kannte ich bereits aus Rumänien. Es ist also nicht so, dass diese Situation nur in Rumänien vorkäme. Es hat nichts mit dem Land zu tun, sondern mit dem Phänomen Mensch.

Die Ärztin nimmt ihren Schlüsselbund, und wir gehen in den Keller. Normalerweise ist es bei Horrorfilmen so, dass jetzt die Musik einsetzt. Denn im Keller kann man nichts Gutes erwarten, da findet das Böse und das Grauen statt. Wenn wir nun also in den Keller eines Irrenhauses gehen, was wird da erst, nach Horrorfilmszenario, passieren?!

Und dann kommen wir in eine Wunderkammer.

Hier sind die Therapieräume, sie sind neu, sie sind das Ereignis. Es sind wenig, aber es gibt sie. Kleine Räume, in denen blaue, neue, saubere Matten liegen und große und kleine bunte Bälle und Ringe, mit denen die Kinder physiotherapeutische Übungen machen, die sie sich bewegen lassen, um zu stretchen und die Hirnströme und Sinne anzuregen. Ein Keller, der voller Farben ist. Hier werden Kinder eine halbe Stunde in der Woche therapiert und massiert. Einige der Behandelten haben danach Laufen gelernt.

Mittig der größte Raum, von dem die kleineren für die Einzelsessions abgehen. Dort steht ein großer Tisch, auf den die Ärztin nun Mappen mit Bildern legt, die sie uns zeigen möchte. DIN A2 große Zeichenblockblätter, darauf abstrakte Bilder aus Formen, Farben, Schwüngen, Kreisen und Phantasien. Expressionistisch, zart, vielfältig. Ich stehe staunend davor und frage:

»Wer hat das gemalt???«

Die Ärztin lacht. »Unsere Kinder.«

Hier im Keller liegt der Schlüssel, in dieser Physiotherapie, den Massagen, den Malstunden liegt wohl der Schlüssel. Nicht für die Heilung, aber vielleicht für den Weg zu der maximalen Selbständigkeit, die erreicht werden kann. Vor allem ist es eine Beschäftigung, in der man spürt, dass das Leben etwas ist, was nicht nur das Warten auf den Tod meint.

Die Kinder malen. Sie könnten das Bühnenbild für die Rambazambas malen.

Wir bedanken uns bei den Pflegerinnen und der Ärztin und wünschen ihnen Kraft und innere Stärke und vor allem mehr finanzielle Unterstützung.

»Ach«, sagt die Ärztin, die auch die Direktorin ist, »ich hoffe, dass Negru Vodă bald aufgelöst wird und unsere Patienten in kleinere Kinderheime und Pflegeheime verteilt werden. So geht es ja nicht weiter.«

Ein paar Jahre später wurde Negru Vodă aufgelöst.

Heute gibt es in Rumänien keine der Ceaușescu-Institutionen mehr. Doch in anderen Ländern gibt es andere Sitten. Offiziell gibt es sie nicht, man mag sich höchstens wundern, dass man in Sankt Petersburg keine Menschen mit retardierender Entwicklung auf den Straßen sieht oder in Bukavu keine Straßenkinder. Sie sitzen in Betten mit Gittern davor und stecken ihre Beinchen durch die Stäbe, damit sie berührt werden.

Es ist Abend geworden, und es liegt noch ein weites Stück Weg vor uns. Wir nehmen diesmal die Autobahn statt die Landstraße. Im Auto herrscht Schweigen. Wir schauen in die Nacht und sehen, wie sich der nachtschwarze Himmel plötzlich orange verfärbt. Was ist da los? Flammen schlagen in den Himmel, unser Wagen wird langsamer, wir fahren heran. Ein Auto hat sich überschlagen, es brennt, es ist in ein anderes hineingefahren. Polizei und Feuerwehr kommen gerade an, auch sie leuchten blinkend. Wir müssen warten, die Straße wird gesperrt. Wir steigen aus und stehen auf der breiten Autobahn, die nicht beleuchtet ist, und nur wenige Autos fahren auf der gegenüberliegenden Seite. Es brennt in den Himmel, alle warten, es ist ruhig.

Einige Wochen nachdem ich von dieser ersten UNICEF-Reise nach Rumänien zurückkam, gab es im Zweiten Deutschen Fernsehen eine Fernsehshow, die nannte sich »Comedy für UNICEF«. Sie war berühmt, sie wurde eingeschaltet. Eine Gala, in der alles, was in der Comedybranche Rang und Namen hatte, pro bono auftrat und sowohl das Publikum im Studio als auch das TV-Publikum unterhielt und zum Lachen brachte. Es war eine tolle Sache, alle hatten Spaß, an den Telefonen saßen prominente Sportler und Schauspieler und nahmen Spenden entgegen, und dreimal jeweils drei Minuten traten UNICEF-Repräsentanten auf, von denen ich nun auch eine war, um von den Projektreisen, die sie für und mit UNICEF unternommen hatten, zu erzählen. Wir waren die Downer der lustigen Show. Bevor wir erzählten, wurde jeweils ein 90-sekündiger Film gezeigt, der die Projekte vorstellte. Danach wurde im besten Fall etwas für diese drei Projekte gespendet. So war das Konzept. Die Gala gab es fünf Jahre, von 1999 bis 2003, dann wurde sie eingestellt.

Als ich zum ersten Mal dabei war – wir nahmen in den Berliner BUFA-Studios in der Oberlandstraße in Neukölln auf –, moderierte Dirk Bach den Abend. Während der nachmittäglichen Probe kam er zu mir und fragte:

»Katja, hast du eine bestimmte Frage im Sinn, die ich dir stellen sollte?«

»Ich hab so wenig Zeit zu reden, meinst du, es wäre möglich, du sagst nur etwas, wie: ›Du warst in Rumänien, was hast du erlebt?!‹ Dann kann ich die Zeit für ausführlichere Antwort verwenden statt zum Talk. Geht das?«

»Natürlich«, sagte dieser freundliche Mann, »so machen wir es.«

Dann ging die Schau los, und mir war so übel vor Angst und Aufgeregtheit wie bei keiner Theaterpremiere. Ich tigerte backstage herum, als Helge Schneider an mir vorbeikam:

»Grüß dich, Katja.«

»Grüß dich, Helge. Was machst du denn heute Abend?«

»Ach, ich spiele nur Klavier und huste.«

Das hat mich gerettet! Ich musste lachen.

»Du hustest?«

»Na, die singen da ja wohl ein Lied, und ich muss die begleiten. Ich spiele und huste.«

Er hustete demonstrativ.

Dann trat er auf, spielte wie immer ein brillantes Jazzklavier – und hustete dabei.

Danach war ich dran. Ich wollte nicht husten. Ich wollte die Zeit nutzen. Drei Minuten hatte ich, um von den Eindrücken und Erlebnissen der einwöchigen Rumänienreise zu erzählen. Der Film wurde gezeigt, und ich konnte währenddessen die Reaktionen im Publikum sehen: Die Frauen weinten. Nach dem Film sprach ich und ging, als die Zeit um war, wieder ab.

Dann liefen die Telefone heiß.

Als ich nach diesem Abend nach Hause kam, lag mein Kindchen schon in meinem Bett, ich legte mich zu ihr, sie hatte Kaugummitätowierungen auf den Arm geklebt, ich nahm ihre kleine Hand, und sie sagte aus dem Schlaf heraus: »Mama ...«

Burkina Faso. 2018

Meine Zimmergenossin in den USA kannte nur eine einzige verhängnisvolle Geschichte über Afrika. Sie enthielt keine Möglichkeit für Afrikaner, ihr in irgendeiner Weise ähnlich zu sein. Keine Möglichkeit für vielschichtigere Gefühle als Mitleid. Keine Möglichkeit für eine Beziehung als gleichberechtigte Menschen. Als sie mich schließlich fragte, ob sie meine Stammesmusik hören dürfe, war sie daher irritiert, als ich meine Kassette von Mariah Carey hervorholte ...

Chimamanda Adichie, 2015, TED-Talk

Burkina Faso bedeutet sinngemäß ›Land der Freien‹. ›Faso‹ ist in der Nationalsprache Mooré das Wort für ›Land‹. Zu Kolonialzeiten wurde es ›Obervolta‹ bzw. ›Haute Volté‹ genannt. Präsident Thomas Sankara, der von 1983 bis 1987 das Land regierte, hatte es umbenannt.

Ende des 19. Jahrhunderts kamen die kolonialen Franzosen nach Burkina Faso und verjagten 1896 die Naabas, die Könige, die erst ratlos und freundlich dem weißen Mann gegenüberstanden und dann, als sie merkten, dass ihr Land und ihr Leben bedroht waren, versuchten, ›les blanches‹ (die Weißen) mit Magie und einem Fluch zu belegen, was übrigens auch partiell gelang. (Die blanches bekamen Magen-Darm-Beschwerden und kackten sich zu Tode.) Doch die Naabas konnten letztlich nichts gegen die Feuerwaffen ausrichten. So gründeten die Franzosen im Jahr 1919 die Kolonie Obervolta, und bis heute ist die Amtssprache Burkina Fasos Französisch.

Angrenzend an Burkina Faso befinden sich die ebenfalls französischsprachigen, da ehemals französisch kolonialisierten Länder

Mali, Niger, Benin und die Elfenbeinküste. Weiterhin grenzt das ›Land der Freien‹ an Togo, das von 1884 bis 1914 von den Deutschen kolonialisiert wurde. Als Folge des Ersten Weltkriegs wurden deren Kolonialgebiete aberkannt, und Togo stand danach ebenfalls unter französischer Verwaltung.

Und schließlich grenzt Burkina Faso, das ein Land ohne Küste und Meer ist, an Ghana, das ein Land mit Küste und Meer (und Gold) ist. Ghana war Teil des Commonwealth, des Vereinigten Königreichs, und wurde 1884 von dem mächtigen britischen Kolonialreich eingenommen oder okkupiert, das zu dem Zeitpunkt bereits über 60 Jahre lang einen Handelsposten an der Goldküste innehatte.

1960 wurde Burkina Faso von den Franzosen unabhängig, wie fast alle afrikanischen Länder in den 60er Jahren unabhängig wurden. Das ist noch kein ganzes Menschenleben in Freiheit und Selbstverantwortung. Wie hätte Afrika es in der Kürze der Zeit schaffen sollen, wie wiederholt schlecht gelaunt gefordert und öffentlich erwartet wurde, dort anzukommen, wo Europa heute ist – und wofür es Jahrhunderte gebraucht hat.

Also drängelten sich ab 1960 auf dem afrikanischen Kontinent die ortsansässigen Machtgeilen vor, um die diversen Länder zu regieren, jahre- und jahrzehntelang. Die Unterdrücker, die Korrupten, die Gewalttäter, Henker und Folterer – die Diktatoren. Die in ihrer Grausamkeit und Gier keine Scham und keine Phantasielosigkeit kannten und kennen. Der Anteil an Arschlöchern ist in jedem Land gleich groß, da machen afrikanische Länder keine Ausnahme.

Burkina Faso oder Obervolta geriet nach seiner Unabhängigkeit von einer Militärdiktatur in die nächste, ein Putsch folgte dem anderen, bis in den 80er Jahren Thomas Sankara Präsident wurde, der, wie erwähnt, nicht nur dem Land einen neuen eigenen Namen gab, sondern der politisch, gesellschaftlich und wirtschaftlich die Frauen in der Bevölkerung durch Bildung zu stärken versuchte. Bildung und Landwirtschaft waren sein Hauptfokus, um das Land voranzubringen. Sein Vorbild war Che Guevara.

Er schickte Jungs wie Mädchen zum Studieren in die DDR, die

UdSSR oder nach Kuba. Das war neu, das war ungesehen, da gab es keine Erfahrungswerte. Unsere Freundin Rakiéta, eine große schwarze Lady, die fließend Deutsch mit Berliner Schnauze spricht, profitierte von dieser Maßnahme, ihre Geschichte wird noch erzählt werden.

1987 putschte der zweite Mann hinter Sankara namens Blaise Compaoré den amtierenden Präsidenten weg und ermordete ihn, übernahm auf militärischem Weg das Land, wurde im Verlauf immer wieder-»gewählt« und verlängerte und verlängerte seine Amtszeit, wie man das eben so macht – nicht nur in Burkina Faso.

Im Oktober des Jahres 2014 dann gab es die Revolution. Sie begann mit den Frauen Ouagadougous, die die Nase voll hatten von Compaorés sich immer weiter verlängernden Amtszeiten. Sie gingen mit Kochlöffeln (dem burkinischen Equivalent zum deutschen Nudelholz) auf die Straße und forderten lautstark, dass seine Regentschaft ein Ende nehmen müsse. Die Männer folgten daraufhin. Es gab eine Interimsregierung, und danach übernahm der bis heute amtierende Präsident Christian Kaboré die politischen Geschäfte.

Seitdem ist Frieden eingekehrt; ein Frieden dergestalt, dass man sich öffentlich kritisch über den Präsidenten äußern darf, ohne Konsequenzen wie Folter oder Gefängnis zu befürchten. Ein junger Abgeordneter kümmert sich um Menschenrechte, auch ein Novum. (Stand 2013)

Noch gibt es keine garantierte Sicherheit oder flächendeckende Bildung. Die Wasserversorgung ist ein existenzbedrohendes Problem, denn Burkina Faso hat nicht nur keine Küste, sondern auch keine Flüsse oder Seen. Lediglich ›barrages‹ gibt es, sehr große, teichgroße, von Menschen gebuddelte Regenwasserauffangbecken, in denen das Wasser des großen Regens gesammelt wird, was, wenn alles gutgeht, in der Zeit zwischen Juni und August der Fall ist.

Die Wirtschaft stellt die Regierung vor sichtlich unlösbare Probleme. Und das Land ist herausgefordert, sich mit den Traditionen auseinanderzusetzen, die zerstörerisch sind, wie beispielsweise Frauenbeschneidung oder Fetischglauben. Oder mit der guten alten Tradition der Korruption.

Die Rechte der Frauen beginnen sich gerade erst in partnerschaftlichen Projekten zwischen Regierung und Nichtregierungsorganisationen zu entwickeln. Was ist aus Sankaras Erbe geworden, fragt man sich. 72 Prozent (Stand 2017) der gesamten Bevölkerung Burkina Fasos sind analphabetisch, was ein nettes Wort dafür ist, dass man nicht lesen und schreiben kann ... leben und schreiben, hätte ich beinahe geschrieben. Diese riesige Ouagadougoustadt mit ihren roten, staubigen Straßen ist großartig! Aber das ist nur meine Meinung, und sie ist nicht repräsentativ, da mich diese Moloche von Städten faszinieren und inspirieren, nicht nur afrikanische. Reisen bildet, unberufen, man kann sein Geld niemals für Reisen verschwenden.

Das Leben in Ouagadougou fordert jeden Tag heraus, es ist anstrengend, und es strapaziert. Es ist lebendig, intensiv und inspirierend. Freundlichkeit und Respekt konnte ich allerorts erleben. Die Freude und ein Lachen sind sofort da, sowie es auch nur den kleinsten Anlass gibt. Wie zum Beispiel den Anlass, dass eine Weiße mit blonden Zöpfen zur Klingeltonmusik eines Handys tanzt, das während einer Präsentation zu klingeln beginnt. Das Interesse an den Fremden, die einladenden Gesten, dass man wiederkommen möge, um zu sehen, was bis dahin passiert sein wird, sind ehrlich und verbunden mit Heiterkeit und körperlicher Berührung.

Genauso schnell jedoch können Situationen entstehen, bei denen es nur einen Funken braucht, um einem das Herz in die Hose rutschen zu lassen, wie beispielsweise den Vorfall, den wir erlebten, als schwerbewaffnete Soldaten im Institut Français während des FESPACO- Filmfestivals in den Open-Air-Kinosaal stürmten und mit furchteinflößender Präsenz, Physis und Lautstärke dem Anlass völlig unverhältnismäßig militärisch begegneten und energisch durchgriffen. Unser Freund Biz wurde dabei einfach auf die Straße gesetzt..

Der Leidensdruck ist unermesslich. Krankheiten bedeuten den sicheren Tod, wenn man nur gerade genug verdient, um Wasser, Essen und Kleidung bezahlen zu können, und keinen Centime mehr, um für Medizin aufzukommen.

Die Schulen kosten Geld. Warum kosten Schulen Geld, fragt man sich. In einem Land, in dem sowieso niemand Geld hat. Bildung ist ein Menschenrecht und der vielzitierte Schlüssel zur Veränderung, sowohl des persönlichen Lebens als auch der gesellschaftlicher Situation.

»Jeder hat das Recht auf Bildung. Der Unterricht muss wenigstens in den Elementar- und Grundschulen unentgeltlich sein. Der Elementarunterricht ist obligatorisch. Fachlicher und beruflicher Unterricht soll allgemein zugänglich sein; die höheren Studien sollen allen nach Maßgabe ihrer Fähigkeit und Leistung in gleicher Weise offenstehen.« (Artikel 26 der Menschenrechtserklärung) Und in der Kinderrechtskonvention von 1989 heißt es im Artikel 28: »Die Vertragsstaaten werden den Besuch der Grundschule für alle zur Pflicht und unentgeldlich machen; (...) die Entwicklung weiterführender Schulen allgemeinbildender und berufsbildender Art fördern, sie allen Kindern verfügbar und zugänglich machen und geeignete Maßnahmen wie die Einführung der Unentgeldlichkeit und die Bereitstellung finanzieller Unterstützung bei Bedürftigkeit treffen.«

Der Kontinent braucht dringend wirtschaftlichen Austausch mit anderen Ländern oder Partnern auf Augenhöhe, bei dem eine Win-win-Situation entsteht, statt Ausbeutung.

Was ich immer wieder und an vielen Orten erlebte, sah und erzählt bekam auf den Reisen, die ich unternahm, war und ist, dass die Gewalt gegenüber Frauen keine Grenzen kennt:

Bedenkt man die Härte des Lebens hier in Burkina Faso, die Hitze, die Dürre, den Staub, die Armut, das fehlende Wasser, die Instabilität der Regierung, die mangelnde Bildung ...

Bedenkt man die täglichen Herausforderungen der Frauen, das Wasser- und Feuerholzholen, die weiten Fußwege, das umständliche Vor- und Zubereiten von Essen ...

Bedenkt man, dass die Frauen Kinder austragen und gebären, oft sieben, acht Kinder, was wirklich nicht etwas ist, das nebenbei erledigt werden kann, egal, wie oft man das postkoloniale Narrativ: ›afrikanische Frau bekommt Kind auf dem Feld, wirft es sich auf den Rücken und arbeitet direkt weiter‹ wiederholt ...

Bedenkt man den Umstand, dass in Burkina Faso 99,9 Prozent der Frauen beschnitten sind, Katholikinnen wie Muslima, und Geburten deswegen beschwerlich verlaufen ...

Bedenkt man, dass Vergewaltigung nicht in jedem Land als eine Straftat angesehen wird und Frauen von ihren Gemeinschaften verstoßen, verlassen, ausgegrenzt werden, wenn sie durch eine Vergewaltigung schwanger werden ...

Bedenkt man, dass Frauen nicht selbst entscheiden, ob sie beim Geschlechtsverkehr verhüten wollen oder nicht ...

Bedenkt man, dass häusliche Gewalt alltäglich ist ...

Bedenkt man all das, dann –

Ja, was dann eigentlich?! Dann will vielleicht niemand mehr den Job ›Frau‹ machen. Oder man muss die Jobbeschreibung ›Frau‹ irgendwie anders definieren. Wird Zeit.

Wovon ich aber hier zu erzählen versuche, wider alle Umstände und trotz des sich verlierenden Optimismus, ist, was menschenrechtsaktivistisch in den Ländern, die ich besuchte, geschieht und sich bewegt. Von Veränderungen zu erzählen, die nicht zu News wurden, weil sie eine gute Nachricht sind, trotz der weniger erfreulichen Einleitung, mit der dieses Kapitel begonnen hat.

Was vor Ort von den Aktivisten, die zum größten Teil locals sind, unternommen und geleistet wird, um Missstände aus ihren betonierten Ringankern zu hebeln, um Bewegung reinzukriegen in das rückwärtsgewandte ›Das-haben-wir-immer-schon-so-gemacht-Denken‹ (nicht nur in Afrika zu finden); was im Feld geleistet und versucht wird, das ist beeindruckend, das ist existent, das gibt es, da passiert was, das ist mein Thema.

Man muss eben einfach irgendwo anfangen. Und Schritt für Schritt weitergehen. Hilft ja nichts. Man muss es einfach mal machen, mal anfangen, das Gequatsche ist ja auch nicht wirklich abendfüllend.

Ende Februar 2017 fahre ich also nach Ouagadougou, der Hauptstadt von Burkina Faso, begleitet von meiner 23-jährigen Tochter Paula.

»Wohin fährst du?« fragt eine Bekannte.

»Nach Ouagadougou.«

»Du verarschst mich.«

»Nein, wieso sollte ich.«

»Das gibt es doch nicht, dieses Wagudubi ... wie heißt das?«

»Ouagadougou.«

»Was ist das?!«

»Das ist eine Stadt.«

»Wo?«

»In Burkina Faso.«

»Burkina Faso?!«

»Mensch, Burkina Faso ist ein Land in Afrika.«

»Krass.«

So ungefähr zusammengefasst die Reaktion auf mein Reiseziel – es war nicht nur einmal so. Ein Freund, englischer Musiker, sagt: »Du fährst nach Ouagadougou?« »Ja.« Er lacht. »Da gibt es einen Stadtteil, der heißt Pissy.«

Oder man fragte mich, ob ich zu Christoph Schlingensiefs (god bless him) ›Operndorf für Afrika‹ fahren würde. Das waren jene, die in diesem Zusammenhang von Ouagadougou gehört hatten und deshalb nicht ganz so erschüttert waren ob des Namens.

»Nein, ich fahre nicht zu Christoph.«

»Aber das ist doch auch in Ouagadougou, oder?«

»Ja, ist es, aber da fahre ich nicht hin. Ich hoffe jedoch, dass ich es mir ansehen kann. Ich fahre zu A. M. P. O. Das ist die NGO einer Deutschen, die seit 30 Jahren in Burkina Faso lebt und dort mit einem Burkinabé verheiratet ist.«

»Burkinabé?«

»Burkina Faso-er.«

»Krass.«

Ein paar Monate zuvor traf ich in Berlin die Frau, deren umfangreiche Arbeit wir in Ouagadougou kennenlernen sollten. Katrin Rohde.

Und eigentlich müsste immer Musik einsetzen, wenn man ihren Namen sagt, so wie Auftrittsmusik bei Boxkämpfen. Aber sie würde sich sicherlich einmischen und selbst bestimmen wollen, welche es sein soll, schätze ich, und voraussichtlich wäre es Mozart. Sie ist ein Mozart-Nerd. Nachts, wenn sie allein ist und ihr Mann bei der ersten Frau, legt sie eine Platte von Mozart auf, in Ouagadougou auf ihrer Stereoanlage, und tanzt in einem langen Kleid durch ihr Wohnzimmer. Und vielleicht, wenn das Allegro des elften Klavierkonzerts erklingt, fasst Amadeus sie sogar bei den Händen und tanzt mit ihr gemeinsam. Und danach geht sie vor die Tür und schaut auf den fetten Mond, der ein Hermaphrodit ist, und freut sich über die vielen Blumen, die in ihrem Vorgarten wachsen, und raucht eine von diesen langen, dünnen Zigaretten mit Mentholgeschmack, bei denen man immer das Gefühl hat, sie würden den Bronchien wohltun, und schickt mir eine Textnachricht, die geht so:»So, min Deern, dann schlaf jetzt mal. Gute Nacht.«

Katrin ist gelernte Buchhändlerin, und das war auch der erste Satz, den sie mir sagte, als wir uns in einem Café in Berlin trafen, auf meine Bitte hin und auf meinen Überfall, dass ich sie und ihre Waisenhäuser in Ouagadougou besuchen möchte.»Ich bin Buchhändlerin, ich muss immer jedem Bücher empfehlen.« Und sie empfahl das Buch, das sie gerade las: ›Die grünen Mauern meiner Flüsse‹ von der englischen Ethnologin Mary Kingsley, die im 19. Jahrhundert allein als Frau den Kontinent bereiste.

Sie sagte, wenn ihr kommt, machen wir eine komplette Tour, ich zeig dir alle Häuser, wir fahren raus zur Biofarm und auch zu Mia-Alma.»Außerdem stecken wir Ende Februar in den Vorbereitungen zum Frauentag am 8. März, das ist bei uns fast schon ein Nationalfeiertag. Die Mädchen machen eine Choreographie, werden sie euch bestimmt vortanzen. Und dann kommt ihr mit zur Zeremonie in die Werkstatt für die neuen Tricylettes – also, wenn ihr wollt.«

»Wir wollen«, sagte ich sofort, ohne zu wissen, worüber sie redete.

So flogen wir zwei Monate später los. Und es fing gleich super an: Unsere Koffer blieben auf dem Flughafen in Brüssel stehen. Gott sei Dank hatte ich meine Brille in meiner Handtasche. (Ich bin sehr kurzsichtig, ich kann morgens ohne Brille eigentlich meine Brille nicht finden ...) Leicht und befreit kamen wir also aus dem kalten Berlin im warmen Ouagadougou an. Nackt.

1996 baute Katrin Rohde ihr erstes Waisenhaus für Jungen für 60 000 D-Mark. Das Waisenhaus für die Mädchen folgte. Beide standen sich gegenüber an einer kleinen Allee, über die Kamele wandelten. Dann wurde 2008 aus der Allee eine vierspurige Straße, die zwischen den Waisenhäusern hindurchführte. 2013 und 2014 wurden die Waisenhäuser um- und neugebaut, was möglich war, da die Stadt A. M. P. O. das Grundstück zur Verfügung stellte. Nun liegen die beiden Waisenhäuser nebeneinander an einer kleinen Straße, die von der vierspurigen abgeht.

In der traditionellen Bauweise burkinischer Häuser sind die Gebäude mit einer halbhohen Mauer umgeben, wie europäische mittelalterliche Städte mit Festungsmauern umgeben wurden. Durch ein Tor im Mäuerchen betritt man den Hof, um den die Gebäude herumgebaut sind. Der mittige, alles verbindende Platz dient der Gemeinschaft oder der Großfamilie für Feste und Versammlung, zum Kochen, Chillen oder Spielen. Man hilft sich, und die Bewohner sind sicher vor Eindringlingen durch die einander zugewandte Bauweise.

So sind die Menschen: Rudelwesen, die die Einsamkeit fürchten und die anderen unbekannten Rudel. »Happiness only exists when shared«, schrieb Christopher McCandless, kurz bevor er in der selbstgewählten Einsamkeit verhungerte, weil es ihm nicht mehr gelang, in die Welt der Gemeinschaft zurückzukehren, die nur einige Kilometer entfernt weiterhin existent war. Für romantische Vorstellungen von Einsamkeit gibt es in den burkinischen villages keinen Platz. Allein sein ist Luxus.

Dieser traditionellen Bauweise entlehnt, sind die Waisenhäuser gebaut. Sie wurden ›Mama Tenga‹, Mutter Erde, benannt. Man tritt also durch ein recht großes, metallenes Tor in einen ungepflasterten Innenhof, in dem ein Baum steht, neben dem zu meiner großen Freude eine Schaukel stand. Der Hof ist umgeben von diversen Gebäuden, die unterschiedlich gebaut und angeordnet sind, es gibt keine Symmetrie, es ist alles individuell, und die Entfernungen sind gering. Wie ein Campus letztlich. Fast jedes Gebäude hat eine Überdachung vor der Tür, um Schatten zu spenden.

Wir sehen im Jungenwaisenhaus-Campus das Büro, die Schlafräume, die Küche, den Speisesaal, einen Computerraum, einen Spielraum, die Bibliothek und eine kleine unüberdachte, mit einem 50 Zentimeter hohen Mäuerchen eingefasste Moschee, die aus einem Betonboden besteht, der an der Stirnseite eine betongeformte Spitze hat, die wie ein Pfeil nach Osten weist. Freitags kommt ein Imam zum Gebet. Ein eingezäunter Bolzplatz befindet sich auch auf dem Gelände.

60 Jungen leben hier, zwischen 8 und 19 Jahren, sie werden entweder vom Sozialamt vermittelt oder von den Communities gebracht; sie sind Vollwaisen, Halbwaisen, Straßenkinder, gefundene, verstoßene oder misshandelte Kinder. Wenn sie 19 sind, müssen sie das Heim verlassen, werden aber noch ungefähr drei weitere Jahre von A. M. P. O. unterstützt, mit Lehrgeld, Studiengebühren, Essen und Gesundheitsversorgung. Bis zu ihrem Berufsabschluss werden sie weiterhin betreut von einem Team, das sich aus Erziehern und Psychologen zusammensetzt.

Wenn ich Katrin frage, wie sie ihre Kinder für ihre beiden Waisenhäuser gefunden hat, dann sagt sie leichthin: »Ach, ich suche sie nicht, die finden mich.« Hat Picasso auch gesagt, so ähnlich.

Sie kamen zu ihr, als sie sich entschied, mit über 40 alles aufzugeben in Deutschland, alles zu verkaufen, und nach Burkina Faso zu gehen. Sie standen vor ihrer Tür, kleine Jungs, Teenagerjungs, sie hat sie aufgenommen, sich gekümmert, motiviert, zur Schule zu gehen. Als 18 Kinder und Teenager in ihrer Dreizimmerwohnung lebten, realisierte sie, dass es so nicht weitergeht, dass sie nicht alle Straßenkinder Ouagadougous in ihrer Wohnung wird unterbringen und versorgen können. »Mir war klar, ich musste etwas machen, ich muss ein Haus bauen für die Kinder, ich muss hier irgendwas machen.« So kam quasi das Waisenhaus zu ihr. Sie hat ein Gespür für die Verlorenen, für jene, die nicht nur die Ärmsten, sondern die Hoffnungslosen sind. Das erschüttert sie nicht. Mit ihrem Pragmatismus, ihrer norddeutschen Strenge, ihrer Begeisterungsfähigkeit und ihrem beeindruckenden Durchhaltevermögen kriegt sie die Lethargie aus den Kindern und bringt sie dazu, sich zu bewegen, mitzumachen und Verantwortung für sich und andere zu übernehmen.

Ein Schlafraum wird von jeweils zehn Jungs geteilt, acht jüngere, zwei ältere, die sich kümmern um den Schlafraum und dessen Bewohner: dass sich nicht geprügelt wird oder alles durcheinandergeworfen, dass abends ins Bett gegangen und morgens wieder aufgestanden wird, was man eben so macht, als großer Bruder in einer Familie ohne Eltern.

Matratzen werden am Abend ausgelegt und morgens ordentlich an der Seite gestapelt, damit im dann leeren Raum Platz für andere Aktivitäten ist. Und auch für Hausaufgaben oder lesen. Jedes Kind hat eine Metallkiste, in der seine persönlichen Sachen verstaut sind, außerdem gibt es Haken für Handtücher und Kleidung und Regale für Decken, Kissen und sonstigen Schnickschnack.

Ja, es sind zehn junge Menschen in einem Raum, die auf dem Boden schlafen. Richtig. Einem sauberen, hellen Zimmer, das von allen verantwortungsvoll bewohnt und gestaltet wird.

Während meiner Schwangerschaft beschäftigten der Vater meiner Tochter und ich uns mit dem Phänom des ›plötzlichen Kindstods‹, lasen Bücher über Fallstudien und lernten, dass dieser im globalen Süden (damals ›Drittweltländer‹) nicht existierte. Wir lasen von einem Fall, in dem ein Baby irgendwo in den USA lernen sollte durchzuschlafen: in Ruhe und Dunkelheit. Also hatte es ein eigenes Zimmer, ein Babyzimmer, in das das kleine Mäuschen abends hingebracht wurde, zum Schlafen: mit geschlossenen Vorhängen, gemäßigter Temperatur und in Stille, bitte nicht klingeln. Am nächsten Morgen war das Kindchen tot, es hatte keine Lust zu leben, das Leben schien einsam, dunkel, kühl und verlassen, ohne Spaß, Freude und Nähe. Ich verstand das. Niemand hatte das Baby zum Leben motiviert und ihm gezeigt, was für eine großartige Idee diese Sache ›Leben‹ ist. In afrikanischen Ländern schlafen die Familien zumeist in einem Raum, auf beengtem Platz, die Babys immer dazwischen, sie rollen von einem zum anderen, spüren Haut, Wärme und Nähe. Es ist nicht hygienisch oder komfortabel, sicher nicht, es ist ein unbequemes schweres Leben, aber es gibt Gemeinschaft, ein Rudel, dem man sich zugehörig fühlt, Grund genug, das Leben zu wagen.

Im Sekretariat arbeitet neben anderen Marthe, die uns auf Deutsch begrüßt, da sie die Sprache in Ouagadougou und Mainz studiert hat. Bei A. M. P. O. kümmert sie sich um die Buchhaltung. Sie wechselt mir Geld, Euros in CFA, und wir sprechen über ihr Studium in Mainz. ZDF fällt mir in dem Zusammenhang hauptsächlich ein. Marthe mochte Deutschland und das Studium, abgesehen von der Wettersituation, man war freundlich zu ihr, sie erlebte den Studi-Campus, lebte im Studi-Wohnheim, fuhr am Wochenende mit Freunden per Zug mal rüber nach Wiesbaden oder ganz verrückt nach Frankfurt, und das war's auch schon. »Voilà, je suis revenue à Ouagadougou. J'ai fait la connaissance de Katrin et maintenant je suis ici, travaillant à A. M. P. O.« Ich muss französisch sprechen üben, erster Tag hier im französischsprachigen Afrique.

Hier wäre Gelegenheit aufzuklären, wofür die Kürzel des Namens A. M. P. O. stehen. Sie stehen für: »Association Managré Nooma pour la Protection des Orphelins.« Was ungefähr so viel heißt wie Verein zum Schutz der Waisen. Der schöne Teil darin ist der burkinische Begriff »Managré Nooma«, was »Das Gute geht nie verloren« bedeutet.

Nun quetschen wir uns in einen langen, schmalen, fensterlosen Raum, in dem Regale bis unter die Decke angebracht sind, auf denen Metallboxen stehen, in denen die Buchhaltung der letzten zehn Jahre aufbewahrt ist. Von jedem Kind ist eine Akte angelegt, mit Namen, Foto und Geschichte. Jedes Kind existiert, keines wird vergessen, jedes kann wiedergefunden werden. Und hier findet man auch die Unterlagen aller Spenden der letzten zehn Jahre oder länger wieder für den nicht unwahrscheinlichen Fall, dass eines Tages ein Administrant nach dem Beleg einer Spende von 150 Dollar aus dem Jahr 2012 fragt. Offensichtlich traut man eher humanitarians als Bankern zu, dass sie Geld in die eigene Tasche stecken. Transparenz, sage ich mal unzusammenhängend.

Neben dem Sekretariat liegt Katrins kleines Büro, davor eine Veranda mit türkisfarbenen Plastikstühlen. Katrin raucht drinnen und draußen. Sie sitzt am Schreibtisch, auf dem ein Laptop steht und ein Telefon und ein Kalender, und tippt energisch in ihr Handy, um unseren Ausflug zur Biofarm vorzubereiten, zu dem sie nicht mitkommen wird. Ich sitze ihr gegenüber auf einem Stuhl und schaue mir die ganz frischen burkinischen Spielgeld-Geldscheine an. CFA heißt »Franc de la Communauté Financière d'Afrique«. In Burkina Faso, Mali, Senegal, Benin, Niger, Togo, der Elfenbeinküste und Guinea-Bissau gibt es die gleiche Währung aufgrund der westafrikanischen Währungs- und Wirtschaftsunion namens BCEAO. Das Geld ist bunt, und 1000 CFA sind ungefähr 1,50 Euro.

Wir setzen unseren Rundgang fort und begegnen dabei dem Direktor des Jungenwaisenhauses, der gerade aus seinem Büro stürmt. Ein schmaler, blitzgescheiter Mann, mit Schalk im Auge, der immer in Eile zu sein scheint – ungewöhnlich für Burkina Faso.

»Ich habe Sie gegoogelt!« ruft er mir lachend zu.

»O nein«, entfährt es mir, und ich bekomme rote Backen, als wäre ich bei irgendwas erwischt worden. (Fyi: kein Filmschauspieler würde sich jemals googeln, höchstens die, die unter übertriebenem Selbstwertgefühl leiden.) Der Direktor macht einen U-Turn, öffnet uns die Tür seines Büros und erzählt uns von den Stundenplänen der Kinder. Sie hängen an der Wand: komplett durchgetaktete Wochenpläne, für die er Sorge trägt. Dies ist wahrlich eine Bildungsstätte.

Seit vielen Jahren leitet er das Haus, wie fast alle der sieben Direktoren der verschiedenen Einrichtungen A. M. P. O.s, die Katrin Rohde in fast 25 Jahren aufgebaut hat, seit vielen Jahren die Häuser leiten. Die meisten haben von Beginn an mit ihr zusammengearbeitet. Erst für sie, später mit ihr. Nur in Abstimmung mit allen sieben Direktoren, die wie ein Vorstand fungieren, fällt Katrin Entscheidungen. Nichts wird im Alleingang entschieden, alles benötigt die Zustimmung und Unterstützung und vor allem die Ideen und Vorschläge aller Direktoren.

Die Idee ist, dass in nicht allzu ferner Zukunft Katrin sich vollständig aus der Leitung zurückziehen wird und die Direktoren übernehmen, damit A. M. P. O. auch ohne Katrin weiterexistieren wird.

Der Direktor zeigt uns den Raum mit antiken Computern, an denen die Kinder arbeiten und Computerkurse erhalten, es ist wichtig, dass sie früh lernen, damit umzugehen, und sie lernen schnell, sagt er. Direkt daneben ein kleiner Raum, in dem die Kleinen spielen, mit Puppenhaus und Spielzeug. Ein Junge sitzt allein vor dem Puppenhaus und spielt konzentriert damit. Wir merken, dass unsere Anwesenheit stört, also ziehen wir uns zurück.

Der Direktor muss jetzt wirklich los und stürmt zu seinem Termin, wir schlendern weiter über den Campus, vorbei an den Toilettenanlagen und Duschen und gelangen zum offensichtlichen Herzstück: dem Speisesaal. Er ist nach allen Seiten offen und nur mit einem Dach versehen. Dort wo man sich trifft, um gemeinsam zu essen, findet auch der soziale Kontakt statt. Und essen müssen und wollen wir alle. Er ist leer, es ist gerade keine Essenszeit. Dreimal wird dort am Tag gegessen an hölzernen Bänken und Tischen, morgens gibt es eine Art Porridge mit Zitrone, und den Kindern werden Pausenbrote mitgegeben in die diversen öffentlichen Schulen, die sie besuchen und zu denen sie hingebracht werden, da sie ja nun auf der anderen Seite der Vierspurigen liegen. Daran kann man die A. M. P. O.-Kinder erkennen: Sie haben Pausenbrote, tragen deutsche Schulranzen und sind eingecremt gegen den Wind und den Staub. Im Winter tragen sie Anoraks und Mützen, manchmal mit einem Logo irgendeiner deutschen Baufirma drauf. Gesponsert. Sie glänzen im Gesicht von der Eincremung und sehen gesund und selbstbewusst aus. Sie sind stolz auf die Pausenbrote, und manchmal essen sie sie, trotz des Porridges im Bauch, bereits auf dem Weg zur Schule. Sie sind gute Schüler, denn es wird darauf geachtet, dass sie ihre Hausaufgaben machen, es gibt Räumlichkeiten, in denen man diese erledigen kann, und ältere Kinder passen auf die kleineren auf und kümmern sich um sie. ›Grand frères‹ heißen diese. Große Brüder. Wie eine Patenschaft, die es in deutschen Schulen gibt. Am Mittag kommen sie zum Essen nach Hause zu A. M. P. O., dann gehen sie zum Nachmittagsunterricht in die Ganztagsschulen zurück, und abends gibt es gemeinsames Abendbrot.

Hinter dem offenen Speisesaal befindet sich die sehr große Küche. Draußen, unter freiem Himmel. Drei freundliche Frauen sitzen dort und schälen Kartoffeln in riesige Töpfe hinein. In einem wasch-zubergleichen Bottich sehe ich Salat, der mit Kaliumpermanganat gewaschen wird, um ihn von Pestiziden zu befreien, mit denen die hiesige Landwirtschaft sehr stark arbeitet. Die Frauen haben Narben im Gesicht von dem aus den Töpfen herausspritzenden Öl. Später werden wir Geschichten hören über Unfälle, die bei der Essenszubereitung mit Öl passieren können. Das Gemüse für das Essen kommt zum Teil aus der eigenen A. M. P. O.-Biofarm, die wir während unseres Aufenthalts besuchen werden, und wenn nicht von dort, dann vom Markt.

Katrin, meine Tochter und ich gehen hinüber zu dem kleinen Bolzplatz, auf dem ein paar Jungs Fußball spielen und schon angerannt kommen; einer trägt ein T-Shirt, auf dem ›Fahrschule Plön‹ steht, auf dem Shirt eines anderen kann man ›Gomez VFB Stuttgart‹ lesen – passt kontextual haargenau.

Katrin zieht eine Nagelschere aus der Tasche (wer hat schon eine Nagelschere in der Hosentasche), sagt: »Zeigt mal eure Nägel«, und beginnt die Nägel der Kinder zurechtzuschnippeln. »Warum muss man seine Nägel kurz halten und sich die Hände waschen?«, fragt sie in die Runde. Die Antwort wird gewusst: Wegen der Hygiene. Bakterien und Krankheiten können sonst übertragen werden. »C'est pour la hygiène.«

Unter den Kindern werden Präsidenten gewählt. Ein größerer Junge, er ist schon 16, erklärt uns die Struktur dieser Idee. Er ist der Präsident und hat zwei Minister. Ebenso ist es bei den Mädchen. Jedes jüngere Kind hat, wie bereits erwähnt, einen grand frère oder eine grandes soeur, ein älteres Kind. Sie besprechen einmal die Woche, ohne Erzieher, ihre Probleme und Angelegenheiten miteinander, und nur im Notfall greifen die Erwachsenen ein bzw. laden dann zu einer Versammlung aller Beteiligten. Der Präsident ist der Sprecher der Kinder, und wir sehen dem sanften Jungen mit dem schönen Lächeln an, dass er seine Verantwortung ernst nimmt.

Während seiner Erklärung schneidet Katrin den Jungs weiter die Nägel. Einer hält währenddessen seine Hände darunter und sammelt die Nagelreste ein.»Wofür werden sie benutzt?«, fragt Katrin streng. »Zum Düngen« ist die Antwort. Ich finde das etwas übertrieben, aber es dient wohl der Allgemeinbildung oder dem Umweltansatz. Heute ist das letzte Wochenende des Monats. Das ist der wiederkehrende Termin, an dem die Kinder zu ihren Familien, zu Onkeln, Tanten oder, falls noch vorhanden, Eltern gehen. Es ist A. M. P. O. wichtig, dass die Kinder den Kontakt nicht verlieren, zu den wie auch immer gearteten Familien oder Restfamilien, weil sie hoffentlich wieder zurückgehen werden, eines Tages, wenn sie mit der Schule oder der Ausbildung fertig sind. Jene, die keine Familienangehörigen mehr haben, gehen an diesem Wochenende in eine andere Einrichtung von A. M. P. O., die sich»Mia Alma« nennt, wovon ich noch sprechen werde.

In dem ebenfalls offenen, lediglich überdachten Versammlungsraum mit Bänken darin sitzen bereits die Verwandten der Kinder und warten auf diese, um sie mit nach Hause zu nehmen. Wir grüßen und machen uns auf den Weg hinüber in das Mädchenwaisenhaus.

Hinaus aus dem Tor, an einer an die Außenmauer des Waisenhauses rangemauerten und bemalten Krippe vorbei, auf die 30 Grad Sonne scheint. Auf der gegenüberliegenden Straßenseite sehen wir mit Wellblech überdachte und mit kleinen Steinen voneinander abgegrenzte Parkplätze. Keine Autos. We take it as a thought.

Im Mädchenwaisenhaus leben ebenfalls 60 Kinder. Dort gibt es, abgesehen von Büros, Schlafräumen, Duschen und Toiletten, eine kleine Kirche, die ein Raum mit Dach und Wänden ist, in dem einige gemauerte Bänkchen und ein kleiner, schlichter Altar mit einer Blumenvase stehen. Der Kirchenraum kann mit (rosa) Vorhängen zugezogen werden. Auch hierher kommt einmal die Woche, naturgemäß wohl sonntags, ein Gottesdiener für das Gebet. Dann verteilen sich die gläubigen Kinder auf die zwei Gotteshäuser, und die Muslimas gehen zu den Jungs in die Moschee, und die christlichen Jungs kommen zu den Mädchen in die Kirche.

Wir betreten das Büro der Mädchenwaisenhausdirektorin. Langes Wort. Eine imposante, strahlende Frau, die, wie sollte es anders sein, seit 19 Jahren mit Katrin zusammenarbeitet. Ihre Bewerbung seinerzeit wies exzellente Zeugnisse auf, doch sie war erst 29, was für Katrin ein ausreichender Grund war, sie nicht einzustellen, da sie einen Partner mit Erfahrung wollte. Doch auf die von Katrin anmoderierte Absage hin sagte die junge Frau pragmatisch und unbeeindruckt: »Aber ich bin die Beste.« Und Katrin stellte sie ein. Sie lachen sich schlapp, während sie uns das erzählen. Die Direktorin begleitet uns auf unserem Weg durch das Mädchenwaisenhaus.

In der Medizinstation und Nursery für unterernährte Kinder, ›Maison Linda‹ genannt, arbeiten medizinisch geschulte Schwestern, die sich um die mangelernährten Babys kümmern, die von ihren Müttern über einen Zeitraum von zwei Monaten ein- bis dreimal wöchentlich hergebracht werden. Sie untersuchen die Kinder, wiegen und päppeln sie mit richtigem Essen statt mit Superfood auf. Wenn nach diesen zwei Monaten keine Veränderung sichtbar wird, werden sie zu einem Hospital weitergeleitet. Über 2000 Kinder werden hier im Jahr behandelt. Wir setzen uns zu den Frauen, die geduldig warten, bis ihr Baby an der Reihe ist. Die Kinder sind in verschiedenen Zuständen, manche sind so dünn, wie man es von Plakaten für »Brot für die Welt« kennt, anderen sieht man bereits an, dass dieses Programm Wirkung zeigt. Und immer kommt man in Kontakt durch den schlichten Umstand, dass man Mutter ist. »Hier, das ist mein Baby«, sage ich und zeige auf meine erwachsene Tochter, »sie ist nicht mangelernährt, sie wird also euren Babys nichts wegessen.« Die Mütter lachen, sie verstehen den Witz, Paula auch, Humor verbindet; in allen afrikanischen Ländern, die ich bereiste, teilten die Menschen, denen ich begegnete, und ich denselben Humor – das ist sehr beruhigend und kürzt manchmal die umständlichen Einleitungen ab.

Wir setzen unsere Tour fort und betreten die Asservatenkammer, die nur ich so nenne, in der gespendete Kleidung aufbewahrt wird, um uns klimagerechte Klamotten auszuleihen, weil hier niemand weiß, wann und ob überhaupt unsere Koffer eintreffen werden. Das arme Biobrot, dass ich für Katrin im Koffer transportierte, hoffentlich vergammelt es nicht, denke ich und weine ein bisschen in die Asservate.

(Asservate sind, für alle Nichtkriminalisten, in amtliche Verwahrung genommene, als Beweismittel dienende Gegenstände.) Wir stellen uns vor, wie es wäre, wenn wir von uns abgegebene Bekleidung in der Kammer wiederfänden ... Ist aber leider nicht so. Also leihen wir uns jeweils eine fremde Hose und ein unbekanntes Hemd aus, denn dass wir diese bei unserer Abreise wieder zurückgeben werden, ist klar.

Auf dem Weg in das Direktorenbüro, das uns als Umkleide dienen wird, begegnen wir Mädchen, die über den Campus rennen, sie grüßen und lächeln und verschwinden in ihren Schlafräumen, packen für das Wochenende und verbreiten in ihrer freundlichen Geschäftigkeit die Stimmung eines Internats. Die Schüler und Schülerinnen sind selbstbewusst, kennen die Wege, die Abläufe, die Regeln und scheinen zumindest zu wissen, was sie wollen und als Nächstes tun werden. Es gibt hier eine spürbare Gemeinschaft, Freundinnen und Kumpels, den Kontakt zu den Lehrern und grands frères oder grandes soeurs, die Sonne scheint, und der Ort spricht zu mir in friedlicher, freundlicher Absicht und erzählt von Möglichkeit auf Wandel und Zukunft.

Wir machen uns mit den unbekannten Hemden und fremden Hosen bekannt, schauen uns an, spiegellos, und sehen irgendwie gut aus in den Drittweltklamotten, und ich weiß schon, dass das ein Nicht-PC-Wort ist, keine Bange. Sie sind bunt und keiner Mode zuzuordnen, und wir wirken weniger outlandish, trotz unserer Buttermilchfarbe. Ich setze mich auf die Schaukel und fliege über den Campus.

20 Lehrer sind hier angestellt, 120 Kinder leben hier, Hunderte, Tausende von Kindern hat Katrin großgezogen in all den Jahren, sie eingeschult, begleitet, bis sie ihre diversen Schulabschlüsse machten, sie hat ihnen Ausbildungs- oder Studienplätze gesucht, bis sie selbständig lebten. Die meisten haben es geschafft, nur manche sind wieder zurück auf die Straße und zu ihren Klebetüten.

Neben den Waisenhäusern befindet sich das Restaurant von A. M. P. O., das »Mam Dunia« heißt, was »Meine Welt« bedeutet. Es ist klimatisiert, ein paar Tische, die Küche. Von dort geht es ebenfalls in einen (anderen) Innenhof, der partiell überdacht ist und dadurch einen

Hauch von Zirkuszelt bekommt, unter dem Tische stehen, an denen Gäste sitzen.

Der Koch ist gut gelaunt und die Speisekarte auch für Vegetarier geeignet. Angeschlossen an das Restaurant ist eine Cateringfirma, ausschließlich aus ehemaligen A. M. P. O.-Kindern bestehend, die gerade einen Job der deutschen Botschaft an Land gezogen haben und im Begriff sind, dafür 300 Essen vorzubereiten. Einige Wochen nach unserer Reise fragte ich Katrin per Mail, wie es beim Botschafter gelaufen sei, und ihre prompte Antwort war: »Kein Glas ist kaputtgegangen!« Es war wohl ein voller Erfolg, entnahm ich ihrem Schreiben: Das Essen wurde gelobt, der Service verlief reibungslos, und die Bedienung war professionell, zuvorkommend und attraktiv.

Weiterhin gibt es auf dem Areal ein paar Gästeräume, die man mieten kann, sie waren während unseres Aufenthalts nur alle vermietet, sonst wären wir auch räumlich Teil der A. M. P. O.-Familie geworden.

Sowohl von der Straße als auch vom Innenhof kann man A. M. P. O.s Friseur und Schneiderei betreten, die übrigens für die Caterer die Outfits entworfen und geschneidert hat. Es sind kleine lichte Geschäfte, in denen Ehemalige der Waisenhäuser arbeiten. Nicht nur zu Friseuren und Schneiderinnen werden die Heranwachsenden ausgebildet, sondern auch zu Mechanikern, Gärtnerinnen oder Haushälterinnen. Letztere dauert ein halbes Jahr, und Teil der Ausbildung ist beispielsweise, dass man Computer nicht mit Omo wäscht, ein Beispiel Katrins, das mich nachhaltig beeindruckte, da ich mir sofort einen schäumenden Laptop vorstellte, wie es ihn bei Tom und Jerry hätte geben können. Das Beispiel sollte darauf hinweisen, was alles schiefgehen kann und worauf man gar nicht käme, dass es schiefgehen könnte. (Omo ist übrigens nicht nur ein Waschpulver, sondern auch ein äthiopischer Fluss.) Weiterhin lernt man im Haushaltskurs, wie man Betten auf europäische Weise macht, fünf europäische und zehn afrikanische Gerichte kocht oder trockenem Marmorkuchen geriebenen Apfel zur Befeuchtung hinzufügt; man lernt waschen, bügeln, falten, Gläser polieren, das ganze Programm. Die A. M. P. O.-Haushälterinnen sind heiß umworben, weil sie qualifiziert und vertrauenswürdig sind und gute, verantwortungsvolle Arbeit machen. Diplomaten und Botschafter kommen zu A. M. P. O., um die Mädchen zu engagieren, die auf diese Weise selbständig werden und ein gutes Einkommen haben.

Das wichtigste aber ist, dass sie unter A. M. P. O.s Schirmherrschaft bleiben, denn Katrins Mitarbeiter kontrollieren, dass die Mädchen gut behandelt, nicht ausgebeutet, regelmäßig bezahlt und vor allem nicht missbraucht werden, was nicht unüblich ist. Doch den A. M. P. O.-Mädchen passiert dies, im Gegensatz zu anderen jungen Frauen, die als Haushälterinnen arbeiten, nicht, weil man weiß, hinter ihnen steht die lokale NGO, die schützt bzw. aufdeckt, wie ein grand frère.

Ein Mädchen, das als Haushälterin bei einem Deutschen arbeitete und von ihm sexuell missbraucht wurde, wurde von Katrins Schnüffelnase aufgespürt und in einer ihrer Einrichtungen untergebracht, wo man sich um es kümmert und wo es bis heute lebt. Die Kontrolle der Arbeitsbedingungen der jungen Haushälterinnen hat Grund, die Erfahrung zeigt, dass dieser Beruf nicht unterzubewerten ist, sowohl in der Qualität der Ausbildung und Ausübung als auch angesichts der Gefahren, denen die Mädchen ausgesetzt sein können.

Gegenüber der vierspurigen Straße – Unfälle sind hier leider an der Tagesordnung –, befindet sich die Reha. Kinder, die eine lange Heilungszeit benötigen, wofür sie nicht in den städtischen Krankenhäusern bleiben können, bringt A. M. P. O. in die Reha, bis sie genesen sind.

In der Reha lernen wir einen kleinen Jungen kennen, der aus einer brennenden Hütte gezogen wurde und dessen Ohren und Lippen geschmolzen sind. Lange Jahre lebte er mit seinem Vater in der Reha, wurde immer wieder operiert, doch seine Wunden verheilten einfach nicht. Schließlich sammelte man Geld, um ihn in Deutschland in einem Krankenhaus operieren zu lassen. Als wir ihn besuchten, sahen wir seinen frisch verbundenen Kopf, der unter einer Wollmütze verborgen war, er war ein pfiffiger Junge, und es gab wieder Hoffnung, man hatte ihm in Deutschland helfen können, seine Wunden waren im Begriff zu verheilen.

Derzeit ist eine Mutter mit ihren fünfjährigen Zwillingstöchtern in der Reha. Das eine Mädchen reicht der Mutter bis zur Hüfte, das andere sitzt auf ihrem Arm und ist so groß wie ein Kleinkind. Die Kleine hat einen Herzfehler und wird mit Mutter und Schwester so lange hier bleiben, bis sie sich stabilisiert hat und wieder zu wachsen beginnt.

Nebenan gibt es einen Optiker, der sich vor dem Ansturm der Schlecht-Sehenden (ich), nicht retten kann. 40 000 Brillen sind hier aufbewahrt. Die Untersuchung ist umsonst, die Brillen auch. Die wenigen Brillenträger, die man auf dem afrikanischen Kontinent sieht, bedeuten nicht, dass alle super sehen können, sondern dass es zu wenig bis keine Optiker gibt. Und erst recht keine Brillen.

Katrin Rohde lebt seit 25 Jahren in Ouagadougou. Als sie hierherkam, gab es eine Straße, sagt sie, kein mehrstöckiges Haus, ein kurzes Stück Rolltreppe am Flughafen, das zu einer Jahrmarktsattraktion wurde und die man wie ein Karussell benutzte, es gab ein einziges Mobiltelefon in der Stadt und ein einziges Faxgerät im ganzen Land. Keine Computer. Mittlerweile besitzt jeder ein Handy.

Kurz bevor wir nach Ouagadougou aufbrachen, hatte sie eine Audienz beim Präsidenten, während unserer Anwesenheit traf sie sich mit Gerd Müller, dem deutschen Minister für Entwicklungshilfe. Sie kennt burkinische Minister und Könige und die meisten, die hier soziale Arbeit machen und machten in den letzten 20 Jahren, sie korrespondierte mit Christoph Schlingensief über sein Operndorf und riet, für die Realisierung seiner Vision doch eines der leerstehenden Theater Ouagas zu kaufen, sie kennt die Mitarbeiter der GIZ (früher GTZ) und des Goethe-Instituts, ist vertraut mit Imamen und Priestern – vor allem aber kennt sie die Ärmsten der Stadt und die Kinder der Straße. Sie ist es, die ohne Gefahr zum harten Kern der Straßenjungs gehen kann, was von Nutzen war, als einem Bekannten die Tasche geklaut wurde und er sein Adressbuch dringend benötigte. Sie wusste, zu wem sie gehen musste, und erhielt es zurück. Man nennt sie Mama, darum heißt ihr Buch ›Mama Tenga‹. Mutter Erde. Sie war eine der ersten Weißen, die hierherkamen und mit der Menschenrechtsarbeit begannen. Sie hat sich mit allen angelegt und gegen fast alle Widerstände gesiegt. Sie spricht Französisch mit einem krassen deutschen Akzent, ein Französisch, das, wie sie selbst sagt, niemand in Paris verstehen würde, und spricht auch leidlich Mooré, die Sprache der Mossis, eine der 60 Landessprachen, die in Ouagadougou gesprochen werden.

Als ich sie in eine neue ›Papeterie‹, ein Papiergeschäft, begleite, um Mappen für die Speisekarte ihres Restaurants zu kaufen, erkennt die französische Ladenbesitzerin sie und überhäuft sie mit Papier und Glitzerstiften und Bastelbögen für ihre Kinder und sagt:»Ich habe so viel von Ihnen gehört und würde gern einmal Ihre Einrichtungen besuchen. Und bitte rufen Sie mich an, wenn Sie irgendetwas für Ihre Kinder benötigen.« Ich bin beeindruckt, Katrin nicht.»Jaja«, sagt sie ein bisschen schlecht gelaunt,»ich bin hier der bunte Hund.« Wir fahren weiter auf den Markt.

Vielmehr in die Innenstadt, zum Souk, auch wenn man das in Ouagadougou nicht so sagt. Dort befindet sich hinter Marktständen und Parkplätzen – nicht zu finden, wenn man es nicht wüsste –, das alte Papiergeschäft, da wir bei der neuen Französin nicht fündig geworden sind.

Hier ist es voll, laut, eng, Menschen, Gestank, Abgase, Geschrei, mehr Menschen, knatternde Mopeds, Staub und Staub, verrottete Häuser mit Säulen davor, vielleicht waren es mal schöne Villen, man kann nichts mehr erkennen, es ist verwittert, abgeblättert, unübersichtlich, schmutzig, staubig, vollgestellt, abgestellt und liegengelassen. Diese Frau kennt jeden jungen Mann, der sich dort herumtreibt und versucht, irgendwas aus der Hand heraus zu verkaufen. Uhren zum Beispiel.

»Das sind alles meine Jungs«, sagt sie, schaut sich um und wendet sich schließlich direkt an einen Jungen, der sich um uns herumdrückt, nennt ihn beim Namen:»Versuch wenigstens 500 CFA monatlich zu zahlen, dass ich deine Bemühung sehe.« Sie hatte ihm Geld geliehen. Der Junge ist verlegen, sie ist streng und lässt ihn in seiner Verlegenheit allein zurück. She's a tough cookie.

Im Auto dann sagt sie:»Es geht mir nicht um das Geld, aber ich will, dass er sich anstrengt, dass er arbeitet, sonst wird das nix.«

Wir haben übrigens die gewünschten Mappen gefunden, in einem ballhausgroßen Papiergeschäft, in dem man Schätze findet, wenn man will und gräbt. Ich fand sie unter einem Stapel verstaubter Spiralblöcke, direkt neben den verstaubten weißen Puppen. Der Staub ist überall. Er ist rot. Die Blätter an den wenigen Bäumen und Büschen in der Stadt sind oben rot und unten grün. Der Staub ist auf den Füßen, auf Autos, Mopeds, Häusern und auf jedem Marktstand. Du musst ihn willkommen heißen, oder du wirst verrückt.

Abends waschen wir uns den Staub in unserer Kleckerdusche ab. Wir haben Glück, wir haben eine Kleckerdusche ...

Ouagadougou ist genau wie Paris in Quartiers eingeteilt, wir fahren an einem anderen Tag in das Quartier Sanyiri, in die Reparaturwerkstatt von A. M. P. O. namens »Tand Nao«, was so viel heißt wie ›Meine Beine‹ oder ›Das, was uns voranbringt‹. Es ist Freitag, Tag der Moschee. Die Reparaturwerkstätten könnte man auch Behindertenwerkstätten nennen, wenn man wollte, aber wer will das schon. Heute Morgen um 10 Uhr werden dort zwölf Tricyclettes an Menschen, die nicht laufen können, überreicht. Frauen, Kinder, Männer. Festlich und zeremoniell ist die Veranstaltung, als würde ein Preis verliehen werden, hier, auf dem staubigen Bürgersteig vor der Schrauberwerkstatt. Alle in ihren schönsten Kleidern, nur wir können leider nicht mithalten, wir erscheinen in der Montur aus der Asservatenkammer ...

Tricyclettes sind Bicyclettes (Fahrräder) mit drei Beinen. Vorn ein Rad, hinten zwei, dazwischen sitzt man komfortabel. Die Pedale werden nicht mit den Füßen getreten, sondern mit den Händen gekurbelt. Es gibt Platz für Notwendiges, das man mit sich herumfahren möchte. Eine Kiste Bier zum Beispiel. Tricyclettes werden in der Werkstatt ›Tand Nao‹ in Blau und Grün hergestellt, ich glaube, das hat was mit dem Geschlecht zu tun, bin aber nicht sicher. In der Werkstatt arbeiten ausschließlich gehandicapte Männer. Sie sind es, die die Werkstatt leiten, verwalten, die Tricyclettes entwerfen, bauen, schweißen, schrauben, montieren, bemalen ... und so weiter und so fort. Auch ohne das Insiderwissen eines Fahrradmechanikers sieht man die Qualität der

Dinger, sie sind handgefertigt, massiv, stabil, durchdacht, funktional – und schick. Kämen sie aus Berlin-Friedrichshain, wären sie Hipster-Fahrräder, angesagt und sauteuer. Ich bin begeistert von den Dreirädern, traue mich aber nicht zu fragen, ob ich einmal fahren dürfte, das wäre wirklich zu frech gewesen. Es gibt noch eine zweite Werkstatt übrigens, in der ausschließlich repariert wird. Eine ist für die Produktion, die andere für die Reparatur.

Der Chef beider Werkstätten heißt Edouard und ist ein sehr gepflegter, attraktiver Mann mit kräftigem Kreuz und beeindruckenden Oberarmen, der im Rollstuhl sitzt. Wie nicht anders zu erwarten, kennen Katrin und er sich ewig. Fast 19 Jahre. Immer sagt sie, wie lange sie ihre Leute kennt, statt zu erzählen, woher. Das ist typisch für Menschen, die diese Arbeit machen, sie sind fokussiert auf das Heute, das aktuelle Projekt, auf die Bewegung, die es bereits gab, die Umstände verbessert hat, statt in der Scheiße schmerzhafter Vergangenheit zu wühlen. Trotzdem frage ich:

»Wie habt ihr euch kennengelernt?«

»Ach«, sagt Katrin missmutig, nicht zum Reden aufgelegt, »der saß da auch wieder an irgendeiner Ecke rum, mit seinen kaputten Beinen. Ich hab ihn gefragt, ob er Lust hat, für mich zu arbeiten, und dann hat er das hier alles allein aufgebaut.«

Sie sagt allein. Und es stimmt. Und dennoch ist das nur die halbe Wahrheit. Es ist die Motivation, die Anerkennung, die Begleitung, das Anschieben, das den Werdegang Edouards zum Direktor »Tand Naos« ermöglichte und das sich irgendwann verselbständigte. Hilfe zur Selbsthilfe. Der berühmte Satz. Er macht Sinn, auch wenn die Zyniker sich darüber lustig machen, because they can.

Einmal gaben Katrin und Edouard gemeinsam ein Interview für einen französischen Radiosender. Edouard wurde von dem Journalisten auf seine kaputten Stöckerbeine angesprochen. Sie waren durch einen Unfall zerstört worden, Verkehrsunfälle sind ein Thema in Ouagadougou, sagte ich schon. Wie es sich mit diesen nicht existenten Beinen leben ließe, wurde er gefragt, er könne ja gar nicht laufen. Katrin fand die Frage impertinent, begann sich innerlich aufzuregen und war fast im Begriff, etwas zu sagen. Doch Edouard blieb gelassen und sagte: »Ja, das stimmt, ich lebe ohne Beine. Aber manche leben ohne Herz.«

Nun beginnt die Übergabe der Tricyclettes, die eine elegante sportive Form von Rollstühlen sind, für die langen Strecken. Wir stehen alle vor der Werkstatt auf der ungepflasterten staubigen Straße in der bereits knallenden Vormittagssonne. Irgendwo haben irgendwelche ein wenig angefangen zu pflastern, ob das Straße, Bürgersteig oder Einfahrt werden sollte, weiß kein Mensch, sie haben sie dann auch liegen gelassen, die Steine sind jetzt überall verteilt oder geklaut worden.

Die Fahrzeuge sind in Reih und Glied aufgestellt, davor Edouard mit lauter Urkunden auf seinem Schoß, von denen er Namen abliest und jede Person, zuerst die Frauen, dann die Männer, dann die Kinder einzeln aufruft.

Dann beginnt das Unaussprechliche. Aus der Menge, die die Mitarbeiter, Freunde, Familien, Nachbarn und wir bilden, löst sich eine Frau. Sie ist in ihren schönsten M'Boubou gekleidet und trägt auch ein Tuch aus demselben Stoff um den Kopf, hat Schmuck angelegt und ihr schönstes Lächeln. Sie ist schon älter, vielleicht so alt wie ich oder sogar noch älter. Ihre Beine haben irgendeine Krankheit, die es in Europa seit vielen Dekaden bereits nicht mehr gibt, oder vielleicht ist sie auch überfahren worden, oder bei der Geburt ist was schiefgelaufen. Ihre Beine und Füße sind wie aus Gummi, und sie kriecht über den Boden, stemmt sich mit den Ellbogen ab, um vorwärtszukommen. Sofort sind zwei Menschen neben ihr, helfen ihr hoch, nehmen sie in ihre Mitte, noch jemand kommt dazu, sie halten sie unter den Achseln, versuchen sie vorsichtig in Richtung Tricyclette zu schleppen, zu tragen. Dann der Einstieg. Ich nehme eines ihrer Beine, man muss zu viert sein, und spüre die Weichheit und Aufgeschwemmtheit eines Körperteils, der vor langer Zeit seinen Geist aufgegeben hat. Wir hieven sie in das Gefährt, legen ihre Beine zurecht und das schöne Kleid, positionieren ihre Füße, sie hat die Hilfe mit Würde entgegengenommen, ergreift nun die Kurbel und lächelt. Applaus. Katrin nimmt die erste Urkunde und überreicht sie ihr mit einem herzlichen Glückwunsch. Ein gemeinsames Foto und erneuter Applaus. Edouard ruft die nächste Frau auf. Ihr fehlt ein Bein, sie kommt mit einem Stock und humpelt allein bis zum Tricyclette. Und so geht es immer weiter, bis die Männer aufgerufen werden. Auch sie hatten Unfälle, Amputationen oder Krankheiten. Einem nach dem anderen wird ein Mobil und eine Urkunde übergeben. Die Tricyclettes, die in Reih und Glied stehen, sind nun fast alle bemannt und befraut. Die Sonne ist etwas höher gestiegen, sie wirft ein scharfes Auge darauf, was auf ihrem Kontinent passiert

Ein Teenager wird aufgerufen, der ganz eindeutig ein happy child ist. Sein Körper will nicht so, wie er wohl will, und zuckt in verschiedene Richtungen, kriegt die Koordination nicht hin und sein Geist irgendwie auch nicht. Er lacht so laut, dass er kaum vorankommt. Sein Lachen ist ansteckend, und sein Einstieg wird gemanagt, Foto, Applaus.

Nun verbleibt nur noch ein Tricyclette, es ist ein wenig kleiner. Und da, die ganze Zeit zwischen uns, hockte ein kleiner Junge, vielleicht neun oder zehn Jahre alt, auf dem Boden. Mit staubigem, ernstem Gesicht, kurzen staubigen Hosen und einem karierten Hemd. Seine schönste Straßenkleidung, nehme ich an. Er sitzt auf einem Phantasiegerät, ein Stück Metall, ca. 40 × 15 × 4 Zentimeter groß, dem rechts und links kleine Räder drunter montiert wurden, an denen Kurbeln angebracht sind, die man mit den Händen kurbelt, um das Ding in Fahrt zu bringen. Auf dem Metallstück sitzt er in einem abenteuerlichen Lotussitz. Von den Knien abwärts sind seine Beinchen, seine Waden, in die falsche Richtung gewachsen, sehen aus, als wären sie aus Knete. Sie sind nicht nach hinten abknickbar, die Steißbeine, die Knochen wachsen gekrümmt nach oben, es ist ein einziges Beindurcheinander.

Ich habe so etwas schon mal gesehen: in Rumänien in einer Ceauşescu-Institution und in einer Klinik im Ostkongo bei Babys, die direkt im ersten Jahr ihres Lebens operiert wurden und mit Gipsbeinchen durch die Flure rutschten.

Polio. Kinderlähmung. Seit 1960 gibt es in Deutschland dafür die

Schluckimpfung. ›Kinderlähmung ist grausam. Schluckimpfung ist süß.‹ Ich erinnere mich daran, dass diese Werbung auf allen Kanälen lief, als ich Kind war. Ich hoffe, dass alle Biomütter ihre Kinder gegen Polio impfen lassen.

»Im Jahr 2002 hat die WHO ganz Europa für poliofrei erklärt. Noch tritt Polio jedoch in einigen Ländern und Regionen auf (beispielsweise in Afghanistan und Pakistan) und kann auch nach Deutschland wieder eingeschleppt werden. Daher bleibt es sinnvoll, geimpft zu sein.« (www.impfen-info.de)

Jetzt wird der kleine Junge aufgerufen, und in einem Affenzahn krabbelt er von seiner Metallschiene und rast rüber zu dem Mobil, man kann kaum folgen, so behände ist er. Er hat auch wirklich lange warten müssen, bis er endlich dran war. Im Nu sitzt er oben auf dem Kutschbock, seine Hände sind so groß und stark wie die eines Bauarbeiters.

Katrin legt ihm sein Metalldings in den Schoß, das braucht er für zu Hause, und fragt:

»Woher hast du das?«

»Das habe ich selbst gebaut«, ist seine Antwort.

Edouard fällt das Gesicht runter, er kann es nicht fassen, dieser Knirps weiß sich zu helfen.

»Und gehst du zur Schule?« fragt Katrin, die Strenge.

»Ja.«

»Welche Klasse?«

»Vierte.«

»Gut«, sagt sie, ohne eine Widerrede zu erlauben, »wenn du fertig bist mit der Schule, und du musst sie fertig machen, dann kommst du zu mir, dann fängst du hier in der Werkstatt bei Edouard an, wir brauchen Talente wie dich.«

Edouard nickt, lacht und klatscht. Alle klatschen mit. Paula und ich schauen uns nur schweigend an. So läuft das hier. So macht man nicht nur Karriere, so gibt man mit einem einzigen Satz einem jungen Menschen ein Leben, statt dass er eines Tages irgendwo an einer Ecke sitzt mit seinen kaputten Beinen.

Nun ist die Piste freigegeben, und die Tricyclisten können losfahren. Alle Passagiere fahren in den Graben, gegen die Wand oder in einen Busch. Es ist ein heilloses Durcheinander. Der Einzige, der sofort gekonnt und mit Eleganz abzischt, als hätte er nie etwas anderes gemacht, ist der zukünftige Werkstattleiter, der Lütte, der auf seinem Gefährt sitzt wie in einem Rennauto, mit coolem Gesichtsausdruck und einmal die ganze Schotterstraße runterfährt. Bravo.

Derweil gehen wir in die Werkstatt hinein, die wir noch nicht gesehen haben, und sprechen mit dem Leiter der Produktionswerkstatt, dem wir bislang nur kurz vorgestellt wurden. Er ist ein großer dünner Mann, der schief steht und ein freundliches Gesicht hat. Er läuft mit einer Krücke, seine Hüfte ist out of order und eines seiner Beine kürzer. Er führt uns herum, vorbei an Stahl, Eisen und gefährlichen Werkzeugen; zeigt die einzelnen Teile, die gefertigt, zusammengeschmiedet und zu den Tricyclettes zusammenmontiert werden. Es ist eine Werkstatt, an der jeder Schrauber seine Freude hätte, würde ich denken. Alles händisch, es gibt nicht wirklich Maschinen dort, darum dauert es, bis ein Tricyclette fertiggestellt ist, aber macht ja nichts, das Ergebnis kann sich wirklich sehen lassen.

Zum Abschied dürfen wir uns eines der unzähligen Schraubenmännchen, die in einem Regal stehen, aussuchen. Ich nehme den Gitarristen, Paula den Sänger.

Die Menschen, die in der Werkstatt arbeiten, wie auch die, die ein Tricyclette erhielten, sind jene, die im globalen Süden zumeist auf den Bürgersteigen leben. Oder in Bombay auf der Brücke zu der Haj-Ali-Dargah-Moschee oder in der Mitte der roundabouts (Kreisverkehre) in Colaba, dem südlichsten Stadtteil Mumbais. Auf dem Weg vom Flughafen Johannesburgs oder Nairobis wohnen diese versehrten Menschen in ihren Hütten aus Wellblech und Pappe oder UNHCR-Plastikplanen. In den Nachrichten bei ›BBC World News‹ oder ›CNN‹ oder ›TV5 Monde‹ wird über sie berichtet oder manchmal auch im deutschen Fernsehen, obwohl es dort nichts mit dem britischen und amerikanischen und französischen Sender Vergleichbares gibt. Man sieht sie auf den Straßen Berlins und Londons unter den Brücken oder neben der

Pariser Autobahn, auf dem Weg von einer der Banlieues zum Flugha-fen Roissy, wo ein shantytown der Roma liegt, oder, ebenfalls in Paris. auf dem Grünstreifen zwischen Ein- und Ausfahrtsstraße in dem aus Wurfzelten gebauten Camp, in dem sowohl arabische als auch Sub-sahara-Geflüchtete versuchen, mit dem europäischen Winter zurecht zu kommen. Diese verlorenen Menschen, die durch das Sieb der Gold-schürfer durchgefallen sind, so stelle ich mir das mit dem Goldschür-fen zumindest vor, die Kranken, Verunfallten, Ausgestoßenen, Geflüch-teten, Ungebildeten, Missbrauchten, die Obdachlosen, les misérables, an denen wir vorbeigehen und uns schämen, dass es sie gibt, denen wir nur schlecht in die Augen sehen können und Münzen in ihren Becher werfen oder nichts geben oder nicht genug, die machen, dass wir nicht wissen, wie wir uns verhalten sollen, sie nerven, nehmen Drogen und stinken. Von diesen Menschen gibt es seit eben einige weniger. Die, statt neben dem Straßenverkehr abzuhängen, ein Leben führen kön-nen. Eines mit der vielzitierten Würde des ersten Artikels des ›Grund-gesetzes für die Bundesrepublik Deutschland‹ vielleicht. Eines, aus dem sie ab jetzt etwas machen können, im besten Falle.

»Wollnwershoffen«, würde meine Mutter in einem Wort sagen und dabei auf Holz klopfen oder auf den eigenen Kopf, der aus Holz war, oder sie würde »Dein Wort in Gottes Ohr« sagen, aber keiner weiß, ob Gott Ohren hat, offensichtlich hat sich meine Mutter das auch niemals gefragt.

Man muss eben irgendwo anfangen, das ist die Scheiße, man muss irgendwann anfangen. Und es sind die wenigen, die da mitmachen bei diesem Anfang, und sie können sich nicht um alle kümmern. Aufge-ben jedoch angesichts des Überflusses der Not und dessen, was es an Notwendigem zu tun gibt, das ist die Sache der humanitarians nicht.

Nächstes Kapitel aus Ouagadougouland
Die Strecken in Ouagadougou sind weit, es ist eine riesige Stadt, auch wenn es nur zwei Millionen Einwohner sind. Aber da es keine Wol-kenkratzer gibt ... na gut, es müssen ja nicht gleich Skyscraper sein ...

da also die durchschnittlichen Häuser nicht unbedingt vielfach mehrgeschossig sind, verteilt sich die Stadt naturgemäß über eine große Quadratmeterfläche. Die öffentlichen Verkehrsmittel sind vollkommen mangelhaft: Bus. Fertig. Also geht man zu Fuß, bzw. wer kann und wagt, fährt per Motorroller durch die Gegend. Und die Menge dieser Gefährte übertrifft sogar Rom um ein Vielfaches. Die Abenteuerlichkeit, mit der man Verkehrsteilnehmer und Sachen auf dem Zweirad transportiert, ist hochinteressant zu betrachten. In Bangkok habe ich Vergleichbares gesehen.

Helme? TÜV? Geschwindigkeitsbegrenzung? Nächste Frage. Irgendwie gibt es auch Ampeln. Davor sammeln sich dann wahre Geschwader an Rollern. Man muss Mut haben oder Burkinabé sein, um da mitzumachen. Fahrbahnmarkierungen sind nicht sichtbar, falls überhaupt vorhanden. Bürgersteige gibt es nicht. Immerhin halten sie vor den roten Lampen, it's a start.

Eine Frau stillt ihr Baby auf dem Roller. Eine andere ist ganz nach vorn an den Lenker gedrückt worden von ihrem Transportgut und hockt da irgendwie im plié, sie hat fünf gigantische Wassertonnen, leer, auf den Sitz getackert, und fährt in dieser unbequemen Position tiefenentspannt durch die Hauptstadt, lächelt noch zu uns rüber. Dem jungen Mann neben unserem Auto, der ebenfalls durch unsere offenen Fensterscheiben rüberlächelt, geht beim Anblick meiner Tochter glatt der Motor aus. Dann gibt es die Reifenmänner. Wir begegnen ihnen immer wieder mal. Sie haben drei Autoreifen über ihren Leib und weitere um die Arme geschlungen und sehen aus wie lebendige Michelinmännchen – motorrollend.

Um von einer Einrichtung zur nächsten zu gelangen, von unserem guesthouse zum A.M.P.O.-Hauptquartier zum Beispiel oder heute nach ›Mia Alma‹, einer Einrichtung A.M.P.O.s für Straßenmädchen und ehemalige Prostituierte, die etwas außerhalb liegt, fahren wir Auto und sehen auf diese Weise viel von der Stadt. Die Zeit, die wir im Auto verbringen, ist voll von Katrins Geschichten, die uns eine Vorstellung ihrer Arbeit und Erlebnisse vermitteln. Zum Beispiel diese: Ein 14-jähriges Mädchen wurde irgendwo in den outskirts Ouagadougous von irgendeinem Arschloch vergewaltigt und wurde schwanger. Sie bemerkte, sehr zu meiner Verwunderung, ihre Schwangerschaft nicht. Anscheinend lag der Grund dafür in fehlender Bildung, fehlendem Wissen, fehlendem Bewusstsein. Eines Tages ging sie auf die Toilette und gebar das Baby ins Plumpsklo hinein. Nicht vorsätzlich, sondern aus Versehen. (Keine Ahnung, wie das gehen soll, denke ich an die Geburt meiner Tochter zurück.) Nachbarn hörten das Schreien des Babys, zogen es aus dem Klo und riefen die Polizei. Diese kam und nahm Mutter und Kind mit – de facto zwei Kinder –, und brachte beide ins Gefängnis.

Dies kam Katrin zu Ohren! Wie? Da sie ja hier in Ouagadougou ein bunter Hund ist (siehe Papeterie), ist dies nicht sonderlich verwunderlich.

Sie ist in Besitz eines bestimmten Passes, blau, der ihr erlaubt, ohne großen Firlefanz das Gefängnis zu betreten.

»Was ist das für ein Pass?«

»Dieser hier«, sie wühlt in ihrer Tasche und reicht ihn mir nach hinten. Ich schaue ihn an, während sie weitererzählt. (Es ist eine Sondergenehmigung des Militärchefs von Burkina Faso.)

»Ich war so dermaßen erbost, als ich von diesem Vorfall hörte, dass mir die Tränen waagerecht aus den Augen spritzten vor Zorn.«

Sie fuhr zum Gefängnis, bekam umgehend Einlass, nannte an der Pforte ihren Namen und raste, mit dem Pass über ihrem Kopf erhoben, an allen Sicherheitsleuten vorbei durch das Gefängnis und schrie:

»Wo ist das Kind mit dem Baby?!«

Man führte sie zu ihnen, sie nahm die beiden an der Hand, sagte zu dem Zuständigen: »Ich nehme beide mit, sie sind bei A. M. P. O. im Waisenhaus, sie sind nicht strafmündig, ihr könnt euch bei mir melden«, und raste wieder hinaus. Und ab ging's in die Medizinstation des Waisenhauses.

Ich frage: »Das Mädchen musste doch schrecklich Angst vor dir gehabt haben, wenn du so zornesrot warst. Ihr kanntet euch doch gar nicht.«

»Ja, das kann sein«, meint sie, »aber ich konnte mich nicht bremsen. Wie kann man denn bitte Kinder ins Gefängnis sperren?!« Fragt sie mich. Sie! Mich!

Sie fuhr also mit den beiden in ihr A. M. P. O.-Waisenhaus, und sie bekamen zuallererst medizinische Versorgung. Dann eine Dusche, Essen, Schlafplatz, Kleidung, ein Bett und Ruhe.

Die 15-jährige Mutter haute irgendwann ab, das Baby blieb im Waisenhaus, wurde dort groß und ist heute ein Teenager. Auf dem Foto, das Katrin mir zeigt, sehe ich ein ernstes, schönes Mädchen von vielleicht 13 oder 14 Jahren, das Alter, in dem ihre Mutter vergewaltigt wurde. Ein A. M. P. O.-Kind, das heute jeden Tag eingecremt, mit Porridge im Bauch und Pausenbrot im Tornister zur Schule geht.

Katrin raucht aus dem Fenster, die Hitze weht hinein wie ein Heizlüfter. Wir schweigen. Es war eine gute Geschichte. Sie begann als Drama, wurde zu einem Actionfilm und endete als Autorenfilm mit dokumentarischem Charakter.

Natürlich fragt Katrin, wie kann man ein Kind ins Gefängnis sperren, sie fragt das auch nach 30 Jahren noch, denn man kann sich nicht daran gewöhnen.

Wie kann man ein 14-jähriges Mädchen vergewaltigen. Irgendein alter Sack. Oder ein grausamer junger Mann. Es gibt diese Welt, ich habe sie oft gesehen, in der junge Mädchen nicht den Zusammenhang kennen zwischen Geschlechtsverkehr und Schwangerschaft. Sie wissen nichts über Sexualität, niemand hat sie aufgeklärt, sie schämen sich, wenn sie ihre Tage bekommen, und haben keine Ahnung, was das ist. Sie leben täglich mit Schmerzen, darum ist es möglich, dass sie ihr Kind in ein Plumpsklo voller Scheiße gebären. Es ist eine Welt, in der man sein Leben nicht plant, sondern einfach so jeden Tag macht. Und ist es nicht interessant, dass wir uns gar nicht fragen: Was ist aus dem Mann geworden? Wie geht seine Geschichte weiter? Hat jemand versucht, ihn zu finden, zu verhören, zu verhaften, ihm einen Prozess zu machen und ihn zu verurteilen? Versucht, mit ihm zu sprechen über den Respekt vor Frauen, und ihm zu sagen, dass Vergewaltigung ein Delikt ist, auch wenn es nicht juristisch verfolgt wird in vielen Ländern, und man das einfach nicht tut? Dass man einfach keine Frauen und Kinder vergewaltigt.

Wir schauen aus dem Fenster, haben die Stadt einigermaßen hinter uns gelassen. Es ist eine weite Landschaft. Die afrikanische Weite ist irgendwie weiter, die Erde rot, die Straßen auch. Das Grün ist verrostet, dazwischen manchmal Hügel, manchmal Bäume, die typisch westafrikanischen Baobabs, die ich im Senegal kennen- und lieben gelernt habe. Immer mal wieder fährt ein Motorroller oder ein klappriger LKW auf der Straße. Autos. Menschen, die an der Straße entlanglaufen. Frauen, mit Holz auf der Schulter, ihre Tücher tief über ihr Gesicht gezogen statt Sonnenmilch. Der Himmel ist hoch und manchmal blau, manchmal weiß. Die Sonne steht darin und zeigt, wie stark sie ist, wer das Alphatier ist. Die Hitze macht die Luft beinahe sichtbar. Sie hat einen bestimmten Geruch, die Trockenheit, und auch einen bestimmten Sound. Es ist eine eindringliche Landschaft, man kann sich in sie hineinsehen, in diese raue Poesie, die sie zeigt.

Angekommen im ›Mia Alma‹, fahren wir mit dem Auto durch ein großes Tor, das von einer Mauer eingefasst wird. Von dem ebenfalls sehr großzügigen Hof, in den wir hineinrollern, gelangt man in die diversen Gebäude. Kennen wir schon. Sieht völlig anders aus hier, ist aber das gleiche Prinzip: traditionelle Bauweise. (Eine der wenigen Traditionen, die ich gut finde.)

Lauter hübsche Häuschen aus Naturstein, deren Fugen weiß gekalkt sind, alle Gebäude mit einer Überdachung davor. Ein Brunnen mittendrin, dahinter Gewächshäuser und Beete, in denen es grünt. Ansonsten roter Staub. Neben dem Brunnen ein runder Versammlungsraum, offen, aber überdacht, mit zementener Bodenfläche, der derzeit als Probenraum für die Vorbereitungen des Frauentages am 8. März benutzt wird.

›Mia Alma‹ heißt ›Mia‹ und ›Alma‹. Zwei hübsche Frauennamen, die dem Rohde'schen Freundeskreis entliehen wurden. Dies ist ein

Heim, eine Einrichtung für Straßenkinder, Prostituierte, ehemalige Gefängnisinsassinnen, Mädchen, die vor der Zwangsheirat wegrannten, schwangere Teenager, die alle unter 21 sind. Sie kommen aus verschiedenen Gegenden und sind verschiedenen Ethnien und Religionen zugehörig. Herausforderung.

Ich will nun schon wieder wissen, woher ihre Mädchen sind und wie sie zu ›Mia Alma‹ kommen, und erfahre, dass viele Prostituierte in Ouagadougou mittlerweile von diesem Haus wissen und zu den Neuanfängern sagen: Wenn du das hier nicht kannst, dann geh zu ›Mia Alma‹, die helfen dir. Manche Mädchen kommen aus 300 Kilometern Entfernung und stehen vor dem Tor, weil sie schwanger sind und nicht wissen, wohin, nachdem ihre Familien sie rausgeworfen haben, nachdem sie aus der Dorfgemeinschaft ausgestoßen wurden. Oder die Mädchen werden von Sozialamt und Gefängnis hergeschickt. Zweidrittel der ankommenden Mädchen sind HIV-positiv, alle werden medizinisch behandelt.

Es waren einst zwei Häuser, eines hieß ›Mia‹, eines ›Alma‹. Sie wurden zusammengelegt und der ganze compound neu gebaut, da er vergrößert werden musste. (Wurde für 60 000 Euro erledigt.) Der Baumeister, der das alles entwirft und baut, ist natürlich ein langjähriger Partner. Er macht das wirklich top, die Gebäude sind schlicht, funktional und hübsch. Der Komfort hält sich im Vergleich mit deutschen Einrichtungen in Grenzen, aber es gibt auch keinen Grund, mit Deutschland zu vergleichen, sondern eher mit der Situation, der sie entfliehen.

In den Häusern, Langhäuser genannt, sind jeweils zwölf Mädchen untergebracht, insgesamt leben hier immer so um die 50 junge Frauen. Sie gehen zum größten Teil nicht mehr zu regulären Schulen, sondern machen hier Ausbildungen. (›Skills-Training‹ heißt das internationale Wort dafür.) Darum auch die Gewächshäuser, die sowohl zur Versorgung dienen als auch Teil der Ausbildung zum Gärtner bzw. zur Gärtnerin sind.

Auf dem Campus befinden sich ein Kindergarten und ein Spielplatz für die zehn bis zwölf Kleinkinder der Teenagermädchen, die, schwanger angekommen, hier ihre Kinder zur Welt brachten oder bereits mit Kind eintrafen. Mütter mit Kindern wohnen zu zweit in einer Hütte. Weiter sehen wir Küche, Gebetsräume, Lehrräume. Wie zum Beispiel der große Raum für die Schneiderinnen. Viele Nähmaschinen, an denen die Mädchen sitzen und nähen, Schnitte und Knopflöcher und diverse Nähkanten lernen. Derzeit arbeiten sie an den Kostümen für den 8. März. Wir quatschen uns fest und werden von Chou Chou, dem Direktor ›Mia Almas‹, abgeholt, dass wir in den Probenraum kommen mögen, die Probe würde jetzt anfangen und die Mädchen freuten sich, wenn wir zuschauten oder besser noch mitmachten. Na bravo.

Wir dackeln zum Versammlungsraum, da sind schon circa ein Dutzend Mädchen, die uns neugierig ansehen. Ein Ghettoblaster steht fett im Ring. Der Choreograph ist da, der mit den Mädchen die letzte Zeit geübt hat. Nachdem wir alle in der Runde begrüßt haben, setzen wir uns auf das Geländer, das den Versammlungsort einfasst.

Katrin spricht vorab ein paar Worte, in denen sie vor allem lobt und motiviert und sinngemäß sagt, dass »les filles« die Zukunft seien und ihr Leben in die Hand nehmen dürfen und müssen, dass sie auf sie zählt und an sie glaubt. Und dass der 8. März ein wichtiger Tag für die Frauen Burkina Fasos sei und inzwischen eigentlich so etwas wie ein Nationalfeiertag. Er sei eine Errungenschaft, die allen jungen Frauen verdeutlichen sollte, dass Veränderung möglich ist und sie ein Teil der burkinischen Gesellschaft seien, an der es gelte, aktiv teilzunehmen.

Es gibt in Burkina Faso einen sehr berühmten Sänger, der wohl vor allem von den jungen Frauen umschwärmt wird, wie es überall in der Welt so ist, dass die Männer des Entertainments ihre Karrieren aufbauen mit der Schwärmerei von jungen Mädchen. Was wären die Beatles ohne Teenagermädchen?

Katrin jedoch sagt: »Der ist so berühmt wie Rex Gildo.« Und meine Tochter schaut Katrin ratlos an, während ich fast vom Geländer fliege vor Lachen. Paula hat noch nie von Rex Gildo gehört. Und ich sage: »Katrin, du bist wirklich schon sehr lange weg aus Deutschland, der arme Mann ist seit 20 Jahren tot. Aus dem Fenster gesprungen.«

Jedenfalls hat besagter Sänger, der vielleicht in Deutschland eher mit Mark Foster oder Tim Bendzko zu vergleichen wäre, nur in älter (also dann vielleicht doch einer der Fantas), für den Frauentag 2017 einen Song geschrieben, was eine gute Sache ist, und er nahm sich inhaltlich eines bestimmten Themas an.

Der Tanzlehrer sagt über die Choreographie, dass sie zu gleichen Teilen aus traditionellem Tanz, in dem jede Bewegung eine Bedeutung hat, und modernen abstrakteren Bewegungen bestünde.

Die Musik setzt ein, wir hören die sonore Stimme des Sängers aus dem Ghettoblaster herausschallen, die Mädchen stellen sich auf und beginnen zu tanzen:

Lied des 8. März

Wenn mein Vater mir verzeiht, werde ich es nie mehr tun.
Wenn meine Mutter mir verzeiht, werde ich es nie mehr tun.
Wenn die Eltern dem Kind verzeihen, wird es das nie mehr tun.

Menschen sind immer nur Menschen,
irren ist menschlich, niemand ist perfekt.
Wenn ihr mir verzeiht, werde ich es nie mehr tun.
Sie ist schwanger von einem unverantwortlichen Typ,
jetzt hat ihr Vater sie rausgeworfen, und sie hat keine Ahnung, wohin.

Wohin soll sie, ihr habt sie im Stich gelassen,
ihr dürft sie nicht aus der Familie verstoßen,
ihr seid ihre einzigen Eltern, ihre einzige Zuflucht, ihre einzige
        Hoffnung,
sie braucht die Unterstützung ihrer Eltern, der Gesellschaft.
Jede Geburt soll ein Grund zu Liebe, Freude und Glück sein.

»Die Mädchen, die im Gefängnis waren, kann man erkennen«, sagt Paula leise zu mir, während wir den Tanzenden zuschauen. Und es stimmt: Man sieht den Mädchen ihre Toughness an, sie sind gekleidet wie Jungs, tragen Mützen statt Zöpfe, sie sind stark und sehnig, nicht in der Tänzermanier, sondern eben wie Straßenkinder, die das Überleben gelernt haben und lieber jemand anderem eine reinhauen, bevor sie selbst eine geballert kriegen. Sie tanzen wie Hiphopper, auch wenn es kein Hiphop ist. Sie haben etwas Gedrungenes, als wären sie in einem permanenten Stand-by-for-taking-off-Modus und trügen Bomberjacken. Tragen sie aber gar nicht, haben sie nicht, hätten sie aber bestimmt gern, sollten sie von der Mode der bomberjackentragenden Hiphopper wissen. Wissen sie bestimmt, sie haben ja alle Telefone.

Sie erinnern mich an die Straßenkindermädchen in Rumänien, die alle aussahen wie Jungs, zum Schutz. Die Uniform der Wandernden, der auf der Straße Lebenden.

Doch jetzt strahlen die Mädchen! Sie können gut tanzen. Fertig, wir klatschen. »Zugabe« schreien wir oder so was Ähnliches auf Französisch, und es geht noch mal von vorn los, Paula quetscht sich mit auf die Tanzfläche und versucht direkt mitzumachen und die Choreografie einfach während des Tanzes abzunehmen. Kriegt sie lässig hin.

Ein Mädchen hat fast gar kein Gesicht mehr, es ist verbrannt. Sie saß als kleines Kind im Tuch auf dem Rücken ihrer Mutter, als diese draußen auf irgendeinem Kocher oder offenem Feuer kochte. Ein Topf voll Öl hatte sie auf das Feuer gestellt und sich dazu, nach afrikanischer Art mit durchgestreckten Beinen nach vorn gebückt, um umzurühren und da fiel das Mädchen aus dem Tuch heraus und in das kochende Öl hinein. Es ist ein Problem in vielen afrikanischen Ländern, und es gibt diverse Ideen, wie man die Situation des Kochens verbessern könnte und sicherer macht.

Zwei Finger sind weggebrannt und ihre Nase. Vor allem aber, und das ist das Problem: ihre Augenlider. Das Auge trocknet aus, und man erblindet, das gilt es zu vermeiden. Dank Fadumo Korns Verein ›Nala e. V.‹ mit Sitz in Frankfurt und München und deutschen Ärzten, die pro bono für die Stiftung ›Hammer Forum e. V.‹ (von der Stadt Hamm abgeleitet, nicht vom Werkzeug) arbeiten, wurde das Mädchen mit acht Jahren in Deutschland operiert und kam nach sechs Monaten nach Ouagadougou zurück, mit Augenlidern – und fließend Deutsch sprechend.

2006 erhielt Monira Rahman aus Bangladesch, Mitgründerin und Geschäftsführerin der ›Acid Survivors Foundation‹, den Amnesty-International-Menschenrechtspreis. Sie betreut Überlebende von Säureattentaten und kämpft für die Ächtung dieser Verbrechen. Sie kam nach Berlin ins Deutsche Theater, in Begleitung eines 13-jährigen Mädchens, das von einem Nachbarn mit Batteriesäure überschüttet worden war. Warum er das tat, haben wir nicht erfahren. Vielleicht weil sie auf seine Avancen nicht einging, vielleicht weil sie frech war. Monira hat in sechs Jahren 1148 Säureopfer betreut. Das bedeutet: Jeden zweiten Tag wird eine Frau mit Säure verstümmelt.

Der Mut, mit dem ihre junge Begleitung mit ihrem geschmolzenen Gesicht und glänzenden expressiven Augen in einem roten Sari damals auf die Bühne kam, wird unvergesslich bleiben. Roger Willemsen, der die Preisverleihung bravourös moderierte, gab ihr die Bühne, im wahrsten Sinne des Wortes, und das Licht, das man Menschenrechtsaktivisten zumeist nicht gibt, sondern häufiger Menschenrechtsbrechern. Die Tat ist spannender als das Trauma.

In ›Mia Alma‹ sind Menschen zusammengekommen, die keinen Platz mehr haben, nirgendwo. Deren Leben schiefgegangen ist. Die hier Chance und Anleitung erhalten, aus dem Schiefgegangenen eine schöne Kurve zu machen, die hinführt zu weiterer Bewegung im Leben. Sie leben hier so lange, bis sie das allein hinkriegen, sie lernen hier, sie resozialisieren sich, knüpfen Kontakte, werden im besten Fall wieder sanft, nach all dem Kampf, der Gewalt, dem sexuellen Missbrauch, der Verdammung, der Obdachlosigkeit, der Drogenabhängigkeit.

Wir unterhalten uns mit den Mädchen. Sie sind lebendig, schüchtern, interessiert, distanziert, redefreudig. Menschen, die aufgesammelt wurden, nachdem Familien und Gesellschaft sie rausgeworfen haben. In dem für unsere Verhältnisse naiven Liedtext (der nicht von Rex Gildo verfasst wurde) ist es ohne jegliche Poesie gesagt: »Ihr habt sie im Stich gelassen, ihr dürft sie nicht verstoßen.« Das ist es, was passiert. Das ist es, was Tradition mit sich bringt oder die vielzitierte »Kultur«, der man sich unterwerfen soll. Sie sind darin gefangen, die Familien, die Communities, ganze Länder und Staaten. Es ist das Unbekannte, das neu sein mag und dem gegenüber man unsicher ist oder skeptisch oder ängstlich. Angst, dass sich etwas ändert, Angst, Macht abzugeben, Angst, dass sich alles auflöst, wo schon so wenig sicher ist. Etwas Sicheres weiß man nicht.«... das Sicherste ist der Zweifel.« (Ist von Brecht, nicht von mir.)

Die Mädchen von ›Mia Alma‹ haben sich zu einer neuen, vormals unbekannten, jetzt bekannten Gemeinschaft entwickelt. Statt Familie. Mit dieser machen sie weiter, trotz aller Spannungen, die Zusammenleben mit sich bringt. Hier werden sie nicht rausgeworfen.

Zum Abschied tanzen wir alle zusammen und gehen schließlich zum Auto. Die Mädchen begleiten uns und singen: »Au revoir, visiteurs, Tanti Paula, Tanti Kazi, Maman Katrin.« Man muss sich diese Textzeile bitte gesungen vorstellen, auch wenn es sich nicht reimt. Mehrstimmig, kanonisch und mit Klatschen. Es nimmt kein Ende, es ist eine Dauerschleife, und es wird immer wilder. Wir können uns nicht überwinden abzureisen, und längst singen wir mit den Mia-Almas zu unserem eigenen Abschied mit. Als wir es endlich ins Auto geschafft haben, hängt Paula sich aus dem Autofenster und macht zur fortlaufenden Chormusik noch ein paar dancemoves, sehr zur Freude der Mädchen, die sich wegschmeißen vor Lachen. Aus dem Gesang wird Lachen und Winken, dann verlassen wir »Alma Mia« durch dasselbe Tor, durch das wir in diese Mädchenwelt hineingefahren sind. »Au revoir, les filles.«

In Berlin gibt es eine Nummer gegen Kummer, die ist 24 Stunden 365 Tage im Jahr on. Dort rufen Kinder an, wenn sie in Not sind. Sie wurde eingerichtet, weil sie dringend benötigt wird. Vor einigen Jahren hat man eine weitere Nummer etabliert, bei der Nachbarn oder interessanterweise häufig Handwerker wie Fensterputzer, Maler, Dachdecker, Maurer oder Schornsteinfeger anrufen können, wenn sie unabsichtlich von außen in Situationen hineinsehen, über die sie stolpern – Kinder, die tagelang allein bleiben, oder kleine Kinder in verrotteten Messie-Wohnungen, die auf den Boden kacken ... weil das Wasser abgestellt wurde.

Als ich gemeinsam mit der Autorin Huberta von Voss ihr Buch

›Arme Kinder.‹ Reiches Land‹ im Jahr 2010 in Berlin vorstellte, in dem sie über die Lebenssituation der fast zwei Millionen Kinder in Deutschland berichtet, die unterhalb der Armutsgrenze leben und angewiesen sind auf die Arche und andere soziale Einrichtungen, kam nach unserer Lesung eine imposante Frau auf mich zu, die sich mit den Worten vorstellte:»Ich bin Frau F.« Ich wusste sofort, wer da vor mir stand, da Huberta viel über ihre Arbeit geschrieben hatte. Sie hatte Wohngemeinschaften gegründet für die Kinder, die zum Beispiel bei der Kinderkummernummer angerufen hatten oder die durch das Jugendamt zu ihr vermittelt worden waren. Ich fragte sie, ob ich sie besuchen dürfe. Kurze Zeit später lud sie mich zu einer Ausstellung der Bilder der Kinder in einer Kirche ein. Dabei hatte ich Gelegenheit, mit einigen Mädchen (es waren vor allem Mädchen) zu sprechen. Ich fragte vorsichtig, warum sie hier seien, und erhielt zum Beispiel die mutige Antwort:»Mein Stiefvater war nicht so nett zu mir.« Sexueller Missbrauch, Gewalt, Drogen, Arbeitslosigkeit. Der Cocktail, mit dem man Kinder vergiftet und zerstören kann. In den WGs von Frau F., einer Art deutsches Äquivalent zu ›Mia Alma‹, hatten die Mädchen Sicherheit und therapeutischen und kreativen Umgang mit dem Erlebten, sie gingen zur Schule, aßen regelmäßig und wurden wieder heiter, weil das Leben voranging. Es gibt diese Einrichtungen in Deutschland. Es gibt mehr davon, als wir ahnen. Es gibt Sozialarbeiter, Erzieher, Lehrer, Sonderpädagogen, Inklusions- und Förderunterricht und so weiter, die im Auftrag der Bundesrepublik arbeiten. Auf meinen Reisen wird mir das immer besonders deutlich, wenn ich Projekte im globalen Süden sehe, die von Nichtregierungsorganisationen eingerichtet werden und nicht vom Staat.

Am Abend treffen wir Rakiéta und gehen mit ihr in einem libanesischen Restaurant essen. Vorher fahren wir kurz zu unserer Kleckerdusche, und da steht vor unserer Hütte ein Riesenkarton. Voll mit Klamotten (gebrauchte, keine neuen, no worries, Leute). Den hat sie uns geschickt, damit wir uns mal ein neues Hemd anziehen können ...

Um 18 Uhr, als die Sonne wie mit einem Schalter ausgeschaltet wird und die 40 Grad Hitze und 70 Prozent Luftfeuchtigkeit verfliegen, sitze ich auf der Ladefläche eines verrosteten Pick-ups und fahre bei angenehm warmem Fahrtwind durch die Stadt und versuche dabei zu filmen, um meiner Freundin eine Impression von Ouagadougou zu schicken. Es ist wirklich sehr dunkel, filmen ist schwierig. Die Natur rückt auch in der Stadt, in der es keine Straßenbeleuchtung gibt, nicht nur in den ländlichen Communities sehr nah an einen heran, man fühlt den Himmel oder besser gesagt den Weltraum irgendwie stärker.

Tische stehen an der Straße, Menschen trinken Bier, Brakina (0,66 ml die Flasche), tippen auf ihrem Smartphone herum oder unterhalten sich laut in Mooré. Ein Typ ist mit seinem Motorroller direkt an einen der Plastiktische rangefahren und quatscht mit seinem Kumpel, muss nicht mal absteigen, hat seinen rollenden Stuhl dabei, praktisch.

Wir fahren vorbei an einem Baumarkt, der in einer zusammengezimmerten Hütte untergebracht ist. Gleich daneben ein Möbelhaus, Sofas stehen auf dem nicht vorhandenen Bürgersteig. Cafés, Restaurants, Kioske in shacks. Vorbei an Geschäften, bei denen man decodieren muss, was hier überhaupt verkauft wird. T-Shirts, Töpfe. Es ist alles anders und ganz genauso. Die Menschen sehen anders aus, kleiden sich anders, sprechen eine andere Sprache, bei der man nicht mal weiß, wann der Satz aufhört. Es ist anders. Es ist unbekannt. Man kann es sich bekannt machen. Das geht.

Wir, Paula, Katrin, Rakiéta, Katja, sitzen auf Plastikstühlen vor dem Restaurant ›Chez Simon‹, in dem nicht nur libanesische Kulinarik angeboten wird, sondern eine große Spannbreite an Essen. Wir ordern dennoch Falafel und Hummus. Simon ist Libanese. Die Libanesen sind für Burkina Faso das, was die Inder für Südafrika sind, erfahre ich. Katrin und er kennen sich, wie nicht anders zu erwarten war, ewig. 200 Meter weiter befindet sich das Hotel ›Splendid‹, in dem im Januar 2016 ein Attentat passierte, zu dem sich al-Qaida bekannte, bei dem 30 Menschen starben und 56 verwundet wurden. An jenem Abend saß Katrin auch bei ihrem Kumpel Simon ...

Rakiéta arbeitet seit 20 Jahren für die GIZ, die Deutsche Gesellschaft für Internationale Zusammenarbeit – für das ›Deutsche‹ gibt es, wie man merkt, keinen Buchstaben. 1998 gründete sie ihren Verein ›Association Bangr Nooma‹ (kann man übersetzen mit ›Es gibt nichts Besseres als Wissen‹), kurz ABN, mit dem sie sich für die Rechte der Frauen einsetzt und durch ihr Sensibilisierungsprogramm über Hygiene, Familienplanung und Beschneidung aufklärt wie auch medizinischen Beistand und Unterricht in Lesen und Schreiben anbietet. Morgen wird sie mit uns eine Tour machen. Aber heute Abend essen und chillen wir, und Rakiéta erzählt uns ihre Geschichte.

Wie eingangs bereits erwähnt, wurde sie in den 8oer Jahren von dem Präsidenten Sankara in die DDR zum Studium geschickt. Nachdem sie ihr Baccalaureat, ›bac B‹ genannt, gemacht hatte. Das ist eine Art des französischen Abiturs, das man auf einer Abendschule macht. Rakiéta hatte nicht die finanziellen Mittel, um auf eine reguläre Schule gehen zu können. Also arbeitete sie tagsüber und verkaufte Obst, das sie auf ihrem Kopf trug und feilbot, und ging abends jeweils zwei Stunden in den Abendschulunterricht, um zu lernen.

Als sie nach Europa aufbrach, war sie dünn wie eine Pappel. Im Laufe eines Jahres hat sie in der DDR 30 Kilo zugelegt.

»Ja«, sagt sie, »es gab immer was zu essen, und ich dachte, man weiß ja nicht, ob das so bleibt …«

Von 1984 bis 1994 hat sie, zusammen mit vier anderen Studienkollegen, in Deutschland gelebt und studiert. Sie war 24 und sprach kein Wort Deutsch. Visum, Flug und Ausbildungsplatz wurden organisiert. Das Ziel war Köthen, 150 Kilometer südwestlich von Berlin, wo sie am Herder-Institut, dem damaligen ostdeutschen Äquivalent zum westdeutschen Goethe-Institut, als Vorbereitung auf ihr Studium Deutsch lernen und im Studentenwohnheim der Hochschule für Ingenieure leben würde.

Das Ticket nach Paris war ein One-Way-Ticket.

»Zum Glück, sonst wäre ich zurückgeflogen, bevor ich überhaupt angefangen hätte zu studieren.« Von Paris ging es nach Berlin-Tegel, dann mit dem Bus zum Bahnhof Zoo und von dort mit der S-Bahn rüber in den Osten zur Friedrichstraße. Dort angekommen, sahen sie alte Menschen am Stock gehen, und sie sagte zu ihren Kollegen:»Hab' ich doch gesagt, in Deutschland ist Krieg, ich habe darüber gelesen.«

Wie sie von alten Opis am Stock einen Kriegszustand ableitete, bleibt ein Rätsel, vor allem aber verwundert, dass es sie gar nicht erschreckte, dass ihr Präsident sie in ein Land beorderte, in dem Krieg herrschte.

Als sie nach viel Warterei und DDR-Administration schließlich nachts in Köthen ankamen, suchten sie verzweifelt die Uni; sie kannten sich nicht aus, keiner holte sie ab, es war dunkel, sie sprachen kein Deutsch und liefen an einer Mauer entlang, da sagte ihr Kumpel konspirativ:»Das ist die Mauer! Die deutsche Mauer, sie ist 350 Kilometer lang, ich habe darüber gelesen.«

Im Studentenwohnheim, das sie eines Tages erreichten, standen Doppelstockbetten. Raki sagte panisch:»Das geht nicht, ich fall runter, ich bin Mossi, die erheben sich traditionell nicht über andere.« Also legte sie die Matratze auf den Boden. Wie man das eben so macht in DDR-Studentenheimen.

Der Deutschunterricht war sehr gut, die Ausgrenzung enorm. Die Kommilitoninnen im Studentenheim weigerten sich, nach ihr die Dusche zu benutzen, weil sie befürchteten, Rakiétas Hautfarbe würde auf sie abfärben. Man schickte ihr einen angolanischen Mann als Übersetzer ... sie hatten natürlich keine gemeinsame Sprache, was niemand glauben konnte, da sie doch beide schwarz waren.

Sie war mit zwei Deutschen in einem Zimmer, eine davon war von der Staatssicherheit und berichtete über Raki.

»Warte, du hast eine Stasi-Akte?«

»Ja ja, selbstverständlich, habe ich.«

Das Institutsessen war zwar immer vorhanden, aber nicht besonders wohlschmeckend und vor allem ungewürzt, also fing sie mit ihren burkinischen Kumpels Fische in einem nahe gelegenen Fluss, brieten diese im Wohnheim und kamen so zu schmackhaftem Essen. Rakieta amüsiert sich über mein fassungsloses Gesicht, während ich noch versuche, mir ein Bild vorzustellen von offenem Feuer unter dem Himmelszelt der Deutschen Demokratischen Republik, dort vor dem Köthen'schen Studentenwohnheim, auf dem in Pfannen westafrikanisches Essen zubereitet wird. »Die Ostmark war aus Alu, daraus machen wir in Burkina Töpfe«, fügt Raki noch hinzu, und ich komme langsam mit meinen Vorstellungen durcheinander.

Nachdem sie Deutsch gelernt hatte, kam sie nach Berlin-Karlshorst zur ›Hochschule für Ökonomie‹. Sie war eine besonders gute Studentin. »Ich war ein Ass«, sagt sie, bedauernd, dass die Studentenzeit nun vorüber ist.

Als Ausländerin konnte sie in den Westen, wann sie wollte. Die Kombination aus dem Ass-Sein und dem West-Pass machte sie bei den Neidern nicht unbedingt beliebter. Doch sie hatte gute Freunde, Deutsche, mit denen sie bis heute in engem Kontakt ist.

Tja, und dann fiel die Mauer.

»Diese zehn Jahre in Deutschland waren die glücklichste Zeit in meinem Leben.« Ein Moment herrscht Stille an unserem Vierertisch.

»Na ja, Schwamm drüber.«

Am nächsten Morgen erreicht mich ein Anruf vom Flughafen: Koffer sind angekommen! Wir fahren zum Flughafen und sehen sie bereits durch die Glasscheibe eines neonbeleuchteten Büros, da stehen sie ganz tapfer, wie alleinreisende Kinder. Alles ist noch drin und völlig durchgekühlt. Das Brot, das ich Katrin mitbrachte, kann man sogar noch schneiden und essen. Fast sind wir traurig, dass wir nun so viel Kleiderwahl haben, wir mochten die Reduktion.

Wir fahren in eigenen Klamotten mit Rakiéta auf Tour und beginnen mit einer Grundsteinlegung einer zukünftigen sozialen Einrichtung für Frauen, die auf einem ein Hektar großen Grundstück steht (10 000 Quadratmeter), das vor drei Jahren gekauft wurde, um das bereits aus Sicherheitsgründen eine Mauer gebaut wurde. Macht man das nicht, wird das Grundstück über Nacht schnell mal von den Nachbarn eingemeindet. Mit der Hilfe von Fadumo Korns ›Nala e. V.‹ wurde ermöglicht, dass der Bau jetzt losgehen kann. Jeder von uns mauert einen Stein.

Es ist offensichtlich, dass unser Gemauertes wieder weggemacht wird, wenn die Bauarbeiter kommen. Es diente nur dem Gedanken, wie das Werfen einer Sektflasche an ein Kreuzfahrtschiff. Und dabei fällt mir eine Geschichte ein.

Es gibt einen Dokumentarfilm namens »Comrades in dreams« von Uli Gaulke über mobile Kinos in Ländern, die keine Kino-Infrastruktur haben. Das heißt, der Projektor, eine Leinwand, der Film und Bänke werden auf einen Pick-up geladen, und damit wird in die ländlichen Gegenden gegurkt, um den Menschen dort Filme näherzubringen. In Nigeria wurde in einem Dorf »Titanic« von James Cameron gezeigt. Er wurde auf eine riesige weiße Mauer projiziert, und die vielen Zuschauer saßen auf Bänken unter einem Baum und schauten in der Trockenheit des Sommers diesen wässrigen Film an. Hinterher wurde ein älterer Herr gefragt, was er von dem Film halte. Er rauchte und sagte dann bedächtig: »Das war ein guter Film, denn ich habe etwas gelernt. Ich habe gelernt, dass, wenn man auf eine Reise geht, es nicht sicher ist, dass man ankommt.«

Nun aber besuchen wir eine bereits existierende soziale Einrichtung für Frauen, ein Frauenhaus, wenn man will, an deren Mitarbeiter man sich in der Not wenden kann, wo man Hilfe, Rat oder auch übergangsweise ein Zimmer erhält, therapeutische Gespräche oder Kontakt zu anderen Frauen. Darüber hinaus wird hier gemeinsam gegärtnert, die Erträge auf dem Markt verkauft und so ein Einkommen generiert, von dem dann alle mitwirkenden Frauen profitieren. Hinter dem zentral gelegenen und offenen Versammlungsraum liegen derart grüne Beete, dass man es kaum fassen kann. Mango-, Morenga- und Eukalyptusbäume wachsen hoch.

Frauen gießen mit großen Gießkannen, in Ermangelung von Gartenschläuchen, und zwar in Stereo: mit zwei Gießkannen, die sie abwechselnd hin- und herschwenken. Es sieht aus wie Ausdruckstanz. Wir werden aufgefordert, es ihnen gleichzutun. Ich versuche es, nehme aber vorsichtshalber nur eine Gießkanne. Ein antikes Requisit, aus Metall, das in leerem Zustand bereits fünf Kilo wiegt. Sie hat mindestens zehn Liter getankt, und ich brauche beide Hände, um sie zu stemmen. Das Schwenken geht mir nicht leicht von der Hand, und alle stehen um mich herum und grinsen. Mit Mühe schaffe ich es, die zehn Liter auszukippen, und frage mich, wie diese Frauen nur in der Lage sein können, über 20 Kilo so elegant und geschwind über dem Grün herumzuschwenken. Afrikanische Frauen sind stark, sehr stark. Sie fangen früh an mit der Schlepperei: Wasser, Holz, Obst auf dem Kopf, Kinder vorn und hinten. Dann fahren wir zum Naaba von Saba. Der heißt tatsächlich so. Er ist ein regionaler König, und er lässt uns warten. Als wir zur Audienz in seine steinerne Hütte treten dürfen, stehen da lauter dunkle Stühle und Sessel an den Wänden, und er sitzt mit einem Stock in der Hand auf seinem Thron: einem weißen Kunstledersessel. In der Mitte des ansonsten leeren Raumes steht eine abgedeckte Kalebasse auf dem Boden: der Willkommenstrunk. Ein schäumendes Getränk, bei dem man keine Ahnung hat, was es sein soll. Es wird uns gereicht und reihum weitergegeben. Hilft nix, wir trinken das Zeug. Und ich komme mir vor, als wäre ich bei Harry Potter in den Zaubertränke-Unterricht hineingeraten, wo man nicht so richtig weiß, ob man nach dem Trinken des Tranks vielleicht in einen Hasen verwandelt wird. Passiert hier nicht. Die Untertanen des Naaba von Saba kriechen vor ihm, im wahrsten Sinne des Wortes, und wenn sie sich entfernen, dann tun sie das rückwärts, um ihm nicht den Rücken zuzudrehen. Der König unterstützt Rakiétas Aufklärungsprojekt in den Communities, was immens wichtig ist, da er durch seinen Zuspruch und seine Unterstützung den Frauen nicht nur die Möglichkeit gibt, daran teilzunehmen, sondern sie geradewegs dazu auffordert. Er findet es notwendig, dass sie aufgeklärt werden über Familienplanung, Hygiene, Gesundheit, Geburten, Beschneidung und Bildung. Präventive Arbeit.

Die Audienz ist beendet, und wir nehmen noch ein bisschen am Lese-Unterricht unter dem Baum teil. Dann fahren wir eine lange Strecke raus, zu einer sehr großen Einrichtung im Speckgürtel der Stadt, wo weit und breit kein Speck zu sehen ist und auch kaum mehr Häuser stehen. Hier leben die Hexen.

Die Ausgestoßenen, die aus der Gesellschaft Gefallenen. Wie Lepra-kranke.

Man stelle sich Folgendes vor:

Eine Frau hat einen Mann. Der Mann ist nicht besonders nett zu ihr, vielleicht war er es mal, vielleicht ist es ihr jetzt erst aufgefallen, vielleicht ist er so ein Fiesmann geworden mit der Zeit. Sagen wir mal, er schlägt sie, er ist verbal aggressiv und bedrohend, er nötigt sie se-xuell, ihr Leben ist eine Abfolge aus Kummer und Furcht, sie traut sich nicht, sich umzubringen, und geht zurück in den Ort, in dem ihre Eltern leben. Diese sagen, du machst uns Schande, du musst zurückgehen, wir haben viel bezahlt für die Hochzeit, so ist es nun mal, das ist dein Schicksal, geh zu ihm zurück, hier darfst du nicht sein. So geht sie zurück. Der Mann ist in der Zwischenzeit verstorben, was ein erstaunlicher und betrüblicher Umstand ist, aber in diesem Fall auch eine Erleichterung für die Frau. Aber jetzt beginnen die Pro-bleme, denn die Dörfler dieses Ortes sagen: Du hast Zauberkräfte, du hast deinen Mann umgebracht, er ist gestorben, als du weg warst, du wolltest ihn verlassen, du warst es, der ihm den Tod gebracht hat, du bist eine Hexe, du hast ihn mit deiner Hexerei getötet, du darfst hier nicht mehr leben, du musst weg, weg aus unserem Dorf, du bist keine von uns, du gehörst hier nicht her, wir wollen nicht mit einer Hexe leben. Sie hat drei erwachsene Kinder und geht zu ihrem Sohn, der im selben Dorf ein Haus hat, und sagt: Mein Junge, kannst du mir nicht eine kleine Hütte neben deinem Haus bauen, ich habe nichts mehr, mein Mann ist tot. Die Dörfler sagen daraufhin zum Sohn, wenn du das machst, bist du wie sie, dann wirst auch du nicht mehr zu uns gehören.

Sie nehmen also dornige Äste, ziehen die Frau nackt aus, verprü-geln sie damit und jagen sie aus dem Dorf. Sie ist nur mit einem Pagne bekleidet, einem Tuch, sonst nichts. Sie will sich im Wald erhängen. Manche schaffen das, sie nicht. Dann hört sie von der Einrichtung, zu der wir gerade fahren, und klopft an die Tür. Sie wird eingelassen, die Frau, die von ihrem Mann schlecht behandelt wurde und nun eine Hexe sein soll, mit übernatürlichen Kräften und Hokuspokus-Zauberei. Eine Frau, die alles verloren hat und aus der Gesellschaft verbannt wurde.

In dieser Einrichtung sind nun 226 solcher Schicksale versammelt. Ausschließlich Frauen über 50. Manche sind seit 20 Jahren hier. Dieser Ort wurde von einer Nonne aus Hamburg gegründet, die immer wieder Frauen in erbärmlichem Zustand in Kirchen sitzen sah. Zerschlagen, blutend, weinend, hoffnungslos. Sie fand heraus, was der Grund war, und entschied, dass es einen Ort geben muss, an dem diese Frauen sicher sind und leben können. So baute sie eine Einrichtung direkt an einer barrage, die mittig in Ouagadougou liegt. Zur Erinnerung: barrages sind die künstlich gebauten Seen in Burkina Faso.

So lebten die Frauen, die zu Hexen wurden, weil der Fetischglaube in diesem Land traditionell stark ist, in dem von der Nonne initiierten Gebäude, das diese leitete, verwaltete und betreute. Es wurden Gärten angelegt, ähnlich denen, die wir gerade in dem Frauenhaus sahen. Sie hatten Arbeit, pflanzten, pflegten, ernteten und verkauften, so dass sie sich selbst versorgen konnten und eine Aufgabe in ihrem Leben fanden.

Ungefähr im Jahr 2015 gab es so eine starke Regenzeit, dass das Wasser in der barrage flutend über die Ufer trat, so dass das »Hexenhaus« und alle Gärten zerstört wurden. Da lebt man in einem Land, in dem es kaum Wasser gibt, und verliert alles im Wasser ...

Sie erhielten ein neues Grundstück von der Stadt, wo sofort gebaut wurde und die Einrichtung seit 2016 wieder existiert, elend weit draußen. Und das ist, trotz der beeindruckenden Größe des neuen Ortes, das Problem. Keine Wassernähe, keine Gärten, keine Märkte in der Umgebung, auf denen sie ihre Erträge verkaufen könnten. Sie versuchen es mit Baumwolle und spinnen Baumwollgarn. Und sie stellen Seife her. Dennoch bleibt das Problem des Verkaufs der hergestellten Waren. Und somit haben sich die Einnahmen drastisch reduziert. Die Frustration und der Kummer lagern über dem ganzen Ort.

Wir gehen durch die Räume, sechs Frauen bewohnen gemeinsam einen vollgestellten Raum. Uralte Frauen, die sich die Augen aus dem Gesicht geweint haben und darüber erblindet sind. Die ihre Kinder vermissen, die Nähe zu Menschen und einer Gemeinschaft. Manche Kinder, die inzwischen alle Erwachsene sind, wagen manchmal, ihre Mütter zu besuchen, die sie anflehen, sie mitzunehmen. Andere haben ihre Kinder zehn, fünfzehn, zwanzig Jahre nicht mehr gesehen.

Als wir alle am Versammlungsort zusammenkommen, in Begleitung der jetzigen Leiterin der Einrichtung, einer Nonne aus Mosambik, die ein wunderschönes Französisch spricht, legen die meisten Frauen auch während des Gesprächs ihre Spindeln nicht aus der Hand. Zorn kocht hoch. Rakiéta kann gar nicht so schnell übersetzen, wie sich die Frauen empören über die burkinische Gesellschaft, die es zulässt, dass Frauen aufgrund falscher Behauptungen ausgestoßen werden.

Ich verstehe ihren Zorn und frage mich, ob man zumindest ihre ökonomische Situation verbessern könnte durch ein Business, von dem ich gerade einige Wochen zuvor erfahren hatte, namens ›Cotton made in Africa‹, wovon ich besser ein anderes Mal erzähle, sonst wird es zu verwirrend.

Die Frauen leben hier wie in einem freundlichen Gefängnis, offener Vollzug, oder einer Irrenanstalt, in der man ein und aus gehen kann. Ja, sie sind sicher und versorgt, sie haben einen Schlafplatz, roommates, mittelgute Beschäftigung für ein kleines Taschengeld, von dem sie sich das Essen kaufen und es vor der Tür ihrer jeweiligen Zimmer zubereiten; draußen kochen, wie immer, wie überall auf dem Kontinent. Es ist gut und wichtig, dass es diese Einrichtung gibt, die Alternative wären Suizid oder Obdachlosigkeit oder Drogenabhängigkeit, um das Leben nicht zu spüren. Oder die Kriminalität, die die Frauen dann in letzter Instanz wohl ins Gefängnis brächte, ohne offenen Vollzug. Es ist ein Teufelskreis. Teufel und Hexen.

Es ist die Einsamkeit, die quält. Der Verlust des gelebten Lebens, der Familie und der Kinder. Das Fehlen der Anerkennung als Person, der Wertschätzung als ein Mitglied einer dörflichen Gemeinschaft. Perspektivlosigkeit macht verrückt. Der Verlust des freien Willens und der Würde, von der im 1. Artikel die Rede ist und die man in bestimmten Situationen möglicherweise eintauschen würde gegen Sicherheit oder die Abwesenheit von Einsamkeit.

»Alle Menschen sind frei und gleich an Würde und Rechten geboren. Sie sind mit Vernunft und Gewissen begabt und sollen einander im Geiste der Brüderlichkeit begegnen«, sagt die Human Rights Declaration (hier eher Schwesterlichkeit). »Die Würde des Menschen ist unantastbar. Sie zu achten und zu schützen ist Verpflichtung aller staatlichen Gewalt«, sagt das deutsche Grundgesetz, die jüngste Verfassung Europas, die von der Human Rights Declaration von 1948 inspiriert wurde.

Um das Ausmaß von Grausamkeit und Hoffnungslosigkeit zu verstehen, hilft es, wenn man die Vorstellung wagt, man führte dieses Leben selbst. Verbannt von der deutschen Gesellschaft, ausgestoßen aus einer großen Familie, ohne das eigene Kind; die Verachtung, Ablehnung und Furcht der anderen dir gegenüber auf den Schultern.

Etwas zu sein, das man nicht ist und auch nicht sein will, und durch das Narrativ der anderen damit leben zu müssen. Hierherzukommen in das ›Hexenhaus‹, und keine Existenz existiert. Du kennst niemanden, lebst mit Fremden in einem Raum.

Was, wenn es keine andere Perspektive auf ein Leben mehr gibt. Will man dann sterben? Nur: Wie stirbt man?

Im Sommer 2017, einige Monate nach der Burkina-Faso-Reise, gebe ich im »Konzerthaus Berlin« ein Konzert, gemeinsam mit meiner Freundin, der armenischen Pianistin Marianna Shirinyan. Wir spielen ein Benefizkonzert für ›Live Music Now‹ der Yehudi-Menuhin-Stiftung. Die Idee von ›Live Music Now‹ ist, dass man Konzerte gibt für Menschen, die nicht oder nicht mehr in Konzerte gehen können, so dass die Musik zu den Menschen kommt statt umgekehrt. Es wird konzertiert in Seniorenheimen, Gefängnissen, Geflüchtetenunterkünften, Behindertenheimen, Hospizen. Junge Musiker, oft Studenten, spielen dort und erhalten dafür eine Gage. So haben alle etwas davon. Um den ganzen Spaß zu finanzieren, werden ebenjene Benefizkonzerte gegeben, für die man dann einen satten Eintritt nimmt, da alle wissen, es dient der Unterstützung dieses großartigen Projektes, das zu gleichen

Anteilen künstlerisch und menschenrechtlich gedacht ist. So ein Bene-fizkonzert haben also Marianna und ich gegeben. Ich hatte dafür ein Konzept entwickelt, basierend auf dem Buch ›Weg sein. Hier sein‹, für das syrische Schriftsteller und Lyriker, die nach Deutschland geflohen sind, zum Thema des Titels neue Texte verfasst hatten. Der Verleger Joachim Zeppelin war dafür sechs Monate durch Erstaufnahmeein-richtungen und Unterkünfte gezogen und fand berühmte preisge-krönte Schriftsteller in irgendwelchen Turnhallen. Dann entstand das Buch, das ich lesen durfte, bevor es verlegt wurde, und mir war sofort klar, dass ich daraus etwas machen möchte. So erhielt ich die Rechte, stellte eine Auswahl zusammen, flog zu Marianna nach Kopenhagen, wo sie lebt, und wir entwickelten das musikalische Konzept.

Das Konzert fand im Kleinen Saal des Berliner Konzerthauses am 15. Oktober 2017 statt. Kurz vorher schrieb ich Marianna: »Wir werden auf keinen Fall Schwarz tragen, hast du ein Blumenkleid?« So traten wir bunt und floral auf und spielten den Abend, der ausverkauft war.

Einige Wochen später war ich auf einem Empfang, zu dem ich ge-hen musste und auf dem ich mich wahnsinnig unwohl fühlte. Viele reiche Menschen, keine Künstler, ich kannte niemanden, ich wollte nach Hause. Da trat eine hochgewachsene Dame auf mich zu, die Di-rektorin einer Privatbank. Nein, das stand nicht auf einem Schild, das sie um den Hals trug, sie sagte es mir erst später. Was sie vorher zu mir sagte, war:

»Frau Riemann, ich war vor zwei Wochen auf Ihrem Konzert, und ich möchte Ihnen danken, denn ich habe etwas gelernt.«

»Oh«, sagte ich, »das ist ja toll, was haben Sie gelernt?«

Sie sagte, dass sie seit vielen Jahren ›Live Music Now‹ unterstützen würde, das sei ein tolles Projekt. Sie hätte viel für diverse ehrenamt-liche Organisationen gespendet, die sich um Geflüchtete kümmerten. »Ich dachte immer, wenn sie ein Dach über dem Kopf haben, medizi-nisch versorgt sind, regelmäßig zu essen haben und ein Bett und eine Dusche und eine Heizung, dann ist das doch eine gute, sichere Sache.«

»Ja«, sagte ich.

»Und dann waren mein Mann und ich«, der ebenfalls hochgewachsene Mann stand inzwischen bei uns, »in Ihrem Konzert und hörten den Texten zu und konnten an das Gefühl, das sie vermittelten, andocken. Und wir haben begriffen, was so unerbittlich ist, wenn man weg ist und hier ist: die Einsamkeit.«

»Ja«, sagte ich.

»So rief ich am nächsten Tag meine Kollegen aus dem Rotary Club an, und wir gehen seitdem einmal die Woche mit einer Gruppe Geflüchteter raus und verbringen eine gute Zeit. Gehen spazieren oder in den Zoo, machen Picknick oder schauen Kino oder chillen einfach zu Hause, trinken Tee und reden.« (Chillen hat sie nicht gesagt.)

»Das ist großartig«, sagte ich und kriegte einen Kloß im Hals.

»Das ist Ihretwegen«, sagte der Mann, »wir haben Ihr Konzert besucht«, und fasste die Hand seiner Frau. »Ja«, sagte diese und lächelte ihn liebevoll an. »Das habe ich ihr gerade gesagt.«

»Ich danke Ihnen«, sagte ich, »ich freue mich. Da haben wir das Klassenziel erreicht, wie schön ist das. Vielen Dank für Ihre Initiative.«

Ich ging. Ich fühlte mich nicht mehr unwohl.

Diese Einsamkeit, sie kann vernichtend sein.

Wir setzen uns zwischen die Spindel-Frauen und schauen ihren flinken Händen zu, bewundern sie, kaufen Garn und Seife. Umarmen uns zum Abschied und fahren weg. Verlassen sie. Fahren in unsere Leben, die in der ganzen Welt stattfinden können. Wir dürfen das. Wir haben den Pass, die Kreditkarte, die Freiheit, das Alter, die Gesundheit, den demokratischen Staat, der uns aus dem Gefängnis holen würde. Wir fahren weg, und hinter uns fällt das Tor zu.

Auf dem Rückweg in die Stadt halten wir an einer verkümmerten Wasserstelle, die direkt an der Straße liegt und um die herum Gestrüpp wächst.

»Seht ihr die Krokodile?« fragt Rakiéta.

»Wie bitte?«

»Die Krokodile!?«

»Wo sind Krokodile?!«

»Da hinten.«

Sie zeigt in die Richtung der barrage, die zu Gestrüpp wird. Meine Augen ...

Wir klettern aus dem Auto. Nehmen die Sonnenbrillen ab. Rakiéta fuchtelt mit dem Arm in eine Richtung. Und dann, da, endlich, getarnt in den Farben des Gestrüpps, halb im Wasser liegend und unbeweglich, lagern zwei, drei Krokodile. Keine Babys, sondern amtliche Tiere, die auf der Suche nach Wasser und Nahrung bis in die Stadt vorgedrungen sind. Ich habe Reptilien sehr gern. Meine Haustiere als Kind waren zwei Schildkröten. Eine lebt noch immer. Ich dachte, sie sei ein Junge, bis sie Eier legte. Schildkröten entwickeln ihr Geschlecht erst nach sechs oder sieben Jahren; das wusste ich damals nicht, ich hatte auch noch kein Geschlecht entwickelt, ich war auch noch ein Junge.

Wir schauen die Krokodile an, man kann sie nicht gut sehen, man müsste näher herantreten, aber es wagt niemand.

Krokodile in der Stadt! Die Wassersituation ist prekär, das sieht man daran deutlich. Aber es ist auch wahnsinnig exotisch, das muss man wirklich sagen. So stellt man sich doch Afrika vor, oder nicht?! Diese schönen wilden Tiere, die unbeweglich mit offener Klappe ausharren und dann mit einer nicht zu verfolgenden Geschwindigkeit zuschnappen mit ihren fünftausend Zähnen.

Morgen geht es zur A. M. P. O.-Biofarm, da gibt es Tiere, hoffentlich auch Reptilien. Eher unwahrscheinlich, was können die schon, landwirtschaftlich betrachtet.

Tags drauf also düsen Paula und ich ohne Katrin, aber mit Ahmed, dem Fahrer, der uns freundlicherweise begleitet, wieder aus der Ouagadougoustadt hinaus. In die andere Richtung. Zu genanntem Bauernhof: ›La ferme TT‹. ›Tond Tenga‹, was ›Meine Erde‹ heißt. Auf dem Weg dahin verändert sich die Bauweise der Häuser, bis es irgendwann nur noch Lehmbauten und keine steinernen Häuser mehr gibt. Wir fahren an dem neuen, gigantisch großen Präsidentenpalast vorbei, der großräumig im Nirgendwo abgesperrt ist, inklusive Panzer. Er scheint von sowjetischer Bauweise inspiriert worden zu sein und sieht aus wie ein Raumschiff. Grünlich irgendwie. Man würde sich nicht wundern, wenn er abheben und gen Uranus flöge. (Der ehemalige Präsidentenpalast in der Stadt steht jetzt übrigens leer, Katrin findet, er würde sich hervorragend für ein Krankenhaus eignen.) Wir nähern uns nur im Schritttempo, beobachtet von Soldaten, grüßen und fahren besser weiter. Stell dir mal vor, wir würden einfach verhaftet werden, for no reason, nur weil wir zu nah herangefahren sind?! Wer holt uns raus? Ach ja, Katrin hat den bereits beschriebenen Pass, sie würde das schon managen. Peter Steudtner saß vier Monate in der Türkei in einem Gefängnis, for no reason. Weil er Aktivisten diverser NGOs, wie Amnesty oder Hivos auf der türkischen Insel Büyükada, gemeinsam mit Ali Gharavi geschult hat im ›Umgang mit sensiblen digitalen Daten und Schutz von Geräten‹ sowie in dem ›Bereich der Achtsamkeit und Resilienz für Menschenrechtsverteidiger_innen‹.

Im Sommer 2018 hat Amnesty Deutschland einen symbolischen Marathon, parallel zum Berlin-Marathon, veranstaltet. Es hatten sich über 40 000 Menschen angemeldet (1974 waren es 244), und jeder zahlte eine Anmeldegebühr von 100 Euro. (4 Mio. nach Adam Riese.) Wir Amnestys standen auf dem Potsdamer Platz, unweit der Rennenden, wo ein Käfig aufgebaut worden war, der genau die Ausmaße des Innenhofs des Gefängnisses, in dem Peter saß, hatte. Auf meine Frage, wie er das so genau wüsste, zeigte er auf seine durchgerockten Bio-Sneakers runter und sagte:»Die Schuhe hatte ich in der Zeit an. Ich habe während der täglichen halben Stunde Ausgang die Größe genau abgemessen.«

Nach diesen Maßen ist der Käfig angefertigt worden, auf der hinteren Wand stand ›Run for rights defenders‹. Eine Runde im Käfig waren 15 Meter. Wir haben nach zehn Runden die Richtung gewechselt und nach 20 pausiert. Zwei Kilometer hab ich geschafft, Peter Steudtner viel mehr. An unserem Marathon haben leider keine 40 000 Leute teilgenommen, man konnte uns an zwei Händen abzählen. Das wirklich Bedenkliche daran war aber die Erkenntnis, dass wir an dem Tag nicht für den saudischen Blogger Raif Badawi laut wurden oder für südamerikanische Mädchen, die nach Vergewaltigungen schwanger wurden, eine Fehlgeburt hatten und dann wegen illegaler Abtreibung ins Gefängnis kamen, wir standen nicht als Menschenrechtsaktivisten für andere ein, die durch Menschenrechtsbrüche bedroht wurden, nein, wir standen für uns selbst dort, wir rannten für die Menschenrechtsverteidiger, für human rights defenders, die weltweit unter Beschuss sind. Das ist nicht nur ein Schritt zurück, das ist ein Desaster.

Aber wir sind nicht von den vor dem burkinischen Präsidentenpalast im Panzer herumlungernden Soldaten verhaftet worden; wir passieren und fahren zur ›Mutter Erde‹. Vorbei an einem ausgestorbenen modernen Busbahnhof, der vor einer riesigen Moschee liegt, vorbei an gigantischen Flächen Lehms, aus dem man Ziegel gewinnt, vorbei an scheinbar ausgestorbenen Dörfern. Fahren durch eine uns unbekannte Welt, deren codes man verstehen möchte, und stehen schließlich vor einem Tor mit einem Mast, an dem eine deutsche Fahne hängt.

Bienvenue. Wir steigen aus dem Auto aus, und die Hitze schlägt uns ins Gesicht, als würde man nach einer 60-minütigen Backzeit die Ofentür aufmachen und das Gesicht zu nah an den Kuchen halten.

Zwei junge Männer erwarten uns, ehemalige A. M. P. O.-Waisenkinder von ›Mama Tenga‹, die jetzt auf der Farm ›Tond Tenga‹ arbeiten. Sie geben uns eine Farmführung, die sich gewaschen hat, wenn man Wasser hätte.

Wir sehen schlanke Schweine (Eber, Säue, Ferkel), Kühe mit Kuhbabys, Ziegen, Hühner, Enten, Pferde, Hasen, Strauße und riesige Landschildkröten. Ha, es gibt Reptilien! Wer hätte das gedacht. Ihre Panzer sind ganz trocken, man müsste sie dringend eincremen, das habe ich bei meinen handtellergroßen Schildkröten immer mit Niveacreme gemacht, bis sie glänzten. Ich frage die Jungs etwas besorgt, ob man etwa die Absicht habe, aus ihnen Suppe zu machen, bzw. wozu sie Schildkröten auf dem Bauernhof hielten und die Antwort ist:»C'est pour la réputation.« Ich bin beruhigt.

Die Bewässerungsanlage ist ausgeklügelt: es gibt einen hohen Wasserturm aus Metall, der 20 000 Liter fasst, eine barrage ist gebuddelt worden, so groß wie ein Teich und mit einer Pumpe mit Solarpanels daneben. Alle drei Stellen sind unterirdisch mit Rohren verbunden. Die Pumpe bezieht ihren Strom aus den Solarzellen und pumpt aus der barrage das Wasser in das Château d'eau, das ›Wasserschloss‹, wie man in Französisch zu Wasserturm sagt. Zu den verschiedenen Gärten, beispielsweise zum strahlenden Blumengarten, sind Schläuche verlegt. Der Gemüsegarten und die Baumschule sind ebenfalls an diese Wasserversorgung angeschlossen. Dennoch ist tagsüber alles so trocken, dass man meint, die Äste der Bäume entzündeten sich selbständig durch die Hitze der Luft, so wie es vielleicht einst bei Moses' Busch war.

Die 50 Jungs, die hier arbeiten, werden von einigen Professionellen ausgebildet und gehen nach der Ausbildung zurück in ihre Dörfer, heiraten zumeist und beginnen dort, mit Know-how, ihre eigene landwirtschaftliche Arbeit oder arbeiten auf einer der insgesamt 17 existierenden Ökofarmen.

Hier auf der Farm werden Mais, Zuckerrohr, Bambus, Mango, Baobab, Bananen, Guave, Papaya, Moringa, Kohl, Kräuter, Blumen, Neré-Baum, Zimt angebaut. Trockenfrüchte werden produziert.

Und dann werden wir mit der Zaï-Bewässerungsmethode bekannt gemacht. Zaïégré heißt: früh aufstehen und den Boden bearbeiten. Der Boden ist so trocken, dass das Wasser darauf wegrutscht. Man bohrt kleine Löcher, stopft Dung hinein und setzt dann Termiten dazu, sie fressen den Dung und bohren sich von dort weiter in die Tiefe, und bilden so kleine unterirdische Hohlräume, Röhren. Wenn man nun wässert, bleibt das Wasser im Boden, anstatt wegzurutschen, und so wird die Saat von unten bewässert, durch die Kanäle, die von den Termiten angelegt wurden.

Zaï wurde von Yacouba Sawadogo, einem burkinischen Bauern aus dem Norden des Landes, erfunden. 2018 erhielt er dafür den alternativen Nobelpreis.

Am Abend essen wir bei Katrin das gekochte Gemüse von der Farm und hören dazu Mozart. Sie sagt, wie wichtig es ihr sei, dass ihre Arbeit in die Hände der Burkinabé gelegt werde. Ende 2018 war es so weit, sie schrieb an »Freunde, Verwandte und Seelenverwandte« einen Neujahrsgruß:

»… in Ouagadougou haben unsere A. M. P. O.-Direktoren alles gut im Griff, dort bin ich gar nicht mehr nötig. Dies war das Ziel der ganzen Übung in den letzten 25 Jahren. (…) Wir haben 150 Mitarbeiter, betreuen Hunderte von Kindern! Dazu eine Krankenstation mit 60 000 Patienten. Welch große Verantwortung haben die Direktoren übernommen. Und sie tun alles gerne, sie bemühen sich. Auch ich bemühe mich, denn es ist gar nicht so leicht, ein Lebenswerk aus den Händen zu geben … Wie oft muss ich über meinen eigenen Schatten springen …«

Zum Abschluss der Projektreise fahre ich allein los mit den burkinischen Kollegen von UNICEF, die ich gefragt hatte, ob sie mir während der Zeit meiner Anwesenheit ein Projekt in der Stadt zeigen könnten. Sie schlugen vor, zur ›Nursery‹, dem Kindergarten des Steinbruchs, zu fahren, der sich im ›Quartier Pissy‹ befindet, und mir fällt die Bemerkung meines englischen Musikerfreundes von damals wieder ein, der über den Umstand, dass ein Stadtteil ›Pissy‹ hieße, gelacht hatte, nicht ahnend, was man dort vorfinden würde.

Mitten in der Stadt liegt ein offener Granitsteinbruch, der seit 1960, also seit der Unabhängigkeit, für alle zugänglich ist. Wer gar nichts mehr hat und nicht weiß, was er oder sie nun noch tun soll, um ein bisschen Geld zu verdienen, geht dorthin – und kloppt Steine. Männer. Frauen. Kinder.

Es ist März, und die heiße Zeit beginnt. Jeder kommende Tag ist heißer als der vorhergehende. Als ich am Rand des Steinbruchs aus dem Auto steige, wird die Hitze zu einem Tier, das einen anfällt. Sie sitzt im Stein, der sie ausstrahlt. Sie ist so hart wie der Granit, den es hier aus der Erde herauszuholen gilt – ohne Werkzeug.

Wir gehen an schwarzen Holzhütten vorbei, die vor dem nicht näher definierten Zugang zum Steinbruch stehen. Vor, neben und an den Hütten sehe ich Autoreifen hängen, liegen oder stehen, auf denen jemand sitzt oder auch nicht. Die Männer, die sich dort aufhalten und rauchen, sehen mich an: eine weiße Frau mit blonden Zöpfen, in einem langen Rock, ein indisches Tuch um ihre Schultern. Die einzige Weiße weit und breit. Nicht die einzige Frau. Gegenüber den verdreckten Hütten türmen sich weiße Hügel aus Steinchen unterschiedlicher Größe auf. Kies. Das Ergebnis des Steineklopfens. Das weiße Produkt, das verkauft wird. Es wird zum Straßenbau oder auch für die Gärten, die Einfahrten, die Pools der Reichen verwendet.

Meine beiden Begleiter sind Laurent aus Burkina, der seit 30 Jahren bei UNICEF arbeitet, und Christian, ebenfalls Burkinabe und Mitarbeiter bei UNICEF, der Fotos machen möchte. Wir treffen uns vor Ort mit Claude von der lokalen NGO, der hier früher als Steineklopfer gearbeitet hat. Eines seiner Beine geht nicht mehr richtig, er humpelt stark. Wir gehen los und in das Maul des Feuertieres hinein.

Und es scheint, als träte ich in eine lebensgroße Fotografie des brasilianischen Fotografen Sebastião Salgado hinein, der den größten Teil seines Lebens damit verbrachte, an Schmerz-Orte zu fahren und sie zu fotografieren. 2014 machten Salgados Sohn und Wim Wenders einen Film über ihn mit dem Titel ›Das Salz der Erde‹.

Ich sehe eine endlos scheinende Vertiefung, die sich in die Erde gefressen hat. Überall qualmt und brennt es, unzählige Menschen, die, von meinem Platz aus gesehen, winzig klein sind, laufen zwischen Anhäufungen zerkleinerter grauer oder weißer Granitsteine verschiedener Größen herum. Dazwischen kleine und kleinste Hüttchen, ungefähr einen Quadratmeter groß und vielleicht 80 Zentimeter hoch, die Schatten spenden sollen. Vier Stöcke mit einer kaputten Plastikplane darauf oder einem zerrissenen Tuch, das manchmal auch an einen sterbenden Baum geknotet wurde. Es sind selbstgebaute Überdachungen, die vor der Einstrahlung der Sonne schützen sollen – sie schützen nicht vor der Hitze. Darunter sitzen Frauen, ihre Beine lang nach vorn ausgestreckt. Sie sitzen auf zerkleinerten Steinen, zwischen ihren Oberschenkeln einen etwas größeren Stein, und halten ein Stück Eisenstange in der Hand. Sie greifen in die Steine um sich herum hinein, legen sie auf den größeren Stein vor sich und zertrümmern sie.

Mit großer Kraft und Geschwindigkeit. Greifen, zerklopfen, zur Seite schieben, mehr greifen, klopfen, zertrümmern, zersplittern. Keine Handschuhe. Nackte Füße. Schwarz gewordene zerfetzte Kleidung. Dünne Menschen mit lederner Haut und Händen, die stark geworden sind, die von Schwielen überzogen sind, die unproportional zum Körper wuchsen, weil sie so stark belastet werden. Fassungslos laufe ich Claude hinterher. Eine Frau neben der anderen und immer weiter. Dazwischen ein Fahrrad. Auf dem Gepäckträger klemmt ein kleiner Kinderplastikstuhl, als selbstgemachter Kindersitz. Darauf sitzt ein leerer Wasserkanister.

Gehämmer und Geklopfe überall, wie atonale perkussive Musik. Sehr dünne Frauen mit Emailleschüsseln auf dem Kopf ziehen hintereinander in einer Reihe an mir vorbei. In den Schüsseln befinden sich die zerkleinerten Steine. Sie bilden einen spitzen Berg in der Schüssel, welche auf dem Kopf sitzt und bestimmt 20 Kilo wiegt. So schwer wie ein großer Koffer. Die Frauen gehen aus der Vertiefung hoch, bis zu den kleinen weißen Hügeln am Einlass vorn, schütten die zerkleinerten Steine darauf und steigen mit den leeren Schüsseln wieder hinab in die endlose Vertiefung. Hinunter in den Bauch des Steinbruchs, dort unten, wo die Feuer brennen.

Ich stehe am Rand dieser riesigen Grube und sehe, so weit das Auge reicht, zwischen den Feuern und Rauchsäulen und dem qualmenden Steinflächen weitere kleine Überdachungen. Unter jeder sitzt eine Frau. Frauen überall, die Pagnets und T-Shirts tragen und deren Rücken nass vom Schweiß ist. Mit vollen Schüsseln auf dem Kopf laufen sie aus der Grube hinauf und mit leeren Schüsseln wieder hinunter. Wie in einer liegenden Acht. Endlos, ewig. Ein Steinkreislauf. Vorbei am Feuer, begleitet vom unregelmäßigen Takt des Klopfens.

Und Kinder. Sie sind überall zu sehen. Kinder, die herumrennen oder neben den klopfenden Müttern sitzen. Sehr kleine Kinder, zwischen zwei und sechs Jahren. Ohne Schuhe. In fast schwarz zerschlissener Kleidung, verstaubten Shorts und Shirts. Kleine Mädchen, die zu mir hinlaufen, direkt vor mir stehen bleiben und mich ansehen. Ich versuche ihnen nicht zu nahe zu kommen, damit sie nicht anfangen zu weinen, für den Fall, dass sie das erste Mal eine Weiße sehen. Nicht unbedingt eine gute Erfahrung.

Dann die Männer. Ohne Überdachungen. Sie stehen auf glühenden, dampfenden Steinen. Manche, sehr wenige, vielleicht eine knappe Handvoll in dem ganzen Steinbruch, haben einen offensichtlich selbstgemachten Hammer und prügeln auf größere Steine ein, die danach von den Frauen in die nächste Untergröße geschlagen werden. Hier wird unerbittlich gearbeitet, in der Hitze dieses Ortes. Von morgens um 6 Uhr bis 16 Uhr nachmittags. Ich versuche einen Abdruck auf meiner Netzhaut zu hinterlassen, der sich für immer einprägen soll, wie eine Fotografie von Salgado.»Claude«, frage ich,»können wir hineingehen?«

Er scheint erstaunt.»Mais bien sûr«, sagt er.

Während des Abstiegs steigt die Temperatur um ein Vielfaches. Wir atmen Rauch ein. Scharfen schwarzen Rauch, der vom Verbrennen der Reifen kommt. Darum die vielen Reifen vor den schwarzen Hütten. Sie erzielen während des Verbrennens eine hohe Temperatur und sind billig. Niemand hat hier Geld, um Holz oder Kohle zu kaufen.

Unten angekommen, gehe ich auf zwei Männer zu, die, zerfetzte Zigaretten rauchend, vor einem großen, dampfenden Granitbrocken stehen, unter dem Feuer angemacht wurde. Ich begrüße sie und frage, was sie da machen.

Mir wird erklärt, dass man den Stein durch ein 24 Stunden währendes Feuer dazu bringt zu reißen, da man keine Werkzeuge hat. Schon gar keine Flex oder Schwarzpulver oder Diamantsägen oder andersgeartete Sägen oder Keile oder irgendwas. Da man nichts hat, ist das Feuer der einzige Weg, dem Stein eine Schwäche in Form eines Risses zu entlocken, in den man in Ermangelung eines Eisenkeils einen keilförmigen Stein zwingt, um ihn dann aufzubrechen, in zwei Hälften zu zerteilen und anschließend per Hammer weiter zu zerkleinern. Der besiegte Stein ist rußschwarz. Der hellgraue, fast weiße Granit, der aus dem Schwarz herausgeschält wird, wirkt absurd in seiner sauberen Farbe, geradezu jungfräulich ... nur ist er leider von schlechter Qualität.

Einer der beiden Männer, die in dem ätzenden schwarzen Rauch stehen und rauchen, nimmt nun aus einem Reissack alte Flipflops, die nur Sohlen sind, ohne das Dings, das man zwischen die Zehen klemmt, und wirft sie in das Feuer. Das ist, neben den Autoreifen, die andere Brennmaterial-Option. Jeder weiß, wie verbranntes Plastik riecht. Hier ist es hoch potenziert. Was dadurch an Giftstoffen frei wird, möchte man sich nicht einmal vorstellen. Die Arbeiter stehen mittendrin, täglich. Ich nur einen Moment, und schon ziehe ich mein Tuch vor Mund und Nase. Niemand trägt Handschuhe, Atemmaske, feste Schuhe oder sonst eine Art von Arbeitsschutz.

Dahinten steht ein schlanker schöner Mann mit Armen wie ein Boxer und einem riesigen Hammer in beiden Händen und schlägt auf eine flache Steinfläche ein. Ich gehe in seine Richtung, und unter mir wird plötzlich der Boden weich. Die um mich herumstehenden Leute schreien mir irgendetwas zu. Ich schaue herab und sehe, dass ich über ein qualmendes Feld gelaufen bin, in das meine Flipflops gerade im Begriff sind einzusinken. Ich spüre Hitze am Fuß und mache ein paar zügige Schritte, bis der Boden wieder fest wird.

Worüber ich aus Versehen gelaufen war, ist eine ungefähr vier bis sechs Quadratmeter große Fläche gewesen, auf der ein Feuer entzündet und mit staubiger Erde bedeckt worden war. So kann es nicht ausgehen, sondern entwickelt starke Hitze, wie Glut in einem Grill. Über die ganze Fläche hinweg ist die Erde mit Löchern versehen worden, aus denen Rauch quillt, damit er die Glut nicht erstickt. Eine Woche lässt man diese Feuersglut auf der Steinfläche brennen, dann ist der Stein darunter wie Blätterteig geworden, und wenn man mit dem eben genannten Riesenhammer draufhaut, platzen flache Steine schichtweise ab. Der Stein wird so nicht in seiner Härte vertikal durchgesägt, sondern horizontal aufgesplittert, wie kaputte Fingernägel. Der Stein wird quasi erweicht. Ich war in die glühende Erde eines solchen Steinfeldes, das schon einige Tage glomm, getreten. Peinlich.

Aufgrund der Tatsache, dass ich lange Zeit die Frau eines Steinbildhauers war, habe ich mich mit Stein beschäftigt und verbrachte viele

Wochen meines Lebens in norwegischen Steinbrüchen. Es ist ein Ort, der bestechend ist durch die Anmutung des Exterritorialen, als wäre man am Ende der Welt, obwohl man doch so genau weiß, dass es kein Ende gibt. Es ist ein Platz, an dem die größten Caterpillars, die man sich nur vorstellen kann, herumfahren, deren Reifen allein größer sind als die Hütte, die ich dort bewohnte.

Die Steinarbeiter, die in den Baufahrzeugen sitzen, tragen Stahlkappenschuhe und dicke Handschuhe, Mundschutz, Helme, Ohrenschützer (Mickey Mouse genannt); sie haben feste Kleidung und festes Einkommen. Die gefährlichsten Werkzeuge der Welt fahren und stehen dort herum.

Ich weiß, wie Steinbrüche in Europa aussehen und wie sie organisiert sind, wie man große Granitblöcke namens ›Blue Pearl‹ oder ›Labrador‹ oder den weißen Marmor in Carrara, Norditalien, aus dem Berg herausschlägt, seilsägt oder durch Explosion gewinnt. Der Steinbruch im »Quartier Pissy« hatte nichts damit gemein.

Auf einer anderen Seite des Tals gehe ich wieder hoch und folge der Reihe der Frauen mit den vollen Emailleschüsseln auf dem Kopf. Ich verstehe anhand der Körpersprache und der heiteren Reaktionen, dass das direkt vor mir gehende Mädchen mir vorschlägt, ich solle doch ihre Schüssel hochtragen. »Je ne suis pas tellement forte comme vous«, sage ich, und alle lachen. (»Ich bin nicht so stark wie Sie.«)

Oben wieder angekommen, lerne ich die Dienstälteste kennen, die unter ihrem Stöckerzelt von einem Quadratmeter sitzt, in einem gestreiften T-Shirt, das zerrissen ist und ihren Busen so gerade eben bedeckt. Sie macht diese Arbeit seit 30 Jahren. Sie hat ein paar wenige Zähne im Mund, die ich durch ihr breites Lächeln sehen kann, lässt ihr eisernes Werkzeug los und reicht mir die Hand. Sie und Claude arbeiten eng zusammen. Er spricht nun mit ihr und stellt mich vor, wir schütteln uns noch einmal die Hand, lachen uns an, es ist die einzige gemeinsame Sprache, die wir haben, das Lachen, in Kombination mit dem Händeschütteln. Claude sagt, dass sie diejenige ist, die aussucht, welche Kinder zu ihm in die »Garderie«, den Kindergarten, kommen. Ich hocke mich zu ihr, vor ihren Arbeitsplatz, erneut reichen wir uns die Hände, sind schon viel vertrauter damit. Ihre Hand ist stark und trocken und irgendwie ganz zärtlich ... So bleiben wir alle drei einen Moment miteinander, das lachende Händereichen ersetzt die Worte. Noch mal. Dann geht sie wieder an die Arbeit, und wir verlassen den Steinbruch, um uns ebendiese ›Garderie‹, Claudes Kindergarten, anzusehen, der nur 200 Meter weiter die Straße hinunter liegt.

Auf dem Weg zum Ausgang des Steinbruchs steht ein kleines, vielleicht fünfjähriges Mädchen in einem gelben Kleid vor mir; wir schauen uns lange an und denken möglicherweise beide:»Ich würde mich gern mit dir unterhalten!«

Seit meine Tochter in diesem Alter war, spielten wir das Spiel, vielmehr beschäftigten wir uns mit der Frage: Was wir uns wünschen würden, wenn die sagenumwobene Fee käme und uns diesen einen berühmten Wunsch freigäbe. Ich dachte, ich muss das Kind vorbereiten, dass es, wenn es so weit sein sollte, direkt antworten könne und nicht die Chance vorbeiginge, weil man die Antwort auf die Frage »Was wünscht du dir?« nicht parat hätte. 20 Jahre gingen vorbei, in denen wir alles erwogen hatten und vom Kaugummi und dem Fliegen oder Unsichtbarsein über Gesundheit bis zum endgültigen Ergebnis unserer langen Recherche kamen. Jede hat ihren eigenen Wunsch herausgeschält, wie weißen Granit aus schwarzem Stein. Einer unserer Wünsche müsste jetzt in dieser Sekunde, in der ich vor dem Mädchen stehe, in Erfüllung gehen: alle Sprachen der Welt sprechen zu können. Dann könnte ich mich mit dem Mädchen unterhalten, könnte sie fragen, ob sie Lust hätte, zusammen mit uns Claudes Kindergarten zu besuchen, vor allem aber könnte ich verstehen, was sie zu sagen hätte und worüber sie sich wundert, bekümmert oder freut.

Aber die Fee kam nicht vorbei.

Hinter einem blauen Metalltor liegt der Innenhof des Kindergartens, die »Garderie«, die Claude initiiert und organisiert hat und verwaltet. Mit wenigen Mitteln sind dort Dinge zusammengetragen worden: eine Rutsche, eine Schaukel; ein paar Meter weiter stehen kleine Schulbänke, die früher bunt waren: gelb, blau, rot, eine Tafel. Ein kleiner Platz auf dem Boden mit Spielzeug, ein Tisch. Der Hof ist partiell überdacht. In der Mitte sitzen die Kinder auf dem sauber gefegten Boden und üben gerade Gedichtaufsagen mit Paul.

Paul ist ein ehemaliger Steinbrucharbeiter, genauso wie Elisabeth. Zwei herzliche Menschen, die hier als Kindergärtner arbeiten. Claude stellt mich vor, ich gebe Paul und Elisabeth, die uns erwartet haben, die Hand. »Katti« sagen hier alle zu mir. Ich setze mich zu ihnen und den Kindern auf einen Ministuhl.

Die Kinder sind alle sauber angezogen. Vielleicht 20 oder 25 Jungs und Mädchen, zwischen zwei und sechs Jahren, sitzen im Kreis und singen uns ein Empfangslied. Sie können das Lied auswendig und singen engagiert und laut. Die bunten Farben ihrer Kleider bilden einen Kontrast zu den gerade gesehenen verschlissenen schwarzen Bekleidungsstücken der Menschen im Steinbruch. Gäbe es diesen Kindergarten nicht, wären die Kinder ebenfalls da drüben, inmitten der sengenden Hitze und der beizenden Luft. Sie würden um ihre Mamas herumlaufen und warten, dass die Zeit vergeht.

Nun fragt Paul die Kinder, ob jemand ein Gedicht aufsagen möchte, und viele Ärmchen strecken sich in die Luft. Ein Junge steht schließlich umständlich auf und sagt das Gedicht expressiv auf, in Morée natürlich, ich habe keine Ahnung, um was es in der Story geht, aber das ist egal, denn der Vortrag ist ein Ereignis. Dann sagt ein Mädchen ein Gedicht auf, während das wirklich sehr kleine Kind neben mir, vielleicht zwei Jahre alt, mich nachdenklich betrachtet.

Zwischen 6 Uhr und 7 Uhr morgens trudeln alle Kinder ein. Die Mütter bringen sie hierher auf dem Weg zu ihrer Arbeit im Steinbruch. Für den Verbleib der Kinder der Steinbrucharbeiter ist der Kindergarten eingerichtet worden, und sie müssen dafür nichts bezahlen. Um 7 Uhr gibt es für alle Frühstück. Um 16 Uhr werden sie wieder abgeholt. In der Zwischenzeit beschäftigt man sich, wie man sieht, mit Poesie; es wird gesungen, gespielt, gerutscht, geschaukelt, gemalt und ein wenig Lesen und Schreiben gelernt, indem man sich auf den Bänkchen vor der Tafel versammelt, man lacht, isst und unterhält sich. Und wenn was weh tut oder man mal gedrückt werden muss, dann gibt es auch dafür fürsorgliche Betreuung. Paul und Elisabeth sind warmherzige Menschen mit Geschichten, die uns hier nichts angehen, und einer direkten, liebevollen Art, mit den Kindern umzugehen. Auch für sie ist es eine Verbesserung ihres Lebens, diese Arbeit zu machen statt jene, die 200 Meter weiter im Hitzekessel vonstattengeht.

»Wenn die Kinder sechs Jahre alt sind, müssen sie dann nicht zur Schule?«, frage ich.

»Ja, dann gehen sie etwas weiter die Straße hinunter in eine staatliche Schule«, sagt Elisabeth.

»Unsere Kinder«, sagt Paul froh, »können dann oft schon etwas lesen und schreiben und sind vorbereitet auf die Schule. Sie sind gute Schüler.«

»Und gehen alle Kinder in die Schule? Kostet es nichts?«

Es wird kurz still.

»Doch, die Schule verlangt Schulgeld, und daher können sich nicht alle Eltern die Schule leisten und schicken ihre Kinder nicht hin. Aber hier können sie leider nicht mehr bleiben, wenn sie im schulfähigen Alter sind.«

»Und warum sind noch immer so viele Kinder im Steinbruch, warum sind nicht alle hier?«

Claude ist verlegen.

»Das wäre schön, so hätten wir es gern, aber wir haben nicht genug Geld. Nicht mehr. UNICEF unterstützt uns nicht mehr so umfangreich wie früher.«

Ich schaue Laurent entsetzt an, er schaut indifferent zurück.

Es sei unsicher, fährt Claude fort, wie lang sie hier noch bleiben dürfen, da der Besitzer das Grundstück verkaufen möchte. Er hat ihnen angeboten, es für 20000 Euro zu kaufen, »aber das können wir uns nicht leisten.«

Ich kann die Summe nicht fassen angesichts des Zustands und der Größe dieser Einrichtung und vermute daher kurz, dass die Umrechnung nicht ganz stimmt. (Stimmt aber, verifiziert mir Laurent später.) 100 Euro beträgt die Monatsmiete. Noch können sie hierbleiben, aber sowie der Besitzer jemanden findet, der ihm das Ding abkauft, war's das.

Ich mache einen kleinen Gang über den Hof, sehe die abgehalfterte Küche, das unsägliche Klo. Es ist nicht verwahrlost-schmutzig, man versucht alles sauber und ordentlich zu halten, mit dem wenigen, das einem dafür zur Verfügung steht, aber die Immobilie ist einfach in einem erbärmlichen und schimmligen Zustand, und ganz offensichtlich reicht es nicht einmal für etwas Farbe, um die vergammelten Wände anzustreichen. Aber warte ... da sehe ich es: Über dem Gammel sind Kinderbilder gemalt ...

Wir stellen uns alle, um ein Foto zu machen, vor die sonnenbeschienene blaue Tür. Beim Abschied sage ich zu Claude, dass ich mit UNICEF Burkina Faso und den Kollegen des deutschen Natcom-Teams sprechen möchte in der Hoffnung, dass sie etwas unternehmen, so dass die Garderie weiterhin existent bleiben kann, damit sie nicht geschlossen wird. Vielleicht müssten sie dafür umziehen, eventuell sogar in die staatliche Schule, da eine Kooperation vorstellbar sein könnte. Es wäre ein etwas weiterer Weg für die Eltern, aber immer noch machbar, von dort zum Steinbruch zu gelangen.

»Merci.«

»Merci à vous Claude, vous faites un travail très impressionnant. Au revoir.«

»Au revoir, Katti.«

Auf dem Rückweg im Auto rufe ich Anne Vincent an, die französische Head of UNICEF (oder auch kurz ›Rep‹ genannt) von Burkina Faso, um mit ihr über die Unterstützung von UNICEF Burkina Faso bezüglich der ›Garderie‹ zu sprechen. Sie berichtet von der katastrophalen Gesamtsituation der Kinder in den burkinischen Steinbrüchen und vor allem den Goldminen.

Es geht immer noch schlimmer.

Über das Land verteilt gibt es ungefähr 800 Goldminen, offene Goldminen, ›Artisanal gold mines‹ nennt sich das, in denen knapp 20 000 Kinder arbeiten, anteilig fast ebenso viele Mädchen wie Jungen. Sie sind klein genug, um sich in jedes Loch quetschen zu können und darin Gold zu schürfen. Gold, das sich nur selten sehen lässt, und wenn, dann ganz sicher nicht als Klumpen. Sowie eine burkinische

Familie ein wenig Gold gefunden hat, spricht sich das herum, und weitere Familien machen sich auf den Weg, um ihr Glück zu suchen. Das findet aber niemand.

83 Prozent der fast 20 000 Goldminenkinder haben niemals eine Schule besucht, und 51 Prozent von ihnen leben direkt vor Ort. Sie stehen um 5 Uhr auf, nehmen Hacke und Schüssel und klettern 30 Meter in ein Loch hinunter.

UNICEF hat wiederholt versucht, in der Nähe der Goldminen Schulen zu etablieren, damit die Kinder in die Schule statt in die Mine gehen, aber die Familien ziehen nomadengleich weiter und herum auf der Suche nach goldenen Chancen. Man benötigt also mobile Schulen, was ebenfalls versucht wurde, aber selbst die mobilen Schulen sind nicht mobil genug für die Unstetigkeit der Familien, die heute hier und morgen dort sind, abhängig von den Minen und den kleinen Körpern ihrer Kinder ...

Ja, es geht immer noch schlimmer.

Kein Grund jedoch, die »Garderie« zu schließen oder zuzuschauen, wie sie langsam stirbt. Kein Grund, die Kinder, denen in diesem Kindergarten Chancen gegeben werden, stattdessen in ein Steinbruchleben zu entlassen. Das Ende der »Garderie« nicht versuchen aufzuhalten, weil an einem anderen Ort Burkina Fasos Kinder Gold suchen? Oder weil an einem anderen Ort des afrikanischen Kontinents, genauer im Ostkongo, Kinder Coltan aus dem Boden schürfen, wo die Einstiegslöcher so tief und der Abstieg dorthin so diffizil ist, dass die Kinder zwei bis vier Tage am Stück unten bleiben? Der wissenschaftliche Begriff für Coltan ist ›Seltene Erden‹, die wir alle in unserem Mobiltelefon haben. Deutsche Wissenschaftler aus Hannover haben ein Verfahren entwickelt, mit dem sie in der Lage sind herauszufinden, aus welchem Gebiet das Coltan kommt, was mit der Zusammensetzung des Gesteins zu tun hat, in dem es vorkommt. Von dem Gestein wiederum kann man auf das Land und die Region schließen. Nützt aber auch nichts, wer gibt schon sein Handy ab, weil er weiß: Oops, das Coltan darin kommt aus dem Ostkongo und es wurde voraussichtlich von einem achtjährigen Kind aus dem Boden gestemmt und dann an die Erdoberfläche transportiert, nachdem es dort unten drei Tage verbracht hat.

Es geht immer noch schlimmer.

Wir fliegen zurück in das Februarland. Die Koffer kommen tatsächlich gemeinsam mit uns in Berlin an, sie tragen den roten Staub und Duft Afrikas auf ihrer Kunststoffenen Haut.

Kaum bin ich zurück in Deutschland, düse ich nach Köln, um eindringlich mit den UNICEF-Kollegen über die Situation des Steinbruchs im Quartier Pissy zu sprechen. Ich habe Fotos mitgebracht. Sie sagen, sie reden mit New York. Hauptquartier. Danke!

Ein paar Monate später erhalte ich eine E-Mail von Anne Vincent, wie gesagt, der Head of UNICEF, Burkina Faso, sie hätte eine gute Summe Geldes angewiesen bekommen für den Steinbruch und die Goldminen, ob das von mir käme. Es kam natürlich nicht von mir, sondern von UNICEF, aber offensichtlich hat das deutsche Natcom etwas bewegen können. Yesssss!

Man muss einfach irgendwo anfangen ... Man kann was machen, wenn man was machen will, man muss nur eines Tages mal anfangen ... Vielleicht schafft Claude es, mit Unterstützung von UNICEF, alle sich derzeit im Steinbruch befindenden Kinder herauszuholen, und vielleicht gelingt es ihm, dass alle zukünftigen Kinder gleich zu ihm kommen; vielleicht schafft es die staatliche Schule nebenan, einen Fonds zu bilden, um zu garantieren, dass auch die ärmsten Kinder dieses Kindergartens in die Schule gehen dürfen, obwohl die Eltern das Schulgeld nicht zahlen können. Vielleicht schaffen die Kinder die Schule bis zum Schluss und studieren wie Rakiéta in Europa oder werden von Katrin als jüngste Waisenhausdirektorin ever engagiert oder werden Krankenschwester, Buchhalterin, Caterer, Journalist oder Mechaniker, Künstler oder Dokumentarfilmer. Und vielleicht treffen dann eines Tages diese Kinder, deren Leben sich durch die Hilfe der lokalen und internationalen Menschenrechtsaktivisten und der vielen,

vielen Unterstützer_innen aus der ganzen Welt und auch aus Deutschland veränderte, den freien Geist des Ausnahmekünstlers Christoph Schlingensief, der sich ja aus gutem Grund in dieses Land Burkina Faso, dem ›Land der Freien‹, verliebte, um dort sein Fitzcaraldo-gleiches Operndorf zu bauen. Ich habe sein Dorf gesehen, es ist heiliges, geweihtes Land. Ich kann verstehen, dass er sich verliebt hat und dort sein wollte, um all das nach Deutschland zu transportieren, was er an diesem Ort lernte und erlebte. Verliebt in ein Land, das laut Stand 2015 auf Platz 183 von 188 Ländern des »Human Development Index« steht.

An genau dem Tag, als ich dieses Kapitel beenden wollte, erreichte mich aus Ouaga das Foto eines elfjährigen burkinischen Jungen auf einem schwarzen Pferd. Er nimmt an einem Projekt teil, das A. M. P. O. zusammen mit einem Reitlehrer und einem Psychologen initiiert hat, in dem traumatisierte Kinder Reitstunden erhalten, um über den Kontakt zu Pferden und der begleitenden psychologischen und pädagogischen Betreuung mit ihren Traumata leben zu können. »Vergessen kann man das Trauma nicht«, sagte mir der Traumatologe Jan Kizelhan, der es wissen muss, »aber man kann lernen, mit ihm zu leben.«

Die Geschichte dazu geht so:

Sein Vater, ein Militär, argwöhnte, dass seine Frau, die Mutter des Jungen, ihn betrog. Eines Nachts bedrohte er die Mutter mit einer Pistole, woraufhin sie versuchte wegzulaufen. Doch sie entkam ihm nicht, und so tötete er zuerst die Mutter vor den Augen ihres Sohnes und dann sich selbst. Ein Blutbad. Darin ein siebenjähriger Junge ... Mit acht Jahren wurde er von seinem Onkel zu A. M. P. O. gebracht.

Inzwischen hat er sich gut eingelebt und gefangen. Dank seiner Liebe zu den Pferden ist er offener geworden, spielt mittlerweile mit anderen Kindern, und auch in der Schule läuft es besser. Anfangs hatte er geklaut, zog sich zurück und ließ sich nicht anfassen, doch inzwischen können die Ampo-Mitarbeiter ihn vorsichtig in den Arm nehmen. Sein Liebstes jedoch bleiben die Sonntage mit den Pferden!

Es geht immer noch schlimmer.

So wie die Geschichte, die mir Dr. Jan Kizelhan erzählte, der bereits zitiert wurde, ein kurdisch-deutscher Mediziner, Psychologe und Traumatologe für Migranten, der die Geschichte aus den nordirakischen Geflüchtetenlagern mitbrachte, in denen jesidische Mädchen, die der Gefangenschaft des Daesh entfliehen konnten, leben. Oder die des Kriegsfotografen Wolf Böwig, der in Ruanda während des Genozids fotografierte und in Sierra Leone mit einer Kindersoldatenarmee unterwegs war. Ich werde diese Geschichten nicht erzählen, sondern nur bestätigen, dass es immer noch schlimmer geht und man es nicht verstehen kann.

Daher denke ich, ist es sinnvoll, hin und wieder von menschenrechtlichen Erfolgserlebnissen zu berichten, die uns einen Blick in die andere Seite der Waagschale wagen lassen, in der ebenfalls etwas liegt, das Gewicht hat, das aber nicht gemessen wird.

Es kann ja nicht sein, dass wir die Welt in Form unseres coltanverseuchten Telefons in der Hand halten und nichts wissen. »Ach«, sagt mir eine Frau, sagt mir ein Mann, mit der Selbstzufriedenheit des Nicht-Wissenden, »das wusste ich ja gar nicht, was du da machst, dass Sie das machen, diese Arbeit mit äh, mit wem noch mal?«

Viele Jahre habe ich mich schlecht gefühlt, wenn man nicht wusste, dass ich allein oder als Goodwill Ambassador von UNICEF in der Welt unterwegs bin, fühlte mich quasi schuldig der Person gegenüber, die nichts von meiner Menschenrechtsarbeit wusste, weil ich dachte, es wäre nicht genug, da es sich nicht ausreichend herumgesprochen hatte, weil ich damit offensichtlich nicht erfolgreich genug war.

Doch Erfolg richtet sich nicht immer nach öffentlicher Anerkennung. Es ist jedem selbst überlassen, wie er oder sie Erfolg definiert. Für manche Menschen ist es ein Erfolg, morgens aus dem Bett aufzustehen. Ich kann das gut verstehen. Gratulation!

Und wenn hier niemand von A. M. P. O. oder Claude oder Rakiéta weiß, so gibt es sie dennoch. Und sie versuchen weiterhin, etwas zu verändern; zum Leben statt zur Zerstörung; zum Wissen statt zur Ignoranz. Und manchmal gelingt das. Oder auch öfter.

Denn da sitzt ein Junge jetzt auf dem Pferd und reitet ambitioniert, und Kindergartenkinder sind aus dem Steinbruch raus, Mädchen aus dem Gefängnis und Krüppel von der Straßenecke weg; obdachlose Jungs haben ihre Klebetüten weggeschmissen und spielen stattdessen Fußball; und jungen Mädchen hat man eine Alternative zur Prostitution gezeigt; Frauen werden von Bäumen, an denen sie sich aufknüpfen wollten, weil man sie zu einer Persona non grata machte, abgepflückt; Kinder, deren Gesicht durch Öl, Feuer oder Batteriesäure geschmolzen ist, werden von Ärzten operiert, die das können und ihnen das Gesicht retten; mangel- oder unterernährte Kinder werden dreimal die Woche gefüttert, damit sie überleben; Kinder werden mit Kalorien im Bauch und einem Tornister auf dem Rücken in die Schule geschickt, damit sie lernen können und studieren, irgendwo im Osten oder Westen, und Ingenieure werden oder Ärzte oder Krankenschwestern oder sogar one fine day nichtkorrupte Politiker oder human rights activists.

Und dennoch geht das alles nur, weil viele Menschen auf der ganzen Welt davon wissen und Anteil nehmen und etwas von dem, das sie haben, teilen. Dafür möchte ich mich im Namen all der lokalen und internationalen Nichtregierungsorganisationen, über die ich in diesem Kapitel sprach, bedanken. Ohne sie ginge es nicht, sie sind Teil der menschenrechtlichen Arbeit, jeder trägt den Teil bei, den er oder sie beitragen kann.

PS: Es gibt ein burkinisches Streit-Ritual, bei dem sich die beiden im Konflikt liegenden Personen unter freiem Himmel und den Augen vieler Zeugen treffen und sich beschimpfen. Laut und lang und fies. Hat einen gewissen Unterhaltungswert. Sie gehen sich nicht körperlich an, sie argumentieren auch nicht oder versuchen ihren Standpunkt klarzumachen zu diplomatischer Konfliktlösung, nein, sie beschimpfen sich coram publico, bis der ganze Ärger raus ist. Danach umarmt man sich, schließt Frieden, und der Konflikt ist aus der Welt.

»Schwamm drüber«, würden Rakiéta und meine Mutter sagen.

Nepal. 2012/13

There's a crack in everything,
that's how the light gets in.

Leonard Cohen

Meine Tochter und ich verbringen Weihnachten in Bombay (ich weiß, dass es jetzt Mumbai heißt) und Silvester im guten alten Hippieland Goa. Es gibt ein X-mas-Büfett im Hotel, und wir staunen nicht schlecht, als wir Stollen, Lebkuchen und Basler Leckerli im Nachtischdepartment entdecken. Alle meine indischen Freunde lieben die Schweiz und Schnee und Kälte. Doch wir sind krank von den Klimaanlagen, die im Flugzeug, Flughafen und Hotel eine Kälte verbreiten, wie man sie kaum in der Schweiz im Winter zu finden vermag. Einerlei, dass wir gejetlagt sind von sechsstündiger Zeitverschiebung, draußen sitzen wir, und es ist Abend und herrlich, es ist Indien, und dort am Nachbartisch sitzt ein Meer, das heißt »Arabisches Meer«. Erkältet und leicht bekleidet sitzen wir in der lauen Luft der Heiligen Nacht und freuen uns, dass wir hier sind.

Ein Gitarrist singt gemeinsam mit der Sängerkollegin zu seinem Gitarrenspiel; sie stehen schön gemacht neben einer mit Lichterketten umwickelten Palme. Sie singen europäische Weihnachtslieder. »Silent Night« zum Beispiel. Ich verschlucke mich fast am Mangoglitsch, den ich gerade zu mir nehme, so muss ich lachen, als sie damit beginnen, denn »Stille Nacht« in einer der lautesten Städte der Welt zu singen erfordert Humor und Überzeugungskraft.

Gespannt hörten wir dem hingebungsvollen Gesang zu – und dann kam's: »Christ the Saviour is gone.« Das war neu. Christus, der Erretter ist fort?! Huch ... wo ist er hin, fragt man sich. Jesus ist weg. Hier auf dem Subkontinent gibt es ja sehr viele Götter. 33 Millionen, um genau zu sein. Der religiösen Korrektheit halber muss man sagen, dass es oftmals viele Namen für denselben Gott oder dieselbe Göttin gibt, die Zahl ist also ein bisschen geschummelt. »Christ the Saviour is go-hone, Chri-hist the Saviour is gone.« – Die Tonart ist etwas zu hoch gewählt, der Sänger hat es sich nicht leichtgemacht. 33 Millionen Götter, wer kann die alle kennen?! Nicht nur Indien ist überbevölkert, es gibt auch eine Überbevölkerung an Göttern, scheint's. Wo wohnen die nur alle? Im Himmel? Vielleicht ist Jesus da untergetaucht, um ein bisschen Ruhe zu haben, ein bisschen Stille in der Nacht.

Für alle, die nicht textsicher sind, es heißt im Original: »Christ the Saviour is born.« »Jesus, der Retter, ist da.«

Am 16.12.2012 wurde eine indische Medizinstudentin in einem Bus in Neu-Delhi von sechs jungen Männern vergewaltigt. Sie fuhren den Bus durch die Stadt, während sich einer nach dem anderen an ihr verging, bis schließlich einer der Männer, ein minderjähriger Junge, ihr mit der Hand in die Vagina griff und ihr Gedärm herauszog. Das Mädchen war längst ohnmächtig. Die Männer dachten, sie sei tot, und warfen sie und ihren zusammengeprügelten Kumpel aus dem Bus an den Straßenrand. Kurze Zeit später rief ein Passant einen Krankenwagen, um sie zu retten.

In der Zeit unserer Anwesenheit in Indien lag das Mädchen im Krankenhaus, die Ärzte operierten sie siebenmal und kämpften um ihr Leben. Jyoti Singh kam aus einer armen und bildungsfernen Familie; sie hatte ihren Vater überzeugen können, dass sie studieren darf, und er hatte das Geld, das eigentlich für ihre Hochzeit bestimmt war, für die Universitäts-Anmeldegebühren ausgegeben. Sie hatte gearbeitet, wie es nur die verstehen, die wissen, dass dies die einzige Chance ist, um ihr Leben zu ändern. Drei Jahre lang hatte sie tagsüber studiert und abends gearbeitet, um die laufenden Studiengebühren zusammenzubekommen. Sie schlief drei Stunden in der Nacht, aber sie war jung und klug und voller Elan. An einem Abend ging sie mit ihrem Kumpel ins Kino, um »Life of Pi« zu sehen, einen Film des taiwanisch-amerikanischen Regisseurs Ang Lee, basierend auf dem Weltbestseller des kanadischen Schriftstellers Yann Martel. Nach dem Kino fuhren sie mit einem Bus nach Hause ...

Am 29. Dezember starb sie. In einem Krankenhaus. Ihre Mutter saß an ihrem Bett, sie hielt ihre Hand, und die letzten Worte von Jyoti Singh an ihre Mutter waren:»Sorry Mummy, that I give you so much trouble.«

Am nächsten Tag explodierte das Land. In Delhi und allen großen Städten begannen die größten Demonstrationen für Gleichberechtigung und Geschlechtergerechtigkeit, die Indien und die Welt je gesehen hatten.

Ich war mit meiner Tochter für die Weihnachtsferien nach Indien gekommen, um anschließend von Mumbai weiter nach Kathmandu, Nepal, zu fliegen. Dort traf ich mich mit den deutschen und nepalesischen Mitarbeitern von»Plan International«, um zu einer Projektreise zu den Kamalari-Mädchen in den Südwesten des Landes aufzubrechen. Das Thema der Reise lautete: Der Verkauf von Mädchen in die Leibeigenschaft.

Die Nichtregierungsorganisation»Plan International« wurde 1937 von dem Briten John Langdon-Davies gegründet. Er war Journalist der Londoner Tageszeitung»New Chronicle«. In Spanien begegnete ihm ein fünfjähriger Junge mit einem Zettel um den Hals, auf dem stand: »Dies ist José, ich bin sein Vater. Wenn Santander (nordspanische Stadt, umkämpft während des spanischen Bürgerkrieges) fällt, wird man mich erschießen. Wer immer meinen Sohn findet, den bitte ich, um meinetwillen für ihn zu sorgen.« Langdon-Davies kümmerte sich um den Jungen und rief zu weiteren Patenschaften auf. So entstand seine Idee.

Heute ist»Plan International« in 50 Ländern Afrikas, Asiens und Lateinamerikas aktiv. Menschen sogenannter Geberländer übernehmen eine Patenschaft für ein Kind, indem man einen monatlichen Beitrag zahlt, mit dem die Lebensbedingungen des Kindes verbessert werden, durch die Infrastruktur von Brunnen, medizinischer Versorgung, Schulen, Mühlen etc. Der finanzielle Beitrag geht nicht an das Kind persönlich, sondern an die Gemeinschaft, in der es lebt, und die Organisation stellt sicher, dass ausreichend viele Kinder dieser Gemeinschaft, dieses Ortes, Patenschaften erhalten, um mit der Unterstützung der gebündelten Patenschaften die Gesamtsituation für alle im Ort lebenden Kinder zu stärken.

Den Paten ist es möglich, in individuellen Kontakt mit dem Patenkind zu treten, durch Schreiben von Briefen, denen man auch Fotos beilegen kann, oder durch das Versenden kleiner Pakete mit diversen Schreibutensilien respektive Spielzeugen, die man bei der NGO im »Planshop« käuflich erwirbt und die sie für einen verschicken. (Die Produkte, die darüber hinaus im shop angeboten werden, kommen zu 100 Prozent aus Projekten von Plan. Und das eingenommene Geld dafür, fließt auch wieder dorthin zurück.) Es ist nicht möglich, direkt ein Paket zu schicken oder das Kind auf eigene Faust zu besuchen, aus gutem Grund – man weiß nicht, welche Arschgeigen diese Situation ausnutzen würden. Daher wird alles zentral gesteuert, und mit Hilfe eines kleinen Prospekts, in dem man Griffelmappen, Hefte, Springseile, Fußbälle, T-Shirts, Haarspangen, Kuscheltiere oder Spiele auswählen kann, erhalten die Kinder von »Plan« gepackte Überraschungspakete.

Regionale Mitarbeiter sind vor Ort, sprechen die Sprache, sprechen mit den Kindern, überbringen Post oder Pakete und schreiben einen Bericht über die Entwicklung des Kindes, wie es in der Schule läuft, ob sie oder er gesund ist, wie es den Eltern geht und was sonst im Dorf passiert. Sie machen ein Foto vom Patenkind und schicken Bericht und Foto und manchmal eben auch einen Brief des Patenkindes an die Paten überall in der Welt.

Info für die Skeptiker: Das Kinderhilfswerk erreichte 2012 den ersten Platz beim Transparenzpreis des Wirtschaftsprüfers PwC und in einer Analyse des Wirtschaftsmagazins »Capital«.

Seit 1989 gibt es das deutsche Büro in Hamburg. Seit 1996 bin ich in Kontakt mit »Plan«. Dank der ehemaligen Vorsitzenden, der wunderbaren Marianne Raven, die inzwischen in Rente ist. Sie war es, die ein international angelegtes Projekt initiiert hatte, von dem noch die

Rede sein wird. Mit ihr war ich bereits nach Sri Lanka gereist zum Thema »Umstellung der Teeplantagen auf biologischen Anbau« und »Wassermangel«; nach Nepal aber hatten mich die Plan-Kollegin Antje Schroeder begleitet und die Fotografin Sandra Gaetke.

Wir fliegen also ganz in den Südwesten Nepals, in die Provinz Dangh, dorthin, wo alle Chaudhary heißen. Nepal ist schmal und lang, verläuft entlang des Himalayas. Ich war noch nie in Nepal gewesen, wusste nur, es ist höher und kälter. Dort liegt das größte Gebirge der Welt. Das Flugzeug, mit dem wir flogen, war winzig. Eine Propellermaschine einer Fluggesellschaft, die den hilfreichen Namen »Buddha Air« hatte. Es war auch ein kleiner Buddha außen auf das Flugzeug gemalt, und ich dachte, nun, mit seiner Hilfe werden wir schon ankommen. Saß am Fenster und drückte während des Fluges meine Nase platt, eine überwältigende Landschaft majestätischer Berge betrachtend, die mich zutiefst beruhigte. Shangri-La.

Dann landeten wir in Dhangadhi auf einem Bolzplatz, und sogar der Bürgermeister mit Abzeichen auf seiner Jacke war zu unserer Ankunft auf der Wiese erschienen.

In den Distrikten Dang, Kailali und Kanchanpur lebt die Volksgruppe der Tharu. Sie sind »Kamaiya« – Leibeigene, auf Englisch bonded laborers, und bilden das Äquivalent zur indischen Kaste der Unberührbaren. Ja, das Kastensystem ist auch in Nepal existent, entwickelte sich parallel zum indischen. 1500 Jahre alt. (So viel zu Tradition.) Der Name Chaudhary symbolisiert ihren Stand, sie arbeiten auf den Feldern, die ihnen nicht gehören. Seit wann? Seit immer. Sie sind nicht geschützt von Staat oder Menschenrechten, sie haben weder Schutz, Freiheit, Rechte noch Sicherheit, weswegen sich ihre Lebensperspektive als ziemlich perspektivlos darstellt. Doch vor einigen Jahren wurde durch ein einzelnes Mädchen alles anders, und deswegen sind wir hierhergekommen, weil Hoffnung und sichtbare Veränderung entstanden sind aus dem grassroots-movement junger Mädchen.

Die Familien haben viele Kinder, weil die Idee, dass die Kinder irgendwann das Überleben garantieren, traditionell verankert ist. Nicht betrachtend, dass man die vielen Kinder ja erst mal groß kriegen muss.

Nach unserem Kalender findet jedes Jahr am 15. Januar das Maghi-Fest, das nepalesische Neujahrsfest, statt. Eigentlich wird dann, wie der Name schon sagt, das neue Jahr gefeiert. Doch die alte Neujahrstradition hat sich zu einer neuen und traurigen Tradition gewandelt. Am 15. Januar kommen nun trafficker, Menschenhändler, aus der Stadt oder den Städten, um Geld für die Kinder zu bieten und den Familien Mädchen abzukaufen für umgerechnet ungefähr 40 oder 50 Euro. Das Argument, mit dem sie Überzeugungsarbeit leisten, ist, dass die Mädchen in Kathmandu, wohin man sie brächte, zur Schule gingen, in wohlhabenden Familien lebten, oft in Diploma-ten- und Politikerhaushalten, die sich um sie kümmerten wie um ihr eigenes, dass sie ein Einkommen selbsttätig erwirtschafteten, indem sie im Haushalt zur Hand gingen. Die Mädchen, die in eine fremde, weit entfernte Stadt mitgenommen werden, sind zwischen sechs und zwölf Jahre alt. Sie sind ganz klein. Die Eltern, das kann man nicht oft genug wiederholen, geben ihre Kinder den unbekannten Männern nicht mit, weil sie grausame Eltern wären, sondern weil sie hoffen, dass ihre Kinder es gut haben werden. Und weil es der ganzen Familie hilft, einen Menschen weniger ernähren zu müssen und 50 Euro zu erhalten.

Die 700 Kilometer weite Reise verläuft per Bus, nicht per Flugzeug. Von ihrem Dorf geht es zu einem Fluss, auf dessen anderer Seite die Busse stehen, die 15 Stunden nach Kathmandu fahren. Der Fluss mar-kiert das Gebiet des Lebensraums der Dörfer, von denen hier die Rede ist; oft zum ersten Mal waten die kleinen Kinder hindurch, um in ei-nen Bus zu steigen in Richtung Hauptstadt. Dort angekommen, be-ginnt für die Mädchen ein Leben als Sklavin. Sie arbeiten täglich 14 bis 18 Stunden, an sieben Tagen der Woche, wofür sie zwischen zehn und 100 Dollar im Jahr erhalten, falls sie es erhalten. Hin und wieder gehen sie vielleicht in die Schule, doch hauptsächlich besteht das Leben aus Putzen, Kochen, Einkaufen, Bügeln, Wäsche und Geschirr waschen, Böden schrubben. Sie schlafen irgendwo in der Küche auf dem Boden. Sie werden zu Kamalaris. Was ein hübsches Wort ist, als seien sie eine Tanztruppe. Eine Kamalari ist eine »hart arbeitende Frau«. Das Bild, das man sich zu der Übersetzung des Wortes vorstellen muss, sind Kinder, die so groß sind wie die Waschschüsseln, vor denen sie hocken, um die Wäsche für die gesamte Familie zu waschen.

Wenn die Hausfrau genug von dem Kind hat und es loswerden will, grundlos oder weil das Mädchen inzwischen zu einem Teenager herangewachsen ist und nach seinem Lohn fragt, dann wird häufig gesagt, sie hätte etwas gestohlen, sie sei eine Diebin. Dann wird sie ohne Lohn nach Hause geschickt. So kommen die Mädchen wieder zurück in ihren Heimatdistrikt, nachdem sie fünf, sechs, sieben, acht oder elf Jahre versklavt waren. Und hier beginnt die Arbeit von Plan International, denn seit 2006 gibt es ein Projekt zur Abschaffung dieser Leibeigenschaft, das bis 2015 lief.

Seit dem Jahr 2000 ist Kinderarbeit im Land gesetzlich verboten. Das ist ja erst mal eine gute Sache, möchte man denken, wobei das Jahr 2000 auch noch nicht so lange her ist und dieses Gesetz noch immer nicht greift. Worum geht es? Es geht darum, Mädchen nicht zu verkaufen, sie nicht zu Leibeigenen, zu Kamalaris, zu Sklaven, zu machen. Eigentlich eine einfache Sache. Findet sich wieder in Artikel 4 der »Human Rights Declaration«, wobei es nicht explizit heißt, dass Kinder nicht in Sklaverei gehalten werden dürfen.

»Niemand darf in Sklaverei oder Leibeigenschaft gehalten werden; Sklaverei und Sklavenhandel sind in allen ihren Formen verboten.« Doch in der Kinderrechtskonvention von 1989, die sich ausschließlich mit Sicherheit und Wohl von Kindern beschäftigt, findet man den Artikel 35: Die Vertragsstaaten treffen alle geeigneten innerstaatlichen, zweiseitigen und mehrseitigen Maßnahmen, um die Entführung und den Verkauf von Kindern sowie den Handel mit Kindern zu irgendeinem Zweck und in irgendeiner Form zu verhindern.«

Im Jahr 2004 reiste Marianne Raven, die ehemalige Direktorin von Plan International Deutschland, nach Nepal und sah dort ein Mädchen, Sharmila, die nicht genug Kleidung trug, um sich warm zu halten. Als sie die Mutter des Kindes fragte, warum das so sei, antwortete die Mutter: »Because she is a girl.«

Das war die Initialzündung für eine Kampagne, die von 2012 bis 2018 weltweit mit bahnbrechendem Erfolg durchgeführt wurde. Sie nannte sich: »Because I am a girl.«

Große Bauten in diversen Städten wurden, um auf die Kampagne aufmerksam zu machen, rosa illuminiert, wie das Empire State Building, das London Eye, die Niagarafälle, die Pyramiden in Ägypten oder das Bernabéu-Stadion von Real Madrid.

In Norwegen wurde ein Blog gelaunched, in dem eine Hochzeit zwischen einem 13-jährigen Mädchen und einem 37-jährigen Mann übertragen wurde. Gefaked! Zur Bewusstmachung, dass dies in vielen Ländern der Welt real existent ist: early marriage.

An ihrem 16. Geburtstag 2013 führte die spätere afghanische Friedensnobelpreisträgerin Malala Yousafzai eine Delegation von 600 jungen Menschen an, von denen 15 Aktivisten das erste Mal für einen Tag die UN übernahmen. Ihre Rede, in der sie sagte: »One child, one teacher, one book and one pen can change the world«, diente Plan als Vorlage für ein Video, in dem Mädchen und Jungen diesen Text mitsprechen, überall in der Welt.

Das Ziel von »Because I am a girl« war: vier Millionen Mädchen durch Programme direkt zu erreichen, 40 Millionen Kinder indirekt zu erreichen und 400 Millionen Kinder durch politische Veränderungen zu erreichen. Dieses Ziel haben sie erreicht.

2014 begannen die Kampagnen »Champions of Change« und »Safer Cities«, die dazu führten, dass 17 Gesetzesänderungen erlassen wurden. In Brasilien standen Jungs auf und forderten Geschlechtergleichheit. 2015 gab es eine Aktion, in der Mädchen für einen Tag in 50 Ländern bei 250 Einrichtungen die Leitung übernahmen: in Regierungen, Medien, Business-Companies, Schulen, Gesundheits-Dienstleistungsbetrieben, bei der Polizei oder in Plan-International-Büros.

Eigentlich ist es ein Wunder, dass davon nicht wirklich jeder erfahren hat. Es nahm seinen Anfang in Nepal – und da war ich. In dem Distrikt, den wir besuchten, lebte ein Mädchen, das ein paar Jahre später in Oslo anlässlich des »Freedom Forums« eine Friedensrede in Englisch halten sollte, nachdem sie elf Jahre als eine Kamalari in

Sklaverei gelebt und erst vor kurzer Zeit begonnen hatte, Englisch zu lernen. Ihr Name: Urmila Chaudhary.

Mit sechs Jahren wurde sie von ihrem Bruder für 40 Euro verkauft. Sie bettelte ihren Vater an, sie nicht fortzuschicken. Mit dem Bruder ging sie über den Fluss und in den Bus, fuhr bis nach Kathmandu und wurde von ihrem Bruder schließlich in einen Haushalt übergeben. Neben den haushaltlichen Pflichten brachte sie die unmerklich jüngeren Kinder der Familie zur Schule, und das war der traurigste Moment, sagt sie, da sie draußen vor der Schule stehen bleiben musste und nicht hineindurfte, um zu lernen. Nach ein paar Jahren wurde sie an einen anderen Haushalt übergeben, dem einer sehr bekannten Politikerin. Sie kam vom Regen in die Traufe. Mit 17 Jahren endlich wurde sie befreit und kehrte nach Hause zurück. Elf Jahre waren ihr aus dem Leben herausgeschnitten worden. Die Kindheit und fast die ganze Teenagerzeit. Sie begann sofort zur Schule zu gehen, lernte und lernte.»Ich war so glücklich, endlich lernen zu dürfen.«

Urmila begann sich bei dem »Freed Kamlari Development Forum« (FKDF), der Kamalari Befreiungsorganisation, zu engagieren und Demonstrationen zu organisieren. Bei einer Demo wurde sie so sehr verprügelt, dass sie ins Krankenhaus musste. Die Veranstaltungen wurden größer, die Mädchen mutiger; Urmila sprach öffentlich über die Verantwortung des Staates und wurde Vorbild und Führungsfigur. Das FKDF versuchte die Kamalaris in den Haushalten zu finden, um sie zu befreien. Sie entwickelten einen »10-Punkte-Plan« zur Abschaffung der Kamalaripraxis und reichten ihn bei der Bezirksregierung persönlich ein. Schließlich gelang ihnen der Weg zur Bildungsministerin, zu dem Familienminister und dem Prime Minister persönlich, um die Gesetzesänderungen einzufordern. In ihrem Distrikt leisteten sie Präventionsarbeit, indem sie zu den Bussen hinter dem Fluss gingen, um Mädchen zu finden, die, als Kamalari verkauft, auf dem Weg in die Stadt waren. Fanden sie sie, hinderten sie den Bus an der Abfahrt, nahmen das Mädchen aus dem Bus, riefen die Polizei und boten diesen Kindern, wenn sie Waisen waren, einen Platz in einem Kamalari-Heim samt Schulbildung an.

Dem Ziel, die Kamalari-Tradition zu beenden, alle noch in Sklaverei lebenden Mädchen zu befreien und zukünftig keine Mädchen mehr zu verkaufen, kamen sie immer näher. Nicht alle Kinder konnten gefunden werden, doch seit ein paar Jahren gibt es in den Bezirken Dang, Kailali und Kanchanpur keine Kamalari-Mädchen mehr – sondern nur noch Schülerinnen.

Musik.

Zwölf dieser Schülerinnen (Ex-Kamalaris) traf ich an einem Morgen in Danghadi. In einem Hinterhof-Gemeindesaal, den man über eine steile Treppe erreichte. Die Sonne schien. Langsam trudelte eine nach der anderen ein, strahlend, mit einem »hello« oder »good morning« auf den Lippen. Wir saßen und unterhielten uns, wobei der Vorgang des Übersetzens ewig dauerte, vor allem in der Richtung von Englisch nach Nepalesisch. Entweder brauchte es tatsächlich viele nepalesische Wörter für ein englisches Wort, oder die freundliche Übersetzerin erlaubte sich eine Menge künstlerische Freiheit.

»Ich bin 17 Jahre alt und gehe in die zweite Klasse.«

»Ich bin 18 und gehe in die vierte Klasse.«

»Ich bin 22 und in der Sechsten.«

Es fiel mir schwer, mir vorzustellen, dass alle Mädchen, die wunderschön, strahlend und modern vor mir saßen, jahrelang in Häusern in Kathmandu geschuftet hatten und erst mit 15 oder 16 Jahren eingeschult worden waren. Kleine Mädchen, die man in unseren Kreisen zum Ballett fährt oder zur Leichtathletik, die, wenn sie Teenager werden, bei der Theater AG mitmachen oder bei Jugend forscht, die Brüste bekommen und ihre Tage und mit denen man über Sexualität und Verhütung spricht, möglichst so, dass sie nicht völlig genervt sind davon. Kleine Mädchen, die ein Zimmer haben oder es mit ihrer Schwester teilen und manchmal aufräumen oder auch nicht, ins Kino gehen und Nachrichten schauen, die ein Leben leben, das sie frei gestalten können. So leben unsere Mädchen, so sollte es sein. All das hatten die Mädchen, die nun vor mir saßen, niemals erlebt.

Doch hier saßen keine Opfer, hier saßen junge Frauen mit klaren, wachen Augen, die selbständig entschieden hatten, zu diesem Gespräch zu kommen. Ihr Leben hatte eine Wende genommen am Tag ihrer Einschulung. Sie wären wahrscheinlich die Wunschschüler jedes deutschen Lehrers.

»Wo ist eure Schule?«

»Hier im Ort. Früher durften nur Jungen zur Schule gehen, nun ist es auch uns gestattet, in diese Schule zu gehen. Die Jungen gehen jetzt sowieso fast alle auf eine Privatschule.«

Wie bitte? Ich suche den Blick der nepalesischen Plan-Mitarbeiter, sie nicken und sagen: »Ja, viele Jungs gehen in eine neue Privatschule im nächsten Ort.«

»Woher haben die Familien plötzlich das Geld dafür?« Frag ich.

Keine Antwort.

»Aber unsere neue Schule ist jetzt fertig«, unterbricht ein Mädchen das Schweigen, und alle Mädchen werden ganz lebendig; eine neue Schule erwartet sie, mit großen hellen Räumen, die in den kommenden Tagen eingeweiht werden wird. Sie wurde von Plan gebaut. Plötzlich fällt mir ein: natürlich, die neu gebaute Schule! Steht ja auf unserem Zeitplan – ich soll sie eröffnen, o je.

Die Zurückgekehrten, bedingt durch die lange Abwesenheit und ihr fortgeschrittenes Alter, haben oft Schwierigkeiten, den Anforderungen der Schule standzuhalten. Das Lernen, so ambitioniert die Schülerinnen auch sein mögen, geht nicht so flüssig wie im Grundschulalter. So wurden von Plan Zusammenkünfte etabliert für psychosoziale Unterstützung der Mädchen zur Stärkung ihres Selbstvertrauens, was direkte Leistungsverbesserungen zur Folge hatte. Auch die Eltern kamen zu diesen Treffen und verstanden die Probleme ihrer Kinder besser. Lehrer wurden in die Pflicht genommen, um die Schule zuverlässig zu einem angstfreien Raum zu machen, in dem Kinder sich nicht vor körperlichen Strafen fürchten müssen. Plan ging so weit, dass sie die Lehrer abschließend eine Erklärung unterschreiben ließen, dass sie zukünftig die Schüler während des Unterrichts nicht mehr verprügeln würden.

»Was möchtet ihr nach dem Ende der Schule mal machen?«, frage ich. »Kann man das jetzt überhaupt schon sagen? Gibt es da Ideen, Wünsche oder Interessen?« Die Übersetzerin übersetzt endlos ...

»Lehrerin.«

»Ich möchte bei Plan arbeiten.«

»Lehrerin.«

»Krankenschwester.«

»Ärztin.«

Was sie geworden sind, weiß ich nicht, aber es ist bestimmt etwas aus ihnen geworden.

Urmila will Jura studieren, um möglicherweise Politikerin zu werden, damit sie Gesetze ändern und Einfluss nehmen kann, um Mädchen und Frauen des Landes zu fördern auf dem Weg zur Geschlechtergerechtigkeit. 2011 erschien ein Buch über sie und 2016 eine Dokumentation, jeweils deutsche Produktionen. Mit 29 endlich schloss sie die Schule ab, hatte parallel dazu ihre Arbeit als Aktivistin fortgesetzt und wird demnächst mit ihrem Jurastudium beginnen. (Stand 2019)

Nach unserem Gespräch gingen die Mädchen und ich vor die Tür, um ein Foto zu machen. Dafür zogen wir uns alle ein T-Shirt mit der Aufschrift »Because I am a girl« an, setzten uns auf die Hinterhoftreppe, die steil in den Gemeinderaum führt, und riefen in die Kamera: »Because I am a girl!«

Jede Frage bezüglich sexueller Nötigung oder Vergewaltigung habe ich in unserem Gespräch vermieden. Mit Absicht. Das Tabu und die Scham sind zu groß. Man tut, als sei nichts. Das geht gut, solange alle mitmachen, ist aber letztlich nur eine Frage der Zeit. Wenn Mädchen schwanger zurückkommen, ist der Fall klar, da kann man schweigen, so viel man will. Offen über Missbrauch zu sprechen ist jedoch erst der nächste Schritt auf dem Weg zur Befreiung. Während ich in Nepal war, begann sich genau diese Entwicklung großflächig in Indien auszubreiten, und vier Jahre später, 2017, veränderte die #metoo-Kampagne, die in der US-amerikanischen Filmbranche begann, das Gleichgewicht der Welt.

In den Unterkünften der Kamalari-Heime wird Theater gespielt. Statt Therapie. Gegen das Trauma. Um sich den Alltag der Sklavenzeit bewusstzumachen, ihn darzustellen und sichtbar zu machen. Sie spielen Szenen, in denen sie beleidigt und beschimpft und verprügelt werden von ihren Herren, von der Hausfrau. Gefolgt von Monologen, in denen die Ohnmacht hinausgeschrien wird:

»Haben Mädchen kein Recht zu lachen, zu spielen und zu lernen?! Lieber Gott, schick jemanden, der mich rettet. Jemanden, der mich von den Ketten der Sklaverei befreit.«

Die Zuschauer lachen bei den Szenen, wenn die Hausfrau dem Mädchen sagt, dass sie den Hund baden soll, und schauen gebannt, atemlos und geschockt zu, wenn das Mädchen zu schreien beginnt. Auf ihren Gesichtern liest man das Entsetzen und die Erkenntnis und die Erinnerung, sie werden starr, die Zuschauenden legen sich die Hände oder Tücher über ihr Gesicht oder weinen. Theater: Freiraum überall in der Welt, ich liebe meinen Beruf.

Lawajuni heißt »neues Leben«, es ist ein Projekt, in dem die ehemaligen Kamalaris berufsbildende Maßnahmen und Mikrokedite erhalten, um sich ein eigenes Geschäft aufzubauen, einen Kiosk, ein Restaurant, eine Schneiderei, die sie dann zumeist »Lawajuni« nennen. Schneidern ist sehr verbreitet in allen Projekten, die ich, egal in welchem Land, sah. Immer nähen die Mädchen und Frauen. Warum nur sind die berühmtesten Designer zumeist Männer?

Das Projekt »Lawajuni« bildet Helfer aus, die die Teilnehmerinnen über Kinderrechte informieren, Management erklären und auch, wie man buchhalterisch arbeitet oder Geschäftsberichte anfertigt. Wir sitzen also irgendwo in der Pampa und hören einem endlosen Vortrag über Unternehmensstrategie zu, eine Tafel wird vollgeschrieben mit Tabellen und Zahlen. Ich bin raus, ich schaue lieber über die grünen Felder, über denen es immer diesig ist.

Schließlich ist es zu Ende, wir erheben uns, machen das obligatorische Gruppenfoto und schlendern im Riesentrupp über die Dorfstraße. Dann packen wir unsere Seifenblasen aus – und die Action beginnt!

Einen Tag später wird die Schule eröffnet. Ich habe Angst. So viele Menschen sind da. Wir gehen über den Platz, Schulhof würde ich denken, auf ein neues leeres Gebäude mit blauen Fenstern zu. Mir werden Blumenketten um den Hals gelegt, es ist Ausdruck von Begrüßung, Freude und Respekt. Ich habe nichts zu geben außer Zuneigung. Mehr Blumenketten. Der Jasminduft ist so gut, dass er mich in einen Glückszustand versetzt. Rot pigmentiertes Pulver, vermischt mit Reiskörnern wird auf meine Stirn gedrückt, und mehr Blumenketten werden drapiert, mein Kopf hängt mittlerweile gebeugt herunter, die Blumen, so zart sie einzeln sind, werden in dieser Menge doch erstaunlich schwer. Die respektvolle Verbeugung voreinander mit gefalteten Händen wünschte ich mir manchmal auch in Europa, weil man dadurch oft feuchte oder klebrige Hände vermeiden könnte.

Der Gang über den Schulhof ist fast vollbracht, inzwischen haben sich 2000 Leute versammelt. Vor der Schule ist eine Überdachung aufgebaut, darunter steht ein Thron, nein mehrere, ich kenne nur nicht den Plural von Thron. Throns? Dahinter die frisch geweißte Schule mit den blauen Fensterrahmen, davor weht ein rotes Flatterband. Das Band trennt mich von der Besichtigung der kleinen, aber einen großen Unterschied machenden Schule. Vorher wird es eine Zeremonie geben, der ich mich nicht entziehen kann. So erhalte ich eine Schere. Sie ist groß und stumpf. Ich schaue in die Runde, alle nicken mir auffordernd zu. »Jetzt?« »Ja.« Fotoapparate und mittelalterliche Handys werden an den Start gebracht, ich schneide das Flatterband durch. Applaus. Tumult.

Nun darf ich mich mit einer kleinen Abgeordnetentruppe in die Schule begeben. Sie ist hell und leer, gänzlich unbestuhlt. Die drei Räume sind groß und unausgestattet, der Boden aus Beton, die Fenster mit Fensterläden. Es gibt Elektrik. In diesen Räumen kann man denken, denke ich. Sie sind schön.

Nach der Besichtigung gehen wir zurück zu den Thronen, auf denen sehr alte Männer sitzen: Würdenträger. Nun kommen die Reden. Der Hauptakt quasi. Lange Reden. Um ehrlich zu sein, sehr lange Reden; die weitgehend unübersetzt bleiben und durch abenteuerliche Mikrophone und Boxen zu laut verstärkt werden. Ein Spektakel, sonst passiert hier ja nichts. Höchstens im Lawajuni-Heim, da gibt's Theater, allerdings nur Drama.

Gleich muss ich reden und bin nervös, habe keine Ahnung, was die Übersetzerin aus meinem Text machen wird. Schließlich ist es so weit, und ich gehe ans Mikrophon. Vor mir Tausende Menschen, Schüler, Erwachsene, sehr viele Mädchen, die alle geschmückt und wunderschön angezogen sind. Ich bin gar kein Politiker, ich reiße mich nicht darum, Reden zu halten, und befürchte, mich zu blamieren.

Also spreche ich über den Wert der Bildung, über Menschenrechte und Gleichberechtigung, über den Mut und Kampfgeist der Mädchen und sage, dass ich mich geehrt fühle, an diesem besonderen Tag, der sicherlich zukunftsweisend für die Gemeinschaft sein wird, dabei sein zu dürfen.

Ja, ich hätte auch eine revolutionäre Rede halten können, indem ich über den Missstand der Sklaverei dieser Region gesprochen hätte und den Skandal, dass eine Regierung kleine Kinder nicht beschützt. Über Eltern, die sich in der Gegend, aus der ich komme, strafbar machen würden, wenn sie ihre Kinder für 40 Euro verkauften. Über sexuelle Nötigung und Vergewaltigung durch Männer und warum alte Männer immer so lange ihrem eigenen Sermon zuhören möchten. Ich hätte darüber sprechen können, dass die Verteilung der Güter in der Welt eine große, beschissene Sache ist und das Kastensystem hier und die Korruption an allem schuld sei und natürlich der Hyperkapitalismus, die Banken, die Globalisierung, die Gentrifizierung, you name it. Ich hätte eine Rede halten können, die den weißen G7-Industrieländern zugeordnet werden würde, wenn auch mit anderem Inhalt, doch unterm Strich dasselbe. Aber warum hätte ich das tun sollen?! Hier sind es die Urmilas, die die wesentlichen Reden halten! Ich bin nur der Bote, der die Geschichten aus anderen Welten hierher in unsere Welt bringt, das ist mein Job, mein Auftrag, ich bin ein Bote. Urmila Chaudhary sagte bei ihrer freedom speech in Oslo:
»Durch das, was ich erlebt habe, habe ich zu meiner Kraft gefunden.«

Wenn ich immer nur ein gutes Leben gehabt hätte, hätte ich niemals diese Schmerzen empfunden. Ich hätte nicht gewusst, worum es im Leben geht, hätte mich nie gegen die Sklaverei aufgelehnt. Während meiner Gefangenschaft habe ich an Lebenserfahrung gewonnen. Mein erlebtes Leid macht mich stark.«

Ich setzte mich nach meiner mehr oder weniger belanglosen Rede, die voraussichtlich völlig anders übersetzt wurde, zu den Mädchen auf den Boden ins Gras oder in den Sand, vor das Podium, während dort die Altmänner-Reden weitergingen. Da hockten wir zusammen und machten schließlich Fotos auf analogen asiatischen Handys.

Nach der mindestens zweistündigen Veranstaltung versuchte ich mit meinen Ketten zum Auto zu kommen, dabei trug ich einen geflochtenen Korb auf dem Kopf, ich Angeber. Wir zischten ab und winkten den zukünftigen Schülerinnen einer sehr hübschen neuen Schule zu, als wären wir Auswanderer auf der Titanic, die sich in die neue Welt aufmachten und ihre Liebsten niemals wiedersehen würden. Und ein bisschen war es ja auch so ...

Am nächsten Tag waren wir in einem anderen Ort zum Maghi-Fest eingeladen. Und zu dem damit verbundenen klassischen Maghi-Essen und den traditionellen Maghi-Tänzen. Diese gehen so: Man begibt sich rückwärts in eine Brücke, also mit den Händen über dem Kopf auf dem Boden und hebt in dieser Position Münzen mit dem Mund vom Boden auf. Ich konnte das glücklicherweise, war mir aber etwas unsicher, wie hygienisch diese Münzen wären, so dass ich es bei der Brücke beließ.

Dann wurden wir in ein Haus gebeten und saßen in einem perfekt ausgefegten leeren Raum im Kreis am Boden. Der Raum ist das Haus. Gekocht wird draußen. Möbel gibt es nicht. Über die Balkenkonstruktion des Hauses sind jene Decken gehängt, die am Abend heruntergenommen werden, um darunter zu schlafen, die Matten, auf denen man schläft, stehen zusammengerollt in einer Ecke.

Das Maghi-Essen war phantastisch! Jeder erhielt selbstgebastelte und mit kleinen Stöckchen zusammengehaltene grüne Palmblätter. Das war das Geschirr, inklusive Besteck. In die Mitte des Kreises wurden immer mehr Leckereien gestellt.

Heute ist nepalesisches Neujahr, ein schöner Anlass, denn wir feiern das neue Jahr und nicht die Kamalari-Tradition. Wir aßen zusammen mit den Bewohnern des Dorfes, lachten und redeten und verbrachten einen schönen Nachmittag. Danke, Nepal! Und irgendwann flogen wir zurück, wissend, dass es in den Distrikten Dang, Kailali und Kanchanpur keine Sklavenmädchen mehr gibt und geben wird.

Ich hatte vor dem Aufbruch nach Dang noch die Zeit gefunden, mir Nepals größten Stupa (buddhistische heilige Stätte) namens Boudhanath anzusehen, in dessen Nähe sich viele Tibeter und tibetische Buddhisten geflüchtet haben, und auch die mittelalterliche Stadt Bhaktapur und die hinduistische heilige Stätte Pashupatinath am Fluss Bagmati, der für die Nepalesen das ist, was für die Inder der Ganges ist. Zufällig fand, als ich dort war, eine Feuerbestattung statt, der ich aus diskretem Abstand von einer Brücke zuschaute, beobachtend, wie sich Teilnehmer dieser Bestattung vorher zeremoniellen Waschungen unterzogen an eigens dafür vorgesehenen Bassins, aus denen auch getrunken wurde. Ein Fluss, der seine besten Zeiten deutlich hinter sich hatte.

Die heiligen Männer in Pashupatinath heißen »Saddhus« und tragen orange Gewänder; sie leben hier, darauf angewiesen, dass jemand etwas in ihre Schüssel legt. Die zahlreichen hier lebenden Affen dagegen sind diesbezüglich ohne Glauben an die 33 Millionen Götter und daher respektlos; sie bedienen sich an den vielen Opfergaben, die dem hinduistischen Gott Hanuman dargeboten werden, der praktischerweise ein Affe ist und somit Kollege und daher sicherlich nachsichtig, denn als junger Affe soll er selbst eine Menge Streiche gespielt haben; er ist schnell wie der Wind, und das sind die lebendigen Affen auch, wenn sie sich Bananen oder Mangos vom Altar abholen.

Wieder zurück in Kathmandu, streunte ich durch die Straßen, die Spiritualität dieses Ortes stark empfindend und inhalierend. So eine Luft war mir noch niemals begegnet, so frisch und klar und rein, wegen der Höhe, in der diese Stadt gebaut wurde, doch geschwängert von den Abgasen, den Emissionen des überwältigenden Verkehrs. Auffallend war die elektrische Kabelage, die aufwendig zusammengeknüllt von Holzpfeilern herabhing oder an ihnen verknotet war. Wie Weihnachtsbeleuchtung hingen überall Strippen herunter, um die Stadt zu elektrifizieren.

Ich landete aus Versehen in einem buddhistischen Tempel, trat näher auf einen runden Platz, in dessen Mitte ein Stupa stand. Es war Abend. Die Luft charaktervoll kühl oder destilliert, sie stieg mir zu Kopf. Hier auf dem Platz, den man nur durch einen kleinen Gang betreten konnte, blieben der Verkehr und sein Gestank draußen, und heiliger incense begrüßte mich. Und eine unaufgeregte Atmosphäre vieler Menschen. Menschen, die im Kreis liefen, murmelnd, betend. Und spielte dahinten jemand Dungchen? Das ist ein klassisch tibetisches Blasinstrument und heißt so viel wie »große Trompete«. Oder war es Chet Baker selbst, der Jazztrompete spielte!? Oder beides? Die Menschen liefen als Zeremonie um den Stupa herum, das Murmeln beruhigte, war musikalisch. Die murmelnd Laufenden kamen mir entgegen, aber ich ging ganz außen entlang in die andere Richtung, langsam, hier auf diesem Platz war die Eile der Welt exkludiert. Das ging wegen der Luft und der Musik, wegen der gemeinschaftlichen Bewegung und einer Entspannung, die nicht gefordert wurde, sondern einen einhüllte, umarmte und einem wohltat. Es war ein Moment von Glück und, ja, hier waren die Menschen von Spiritualität durchdrungen. Ich näherte mich dem Quell der Musik, es war ein kleiner Shop, der Platten verkaufte, vielleicht waren es auch CDs, wahrscheinlich waren es CDs; davor hingen Jugendliche ab und tranken Zitronentee, das roch so gut, der incense und nun die Frische der Zitrusfrucht in Kombination mit Zimt und Ingwer – und die Luft ...

»Excuse me, do you speak English?«

»Yes, we do.«

»Darf ich fragen, woher ihr den Zitronentee habt? Der riecht ja großartig.«

»Er schmeckt auch sehr gut ...«, lächelten sie zurück.

Sie zeigten mir den Ort, an dem man ihn bekam, er war gleich neben dem Plattenladen. Ich setzte mich mit meinem Zitronentee vor die herausschallende tibetische Musik, die sich auf sanfte Weise mit den Geräuschen des Ortes vermischte; es dämmerte, das Licht war klar wegen der klaren Luft auf 1356 Metern. (Zum Vergleich: Berlin liegt auf circa 100 Meter Höhe.) Die Murmelnden gingen an mir vorbei, den Atem des Meditativen hinterlassend, so dass es nichts als diesen einen unmittelbaren augenblicklichen Moment gab. In diesen Moment hinein setzte ich einen Zeitpfeiler, so dass ich ihn niemals würde vergessen können.

Zwei Jahre später, 2015, gab es ein schweres Erdbeben in Nepal, und dieser Platz wurde zerstört. Neben vielen anderen Orten.

Lange habe ich mir überlegt, ob ich die Erdbebenkatastrophe hinzufügen solle, weil es deprimierend ist, dass es so viele humanitäre Probleme gibt, und dann kommt obendrauf die Natur in ihrer übermenschlichen Vehemenz. Der Abend des Zitronentees war ein guter Ausklang, fand ich, aus einem schweren Thema, das mich körperlich angriff während des Schreibens. Immer wird etwas aufgebaut, und immer wird es wieder zerstört. Wenn man aufhört aufzubauen, hört dann auch die Zerstörung auf?

»Nepal läuft schlecht. Sklaverei. Ich kann nicht mehr. Wie kannst du das nur aushalten«, texte ich meinem Freund Markus Kwame Beeko, dem Generalsekretär von Amnesty International Deutschland aus der Pampa Marokkos, wo ich gerade schreibend hocke.»Sklaverei, Zwangsprostitution und Folter finde ich auch am härtesten, da braucht man Pausen und Bewegung. (Es ist schrecklich, und es passiert die ganze Zeit)«, schreibt er prompt zurück. Kwame heißt Samstag, heute ist Samstag. Ich gehe mich bewegen.

Von Kathmandu, KTM, nach Mumbai sind es circa 2000 Kilometer. Per Flugzeug ungefähr drei Stunden. Vom Flughafen Mumbai, BOM (aha, noch das alte Kürzel), nach Colaba, Stadtteil im Süden Bombays, sind es etwa 25 Kilometer. Per mit Tesa zusammengeklebtem blauem Taxi braucht man dafür ungefähr eineinhalb Stunden.

Mein Mann wartet dort auf mich und hat den Klimaanlagenflug von

Europa hierher einigermaßen gesund überlebt. Ich bin erleichtert und glücklich, ihn zu sehen, verschwinde in seiner Umarmung. Wir setzen uns auf das Dach des Gästehauses und trinken Masala Chai. Schauen auf den indischen Moloch.

Die Demonstrationen wegen der tödlichen Vergewaltigung hatten inzwischen unvorstellbare Maße angenommen, die Zeitungen der ganzen Welt waren voll davon. Vor allem die Studierenden waren auf der Straße, junge Frauen und auch Männer äußerten sich deutlich und setzten mit den Demonstrationen Zeichen für Gerechtigkeit und Gleichberechtigung, für Gender Equality; schrien, dass es ein Ende nehmen muss mit dem Hass und der Gewalt gegen Frauen. Sie waren außer sich. Endlich! Sie durchbrachen eine Schallmauer des allgemeinen Einverständnisses, der immer geltenden Verabredung, dass die Frauen sich nicht wehren.

Auf Fernsehbildern, nicht nur der indischen Nachrichtenkanäle, sondern auch den internationalen wie CNN und BBC und Al Jazeera schaute die ganze Welt zu, wie indische Studentinnen von Wasserwerfern über die Straßen Neu-Delhis geweht wurden, wie sie im Wasser standen, wie Polizisten sie niederrangen, wie sie nass und von Polizeihänden festgehalten schrien, dass es genug ist. Es ist genug!

»This is our country, too. You can't force yourself on us!«, schrie ein Mädchen in eine Gruppe Männer hinein.

Der Staat muss endlich seine Frauen schützen, Vergewaltigung ist ein Delikt, und alle 20 Minuten passiert dieses in Indien und auch in Südafrika. Der Zorn und das Entsetzen über die kaum zu beschreibende, tödlich endende Tat im Bus an Jyoti Singh hatte die Studentinnen und ihre männlichen Mitstreiter mutig gemacht, sie setzten alles ein, um aufmerksam zu machen auf das, was hier passiert war. Sie waren im Begriff, die dicke Haut männlichen Schweigens und männlichen Einverständnisses und männlicher Solidarität, die im Lauf langer Zeit gewachsen war, herunterzureißen.

Auch in London saß eine Frau vor dem Fernseher und sah die Nachrichten. Ihr Name: Leslee Udwin. In Israel geborene Engländerin. Sie ist Filmproduzentin und entschloss sich, das erste Mal in ihrem Leben als Regisseurin eine Dokumentation zu drehen.

Zwei Jahre beschäftigte sie sich damit, bis der Film, den sie »India's Daughter« nannte, am Weltfrauentag, dem 8. März 2015, Premiere hatte. Als sie ihn in Berlin vorstellte, wurde ich zu einem Panel mit ihr eingeladen. So lernten wir uns kennen und lieben.

In ihrer Dokumentation hört man M. L. Sharma, einen der Verteidiger der sechs Täter, sagen: »We have the best culture. In our culture, there is no place for a woman.« Wir haben die beste Kultur, in unserer Kultur gibt es keinen Platz für Frauen. Oder: »Eine Frau ist kostbarer als ein Kristall, wenn du den Diamanten auf die Straße legst, dann kommen die Hunde und nehmen ihn sich, das kannst du nicht stoppen.« Womit er, meiner Meinung nach, die Männer mit Hunden verglich.

Und: »A woman means: I immediately put the sex in his eyes.« (Das kann ich nicht übersetzen, das ist bizarres Englisch ...)

Der Verteidiger, A. P. Singh, steht vor vielen Mikrophonen und schreit: »If my own daughter disgraced herself, I would take her to my farmhouse and in front of my whole family I would put petrol on her and burn her alive.« »Wenn meine eigene Tochter diese Schande über mich brächte, würde ich sie in mein Landhaus bringen und sie vor den Augen meiner Familie mit Benzin übergießen und lebend verbrennen.« Wobei in diesem Zusammenhang »Schande« bedeuten muss, dass sie am Abend im Kino war.

Stille Nacht, heilige Nacht,
wo sich heut' alle Macht
väterlicher Liebe ergoss.

Die Proteste breiteten sich in ganz Indien aus und währten in ihrer Vehemenz einen Monat lang. »Justice for all. Justice – for ALL!«, schrien die Frauen, während sie weggetragen wurden.

Leslee Udwin hatte die Erlaubnis, im Gefängnis Tihar mit den Vergewaltigern sprechen und dort drehen zu dürfen. Einer der sechs war bereit dazu. Mukesh Singh, der den Bus fuhr. Sein Bruder Ram war der Anstifter. Mukesh sagt: »Ein ehrbares Mädchen würde nicht um 21.00 Uhr herumstreunen. Ein Mädchen ist weitaus mehr für eine Vergewaltigung verantwortlich als ein Junge.« Was die Filmemacherin im Gefängnis lernte, war, dass die Antwort nicht bei den Vergewaltigern, sondern der patriarchalischen Gesellschaft zu finden war. Sie sagt dazu: »Sie waren ganz normale Männer, sie waren nicht die psychopathischen Monster, die ich erwartet hätte. Das Symptom liegt in der Struktur der Gesellschaft: Wenn ein Babymädchen weniger willkommen ist als ein Babyjunge, wenn Jungen mehr Nahrung erhalten als Mädchen, wenn Mädchen als Sklaven im Haushalt des Ehemanns leben, wenn eine Frau keinen Wert hat, wenn Frauen weniger wert sind, dann glauben Männer irgendwann, sie können mit Frauen alles machen, was sie wollen.«

Leslee Udwins Dokumentarfilm wurde in Indien verboten.

Im März 2013 erhängte sich Ram Singh in seiner Zelle oder wurde umgebracht. Der Minderjährige unter den sechs Männern erhielt eine Jugendstrafe von drei Jahren, die anderen vier Männer wurden am 13. September 2013 gehängt. Der indische Staat ist einer der 56 Staaten der Welt, die die Todesstrafe verhängen. (2018 wurden in 54 Ländern Todesurteile gefällt und in über 20 Ländern diese auch exekutiert.) Eine Kette von Beweisen der Stärke: Der Mann ist stärker als die Frau, der Staat ist stärker als der Mann. Das Ziel scheint Auslöschung zu sein. Verstehen kann man das nicht.

»Life of Pi«, basierend auf Yann Martels Roman, war der letzte Film, den Jyoty Singh sah, darin heißt es: »Wenn man viel im Leben gelitten hat, dann ist jeder neue Schmerz entsetzlich und belanglos zugleich. An einem Punkt glaubt man alle Hoffnung verloren zu haben, aber dann heiterst du dich wieder auf und fühlst dich besser.«

Wir bleiben heiter und machen weiter. Wir geben nicht auf. Weil wir Mädchen sind.

Khayelitsha. 2016

»... und ist die Kunst nicht unser Leben,
während es die anderen unterhält?!«

Franz Schubert

Null: 0

Ich habe mal einen Artikel gelesen, in dem stand, dass es eine allmähliche Annäherung von Gesichtern gäbe. Weltweit. Unabhängig von Nationalität. Durch Schönheitsoperationen, Botox, Collagen, Silikon, Hyaluron. Die Lippen werden prall, die Bäckchen rund, die Nasen stupsig, Stirnen bewegungslos, die Augen groß, Brüste erstaunlich und die Frisur blond. Mit hineingewebtem osteuropäischem oder indischem Echthaar. Bei Frauen. Bei Männern wird der Haaransatz mit eigenem Echthaar wieder nach vorn gezogen, nachdem er sich bereits auf den Weg nach hinten gemacht hatte. Ich finde es gut, wenn Menschen sich schön finden, das macht vielleicht auch ihre Seele schön oder die Laune gut.

Menschen, lernte ich also, glichen sich in ihren Gesichtszügen immer mehr an. Was für ein Modediktat. Eine Gesichtsdiktatur quasi. Dagegen sind die Korsetts des 19. Jahrhunderts geradewegs harmlos. Egal, wenn man sich wohl fühlt und das Wohlgefühl einen sanft und freundlich macht, so dass man nett ist zu Mitreisenden, Wandernden, Straßenverkehrsteilnehmern oder Kaffeehaussitzern. Egal, wenn alle gleich aussehen, solange sie ein schönes Lächeln auf den neuen Lippen tragen, welches dem Gegenüber gilt, auch im Vorbeigehen.

Unterwerfung unter die Gesichtsdiktatur bedeutet wohl, sein zu wollen wie ... wie wer? Wie alle? Wie Werbung?

In der zweiten Klasse der Grundschule kommen die kleinen Kinder eines Tages nach Hause und verlangen nach bestimmten Pausenbroten, expliziten Markenrucksäcken oder angesagten Jeans mit der Begründung: »Das haben alle!«

»Es haben auch alle ›Heil Hitler‹ geschrien«, sagte ich, als meine Tochter in dem Das-machen-alle-so-Alter war. Das war ein bisschen gemein, ich gebe es zu, aber ein wirkungsvolles Schachmattargument. Und dann ist man erwachsen. Und will man dann immer noch so sein und es machen wollen wie alle und nicht nur dieselbe Jeans, sondern auch dasselbe Gesicht haben wollen wie alle? Gibt es dann keinen Rassismus mehr, weil alle gleich aussehen?

So leben wir Menschen. Auch in Städten, die sich immer mehr angleichen. Dieselben Shopping-Malls mit den immer gleichen Geschäftsketten darin und demselben aussagelosen Essen, das man dort erhält, in Betonarchitekturen, die schnell hochgezogen werden und in denen man möglichst nichts mehr spürt und schon gar nicht aus dem Fenster schaut, sondern lieber auf den eigenen Smartphone-Bildschirm, der einem den Weg zur nächsten Rolltreppe anzeigt, neben der übrigens ein 82-Zoll-Bildschirm steht, auf dem Werbung für ein neues Gesicht läuft, inklusive neuer Zähne. Vertraut sind die Kaffeehaus-, Bekleidungs-, Technik- und Kosmetikketten. Es ist egal, in welcher Stadt du bist, du bist überall zu Hause. Hab keine Angst, es gibt nichts Fremdes.

Natürlich sehen nicht alle Städte gleich aus, das ist klar, und man kann vielleicht anhand der Kunst erkennen, wo man ist, die Kunst, die durch die Geschichte verläuft und die von Menschen angesehen wird, von Touristen, die im Urlaub ganz kultursüchtig werden und in Museen gehen. Ich wundere mich, warum die Menschen so interessiert sind an Kunst, wenn die Künstler erst tot sind. Vermag die Kunst als Alternative zu den Kriegen die Geschichte der Menschen zu erzählen? Krieg, Kunst und Religion scheinen zu einem Zopf geflochten, einem blond gefärbten Zopf aus synthetischem Echthaar. Weil man so sein will wie ... wie wer jetzt? Wie Gott? Natürlich sehen nicht alle Städte gleich aus, aber man findet doch überall Vertrautes, wenn man sich in Europa, Amerika, Australien oder Südafrika herumtreibt.

Doch dann gibt es Orte, da kommt man an und ist tatsächlich in einem anderen Land. Unvertraut. Die Menschen haben andere Kleider an, bunte, lange Gewänder zum Beispiel. Ihre Geschäfte sind nicht in Shopping-Malls untergebracht, das Essen schmeckt und riecht anders, überhaupt der Geruch ... und die Fahrzeuge, die Straßen. Die Bauweise ihrer Häuser ist verschieden zu der unsrigen, und die Stadt entspringt einer für uns möglicherweise nicht zu dechiffrierenden Anordnung. Der Straßenverkehr wird anders gehandhabt, und man fragt sich, wo sind die Ampeln hin oder die Bürgersteige?! Der Lärm, der Dreck, Staub und Müll setzt sich anders zusammen. Andere Pflanzen wachsen aus der farbigen Erde, und die Sonnenuntergänge am Himmel sind irgendwie auch unbekannt, obwohl es doch dieselbe Sonne ist, die da versinkt. Es wird anders gesungen, geredet und kommuniziert. Man trifft sich an anderen Orten als in Coffeeshopketten. Es ist unbekannt, fremd, neu, ungewohnt, beglückend, inspirierend oder auch verunsichernd. Es ist ein anderes Land, eine andere Stadt, und alles sieht anders aus. Genau. Da wache ich auf.

»Capetown«, sagt heute ein Mann aus Malawi zu mir, »ist Africa light.«

Eins: 9. November 2016

Donald Trump hat gerade die Wahl gewonnen. Ausgerechnet am 9. November. Die Menschen, mit denen ich heute sprach, sind alle ungewöhnlich früh aufgewacht. Wie Tiere, die erwachen, weil sie den Hurrikan fühlen, der später über das Meer kommen wird.

Ich bin in Kapstadt und drehe einen Film über Monsanto und pharmazeutische Menschenexperimente im Kongo und fliege heute aus meinem Zimmer raus. Stehe mittags im Fahrstuhl, gemeinsam mit einem mittelalten Mann, einem Capetonian, der mir hilft, mein Bündel vom sechsten in den zweiten Stock zu karren. Freundlicherweise trägt er meinen Geburtstags-Sonnenblumenstrauß samt voll Wasser gegossener Vase und kommt sich dabei Gott sei Dank nicht lächerlich vor. Die Blumen stehen ihm blendend.

Er fragt mich, wie es geht und ob ich hier Ferien mache (nein) oder arbeite (ja), aber hoffentlich auch Zeit für fun hätte (tja). Manchmal gerät man richtig unter Druck, ständig Spaß haben zu müssen.

»Na, ich hab' heute noch keinen fun gehabt«, sage ich, »hing den ganzen Vormittag vor der Glotze, wegen der amerikanischen Wahl.«

»Ja ja«, sagt er erfreut und lächelt, »um 13 Uhr erfahren wir die Ergebnisse.« Klopft dabei auf seine Armbanduhr. Keine Ahnung, wer ihm diese absurde Uhrzeit ins Ohr geflüstert hat.

»Nee«, nehme ich ihm die Vorfreude auf 13.00 Uhr, »Mr. Trump is the next president of the United States.«

»Was? Aber es hieß doch, dass Mrs. Clinton ...«

»Trump wird's.«

Nun durfte ich bezeugen, wie sein freundliches, farbiges, lächelndes Gesicht sich binnen Sekunden in Entsetzen und Fassungslosigkeit verwandelte – mit einer guten Prise Furcht. Er entschleunigte sein Leben für den Moment, da die Nachricht ihn wie ein Ball am Kopf traf; ein Moment, da vielleicht Hoffnung zerstört ward. Ein guter Schauspieler das, der diesen Moment so einfangen und spielen könnte, wie es dem Mann geschah.

Zwei: 1. November 2016

Es ist November, und in Deutschland stoßen die weißgrauen Wolken an die Dachgiebel, keine Blätter hängen an den Bäumen, nur Tropfen, man möchte den Baumstämmen Regenmäntel umlegen, wie den Pferden in Norwegen, es ist nass und kalt. Ich habe Geburtstag und bin nicht in Deutschland, sondern an einem Ort, der wie die Kulisse der »Truman Show« anmutet. In Yzerfontein. Das liegt an der Küste Südafrikas, das Meer heißt Südatlantik, und Kapstadt ist unweit. Reiche Capetonians und andere Reiche haben hier ihre Häuser, und niemand läuft auf den Bürgersteigen, es ist wie evakuiert.

Wir sind auf einer Straße hier angekommen, die, wenn man sie immer weiter geradeaus führe, in Namibia ankäme. Bei »Mad Max«. Der Fahrer erzählt mir, dass er nur einmal im Leben Südafrika verlassen hätte, das war, als er für den »Mad Max 4«-Dreh ein Auto nach Namibia fahren musste, um stante pede umzukehren und zurückzubrausen.

Ich kann mich gar nicht beruhigen, so fassungslos bin ich, dass er

noch niemals in einem anderen Land war, denn er ist ganz offensichtlich älter als ich. Er ist weiß oder eher rötlich, hat vier Kinder und ist
wahnsinnig nett. Seine Frau ist auch Fahrerin im Filmbizz.

Ich feiere mit dem kleinen Team, das aus Deutschland angereist ist,
um hier mit der Regisseurin Sherry Horman den Glyphosat-Film zu
drehen. Ich spiele die Antagonistin. In Schwanger.

Trotz des Drehs bleibt ausreichend Zeit, um sich mit den
UNICEF-Kollegen zu treffen beziehungsweise ein Projekt einer NGO
anzusehen, die von UNICEF unterstützt wird und die in Kapstadt ihren Hauptsitz hat: die CRF. Children's Radio Foundation. Kinderradio!

Drei: CRF
In Afrika haben fast 90 Prozent der Menschen Zugang zu einem Radio. Als im Jahr 2011 die CRF zu senden begann, waren 6,2 Prozent
der Afrikaner mit dem Internet verbunden.

Zum Vergleich: Im selben Jahr hatten 77 Prozent der Deutschen
Internetzugang und circa 70 Prozent der Europäer. 2018 waren es in
Deutschland 92 Prozent und auf dem afrikanischen Kontinent 35 Prozent. Nichts wächst so stark wie der afrikanische Mobiltelefonmarkt.
Südafrika bildet im Vergleich zum gesamten Kontinent die absolute
Ausnahme mit 51 Prozent Internetverbreitung. In Zentralafrika sind
es nur noch zwölf Prozent. Vier Milliarden Menschen benutzten 2018
das Internet weltweit; eine beeindruckende Zahl, die aber letztlich nur
etwas mehr als die Hälfte der Weltbevölkerung darstellt. Die afrikanische Ausnahme Südafrika, das »Africa light«, steht auf Platz 5 der Liste
derer, die 2018 am längsten im Internet waren. Achteinhalb Stunden!
Deutschland ist Platz 33 von 40. (Quelle: Global Webindex, Stand Januar 2018.)

Noch mal von vorn: In Afrika haben 90 Prozent der Menschen Zugang
zu einem Radio, darum ist das Radio also noch immer das ultimative
Medium und die Verbindung in die Welt und nicht das Internet. Trotz
der wirklich interessanten Statistiken.

Wo es keinen Strom gibt, mag es immerhin Batterien für ein Radio geben, und wo keine Zeitungen ausgetragen werden und kein Fernseh- und Internetsignal hinreicht, ist ein kleines, möglicherweise mit Tape zusammengeklebtes Transistorradio der Zugang zu Information und Entertainment. Darauf basiert der Gedanke der Children's Radio Foundation, diesen Umstand machen sie sich zunutze.

Bei der CRF geht es darum, dass Kinder und Teenager im Alter von 13 bis 17 ein Radioprogramm gestalten für Gleichaltrige. Einstündige Programme oder Reportagen, in denen es um Themen geht, die sie angehen. CRF bildet die jugendlichen Reporter aus.

Sie werden zu Schüler-Reportern, die in der jeweils lokalen Sprache von ihrer täglichen Realität berichten, von Problemen, Herausforderungen, Ereignissen und Projekten in der Region, aus der sie kommen. Sie erzählen Geschichten und berichten von Menschen, die sie interessieren, laden zu Gesprächsrunden ins »Studio« ein oder gehen raus auf die Straße, um dort Interviews zu führen oder um über Veranstaltungen oder Aktionen zu berichten. Sie recherchieren für ihre Reportagen, schreiben ihre Texte und moderieren die Sendungen selbst, die alle gesellschaftsrelevante, menschenrechtliche oder umweltbezogene Themen haben.

Mittlerweile gibt es die CRF in sechs Ländern: Liberia, Demokratische Republik Kongo, Tansania, Sambia, Elfenbeinküste und Südafrika.

In Kapstadt befindet sich das einzige Büro der Stiftung mit Erwachsenen. Den Initiatoren und Mitarbeitern. (Das Haus, in dem das Büro untergebracht ist, ist geschichtsträchtig, da dort das erste Treffen zwischen Nelson Mandela und Willem de Klerk stattfand, nachdem Mandela aus dem Gefängnis befreit worden war.)

Alle anderen Büros in den verschiedenen Ländern werden von den jungen Leuten selbst gemanagt. Das Hauptquartier ist mit ihnen zweimal pro Woche am Telefon oder mit jenen, die Zugang zum Internet haben, per Skype verbunden. Die Organisation hat nicht viel Geld, also sparen sie die Bürokosten und setzen so die jungen Menschen in eine verantwortliche Position, die sie außerordentlich gut bewältigen.

2005 hat die Amerikanerin Elizabeth Sachs (die in Wien Psychologie studierte) die Children's Radio Foundation gegründet, um risikogefährdeten Kindern in Subsahara-Ländern sowohl eine Stimme als auch Gehör zu geben. Sie begann mit einem Pilotprojekt für Zulukinder. Im Jahr 2009 holte sie Michal Rahfaldt aus Ilinois als Geschäftsführer dazu, der seitdem in Kapstadt lebt. (»... and since this election I am definitely not going back.«) Sein Team ist zum größten Teil weiblich. Die meisten kommen aus Südafrika, abgesehen von ein oder zwei Europäerinnen. Alle zusammen decken eine Menge Sprachen ab. Unterstützer des CRF sind neben UNICEF, MSF (Médecins Sans Frontières, Ärzte ohne Grenzen), UNESCO, die Ford Foundation und die Clinton Global Initiative, um nur einige zu nennen.

2011 ging die erste Radioshow in Tansania über den Äther. Mittlerweile gibt es über 1700 Kinderreporter in 72 Radiostationen. In Südafrika gibt es 18 Radiostationen in den insgesamt neun Provinzen, wovon sich 14 in ländlichen Gegenden und vier in Städten befinden. Unter anderem in Khayelitsha, einer Township vor den Toren Kapstadts. Ich hatte die Absicht, dort hinzufahren.

Die Radioprogramme werden in 28 verschiedenen Sprachen gesendet. 7,5 Millionen Menschen hören den Sendungen jede Woche in sechs Ländern zu! Allein drei Millionen davon kommen aus dem Kongo. Und zusätzlich hören immerhin 25 000 über die Website der CRF oder die Soundcloud. (Stand 2016)

Als Michal mit seinen Kollegen und Kolleginnen das Projekt in Südafrika begann, fuhren sie zuerst ein halbes Jahr durch das ganze Land, um die regionalen Radiostationen zu entdecken und vor allem dazu zu bewegen, dieses Projekt unentgeltlich zu unterstützen, indem sie den jungen Reportern eine Stunde Sendezeit pro Woche zur Verfügung stellen. Das Kinderradio ist kein Sender und hat keine eigene Radiostation, das Kinderradio ist eine Idee. Die Idee, 60-minütige Sendungen zu komponieren, von jungen Menschen für und über Menschen derselben Region.

Die CRF ist dringend angewiesen auf die Kooperation der bereits existierenden Sender in diversen ländlichen Provinzen und Communities, um das selbständig gestaltete Programm zu verbreiten. Es gibt lokale Radiostationen, die aus einer Garage heraus mit rudimentärer und veralteter Technik senden: auseinanderfallende Kopfhörer oder Mikrophone, die mit Klebeband umwickelt sind und nicht mehr so richtig tun, was sie sollen. Dieses Ausrüstungsdefizit kam zukünftig den CRF-lern argumentativ zu Hilfe.

Michal und sein Team stießen während ihrer Suche auf flächendeckende Skepsis und Ablehnung, obwohl die Radiostationen letztlich nichts weiter zu tun hätten, als die Jugend ihres Landes zu unterstützen. Die Reaktionen, die sie erhielten, waren: ›Wer das hören wolle‹/›Was die Kinder überhaupt machten‹/›Wen das interessieren solle‹/›Woher die Teenager so etwas könnten‹/›Die haben doch gar keine Ahnung von Technik‹.

Die Frustration im Team war demnach hoch. Dass sie nicht aufgegeben haben, hat meine Hochachtung. Man darf nicht vergessen: Sie fuhren hauptsächlich über Stock und Stein. Ja gut, hier ist nicht der Ostkongo während des Kriegs und auch nicht Burundi, wo die Straßen aufhören zu sein, hier ist Südafrika, da kennt man Safari und Stellenbosch, die Weinstraßen, den Table Mountain und Nelson Mandela und natürlich Miriam Makeba, aber wenn man dorthin fährt, wo die 49-prozentige internetfreie Bevölkerung lebt, ergibt sich ein anderes Bild. Dort haben sie sich herumgetrieben, die Mädels und Jungs von CRF, auf der Suche nach Radio-Partnern, um ihre Idee wahr werden zu lassen. Die ersehnten Partner standen ihnen gegenüber und sagten: »Kinderradio?! Thank you, but no thank you.«

Aber wie das bei vielen Geschichten so ist und nicht nur im Märchen, fanden sie schließlich eine erste Radiostation, die sich darauf einließ. Die Verhandlungsstrategie implizierte kein finanzielles Angebot – aber ein neues Mikro! Oder ein paar Kopfhörer, die selbsttätig am Kopf hielten, ohne sie festhalten zu müssen. Ein verführerisches Angebot, eines, das nicht abgelehnt werden konnte und wurde.

»Und was wollt ihr dafür?«

»Eine Stunde Radiozeit für die Kinder.«

»Okay. Aber wir bestimmten, wann diese Stunde sein wird.«

»Deal.«

So ist es natürlich nicht abgelaufen, so stelle ich es mir nur vor, um die Geschichte etwas unterhaltsamer zu gestalten, wir sind hier ja schließlich im Radio.

Die geschenkte Kinderradiozeit wurde vom lokalen Partner auf einen Samstagmorgen von 6 bis 7 Uhr gelegt. Da durfte gesendet werden, da konnte man nun hören, was die jungen Menschen dieser Region Südafrikas zu sagen hatten. Dort stellte die erste Radiostation sie ab, verdammt zum Nicht-gehört-Werden, um das neue Mikrophon zu erhalten. Doch es kam anders. Das Erstaunliche geschah. Das Publikum schaltete ein! Noch niemals vorher hatte dieser örtliche Radiosender so viele Zuhörer an einem Samstag in aller Herrgottsfrühe um 6 Uhr gehabt. Einer Sendung zuzuhören, die von Kindern und Teenagern gestaltet und moderiert wurde, junge engagierte Stimmen zu hören, die Musik ansagten und von einem Musikfestival erzählten, dessen Veranstalter sie im Studio begrüßten, um ihn zu befragen, wie man ein Festival organisiert, das hatte es noch nicht gegeben. Eine Reporterin war mit ihrem Umhänge-Aufnahmegerät auf die Straße gegangen und hatte Mädchen gefragt, wie ihre Meinung über frühe Schwangerschaften sei, was das für ihre Zukunft, für Familie und Schule bedeutet. Sie waren und sind mutig, die Kinderradioreporter, sie sagen, was sie denken, und benennen die Themen, die ihnen Sorgen machen oder die sie begeistern.

Die Radiohörenden hatten so etwas noch nicht gehört. Eine Kombination aus Moderation, Interviews, Reportagen, Information, Musik und guter Laune von Minderjährigen. Und so kam es, dass die Macher des lokalen Senders Morgenluft witterten (so würde es meine Mutter jetzt wieder sagen, nach einem Shakespeare-Zitat aus Hamlet) und die Sendung allmählich in den Samstagvormittag hinein verschoben. Bis sie schließlich zur besten Sendezeit lief. Dann fragten sie die Kinder, ob sie zwei Sendungen pro Woche machen könnten, wegen der hohen Einschaltquote. Das taten sie. Als nach einer dritten gefragt wurde, sagten sie: »Nein, drei sind zu viel, das schaffen wir nicht.«

Je nach Land und Sender wurden und werden die Shows in der Woche wiederholt, manchmal auch von anderen Sendern übernommen. Hauptsendezeit ist samstags und in der Woche nach der Schule, damit man die Zuhörenden erreicht, die man vor allem erreichen will: die Schülerinnen und Schüler.

Die young reporters kommen aus den Communities, den Dörfern der Gegend und werden gefunden und akquiriert an Schulen, über Aufrufe im Radio oder über verschiedene Organisationen der Region, wie Religionsgemeinschaften, Sportvereine und so weiter. Dann können sich interessierte Teenager melden und erhalten zügig ihre Ausbildung zum CRF-Reporter.

In dem Workshop wird über die Vorbereitung auf die Sendungen gesprochen; erklärt, wie Dramaturgie und Recherche geht, Aufbau und Struktur einer Sendung erläutert. Dafür hat CRF eine Broschüre entwickelt, in der übersichtlich steht, wie der Ablauf einer Sendung gestaltet werden sollte. Beginnend mit einer Anmoderation, die das Thema der Sendung erläutert, und einem Musiktitel, der inhaltlich dazu Bezug nimmt, gefolgt von einem abwechslungsreichen Mix aus Interviews, Kommentaren, Beiträgen über Personen, zwei weiteren Musiktiteln und der abschließenden Ankündigung des Themas der nächsten Sendung. »Verwende Links, Fakten, Tipps oder Hinweise wie: ›Wusstet ihr eigentlich ...‹.«

Heute, nach über sechs Jahren, arbeiten die erfahrenen young reporters die Neuen ein. Je nach Interesse werden die Aufgaben verteilt für Recherche, Moderation oder Technik.

Wie bleibt eine Sendung kurzweilig? Was tun, damit die Hörenden Gefallen finden? Der offensichtliche Erfolg, sichtbar an den Einschaltquoten, liegt an den Themen, über die berichtet wird.

Diese variieren, je nach Land und Ort und danach, was die Jugendlichen beschäftigt. Es sind Themen wie Teenagerschwangerschaft, vaterlose Kinder, Homophobie, Xenophobie, Missbrauch, early marriages, Gewalt, Zwangsehen, Umweltschutz, Mobbing, Bildung, Gesundheitsprobleme, Sugar-Daddys, Überfischung, Schulwege und vieles andere.

In Kinshasa, der Hauptstadt der Demokratischen Republik Kongo, gab es zum Beispiel einen jungen Reporter, der mit 14 seinen Eltern mitteilte, dass er homosexuell sei. Im Kongo steht auf Homosexualität zwar keine Todesstrafe wie in Uganda, aber es ist ein Tabuthema, wie in so vielen Ländern der Welt, wie in vielen Ländern Afrikas. Darüber wollte der junge Mann eine Radiosendung machen. Das Team überlegte, wie sie das ungefährdet gestalten könnten, und entschieden sich, eine Sendung über Gender Equality zu machen. Wenn sie in der Sendung die Gleichstellung von Frauen im Kongo thematisieren würden, die die Hälfte der Gesellschaft ausmachen, dann könnten sie überleiten zu den ausgegrenzten minoritären Gruppen, wie geistig oder körperlich behinderte Menschen oder eben homosexuelle Frauen und Männer. So wurde das Thema der Homosexualität, um das es dem jungen Mann zentral ging, in einen größeren Kontext gestellt. Abgesehen von seiner Tätigkeit als Reporter, unterstützt er eine Organisation, die sich »Jeunialissime« nennt und die sich zum Ziel gesetzt hat, die Rechte der LGBT zu stärken und Voreingenommenheit zu ändern. Ein Vorurteil, das dazu führt, homosexuelle Frauen zu vergewaltigen, nicht nur im Kongo, um ihre Sexualität zu ›korrigieren‹. Corrective rape, wird dazu gesagt. Die Vergewaltiger sind stolz auf ihre Tat, da sie sagen, dass sie damit etwas für die Gesellschaft getan hätten.

In Südafrika hat eine Reporterin einen Richter in die Sendung eingeladen, der homosexuell und HIV-positiv ist. Während des Interviews sprach er darüber, wie viel Mut er gebraucht hatte, um sich öffentlich zu seiner Homosexualität und der Krankheit zu bekennen, und wie wichtig es sei, darüber eine öffentliche Diskussion zu beginnen, um Vorbehalte zu eliminieren. Er sagte weiterhin, dass er aufgrund eines Vorfalls erst den Mut gefunden hatte, sich öffentlich zu äußern. Eine Frau war gesteinigt worden, nachdem sie geäußert hatte, HIV-positiv zu sein. Danach, so sagte er in der Radioshow, wurde mir klar, es ist Zeit, dass ich mich oute.

Ein anderes Beispiel aus Sambia: Ein Land, das geradezu gewalttätig und besorgniserregend entwaldet wurde. Dort wurden 2015 100 junge Reporter zum Thema Klimaschutz trainiert. Nirgendwo gibt es so viele Kinderradioprogramme zum Umweltschutz wie in Sambia. Beatrice ist eine dieser Radioreporterinnen und wurde schließlich ein Mitglied der »Agents of Change«. Mit ihnen hat sie das Projekt ›greening the gray‹ entwickelt, innerhalb dessen 3000 Bäume gepflanzt wurden. Die Radiosendungen, in denen sie das Thema der Entwaldung wiederholt erläuterte, halfen ihr, das Projekt zu bewerben, um viele Schüler und Studierende zu überzeugen, sich zu engagieren und mitzupflanzen. Ich habe einen Film über ›greening the gray‹ gesehen, in dem die Schülerinnen und Studierenden sagen: »Es war Beatrice, die mich motiviert hat, hier mitzumachen, sie hat uns allen die Augen geöffnet.« In Europa ist es drei Jahre später Greta Thunberg gewesen.

Die Themen sind vielfältig und gesellschaftsrelevant: Kinderschutz, stop gossip, women in power, Kinderrechte, Müllentsorgung ...

In einer anderen Radioshow in Sambia ging es um das Problem der Überschwemmungen, die so stark waren, dass Kinder manchmal wochenlang nicht zur Schule gehen konnten, weil der Weg dorthin überschwemmt war. Zwei Studierende initiierten ein Projekt, das von UNICEF unterstützt wurde, für das sie ›floating schools‹ bauten. Schwimmende Schulen. Auf diese Weise erhielten die Kinder immer Zugang zu Schulen, egal, wie stark die Überschwemmungen waren. Sambische CRF-Reporter gingen für ihre Sendung also mit den beiden Initiatoren der schwimmenden Schulen bis in die entlegensten Gegenden, um sich ein umfassendes Bild der Situation und der Schulen zu machen. Ich habe die Sendung gehört, und die Beschreibung dessen, was sie sahen, war beeindruckend präzise und zusätzlich unterlegt von einem Originalton-Soundtrack, so dass man fast meinte, man würde die floating schools sehen.

Die Teenager werden in den Schulen durch ihren Einsatz als young reporters für die CRF so politisiert, dass sie sich auch auf den weiterführenden Schulen oder in anderen Einrichtungen engagieren. Sie initiieren selbständig neue Projekte oder schließen sich bereits existierenden NGOs an. Die CRF ist quasi der Impuls für ein zivilgesellschaftliches Engagement. Und wo wäre das besser aufgehoben, als bei der heranwachsenden Generation, die eines Tages das Schicksal des Landes in die Hand nimmt.

In einem Film über die CRF wurden die Teenager gefragt, was die Radioarbeit in ihrem persönlichen Leben bewirkt hätte. »Ich hatte ein langweiliges Leben, es bestand aus Schule und meinem Zuhause, ich hatte keine besonderen Interessen. Durch CRF ist für mich eine Tür aufgegangen, ich habe eine Leidenschaft entwickelt, ich mache etwas Sinnvolles, und meine Perspektive auf das Leben und die Welt hat sich völlig verändert, ich fühle mich dadurch bereichert und bin viel heiterer und motivierter. Außerdem habe ich viel mehr Ehrgeiz hinsichtlich meiner Zukunft und meines Berufes.«

»CRF hat mir geholfen, mein Selbstvertrauen aufzubauen. Ich kann jetzt öffentlich vor Menschen sprechen.«

Auch die Schulnoten, stellte man fest, haben sich bei den Reportern verbessert. Die Schüler sind aktiver im Unterricht. Und die Eltern bemerken einen Unterschied an ihren Kindern, da diese ihre Eltern mit Fragen konfrontieren und nicht mehr alles einfach geschehen lassen.

2016 erhielt die Children's Radio Foundation einen Preis für das beste afrikanische Radioprogramm.

Sie haben sich durch die Auseinandersetzung mit den Themen für das Kinderradio zu freien, interessierten und gebildeten Menschen entwickelt.

2013 vergab die CRF das erste Mal den »South Africa Youth Radio Award«, in dem in verschiedenen Kategorien die inspirierende Arbeit der jungen Reporter als auch deren Partner in den Radiostationen ausgezeichnet wird. Bis heute findet er jedes Jahr statt.

2018 dann erhielt die Stiftung den »African Digital Media Award« für ihre Arbeit, junge Zuhörerschaften auf dem afrikanischen Kontinent zu einem stärkeren Engagement zu motivieren.

Und dann gibt es das Projekt der CRF in Kooperation mit einer Schule in Khayelitsha, einer Township vor den Toren Kapstadts, das ich besuchen durfte. Es ist ein bisschen anders als die eben beschriebenen, weil es sich ausschließlich auf die Schule begrenzt, da die Schüler-Reporter nicht innerhalb der Township herumgehen können für Interviews und Recherche. Der Grund ist ein trauriger: Es ist nicht sicher.

Vier I: Uber.

Nach dem 9. November fahre ich mit einem Uberfahrer von Woodstock nach Seapoint. Rushhour. Wir haben Zeit zu reden. Ich frage ihn, woher er kommt. »Kinshasa«, sagt er. Kongo. Dachte ich mir fast.

»Gibt es eine große kongolesische Community hier in Südafrika?«, frage ich.

»Ja«, sagt er, »aber sie hat keinen Zusammenhalt.«

Er war vor vier Jahren mit dem Flugzeug von Kinshasa nach Johannesburg und mit dem Bus nach Kapstadt gekommen. Anfangs hatte er zwei Jobs, jetzt ist er Vollzeit-Uberfahrer, fährt sein eigenes Auto und geht jeden Tag von 11 bis 13 Uhr ins Fitnessstudio, als Ausgleich zum vielen Sitzen.

»Es war schwer«, sagt er mir, »ich habe hart gearbeitet, Cape Town ist teuer.«

»Ja«, höre ich mich antworten, die für eine 20-minütige Taxifahrt 7 Euro bezahlt und das partout günstig findet, für europäische Verhältnisse.

»Haben Sie denn Freunde gefunden?«

»Ja, durch das Fitnessstudio.«

Ab nächstem Jahr hofft er auf eine permanente Arbeitserlaubnis.

»Gibt es viele Vorurteile?«

»Ja«, sagt er, und der Klang seiner Stimmer erzählt von Rassismus, dem sich die Kongolesen in Südafrika ausgesetzt sehen. »Man sagt, wir nähmen die Jobs weg.«

Xenophobie ist weit verbreitet, sogar unter Bäumen.

Der Uberfahrer und ich reden über die Wahl, er meint, durch Trump bestünde vielleicht die Chance, dass sich im Kongo etwas ändern würde, denn während der Obama-Administration sei nichts passiert.

»Sie können doch nicht im Ernst erwarten, dass die Amerikaner die Probleme im Kongo lösen. Das müsst ihr schon selber machen.«

»Ja, aber wissen Sie, Kabila ist ein Diktator!«, sagt er entschieden und blickt über seine linke Schulter zu mir nach hinten, wo ich mittig zwischen den beiden Vordersitzen hänge und weiß, dass Kabila ein Diktator ist.

»Wir müssen ihn aus seinem Amt jagen, notfalls mit einem Gewehr«, findet er und hofft, dass Trump da behilflich sein könnte, so hab ich das jedenfalls verstanden.

Der Uberfahrer und ich verabschieden uns auf den letzten Metern auf Französisch, seiner Muttersprache. Drei Sprachen spricht er, Französisch, Englisch und Lingala, die Sprache, die man in der Region um Kinshasa spricht. Ein schlauer, freundlicher Mensch, der in der Fremde lebt, weil es in Kinshasa keine Arbeit gibt. Einmal hat er erlebt, wie in der Hauptstadt sechs Monate lang der Strom ausfiel. Es gelingt mir nicht, mir Berlin sechs Monate im Dunkeln vorzustellen.

Ich steige aus: »Bonne chance, Monsieur.«

»Merci beaucoup, Madame.«

Wir lächeln uns an und werden uns wohl nie wiedersehen.

An einem anderen Tag kommt der Uberfahrer aus Malawi. Er wuchs auf am Lake Malawi (Njassasee), welcher so groß ist wie das Meer, nur mit süßem Wasser. Er lebte direkt dort am Ufer, die Kinder sind im See geschwommen und haben dabei das Wasser getrunken, sie haben sich mit diesem Wasser die Zähne geputzt und darin gefischt, viele gute Fische gegessen. Jetzt, na klar, wie soll's anders sein, ist der See überfischt. So enden romantische Geschichten meist. ›Früher war alles besser‹, stimmt aber irgendwie auch nicht.

Der Junge, der sich im Njassasee die Zähne putzte, ist nun ein Fahrer in Kapstadt, weil es in Malawi so hohe Studiengebühren gibt, dass er nicht studieren konnte, und auch Arbeit ist nicht ausreichend vorhanden, weswegen er zum Geldverdienen ins Ausland ging. Er ist einer, der Nachrichten verschlingt, alle Präsidenten Europas mit Namen kennt, weiß, wie viel Populismus und Nationalismus in den letzten Jahren entstanden ist, die Geschehnisse in der Türkei mit 1933 vergleicht und mich lobt, wenn ich zwischendurch etwas addiere, dem er zustimmt.

Er hat die US-Wahl verfolgt, und auch die darauf folgenden Reaktionen des Front National oder Putins.

»Meine Güte«, sage ich, »Sie sind ein politischer Kopf, Sie wissen ja alles.«

Er lacht und hält am Ziel. »You have reached your final destination.«

Vier II: Public transport

Ich fahre mit dem kapstädtischen Minibus, dessen Dramaturgie ich mittlerweile begriffen habe. Dies ist ein public transport, so scheint mir, der durch Eigeninitiative entstanden ist und sicherlich nicht von Stadt oder Staat finanziert wird. Es ist die günstigste Art, öffentlich durch die Stadt zu brausen.

Die weißen Minibusse mit einem gelben Strich unten sind so groß wie ein VW-Bus und haben eine zumeist offenstehende seitliche Schiebetür. Diverse weiße Capetonians haben mir geraten, unter keinen Umständen, Ausrufungszeichen, damit zu fahren. Alle Tabus befeuern die Neugierde, so geht das nun mal.

Die Dramaturgie der Busse geht so: Man stellt sich an die Straße und winkt, und schon halten sie an. Voll mit Passagieren bis oben hin. Macht nichts, rücken geht immer. Als ich einsteige, setzt sich blitzschnell ein Passagier rückwärts zur Fahrtrichtung zwischen die beiden Vordersitze. Der Autobus hat vier Sitzreihen, alle voll besetzt. Die Musik ist laut wie in einem Club, darüber tönt die angeregte Unterhaltung in Xhosa zwischen Fahrer und Schaffner, der hin und wieder die Schiebetür aufreißt und »Cape Town!« brüllt.

Wir fahren nach Cape Town! Top. Sehr sinnvoll, hin und wieder daran erinnert zu werden, wo man sich gerade befindet. Hilfreich ist es, wenn man 10 Rand in der Hand hat, aber richtig professionell, geradewegs elegant wird's, wenn es bereits abgezählte sieben Rand sind. Denn das ist der Fahrpreis, wie ich Gott sei Dank weiß und durch mein Nichtwissen nicht idiotisch auffalle. Obwohl meine Auffälligkeit auffällig ist, als weiße, nicht-südafrikanische Lady im Minibus, nehme ich an.

Irgendwann wird durch ein leichtes Zeichen des Schaffners, durch eine kaum wahrnehmbare Kopf-, Schulter- oder Fingerbewegung die

Aufforderung zur Fahrpreiszahlung erfolgen. Man muss aufpassen wie ein Luchs, wenn es so weit ist. Also nicht »man« muss aufpassen, sondern nur ich. Alle anderen spüren es augenscheinlich.

Man gibt also möglichst lässig den im besten Falle abgezählten Fahrpreis dem Schaffner in die Hand. Ich gebe zehn, passend habe ich es leider nicht, ich Anfänger. Meine Lässigkeit ist auch nur so mittel, aber immerhin, der Geldtransfer ist vollbracht.

Hinter mir tippt mir eine Dame auf die Schulter, reicht mir schweigend ihre sieben Rand, die ich weiter zu dem Fahrkartenherrn vorshuttle, und schon erhalte ich lässig, er ist es wirklich, meine 3 Rand Rückgeld. Perfekt und zügig geht das alles. Dabei setzt sich das Gespräch der beiden Männer ununterbrochen fort über die Musik hinweg, die die discogleiche Lightshow, die in Form von Lichterketten im Auto angebracht ist, zum Strahlen bringt.

»Mr. Price?!«, wird laut in die Runde gerufen, wie auf dem Rummel. Das ist eine Haltestelle. So wie auch »Seven Eleven« der Name eines Haltes ist. Mr. Price ist ein Laden für sehr günstige Oberbekleidung, und der Besitzer heißt nur zufälligerweise ebenfalls so.

Ich muss lachen und fange ein Gespräch mit einem Mitfahrer an. Ob wir auch Mr. Price hätten bei uns in Berlin, fragt der. Nee, sage ich, aber das Prinzip, und das heißt »1-Euro-Shop«. Keine Reaktion. »Oh, ich war in Berlin«, sagt nun der vorne auf dem Beifahrersitz, der gar keine Schneidezähne mehr hat, weder oben noch unten. Er ist schlecht zu verstehen deswegen, aber seine Begeisterung für Berlin ist ungezügelt, und er erzählt von irgendeinem Laden, der zwischen einer Kirche und einem McDonald's lag. (»Mr. Price« wahrscheinlich.) Dort hat man ihm 20 Mark gegeben, und er kann sich kaum beruhigen über diese Großzügigkeit.

»Oh«, erwidere ich, »20 Mark! Das muss aber schon etwas her sein, dass Sie Berlin besuchten, wir haben mittlerweile eine neue Währung erhalten.«

Interessiert hier aber niemanden. Bis auf den rückwärts fahrenden Typen, der mir Platz gemacht hatte und für den Moment, den er mich nun anlächelt, tatsächlich sein Handy in Ruhe lässt. Er ist der einzige

Weiße, den ich auf all meinen Minibusfahrten, die ich in der gesamten Kapstadtzeit unternommen habe, erlebte.

»Checkers!«, schreit der Schaffner an der Schiebetür in die Unterhaltung hinein. Checkers ist ein Einkaufszentrum.

»Oh, meine Haltestelle, bye«, schreie ich zurück, und schon bin ich draußen, und der Bus rauscht ab. »Cape Town!«, höre ich noch im Abgehen.

Fünf: Khayelitsha

Heute war es so weit. Mathapelo von der CRF holte mich frühmorgens ab, und wir fuhren gemeinsam mit ihrer Kollegin Busi eine knappe Stunde nach Khayelitsha, der größten Township (kann man freundlich mit »Gemeinschaft« übersetzen), Cape Towns, die seit 1985 existiert und in der mittlerweile über eine Million Menschen leben. So viel wie in Köln. Kein Weißer darunter.

Viele Bewohner Khayelitshas kommen aus einer anderen Provinz, vom Eastern Cape beispielsweise. Das Ostkap ist eine der neun Provinzen, in die Südafrika aufgeteilt ist. Und sie kommen aus anderen afrikanischen Ländern: Somalia, Kongo, Burundi, Simbabwe, Malawi, Tansania. Mir wird gesagt, dass die Zugereisten sich nicht innerhalb der Township ghettoisieren würden. Es gibt also angeblich keine rein somalische oder kongolesische und so weiter Nachbarschaft, sondern alle wohnen miteinander oder eher durch- oder nebeneinander. Xenophobie ist an der Tagesordnung: Den Ausländern wird vorgeworfen, sie nähmen die Jobs weg, sie nähmen die Häuser weg, sie wären kriminell und würden die Frauen und Mädchen vergewaltigen. Same, same, not different, obwohl alles anders aussieht, gebaut und organisiert ist und sich hier die Stadt nicht wie Gesichter angeglichen hat, denn die Stadt wurde nicht als Stadt erdacht, sondern passierte einfach. Aufgrund der langen Zeit der Segregation.

Die soziologische Definition von Segregation ist die »Trennung von Personen oder Gruppen mit gleichen sozialen, religiösen, ethnischen Merkmalen von Personen und Gruppen mit anderen Merkmalen, um Kontakte untereinander zu vermeiden« (Quelle: Wikipedia).

Khayelitsha, was übrigens »Neue Heimat« heißt, liegt also, wie die pariserischen Banlieues, vor den Toren Kapstadts. Nicht dass es Tore gäbe, wie in mittelalterlichen Städten Europas, aber im übertragenen Sinne gesprochen, wie man eben »vor den Toren« sagt und »hinter der Autobahn« meint. Die Autobahn liegt wie ein Keil zwischen Stadt und Township, zwischen Stadt und Stadt letztlich. Architektonische Apartheid, wenn man will. Khayelitsha hat nicht nur eine große Bewohnerzahl, es ist auch groß hinsichtlich der Quadratmeter, was daran liegt, dass hier niemals übereinander, sondern ausschließlich nebeneinander gebaut und gewohnt wird.

Die Häuser, in denen gewohnt wird, sind zum einen selbstgebaute Hütten, shacks genannt, zumeist aus Holz, Pappe, Wellblech, das irgendwie zusammengenagelt wird, und in deren Innenräumen es im warmen Sommer Südafrikas, der im November beginnt und bis Februar immer heißer wird, gemütliche 40 Grad oder mehr werden kann und in denen es im Winter klamm und kühl durch die Ritzen zieht. Dann wird ein Feuerchen angemacht, das man auch zum Kochen benötigt, und es macht zing, und blitzschnell steht eine Hütte in Flammen. Selbst wenn sie aus Blech ist. Wie schnell das dann die Runde macht, das Feuer in diesen Hütten, die da so dicht nebeneinanderstehen, im Versuch, kleine schattenspendende Gassen zu bilden, kann man sich sicherlich vorstellen. Die Feuer, die hier regelmäßig ausbrechen, sind, wie mir berichtet wurde, nicht zu verhindern, denn so lange es die Hütten gibt, so lange gibt es offenes Feuer darin.

Zum anderen gibt es die RDP-Häuser. Die Buchstaben stehen für »Reconstruction and Development Programme«. Das sind Häuser, die die Regierung stellt, um die Menschen aus den shacks rauszukriegen; es gibt nur nicht genug davon. Auf der Basis eines sozialwirtschaftlichen Rahmenvertrages, der von Nelson Mandela und dem ANC initiiert wurde, wurden zwischen 1994 und 2001 über 1,1 Millionen dieser Häuser mit Hilfe von Regierungsfördermitteln gebaut, die fünf Millionen der geschätzten 12,5 Millionen Südafrikaner ohne Wohnmöglichkeit unterbringen konnten. Wie bei uns Sozialbauten, würde ich es übersetzen.

Die RDPs stehen dicht an dicht, haben Giebeldächer und Satellitenschüsseln drauf (Letzteres haben die shacks übrigens auch) und werden durch eine Mauer, die, wie erwähnt, zur Autobahn zeigt, abgegrenzt. Gibt viele Mauern hier. Auf der Autobahn fahrend, fragen wir uns, was die Mauer bewirken soll, und beantworten uns hoffnungsfroh selbst die Frage mit: Sicherheit und Lärmreduktion. Um den Gedanken zu umgehen, dass diese Häuser eingesperrt sind hinter einer Festungsmauer und nicht rauskönnen.

Die Räume in den RDP-Häusern sind sehr klein, und manchmal wird eine Wäscheleine durch den Raum gezogen, und dann leben zwei Familien darin. Sanitäranlagen gibt es nicht.

Als wir ankommen, fahren wir am südafrikanischen Äquivalent zu Dixiklos vorbei, die in langen wackeligen Reihen aufgestellt sind. Busi sagt mir, wenn Mädchen nachts rausmüssen, um zu pinkeln, kann es gefährlich sein, da sie auf dem Weg zur Klohütte möglicherweise überfallen und / oder vergewaltigt werden. Immer wieder höre ich: Es ist nicht sicher. Später erfahre ich: Südafrika ist der Weltmeister, wenn es um Vergewaltigung geht.

»Ich stelle die Behauptung auf, dass Vergewaltigung kein Moment, sondern eine Sprache ist, und entwirre und dechiffriere die Knoten und Codes dieser Sprache, um deren Struktur zu verdeutlichen, seine Geschichten zu unterstreichen und seine Regeln zu verstehen.« (Pumla Dineo Gqola, Rape, 2015)

Die dritte Art der Häuser nennt sich »Subsidy«, was auf Deutsch »Subvention« (Zuschuss) oder »nicht rückzahlbarer Kredit« heißt, aber die Häuser selbst heißen absurderweise auch so. Niemals würde ich über meine Wohnung sagen: »Gute Nacht, ich geh nach Hause, in meinen Nicht-rückzahlbaren-Kredit.« Oder: »Kommt doch noch mit auf 'n Absacker in meinen Nicht-rückzahlbaren-Kredit.« Aber bitte, andere Länder, andere Sitten.

Subsidies sind ebenfalls von der Regierung gebaute Häuser, die aber anders aussehen als die RDP-Bauten. Höher, großzügiger, Farben, anderes Material. Man erhält eines, wenn der Verdienst innerhalb einer gewissen Einkommensspanne liegt, und man zahlt mit monatlichen 3000 bis 5000 Rand den Kredit ab. Das sind 200 bis 350 Euro. Nach Abzahlung gehört dir das Haus.

Wem das Land, auf dem Khayelitsha gebaut ist, gehört, möchte ich wissen. An wen man sich wenden müsse, wenn man in Khayelitsha ein Stück Land kaufen wolle. Das weiß hier niemand. »Also, wenn du dir hier einen shack bauen willst, dann baust du einfach los«, sagt Mathapelo pragmatisch und tiefenentspannt, »da musst du nicht lange fragen. Oder zahlen.« Ich zerbreche mir nicht weiter den Kopf darüber, da ich derzeit nicht die Absicht habe, mir ein Grundstück in Khayelitsha zu kaufen. Mit Betonung auf »derzeit«. Wahrscheinlich ist, dass das gesamte Land in und um die Townships der südafrikanischen Regierung gehört. Das kann man jedenfalls nur hoffen, denn man will sich nicht vorstellen, wie es wäre, das Land gehörte Nestlé. Oder Monsanto. (Was ja jetzt Bayer gehört, oh Gott.)

Wir fahren durch die Township Nyanga nach Khayelitsha hinein, das in Distrikte oder Zonen aufgeteilt ist. »One«, »two«, »three« et cetera lauten die doch recht einfallsreichen Namen dieser Distrikte.

Ich sehe: gute Straßen, wenig Autos, keine Bäume. Kleine Shops in den shacks. Auf dem Bürgersteig: Bretter, Matratzen, Planen – offensichtlich ein Baustoffhandel. Daneben weitere Geschäfte in Hütten mit bunt bemalten Wellblechfassaden. Nicht immer ist ersichtlich, um was für ein Geschäft es sich handelt. Man muss wissen, was man wo erhält, sonst ist man aufgeschmissen. Die Sonne scheint. Junge Leute überqueren in Zeitlupe die Straßen, tragen in der Arschtasche ihrer engen Jeans das Smartphone. Es ist friedlich. Wir passieren einen Platz mit einem Baum (gibt also doch einen Baum), unter dem gelagert wird. Dort befindet sich, wie ich höre, ein angesagtes Café, in dem man sich trifft. Gastronomische Biertische und Bänke stehen hier. Leider haben wir keine Zeit, dort einzukehren. Wir fahren an einer Bushaltestelle vorbei, die neben einer Tankstelle liegt. Noch ein paarmal biegen wir um Straßenecken und fahren dann auf ein Grundstück zu und durch ein vergittertes Tor, das sich elektrisch öffnet und uns Zugang auf den Parkplatz der öffentlichen Schule COSAT gewährt. Hier wollten wir hin, zu dem »Center Of Science And Technology«. Hinter uns schließt sich das Tor.

COSAT ist die eleganteste Schule am Platze. Es gibt viele öffentliche Schulen in Khayelitsha, aber diese hat eindeutig die beste Reputation und das ausgefuchsteste und anspruchsvollste Bildungsangebot. Und eine fabelhafte Direktorin, wie wir noch erfahren werden.

COSAT ist eine Highschool mit 550 Schülern, eine naturwissenschaftliche Schule, die mit der achten Klasse beginnt. Die Grundschule dauert in Südafrika sieben Jahre. Danach entscheiden Zeugnis, Zensuren und ein Aufnahmetest, ob man hier aufgenommen wird. Schwer!

Die Schule wurde von der Regierung gebaut und finanziert. Die Gehälter der Lehrer und die Kosten für Wasser, Elektrizität und Schulbücher werden ebenfalls vom Staat übernommen. Die Schuluniformen bezahlen die Familien selbst. Alles Weitere versucht die Direktorin anderweitig zusammenzutrommeln. Einen Schulbus zum Beispiel. Und weil sie eben so aktiv wirbelt, entstand auch die Kooperation mit der CRF. Und nicht nur mit ihr.

Die Schüler kommen aus der gesamten Township und haben demnach unterschiedlich lange Wege. Die Infrastruktur des öffentlichen Transports in Khayelitsha kann man partout nicht vergleichen mit der 24-Stunden-Organisation aus S-Bahn, U-Bahn, Straßenbahn, Bussen und Nachtbussen, die man aus Berlin kennt – und auch nicht mit jener in Kapstadt City. Es gibt hier Busse und Minibusse, die Taxi genannt werden und acht (!) Rand pro Fahrt kosten, aber nicht jeder Schüler, nicht jede Schülerin kann sich täglich dieses Fahrgeld leisten. Es wären 16 Rand und somit ein Euro pro Tag. Berechnet auf einen Monat, ist das Wahnsinn. Die meisten gehen deswegen zu Fuß.

»Ich habe es nicht weit«, sagt mir ein Mädchen, »nur eine halbe Stunde.«

Eine Stunde Laufen am Tag, das ist die Kurzstrecke. Wir dürfen nicht die Stadtarchitektur vergessen, die, wie gesagt, nicht gestaltet wurde und auch keine Mehrfamilienhäuser vorweist, sondern aus lauter kleinen shack-Ereignissen, die alle nebeneinandergetopft sind, besteht – meilenweit. Die Drei-, Vier- oder Achtstöckigkeit deutscher

Städteverhältnisse müsste man sozusagen in Gedanken wie Schicht-nougat quer durchschneiden und dann nebeneinanderstellen. Dann kann man sich in etwa die Dimension vorstellen, der sich die Schüler schulwegisch gegenüberstehen sehen. »Aber«, sagt mir später die Schuldirektorin, »es ist gefährlich zu lau-fen. Es ist nicht sicher. Es wäre besser, wenn sie mit Bussen kämen.« Darum versuchen sie gerade, Geld zusammenzutrommeln, um ge-meinsam mit den unterstützenden NGOs und Sponsoren einen Schul-bus zu kaufen, so dass sie ihre Kinder einsammeln können. Es gibt ein kleines Fahrgeldbudget für jene Schüler, die zu Hause nicht genug zu essen haben. Wenn sie kein Geld für Essen haben, ha-ben sie erst recht keines für das Busgeld, was wiederum bedeutet, dass die Kinder unter Umständen nicht zur Schule kommen. Darum das Notbudget für Kinder aus besonders komplizierten Verhältnissen.

Die Direktorin, Mrs. Cooper, die uns am Eingang der Schule trifft, in der wir auch mit Linda vom CRF verabredet sind, beeindruckt durch ihr Engagement, ihre Sanftheit und Strenge, ihre Intelligenz, Ruhe und Zugeneigtheit. Und Humor hat sie auch noch. Sie hält die Span-nung, versucht bessere Bedingungen und Bildungsangebote für ihre Kinder zu erhalten und macht sich bereits jetzt Sorgen oder vielmehr Gedanken darüber, was sein wird, wenn sie in zwölf Jahren in den Ru-hestand tritt.

Sie sei, sagt sie uns später in ihrem Büro, nicht mehr einverstanden mit der Qualität und dem Ehrgeiz des Kollegiums ihrer Schule, was sie an den schlechter werdenden Resultaten und Leistungen der Schü-ler abliest. So führt sie nun in COSAT sechs- bis zwölfmonatige Prak-tika mit kapstädtischen Lehramtsstudenten des letzten Studienjahres durch. In dieser Zeit vermittelt sie den Lehramtsanwärtern die Päd-agogik und Philosophie ihrer Schule. Wichtig sind ihr dabei, abgese-hen von einem hohen Bildungsstandard, der zu selbständigem Lernen und guten Resultaten führen soll, Umgang und Umgangston zwi-schen Lehrern und Schülern. Das englische Schulsystem scheint dabei als Vorbild zu dienen. Wie ein Meister seine Gesellen anleitet, so sucht sie sich ihre zukünftigen Lehrer aus, um ihnen eine maßgeschneiderte

Zusatzausbildung zu verschaffen. Damit sie nach dem Eintritt in ihren Ruhestand beruhigt sein kann, dass auch in Zukunft die Qualität des Schulunterrichts in COSAT gesichert ist, als auch die Sicherheit der Schüler.

Im Moment laufen die Prüfungen zum Schuljahresende. Heute ist Chemie dran. Die Schüler sitzen noch in der Klausur, konzentrierte Stille liegt über dem Gebäude. Ab morgen sind Sommerferien: Anfang Dezember bis Anfang Januar. Doch vorher und weil heute Mittwoch ist, gibt es nochmals ein Treffen der Children's Radio Reporter COSATS, an dem wir teilnehmen werden.

Bis dahin bleibt noch Zeit für eine kleine Schultour. Aus dem verglasten freundlichen Eingangsbereich mit Sitzmobiliar treten wir in den Schulhof. Die Pförtnerin nickt uns zu, sie dient als zweite Instanz nach dem Elektrotor der Sicherheit, so dass niemand das Gebäude oder den Schulhof betritt, der hier nicht hingehört.

Der Schulhof ist partiell überdacht, schön und gut gebaut, sauber und zu 100 Prozent aus Stein und Beton. Kein Baum. Von hier kommt man in die verschiedenen Gebäude im Erdgeschoss oder den ersten Stock. In der großen Aula, in der man riecht, dass hier auch zu Mittag gegessen wird, befindet sich seitlich eine Bühne. Daneben ist das orangefarbene, mobile Radiostudio auf Rollen untergebracht, mit einem professionellen ON-AIR-Schild. Kabel, Mikros, kleines Mischpult et cetera sind im Inneren des großen Tisches verstaut. In der Aula ist es sicher, deswegen steht es hier. Und auch weil immer freitags, während des lunchbreaks, die Radioshow der CRF-Reporter live stattfindet.

Es ist Zeit. Ich bin aufgeregt. Wir verlassen die Aula, gehen quer über den Schulhof unter den Arkaden entlang in ein Klassenzimmer und setzen uns im Halbkreis auf schwarze Plastikstühle, warten, dass sich alle versammeln.

Nach und nach betreten die Schüler in ihren Schuluniformen den Raum. Die Mädchen tragen superkurze blaue Karomusterminiröcke, mit oder ohne Nylonstrumpfhosen, dazu weiße Hemden, manchmal mit Schlips, und blaue Pullis oder Sakkos. Einige Mädchen haben auch schwarze lange Hosen an. Die Jungs tragen graue Hosen und ebenfalls weiße Hemden, manchmal mit Schlips oder wahlweise blauem Strickpullunder, Strickpullover oder Sakko. Auf jedem Pulli steht in Weiß COSAT. Das ist die sympathischerweise etwas durcheinandergeratene Schuluniform, die bei den meisten ziemlich auseinandergefallen wirkt.

Mehr Schüler betreten den Raum, der Lautstärkepegel steigt, ein Rein- und Rausgehen ist das. Die Holztür knallt laut, sie scheint nicht gut oder nicht mehr zu schließen, die Plastikstühle werden hochfrequentig über den Steinboden geschoben. Gespräche. Auch Mrs. Cooper ist bei uns. Übrigens die einzige Frau mit Kopftuch, der ich in meiner Zeit in Kapstadt begegnet bin.

Rums, wieder kommt jemand rein. Die Türklinke ist mittlerweile abgefallen.

Inzwischen sind um die zwölf Leute im Klassenzimmer: die Schülerinnen und Schüler der 8. und 11. Klasse, die Direktorin, Linda, Mathapelo, Busi vom CRF und ich. Das Treffen der young reporters kann beginnen.

Dass wir heute kommen würden, ist bekannt; auch, dass eine weiße Ausländerin dabei sein wird und dass wir wissen möchten, was und wie sie hier miteinander sprechen, wie ein Treffen verläuft. Wir sind quasi touristische Teilnehmer, die Schüler / innen machen die Ansagen und beginnen mit ihrem wöchentlichen Meeting, wie sie es immer beginnen – mit einem Warm-up.

Khanyisile leitet dies professionell und selbstbewusst. Sie ist vielleicht 16. (Später sagt sie mir grinsend, sie sei hier, weil sie einfach so irre gern rede.) Wir stehen also alle auf, bilden einen Kreis und müssen uns ungerade durchnummerieren: 1 – 3 – 5 – 7 ... bis 21 geht es. Ich bin Nummer 5. Kein Plan, was hier abgeht.

Khanyisile, als Head of the Kreis and the Gruppe, beugt sich etwas vor, wie eine Tischtennisspielerin vorm Aufschlag, und beginnt rhythmisch zu klatschen und zu schnipsen. Alle steigen ein, und es groovt sofort. Ich mache mit und habe immer noch keine Ahnung, worum es geht.

»Master to Jack, Jack to the master«, ruft Khanyisile nun ein paarmal, und schon steigt die Energie im Kreis, im Raum. Die ernsten und von der Prüfung etwas erschöpften Gesichter dieser wunderhübschen jungen Menschen werden heiter.

Da ich es hier ja leider nicht vorsingen kann, stellt man sich die Phrase am besten perkussiv vor. Vier Silben: Mas-ter-to-Jack. Wobei die erste und die letzte Silbe punktiert sind, also etwas länger gehalten werden, dort liegt die Betonung. Und dann die nächsten vier Schläge: Jack-to-the-Mas-ter. Dazu wird aber nur dreimal geklatscht und geschnipst. Alles klar? Gott sei Dank hab ich mal Schlagzeug gespielt, für Menschen ohne Rhythmusgefühl ist das hier nix.

»Master to Jack, Jack to the master, Master to 7.«, ruft Khanyisile auffordernd.

Das Mädchen neben mir antwortet im Rhythmus des Schnipsens und Klatschens »7 to 3« und übergibt an den Jungen, der Nummer 3 ist und jetzt sagen müsste »3 to ungerade Zahl«. Aber er hat wohl vergessen, dass er 3 ist oder dass er überhaupt dran ist, oder war nicht schnell genug. Also ist er raus und mit ihm die Nummer 3, die nun nicht mehr aufgerufen werden darf. Weiter geht's, wir haben nicht aufgehört zu klatschen.

»Master to Jack, Jack to the master, Master to 11.«

»11 to 7.«

»7 to 11.«

»11 to Master.«

»Master to Jack, Jack to the Master, Master to 9.«

»9 to 21.«

»21 to 10.«

Alle brechen ab und in Gelächter aus. Es gibt keine 10! Zehn ist gerade! Die Person, die das gesagt hat, war ausgerechnet Mrs. Cooper, die Direktorin. Sie lacht und ist raus.

Khanyisile: »Master to Jack, Jack to the Master, Master to 5.«

Ogott, das bin ich.

»5 to 7.«

»7 to 9.«

»9 to 1.«

»1 to the Master.«

Wir schnipsen, klatschen, schauen uns an, sind konzentriert und wollen nicht rausfliegen.

»Master to Jack, Jack to the master, master to 15.«

»Ääääääh ...«, macht Fifteen. Alle lachen sich kaputt. Und so geht es immer weiter, bis am Ende des Spiels nur noch vier Leute inklusive unserer Meisterin dabei sind und das Tempo gesteigert wird, dann wird aufgehört.

Nun sind alle durchgepustet. Wir haben gelacht, geklatscht, mit den Fingern geschnipst, laut gesprochen, aufgepasst, uns in die Augen geschaut, gegroovt, den Körper gefühlt und Spaß gehabt.

Wir setzen uns.

Doch die zweite Routine, die jeder Debatte, jedem Treffen vorausgeht, folgt sogleich. Einmal der Reihe nach sagt jede und jeder, welche Zahl der Tag bislang von 1 bis 10 hatte. Wie eine Tageszensur der Befindlichkeit, der Umstände und Erlebnisse. Wobei 1 am schlechtesten und 10 am besten ist.

»Aach«, beginnt Jabulile, »heute war einfach ein Scheißtag, ich kann nur eine 7 geben, wir hatten mal wieder keinen Strom und nur kaltes Wasser, das geht schon seit Tagen so und dann die Prüfung heute, ausgerechnet Chemie, aber Gott sei Dank ist heute das Treffen.«

»Also, ich gebe heute zum ersten Mal seit ich hier bin 10 von 10«, sagt ein anderes Mädchen und schlägt sich dabei die Hände vors Gesicht und wischt drüber. »Heute ist ein guter Tag, denn ich hatte so Angst vor der Chemieklausur, und dann kam genau das dran, das wir so viel geübt hatten, so dass ich alles wusste, ich bin erleichtert und froh.« All das sagt sie, ohne dass wir ihr Gesicht sehen, sondern nur die reibenden Hände. Verrückt, denke ich, so heiter und so verborgen.

»Ich gebe eine 9 von 10«, sagt Busi vom CRF, »denn ich bin sehr froh und glücklich, euch alle endlich wiederzusehen, es ist schön mit euch hier zu sein, und ich habe mich sehr darauf gefreut. Der Tag war etwas anstrengend, da ich heute Morgen noch vom Ostkap nach Kapstadt gefahren bin, aber es geht schon.«

Ooooh, machen alle, da sie wissen, was das für eine Strecke ist, vom Eastern Cape nach Cape Town, denn viele in der Township kommen aus der Region, der überwiegende Teil sogar. Die Eltern sind hergekommen, um in Cape Town zu arbeiten, oft ein Zuhause dort zurücklassend, um hier im shack lebend alles Geld zusammenzuhalten für den Hauptwohnsitz, ein paar hundert Kilometer entfernt.

»Ich gebe eine 6, weil gar nicht das in Chemie dran kam, was ich dachte und was der Lehrer uns gesagt hat. Voll gemein.«

»Ich gebe auch 9 von 10«, sage ich, »denn es ist für mich aufregend und schön hier zu sein, euch kennenlernen und mitmachen zu dürfen. Ich freue mich und danke euch. Jetzt bin ich fast vier Wochen hier, und ich vermisse meine Tochter, darum gebe ich 9 und nicht 10.« Alle verstehen, dass man seine Familie vermisst.

Dann erfahre ich von der Arbeit der Reportergruppe und ihrem Radioprogramm, das seit vier Jahren an dieser Schule gemacht wird. Mittwochnachmittags treffen sie sich zur Gruppensitzung, schlagen Themen vor oder erarbeiten sie gemeinsam, stimmen ab, welches Thema es wird, das am darauffolgenden Tag für die Sendung am Freitag vorbereitet wird. Diese wird während der Mittagspause live vor Publikum aufgenommen und mitgeschnitten. Es werden drei Musiktitel gespielt und oft Gäste als Interviewpartner geladen, es gibt verschiedene Moderatoren, die durch die Sendung führen. Master Khanyisile zum Beispiel, die wortgewaltige 16-jährige. Nach der Aufnahme wird die Sendung online auf die Soundcloud gestellt und ist darüber für alle Schüler abrufbar. Es gibt hier also keinen lokalen Radiosender, der mit der COSAT-Gruppe kooperiert, wie bei sonst allen anderen Kinderradiogruppen Südafrikas.

»Warum dürfen die young reporters nicht draußen aufnehmen oder Interviews aufzeichnen?«, frage ich Mrs. Cooper.

»Zu gefährlich«, antwortet sie. »Nicht nur für die Kinder selbst, sondern auch für das Equipment, das die CRF stellt. Kopfhörer sind heiß begehrt, Mikrophon und Aufnahmegerät sind schnell abgenommen und verkauft.«

Das Thema der letzten Sendung war Cybermobbing. Dazu berichteten sie über einen Fall eines Teenagermädchens an einer anderen Schule, das sich umgebracht hat, weil man Nacktfotos von ihr online gestellt hatte. Sie zogen eine Parallele zu dem aktuellen Fall in COSAT, in dem ein Mädchen gemobbt wird über WhatsApp. Eine andere Sendung beschäftigte sich mit Sugar-Daddys. Die Bezeichnung für ältere Männer, die mit jungen Mädchen liiert sind. Man nennt es hier blessors. Weil die Mädchen von den Männern Geschenke erhalten. Als seien es Segnungen. Was im Austausch dafür gegeben wird, ist klar. Die Haltung der Sendung war eindeutig, sie wollen, dass das aufhört, sie möchten junge Mädchen davor warnen, sich verführen zu lassen von Geld als irrtümlicher Sicherheit im Austausch für ihre Jugend und Sex.

Die Themen der Shows sind zumeist politisch, gesellschaftsrelevant und nehmen Bezug auf das direkte Lebensumfeld der Schüler und ihrer Realität. Die Kinder hier sind ernst und wirken älter, als sie tatsächlich sind.

Ich frage, ob sie nach dem Verlassen der Schule damit weitermachen wollen, sich zu engagieren, sich einzumischen, politisch aktiv zu bleiben, weiterhin Teil des CRF-Netzwerks zu sein, wenn sie studieren oder eine Ausbildung machen.

»Überhaupt – was wird nach der Schule passieren? Wisst ihr das schon? Wollt ihr studieren, zur Uni gehen?«

Die Atmosphäre ändert sich sofort, spannt sich an, viel schauen auf ihre Knie, schweigen. Ich frage weiter.

»Was ist da los mit den Studiengebühren? Es wird derzeit demonstriert, lese ich in den Zeitungen?«

Und dann explodiert der Raum. Binnen Sekunden sprechen alle gleichzeitig, es wird laut, die Empörung und die Wut sitzen direkt an der Oberfläche jener Schüler, die gerade ihren Schulabschluss machen und sich natürlich fragen, wie es weitergeht.

»The fees must fall!«, rufen sie durcheinander.

»Die Studiengebühren müssen abgeschafft werden. Ich wünschte, ich könnte zu den Demonstrationen gehen«, sagt Jubilie, »aber es geht nicht während der Prüfungen.«

»THE FEES MUST FALL« ist der Slogan, der auf all den Plakaten der Zehntausenden von Studenten steht, die in Johannesburg derzeit demonstrieren und protestieren, weil diese Gebühren die Zweiklassengesellschaft nur mehr befeuern. Weil Bildung auch hier nicht umsonst ist und gewährleistet wird vom Staat. Weil die Gebühren eine Linie ziehen zwischen Arm und Reich, zwischen Schwarz und Weiß. Bildung muss man sich also leisten können. Oder man erbringt einen entsprechenden Numerus clausus, um sich für eine staatliche Unterstützung, die die Studiengebühren übernimmt, bewerben zu können. Hat man weder die finanziellen Mittel noch die exorbitanten Zensuren, ist die Möglichkeit, an einer Universität zu studieren, schnell perdu. Das bedeutet also, dass man besser sein muss, mehr können und leisten muss, um zu den Ausgewählten zu gehören, für die die fees fallen.

Khanyisile sagt dazu: »Wir brauchen hier an der Highschool Motivationstraining und psychologische Betreuung, da wir dermaßen unter Druck stehen, um die entsprechenden Leistungen für die Prüfungen und unseren Abschluss zu erbringen. Doch manchmal kann man sich einfach nicht konzentrieren oder motivieren, weil einem der Atem ausgeht, weil man mit den verschiedenen Realitäten nicht zurechtkommt. Zwischen der schulischen und der familiären Situation und deren unterschiedlichen Räumlichkeiten. Ich kann nicht zu Hause lernen, es ist unmöglich, es ist kaum Platz and do you know my family?! My family is a mess!« Sie ist inzwischen aufgestanden und ruft das in den Raum hinein, und viele lachen, was ansteckend wirkt, und Khanyisile lacht mit. Aber sie hat es für alle auf den Punkt gebracht; nicht nur bei ihr zu Hause ist Chaos und Enge. Das scheint die Lebensrealität aller anwesenden Radioreporter zu sein, die zu einer ausgezeichneten Schule gehen, die mit räumlicher Großzügigkeit und pädagogischen Mitteln ausgestattet ist, die sauber ist und sicher und in der man gut betreut, aber nicht bevormundet wird. Die aber nach Schulschluss lange Wege in ein Zuhause gehen, in dem der Strom ausfällt, es kein warmes Wasser oder gar kein Wasser gibt, in dem man sich überlegen muss, ob man nachts zum Pinkeln rausgeht oder besser in einen Topf macht oder einfach nichts trinkt, damit man nicht vor die Wahl gestellt wird.

Ein Zuhause, in dem viele Menschen auf wenig Raum leben und fraglich ist, ob es dort einen Arbeitstisch für die Abiturienten gibt; in dem es im Sommer zu heiß und im Winter zu kalt ist.

Wenn die Schüler einen Abschluss mit den vorgegebenen Zensuren, also dem entsprechenden Numerus clausus, erlangen, berechtigt dieser sie, an einer staatlichen südafrikanischen Universität zu studieren mit Unterstützung eines Stipendiums. Die Möglichkeit haben sie. Der Leistungsdruck jedoch, der damit einhergeht, die Angst, dass etwas schiefläuft, eine Klausur, eine Zensur fehlschlägt und damit der ganze Lebensweg eine andere Richtung nehmen könnte, dieser Druck ist immens. Darum, sagt Khanyisile, brauchen wir psychologische Betreuung.

The fees must fall.

Zum Abschluss werde ich gefragt, ob ich ein Interview geben würde, das Jabulile führen würde, die sich darauf bereits vorbereitet hat. An ihrer Seite ein junger Mann, der sich um die Aufnahme kümmert. Jeder der Schüler hat andere Gründe, bei CRF mitzumachen, für manche ist es die Technik. Jabulile hat im Moderieren von Interviews eine vierjährige Erfahrung. Das merkt man. Sie ist selbstbewusst, interessiert, eloquent und angstfrei. Sie fragt, seit wann ich mich mit Menschenrechtsarbeit beschäftige, wie ich zu UNICEF kam, wie ich Erlebtes verarbeite, was ich konkret tue und was mein Rat wäre für sie. Es ist ein sehr professionelles Interview, und ich habe es mir Wochen später auf der Soundcloud angehört.

Zum Abschied machen wir ein Foto und stehen brav, wie bei einer Konfirmation, vor dem Logo der Schule, bis ich sage: »Das ist ein langweiliges Foto, wollen wir nicht mal hochspringen, dass wir ein bisschen Bewegung ins Bild kriegen?« Die fröhlichen Fotos, die dabei entstanden, sehen aus wie ein Daumenkino.

Thank you, Mrs. Cooper, für Ihre Zeit und alles, was Sie hier bewegen, das ist beeindruckend. Wer würde sich vorstellen, eine solche Hochleistungsschule hier zu finden, mitten im Township, die jungen Menschen umfassende Ausbildung und Chancen für ihren Lebensweg gibt, inklusive einer wöchentlichen politischen Radioshow.

Die CRF-Ladys und ich steigen ins Auto, und wir nehmen noch zwei Mädchen aus der Gruppe mit, damit sie nicht so lange zu Fuß laufen müssen.

Woher das eine Mädchen plötzlich Eis für alle hat, ist mir ein Rätsel. Sie verteilt es, und wir lutschen erfrischendes Apfelwassereis im vollgestopften Wagen. Schließlich sage ich laut:»Könnte man nicht vielleicht über Fahrräder nachdenken? Für den Schulweg!? Da müsste man doch über die Unterstützer der Schule einige zusammenbekommen. Dann seid ihr unabhängig, müsst nicht mehr so lange laufen und fahrt umsonst in die Schule.« Ich bin begeistert von meiner Idee und wundere mich insgeheim, warum da nicht schon längst jemand drauf gekommen ist.

Das Eismädchen verzieht ihr Gesicht, wie ich nur einen so bescheuerten Vorschlag machen könnte, woraufhin ich aber, weiterhin enthusiasmiert, frage:»Wieso? Warum nicht!?« Ich gebe nicht auf, ich komme aus einer Stadt, in der Fahrrad fahren einem lokalpatriotischen Akt gleichkommt.

»Wieso keine Fahrräder, bitte sehr?«

»Weil die ruck, zuck geklaut werden!«, sagt sie missmutig.

»Na ja, dann müsst ihr sie halt mit in den Schulhof nehmen und dort anschließen.« Es folgt ein entsetztes Klickgeräusch ob meiner offensichtlichen Nichtswisserei.

»Quatsch, sie werden nicht in der Schule geklaut, sondern während wir draufsitzen«, sagt sie humorlos.

Sie bemerkt den Witz dabei nicht, der mir fast den Atem raubt, informiert mich nur, weil ich nicht weiß, wie es hier abgeht in Khayelitsha. Ich stelle mir also vor: Man fährt mit dem Rad morgens zur Schule, es rennt einer mit seinen schnellen Beinchen seitlich auf dich zu, stößt dich quer vom Rad, du kannst froh sein, dass du keinen Schädelbruch bekommst, und dann steigt der Typ auf dein neues Rad und düst ab. Zack, Rad weg. Wird verkauft, nicht benutzt.

Es ist gefährlich in Khayelitsha, habe ich gelernt und will es nicht einsehen. »Es ist nicht sicher.«

Es ist ein Ort, der sich noch nicht angeglichen hat. Doch Obacht, wie schnell kann ein Urteil passieren, das sich auf das Außen und auf die Hülle bezieht, die so verschieden ist von dem Vertrauten der Gegend, die sich noch EU nennt. Denn dadrin, in diesem Khayelitsha-Ort, da sitzt ein Herz, das heißt COSAT, und das hat eine gewaltige Schnittmenge mit Bildungssystemen, mit Schulen, die man aus Deutschland kennt oder England, Skandinavien, Frankreich, das Ähnlichkeit hat mit europäischen Bildungsstätten. Es ist dasselbe. Es ist nicht besser vielleicht, aber es ist de facto nicht schlechter. Und da sitzt die Falle der fehlenden Vorstellungskraft, vielmehr des fehlenden Wissens, denn stellt man an einen südafrikanischen Township vor, denkt man womöglich nicht an eine Schule dieser Güte. Ich bin froh, dass ich das erleben durfte. Africa light.

»Schmeckt dir das Eis?«, werde ich gefragt.

»Excellent«, antworte ich.

Wir halten an und lassen die Mädchen mit ihren Süßigkeiten aussteigen. Im Abgehen höre ich noch, wie die eine ratlos sagt:

»Warum sagt sie plötzlich ›accident‹ zu mir?«

Darauf die andere: »Nein, sie hat ›excellent‹ gesagt. Zum Eis! Excellent, nicht accident.«

»Ach so.«

Wir fahren auch nach Hause durch Khayelitsha, vorbei an den shacks, den subsidies, den RDPs, den Dixiklos, den Satellitenschüsseln, den Strommasten mit den über den Hütten herunterhängenden Kabeln; an bunten Fassaden vorbei und unbekannten Geschäften, durch das lebendige Treiben hindurch, immer weiter, bis wir es hinter uns lassen und auf die Autobahn einfahren, die bezeichnenderweise »Settler's Way« heißt, da sich die ersten Kolonialherren (Holländer) als »Siedler« bezeichneten und es partiell bis heute noch tun. Angesiedelt in einem Land, das besiedelt war. Accident!

Sechs: Comedy

Es gibt einen südafrikanischen Comedian namens Trevor Noah, der seit einigen Jahren die »Daily Show« in den USA moderiert, ein ebenso außergewöhnlich kluger wie witziger junger Mann, der sich zentral in seinen Stand-ups mit Apartheid, Rassismus und Kolonialismus beschäftigt. Seine Mutter ist Xhosa und schwarz, sein Vater ist ein weißer deutscher Schweizer. Trevor wurde 1984 während des Apartheidregimes in Johannesburg geboren, das 1994 beendet wurde, und ist sozusagen ein Kind, das nicht sein durfte, da gemischte Ehen verboten waren und unter Strafe standen.

Es gibt eine Dokumentation, »You laugh, but it's true«, über ihn und seine Arbeit in Johannesburg, bevor er in Amiland berühmt wurde. Dafür wurden auch weiße südafrikanische Comedians über ihn befragt, die sich zu meiner Verwunderung nicht solidarisch oder kollegial äußerten oder auch nur irgendetwas Freundliches gesagt hätten. Im Gegenteil, sie sagten:

»Maybe it's a therapeutic thing for them. Maybe it's good to talk about the apartheid thing.« (David Newton) »Vielleicht ist es so eine therapeutische Sache für sie. Vielleicht ist es gut, über diese Apartheidsache zu reden.«

»Like a guy get's chosen, because he's a young black South African, not because he's a professional comedian.« (John Vlismas, geboren 1973) »Na, so 'n Typ wird engagiert, nur weil er ein junger schwarzer Südafrikaner ist, nicht weil er ein professioneller Comedian ist.«

»Now it's 15 years. 15 years! The black and white experience, it's enough now. It's gone. The transition is finished. We must get past that.« (Mel Miller, geboren 1943) »Es ist jetzt 15 Jahre her. 15 Jahre! Die schwarze und weiße Erfahrung, es reicht jetzt. Es ist vorbei. Der Übergang ist beendet. Wir müssen das hinter uns lassen.«

Loyiso Gola, schwarzer Comedian, geboren 1983, sagt dazu: »With atrocities there's no measurement.« Es gibt kein Verfallsdatum für Gewalttaten. Ab welchem Tag darf man sich nicht mehr über die Dekaden, Jahrhunderte und Generationen währende Geschichte der Sklaverei oder den Kolonialismus lustig machen?! Ist die komödiantische Betrachtungsweise nicht bereits eine Errungenschaft? »Ab wann wird man nicht mehr an den Holocaust erinnern – wer sagt, wann es genug ist?«

Trevor Noahs Manager sagt:»Comedy is about conflict, about human interaction and conflict.«»In der Comedy geht es um Konflikte, um menschliche Beziehungen und Konflikte.«

Wenn man Humor definiert, wie es der Brite Christopher Fry getan hat:»Humor ist die Flucht vor der Verzweiflung«, dann sind es gerade die Zeiten der Not, in denen man Humor benötigt oder über die man retrospektiv humorvoll nachdenkt. Nicht nur, aber auch. Balzac hat gesagt:»In der Stunde der höchsten Not leuchtet mir die größte Inspiration.«

Und wenn Loyiso Gola auf der Bühne vor seinem gleichermaßen schwarzen, farbigen wie weißen Publikum sagt:»I'm from Cape Town, I grew up in Guguletu. Do you white people know where Guguletu is? Well, you should know, you put us there, motherfuckers«, dann lacht der gesamte Saal.

Moldawien. 2004

Niemand darf in Sklaverei oder Leibeigenschaft
gehalten werden; Sklaverei und Sklavenhandel
in allen ihren Formen sind verboten.
Artikel 4 der Allgemeinen Erklärung
der Menschenrechte, 1948

Feminismus vertritt die radikale Meinung,
dass Frauen Menschen sind.
Marie Shear, 1986

In Moldawien war ich im Jahr 2004. Das ist lange her. Da war Krieg im Irak und Krieg in Afghanistan. Heute ist Krieg in Syrien und immer noch in Afghanistan, wo die Taliban die Könige des Opiums sind. So wie die südamerikanischen Drogenbarone über Kokain herrschen. Drogenhandel ist ein normales Business: Kokain, Heroin wird in die ganze Welt verschifft, gern zu jungen Menschen, die sich nach Abschalten, Aussteigen oder Bewusstseinserweiterung sehnen, nach inneren Reisen, durchtanzten Nächten, nach Abenteuer und Vergrößerung der eigenen Persönlichkeit. Ein Freund sagt mir: »Jeder Mensch, der Kokain nimmt, befeuert den Krieg.« Ein deutliches Statement, das die Macht des sogenannten Endverbrauchers aufzeigt.

2004 war ich in Moldawien. (Heute sagt man »Republik Moldau«.) Gemeinsam mit dem damaligen UNICEF-Vorsitzenden des deutschen Komitees, Reinhard Schlagintweit. Und begleitet von einem Fotografen und einem Kamera- und Tonmann. Während unserer Reise erzählte mir Herr Schlagintweit, dass er die schönsten Jahre seines Lebens in Kabul, Afghanistan, verbracht habe, wo sein Sohn geboren wurde. Das war in den 50-er Jahren, als Frauen durch die Straßen der Stadt der blauen Moscheen gingen, mit kajalgeschminkten Augen, Zigarette in der Hand und prachtvollen Frisuren auf dem Kopf, wahrscheinlich Camus und Sartre lesend.

Nach Moldawien, dem ärmsten europäischen Land, fliegt man so lange, wie man nach Mallorca fliegt. Die Hauptstadt heißt Chişinău und das wird Kischinaú ausgesprochen.

Auf dem Weg vom modernen schicken Flughafen in die Mitte der Stadt vorbei an den typischen sozialistischen Plattenbauten des Speckgürtels aus der Sowjetzeit, mit einem Meer von Satellitenschüsseln, die aussehen, als wären sie darübergestreut worden, passieren wir ein Gebäude, vor dem sich eine lange Schlange gebildet hat. Es ist das Amt, in dem man Ausreisevisa beantragt, und ich höre die ersten Zahlen:

50 Prozent Arbeitslosigkeit
90 Prozent aller Menschen zwischen 16 und 24 wollen das Land verlassen.
Ein Viertel der Gesamtbevölkerung hat bereits das Land verlassen (Schätzung Innenministerium).
700 000 bis 1 000 000 Moldauer arbeiten legal oder illegal im Ausland.

Die Schlange wird niemals kleiner, heißt es. Es erinnert mich an Kafkas Erzählung »Vor dem Gesetz«, in der ein Mann vor dem Hüter des Tores des Gesetzes steht und auf Einlass wartet. Für immer. Hier in Moldawien vor dem Auswärtigen Amt scheint dies dutzendfach multipliziert.

Wir fahren in die Stadt hinein, weiterhin vorbei an den Plattenbauten, die man überall in Osteuropa findet, mit Park- und Spielplätzen davor, die sich in ihrer Farbe nicht wirklich unterscheiden; vorbei an Strommasten, Industrieanlagen, irgendwelchen Garagen, vorbei an all dem, das Menschen gebaut haben, und man weiß nicht, warum sie das auf diese menschenverachtende Weise taten. Zum damaligen Zeitpunkt war es ungefähr zehn Jahre her, dass das Sowjetreich zerfiel.

In der Hauptstadt fahren nur wenig Autos, Kleinbusse stellen den öffentlichen Verkehr, und es liegt eine Stimmung über den Dächern, die trotz des gepflegten Stadtzentrums mit Park an eine saure Regenwolke erinnert. Der Wohlstand ist an Moldawien vorbeigezogen. Mittlerweile wurde dort wieder eine kommunistische Regierung gewählt. Aus verklärender Sehnsucht vielleicht.

Es ist grau und trübsinnig, und die Farben sind farblos. Die Moldawierinnen sind wunderschön. Gekleidet in sehr kurzen Röcken, auf sehr hohen Schuhen laufend, blondierte Haare, lange Fingernägel, sehr viel Make-up in den verschlossenen schönen Gesichtern, unruhige Haut. Der Blick distanziert, in der Hand keine existenzialistische Literatur. Allein die Existenz in diesem Land gebiert bereits den persönlichen Roman, vermute ich.

Wir sind nach Moldawien gekommen, um mehr über die aktuelle Situation des »Trafficking« zu erfahren. Ein Wort das vom englischen »traffic« abgeleitet wurde, was »Verkehr« bedeutet. Es ist ein absonderliches Wort, finde ich, da zu allem Überfluss auch noch das kurze »fick« darin vorkommt. Aber so ist die offizielle Bezeichnung für das, womit wir uns in den nächsten Tagen in Chişinău und um Chişinău herum beschäftigen werden: Menschenhandel.

Menschen sind, nach Waffen und Drogen (siehe oben), ein lukratives Geschäft, und man kann sie, im Gegensatz zu Drogen, mehrmals verkaufen.

Zahlen.

2017 gab es 50 Millionen Menschen weltweit, die als moderne Sklaven lebten. 40 Millionen davon waren weiblich.

2004 verlassen 10 000 Menschen jeden Monat die Republik Moldau, die damals ungefähr 4,2 Millionen Einwohner hatte.

60 Prozent der getraffickten Mädchen Osteuropas kommen aus Moldawien. (2004)

Evaluationen und Fakten helfen UNICEF für ihre Arbeit der Aufklärung und als Grundlage für nächste Projekte, zur Registrierung der Veränderung von menschenrechtlichen Bedingungen.

Sonst wüsste man beispielsweise nicht, dass im Jahr 2014 neun von zehn Kindern weltweit eingeschult wurden, im Vergleich zu 1960, als es nur jedes zweite Kind war.

Oder dass 1990 laut den Vereinten Nationen 12,6 Millionen Kinder unter fünf Jahren starben und dass es 2017 5,4 Millionen Kinder waren.

Oder dass es im Jahr 2000 246 Millionen Kinderarbeiter und im Jahr 2018 152 Millionen Kinderarbeiter gab.

Oder wie viele Menschen an Ebola starben, bevor der entsprechende Impfstoff entwickelt wurde. Oder dass 50 Millionen Menschen an der Spanischen Grippe starben, zwischen 1918 und 1920, laut der Bilanz der Fachzeitschrift »Bulletin of the History of Medicine« von 2002.

Wissenschaftliche Zahlen und Fakten helfen, Relationen zu verstehen, statt sie zu fühlen. Das Gefühl hat nicht immer Deckungsgleichheit mit dem Faktischen. (»Überfremdung«, sage ich mal zusammenhangslos.)

In Moldawien damals, als wir das Jahr 2004 schrieben, gab es nur wenige Zahlen zu unserem Thema. Herr Schlagintweit war betrübt, konnte er doch dem deutschen Natcom keine umfangreichen, differenzierten Zahlen über die Situation der getraffickten Frauen und Kinder mitbringen.

UNICEF und die »Internationale Organisation für Migration« (IOM) arbeiteten an einer Statistik, um herauszufinden, wie viele der zumeist jungen Frauen und Mädchen aus der Sklaverei, der Sex-Sklaverei, dem human trafficking, dem Menschenhandel, zurückkamen. Die Statistik bezieht sich auf die Anzahl der Frauen, die zurückkommen, nicht auf die Menge derjenigen, die verschwunden sind. Menschen verschwinden, und es wird nicht bemerkt. Man bemerkt sie im besten Fall, wenn sie zurückkommen und sich endlich jemand um sie kümmert.

In den Tagen, die ich in Moldawien verbrachte, lernte ich, dass Menschen einfach herunterfallen können. Als wäre die Erde doch eine Scheibe. Man fällt aus dem bisschen Verbund einer Gesellschaft heraus und fällt nicht in ein Netz. Da wird es dann richtig dunkel. Es war die wohl traurigste und hoffnungsloseste Reise meines Lebens.

Es war der Teil des Frühjahrs, bevor die Blätter kommen.

Im Büro der IOM, die damals von einer Holländerin geleitet wurde, die Energie und Zuversicht ausstrahlte, hingen an der Wand Fotos und das Plakat des schwedisch-estländischen Films »Lilja 4-ever« aus dem Jahr 2002. Inszeniert von dem schwedischen Regisseur Lukas Moodysson.

In »Lilja 4-ever« geht es um ein russisches Mädchen, das von seiner Mutter zurückgelassen, nach Schweden getraffickt und zur Prostitution gezwungen wird und sich am Ende des Films von einer Brücke stürzt. Die Geschichte beziehungsweise der Selbstmord beruht auf einer wahren Begebenheit. Es ist ein Film, der nur schwer zu ertragen ist.

Obwohl der inhaltliche Bezug des Filmes zu der Arbeit, die hier bei der IOM geleistet wird, offensichtlich ist, frage ich dennoch, warum die Fotos aufgehängt wurden.

»This movie is a gift«, sagt mir die Direktorin und lächelt. Der Film ist für die IOM ein Geschenk. Sie zeigen ihn in den Internaten, als Unterstützung und Erweiterung der Präventionsarbeit. In den Kursen, die in Kooperation zwischen IOM, UNICEF und den Schulen entstanden sind, versuchen sie den jungen Menschen ein Bewusstsein für die Gefahren zu vermitteln, denen sie ausgesetzt sind, wenn sie die Internate verlassen. Man will den Heranwachsenden in den Internaten Selbstbewusstsein mitgeben, sie stabilisieren und motivieren.

Viele Kinder kommen mit fünf oder sechs Jahren in die 60 staatlichen Internatsschulen, die es in Moldawien gibt, und verlassen sie erst zehn Jahre später. Dort sind sie sicher, zumindest vor Verschleppung. Als junge Erwachsene verlassen sie die Schule, die für sie die Welt war und die am Gartenzaun endete, völlig weltfremd.

Sind die Mädchen erst verschleppt und verkauft, nicht nur nach Westeuropa und Moskau, sondern auch in die Türkei, nach Israel oder Ungarn, wird es sehr diffizil, sie überhaupt zu finden. Sie tauchen einfach ab, aufgefressen von den internationalen Organisationen des

Menschenhandels. Es sind die Polizei, Interpol oder NGOs, die sich darum kümmern, die verlorenen Mädchen zu finden. Im besten Fall zu finden.

Hier geht es aber um die wesentliche und notwendige Präventionsarbeit in den Internaten, die den Mädchen zukünftig helfen wird, selbständig der Verführung einer fiktiven funkelnden Zukunft zu widerstehen, um dem trafficking zu entgehen.

Zahlen. Das Bruttosozialprodukt Moldawiens beträgt pro Kopf 40 Prozent des Betrags von 1989. Das Durchschnittseinkommen liegt bei knapp über ein Euro pro Tag.

Das Mädcheninternat, das Herr Schlagintweit und ich besuchen, in Begleitung der moldawischen UNICEF-Kollegen, liegt außerhalb. Und mit außerhalb meine ich außerhalb jeglicher Anbindung. Von Infrastruktur, Mensch, Gesellschaft oder Europa. Es scheint mehr eine Institution als ein Internat zu sein. Eher Waisenhaus als Schule. Der Gartenzaun mehr Zaun als Garten. Karg ist es. Gebäude ohne Freude oder Farbe. Das Wetter tut ein Übriges.

Hier findet heute der Präventionsunterricht statt, der sich ganz genau »Life skill education« nennt, der von den Schülerinnen selbst geleitet wird und an dem ich heute Nachmittag werde teilnehmen dürfen. Bislang gibt es die »Life skill education« an 14 Internaten.

Prävention bedeutet Vorbeugung oder Verhütung. Das weiß man. Es ist quasi ein Unterricht zur Bewältigung des Lebens. Ein Unterricht wie ein Beipackzettel für das Leben, der einen vor Risiken und Nebenwirkungen warnt. Warnt, nicht schützt. Eine Anleitung, bei der man sich präventiv mit Herausforderungen beschäftigt, die eines Tages wahr werden könnten. Für diesen Fall werden die Mädchen gewappnet. Für ein Leben, das aus der Bahn geraten kann, eines, das nicht leichtfällt, eines, dass dir Fallen stellt. Sagt einem ja keiner, wie das Leben geht.

Die Schülerinnen, die sich aus verschiedenen Klassen des Internats freiwillig melden, werden von der Schulleitung und von UNICEF ausgebildet, um wiederum jüngere Mitschülerinnen in nachmittäglichen Gruppentreffen zu schulen. Über den Umgang mit Geld zum Beispiel wird da debattiert. Oder wie man einkaufen geht. Welche Berufe es gibt, die man erlernen könnte, und wie und wo man sich für eine Ausbildung anmeldet.

Und man möchte die Mädchen Selbstvertrauen lehren, dass sie Entscheidungen wohlüberlegt treffen, dass sie ein Bewusstsein entwickeln über die Herausforderungen und Verführungen nach der Schule, die gefährlich werden können. Wie schützen sie sich selbst, wenn sie eigenverantwortlich sind, nachdem sie die Obhut oder eher Kontrolle der deutlich reglementierten Internats-Institutionen verlassen haben.

Wir betreten also das Gebäude und einen großen Saal, in dem bereits 20 Mädchen schweigsam auf uns warten. Teenager. Es ist vor der Erfindung des iPhones. Die Mädchen sind schüchtern, unsicher. Ich stelle mich vor, sie schauen mich an. Es ist immer eine merkwürdige Situation.

Wir kommen als diejenigen, die Energie bringen, lautes Reden und Lachen. Hoffnung, Ideen, Interesse – und dann gehen wir wieder weg. Fahren in die Hauptstadt Chişinău oder fliegen nach Berlin, London, Amsterdam oder sogar nach Amerika. Wir kommen aus einer Welt, die ihnen unbekannt ist und in der sie, wenn alles schiefläuft, als Sklavinnen angeboten werden. Weil sie Mädchen sind und eine Vagina haben, weil sie aus Osteuropa sind, schön und unerfahren sind und häufig aus instabilen Familien kommen. Weil sie Mädchen sind und es ein ›ältestes Gewerbe der Welt‹ gibt, das im unüberlegten Sprachgebrauch angewendet wird, ohne sich ein Ausmaß dessen, was es bedeuten könnte, auch nur vorzustellen.

Weil sie Jungfrauen sind und jungfräulich. Ein Begriff, der vom vielen Zitieren aus den Gottesbüchern schon ganz abgenutzt ist, wie das Revers eines zu oft gebügelten Anzugs. Die Verwendung des Begriffs, scheint mir, wird bereits zur Penetration: die Jungfrau Maria oder die 72 Jungfrauen im paradiesischen Harem des Islams. Im Frauenhass sind sie sich einig, die Gottesbücher. Das Gut der Jungfrau, die Kostbarkeit der Jungfrau, der Marktwert der Jungfrau. Das Entjungfern der Jungfrau – das kostet!

Das moldawische Team von UNICEF und IOM, ausschließlich Frauen, die diese Kurse initiiert haben und betreuen, kommt jede Woche wieder. Sie fahren nicht nach Amerika oder zurück nach Berlin. Zuverlässig sind sie an der Seite der Schülerinnen, begleiten sie und verlassen sie nicht. Hier zeigt sich keine temporäre Ausnahme, die die Verlorenheit anschließend noch deutlicher hervortreten lässt. Hier findet der Beginn einer Veränderung statt und die vielzitierte Hilfe zur Selbsthilfe. Leben füllt den Raum, wir haben gute Laune, wir freuen uns, hier zusammen zu sein, uns zu begegnen und etwas gemeinsam anzustellen, scheiß auf das schlechte Wetter und die fehlenden Farben.

Die Schülerinnen bilden einen Kreis. Das Thema heute heißt: Konfliktlösung. Die Aufgabe dazu geht so: Ein Mädchen steht außerhalb und muss versuchen, in den Kreis zu gelangen respektive in die Reihe aufgenommen zu werden, mit Worten oder ohne. Die Aufgabe der Personen nun, die den Kreis bilden, ist zu entscheiden, ob man die Außerhalb-Stehende wieder hineinlässt oder nicht.

Mit welchen Mitteln wird sie es versuchen? Wird sie verhandeln? Bitten oder betteln? Wird sie diplomatisch argumentieren? Oder freundlich versuchen, Teil der Gruppe zu werden?

Es kommt ganz anders, denn sie entscheidet sich für Gewalt. Entscheidet sich somit für die Trennung von Gruppe und Individuum, verstärkt durch ihr Verhalten, wider besseres Wissen, die Position des Außenstehens.

Sie versucht sich durchzuschlagen. Was hätte man anderes erwarten sollen?! Man schlägt sich eben durch, wenn da keine Perspektive ist, man schlägt sich durch den Tag, durch das Leben, und allein das Wort impliziert bereits Gewalt. Durchschlagen. Die Kinder schauen ab bei den Eltern, das ist ja hinlänglich bekannt. Bei den Eltern oder der Gesellschaft, wie auch immer man diese als pars pro toto erkenntlich machen kann.

Jedenfalls versucht sie es mit Gewalt und rennt gegen die Arme der anderen Kinder, die sich an den Händen halten. Diese schließen den Kreis umso mehr, je mehr versucht wird, ihn zu zerstören; stehen nun dicht an dicht. Man demonstriert die Kraft der Gruppe, will zeigen, dass die Vielen stärker sind als die oder der Einzelne. Der Input der Gewalt der einzeln Außenstehenden hat sofort eine entsprechende Reaktion der Gruppe hervorgerufen. Das ist hochinteressant zu beobachten.

Nun versucht das Mädchen, dessen Aufgabe es ja weiterhin ist, in den Kreis zu gelangen, unter den Armen der anderen hindurchzurasen, als wäre sie in einer Stierkampfarena. Sie nimmt Anlauf, beugt sich vor, als hätte sie Hörner, doch der Kreis wird zur Festung, man verschränkt die Hände umso fester, steht stabiler auf den Füßen, spannt den Körper, hier will keiner das Mädchen hineinlassen, die Körpersprache ist deutlich, das anfängliche Lachen und der Spaß ist vorbei, das hier ist ernst. Das Mädchen rennt gegen die verschlossenen Arme der Festungsmauer und bleibt daran hängen wie ein Handtuch auf einer Wäscheleine. Es ist ein Zweikampf geworden. Individuum und Gruppe. Mensch und Gesellschaft. Jungfrau und trafficker. Sie schlägt auf die Arme ein, dort wo sie einen Knoten bilden, weil die Hände sich halten, doch vergeblich. Dieses Mädchen wird nicht hineingelassen. Deutlicher kann man nicht zeigen, dass Gewalt keine Lösung ist und dass der Einzelne angesichts der Ablehnung der Gruppe oder der Gesellschaft aufgeben muss oder chancenlos bleibt.

Die Kursleiterin, die nur ein bisschen älter ist als die Kursteilnehmerinnen, löst die Situation auf und beendet die erste Runde. Man atmet aus, reibt sich die Hände. Und obwohl die Spannung so hoch war, sind jetzt alle ganz durchblutet, und das Lachen sitzt näher. Es wurde Kontakt zueinander aufgenommen. Man nimmt das Mädchen, das keinen Einlass gefunden hat, in den Arm oder streichelt ihr zumindest über den selbigen. Dies war nur ein Spiel. Eines, das Impulsgeber wird für ein Gespräch, das nun die Kursteilnehmerinnen mit der Kursleiterin führen. Sie sprechen über die Idee der Kommunikation, über Kontaktaufnahme, über Konflikte und Konfliktlösungen. Dann beginnt die nächste Runde, und ich darf mich dazustellen. Als Teil des Kreises, obwohl ich kein Teil der Gruppe bin. Dieses Mal ist ein anderes Mädchen außerhalb. Ihr ›außerhalb‹ ist im Inneren des Kreises. Wie kommt sie hinaus? Will sie hinaus oder Teil der Gruppe werden? Das Individuum und die Gruppe. Sie wirkt mutig, selbstbewusst, das ist schön zu beobachten. Sie hat von der Erfahrung eben offensichtlich gelernt. Gewalt ist hier keine Option. Sie ist ruhig, schreitet den Kreis von innen ab, der Reflex der Gruppe macht wieder dicht, und schließlich bleibt sie vor einer Person stehen, nimmt Kontakt auf. Ohne Worte, doch nicht sprachlos. Ein langer Blickwechsel, in dem sich Skepsis in Vertrauen wandelt, bei dem beide Personen sich fragen, kann ich dir trauen, erlaubst du mir, Teil zu werden, ich stelle keine Bedrohung dar. Der Kreis öffnet sich, sie wird aufgenommen. Sesam, öffne dich! Sie ergreift die Hände der beiden neben ihr Stehenden. Der ganz Kreis, der sich eben noch so angespannt hatte, löst die Spannung auf. Es war ein Erfolg für beide Seiten, daraus entsteht Motivation. Die Idee ist angekommen. Motivation macht selbstbewusst und mutig.

Individuum und Gruppe. Wie werden sie geschützt? Ein Gedanke, über den Philippe Sands in seinem Buch »East West Street« (»Rückkehr nach Lemberg«) geschrieben hat. »Crimes against Humanity« (»Verbrechen gegen die Menschlichkeit«) als Gesetz gefasst, ist der Schutz des Individuums. Das Gesetz gegen Genozid schützt die Gruppe, die verbunden ist durch nationale, religiöse, sexuelle oder andere Ausrichtung.

Hier in diesem Saal sind lauter Individuen, die verletzbar und angreifbar sind und verführt werden, sowie jemand kommt und ein Angebot macht, das man nicht ablehnen kann, weil die Person hofft, aus ihrer Misere herausgeführt zu werden. Wie aber bekommt man das Selbstvertrauen, »nein« zu sagen, abzulehnen, weg- und weiterzugehen. Durch den Schutz der Gemeinschaft? Was, wenn die Gemeinschaft nicht unterstützt, sondern ausgrenzt. So entsteht die Warteschlange vor dem Auswärtigen Amt, in dem man das Visum für den goldenen Westen beantragt. Überall ist es besser als hier. Und das ist eben der Irrtum.

Ich begreife, dass es, wie an so vielen Orten, um den Dialog geht, um den Austausch von Ängsten und Nöten. Erlebnissen und Sehnsucht. Weil niemand ein Opfer werden will.

»Wir sind im Internat, manchmal gehen wir raus, doch es gibt nichts außerhalb des Internats. Hier ist nichts. Wir kennen nur die Schule«, sagt ein Mädchen. Diese regelt alles für sie. »Wir kennen den Schulstoff, aber nicht die Welt«, sagt ein anderes Mädchen. Viele Internatsschülerinnen gehen auch am Wochenende nicht nach Hause. So wird der hohe Prozentsatz der vom Menschenhandel betroffenen Jugendlichen, die in einem Heim aufgewachsen sind, vorstellbar.

In der Präventionsarbeit interessieren sich erwachsene Menschen für die Sorgen und Sehnsüchte der heranwachsenden Menschen, auf Augenhöhe, ohne permanente Belehrung. Es geht um das Finden der eigenen Identität. Das ist der erste Schritt. Das ist das Tempo der Menschenrechtsarbeit. Es beginnt mit dem ersten Schritt, und manchmal wird man wieder zwei Schritte zurückgeworfen. Es ist im übertragenen Sinn der Beginn des Strickens eines Netzes, das unter der Erde baumelt, falls sie doch eine Scheibe ist.

Die Mädchen führen mittlerweile ein angeregtes und ernsthaftes Gespräch. Hören sich zu, beziehen sich aufeinander. Sie haben gelernt zu kommunizieren. Das ist der erste Schritt. Das Schweigen hinterlässt Lücken, die manchmal nicht mehr zu füllen sind. In Deutschland weiß man aufgrund unserer Geschichte, was das bedeutet.

»This movie is a gift for us.« Ich habe verstanden, was die Direktorin der IOM sagte. Der Film ist ein Geschenk, er hatte Anteil daran, dass sich etwas begann zu bewegen. Gratulation, Herr Moodysson!

Als ich im Jahr 2010 den Schweizer Film »Der Verdingbub« drehte, inszeniert von dem Schweizer Regisseur Markus Imboden, passierte etwas Vergleichbares.

»Sich verdingen«: ein Verb, in dem enthalten ist, dass der Mensch zum Ding werden kann. Der Verdingbub ist ein Leibeigener. Kinder aus Schweizer Armenhäusern und Waisenheimen wurden vornehmlich von Bauern als Pflegekinder aufgenommen, gegen Geld, das der jeweilige Kanton dem Bauern monatlich zahlte. Die Bauern, selbst in großer Armut lebend, nahmen das Geld und die Kinder, denen sie die Schuhe wegnahmen, eine dünne Suppe zu essen gaben, sie im Stall schlafen und nicht regelmäßig zur Schule gehen ließen. Eine Praxis, die bis in die 1970er Jahre existierte. Die Verdingkinder, inzwischen ältere Frauen und Männer, haben ihre Scham niemals überwunden, verdingt worden zu sein. Sie waren ihr Lebtag Opfer geblieben. Der Vater unseres Regisseurs war ebenfalls ein Verdingbub gewesen. Als unser Arthouse-Film erschien, wurde er in der Schweiz zu einem Blockbuster. Unverhofft und unglaublich. Parallel gab es eine Wanderausstellung über Verdingkinder, und beides zusammen machte, dass mehr und mehr Menschen sich in dem Verein der ehemaligen Verdingkinder meldeten. Und dann geschah das Erstaunliche: Die Regierung entschuldigte sich öffentlich und offiziell bei den ehemaligen Verdingkindern. Wir Filmschaffende waren bewegt, dass dies durch unseren Film ausgelöst worden war.

Wir haben Chişinău längst hinter uns gelassen und fahren durch die moldawische Landschaft, die hügelig bis flach ist und in etwa so groß wie Nordrhein-Westfalen.

Maria, so nenne ich sie, ist bereit, uns ihr Heimatdorf zu zeigen und das Haus, in dem sie lebte, bevor sie von dort für sieben Monate nach Moskau getraffickt wurde. Das Dorf besteht aus einem Haufen lose zusammengewürfelter zerrütteter Häuser, die an einer Straße stehen. Kein Schild, das bezeichnen würde, wo das Dorf anfängt beziehungsweise aufhört oder wie es heißt. Niemand ist zu sehen. Auch kein Tante-Emma-Laden. Dafür eine Bushaltestelle. Vielmehr eine Bushaltestange. Manchmal kommt auch ein Bus. Wann, weiß keiner. Wohin er fährt, ist unklar.

In dem namenlosen Dorf beginnen die Felder direkt hinter den Häusern. Dazwischen ein kaputtes Plumpsklo, ohne Anbindung an das Haupthaus. Darum am besten direkt in den Garten pinkeln, an einen Busch oder auf das Feld.

In dem Haus, in dem ich groß wurde, das ebenfalls in einem kleinen Dorf lag, das einen Namen hatte, in Niedersachsen, war das Plumpsklo im Hühnerstall untergebracht, zu dem man durch den rückwärtigen Ausgang der Küche gelangte. Immerhin: Der Weg dorthin war überdacht. Es wurde dann benutzt, wenn die Wasserleitungen im Winter eingefroren waren und unser Badezimmer unbenutzbar wurde, was jeden Winter der Fall war. Oder wir gingen auf das Klo, wenn wir im Garten waren. Ich erinnere mich gut an das hölzerne Plumpsklo und das harte graue Klopapier, das meine Mutter, im Gegensatz zu den Bauern des Dorfes, die geschnittenes Zeitungspapier verwendeten, neben den Donnerbalken stellte.

Hier ist der Boden schwarz, karstig und schwer. Man steht unter dem Eindruck, dass es selbst die Pflanzen, wenn sie aus der Erde herauswachsen möchten, schwer haben. Die Häuser sind aus Steinen gebaut und unverputzt. Vorgarten? Kein Vorgarten. Eher so ein Unkrautdurcheinander. Die Armut hat überall ein ähnliches Gesicht. Die Armut jedoch, die ohne Sonne oder Schönheit der Natur, ohne Farben und Duft von Blüten, ohne blauen Himmel, rote Erde oder Baobabbäume, Zedern oder Palmen daherkommt, scheint mir Mitteleuropäerin fast unerträglich.

Maria ist unruhig in ihren Blicken und Bewegungen. Ihr weicher Körper scheint wie gequollen, die Hände schlapp, feucht. Sie spricht verhalten. Unsere Übersetzerin erklärt, dass Maria mit ihrer kleinen Schwester, ihrer Mutter und der Kuh in diesem Haus gelebt hat. Ein Vater (vielleicht sind es auch zwei, wer weiß das schon) wird nicht einmal erwähnt. Er ist gegangen oder war nie da. Wir betreten ein Haus, das aus zwei Räumen besteht: Ein Raum ist die Küche, in der die drei Frauen lebten, aßen, lernten, schliefen; den anderen Raum bewohnte die Kuh. Es ist ein Raum, kein Stall. Der Stall ist abgebrannt. Es gibt keinen ersten Stock, aber man könnte sich unter dem Dach ein Mansardenzimmer mit schrägen Wänden denken. Dann hätte man mehr Platz und unterschiedliche Schlafräume für die Hausbewohner. Deutsche Überlegung, merke ich: Heimwerkerdenken, Baumarktfanatiker. Das Dach scheint wie ausgebombt. So verlassen, dass es vor lauter Verlassenheit nicht mehr existieren mag. Strom? Wasser? Gibt es mal mehr, mal weniger. Eine Schule nicht in Sicht, darum das Internat.

Die Kuh versorgt die drei Frauen, durch den Verkauf der Milch, dazu der Verdienst der Mutter, die irgendetwas in einer Fabrik gearbeitet hat. Der abwesende Mann und Vater fügt dem Einkommen nichts hinzu.

Irgendwann trat ein neuer Mann in das Leben der Mutter, wird wichtig, könnte Existenz sichern, denn er wohnt in einer Wohnung und hat einen Job. Er lebt an einem anderen Ort, der ein Ort ist und keine Endstation. Der Mann ist wichtig für die Frau, die zwei Töchter zur Welt gebracht hat und diese nun verlässt, um zu dem neuen Mann zu ziehen.

Nun leben Maria und ihre kleine Schwester allein mit der Kuh in dem Haus. Haben mehr Platz und verkaufen weiterhin die Kuhmilch, um zu überleben. Doch dann kommt die Mutter und holt die Kuh ab, schickt dafür ein wenig Geld:»Sowie ich einen Job habe, komme ich und hole euch.« Das tut sie Wochen später – aber sie nimmt nur die kleine Schwester mit. Mehr Platz sei nicht da, zu mehr ist der neue Mann nicht bereit.

Und so ist Maria nun allein in dem verbeulten Haus. Ein wenig kümmern sich vielleicht die Nachbarn, aber vielleicht auch nicht.

Und eines Tages fährt ein Mann in einem Cabrio vor. Und sieht Maria an der Bushaltestange stehen, darauf wartend, dass das Leben vorbeigeht. Er spricht sie an und sieht gut aus; er kommt aus der Groß-stadt, denn er trägt eine Sonnenbrille; er ist reich, denn er hat ein Auto. Er fragt Maria, ob sie Interesse hätte in einer Sockenfabrik in Moskau zu arbeiten. Dort gäbe es für sie einen Job, mit dem sie Geld verdienen würde. Und wenn sie Interesse hätte, und weil sie so süß sei, würde er ihr die Zugfahrkarte bezahlen und sie natürlich auch zum Bahn-hof nach Chişinău fahren. Er zeigt lässig auf das Auto:»Ich habe ein Auto.«

Die Welt steht still! Was für eine Chance! Maria hält sich an der Bus-haltestange fest, das Lächeln kriecht ihr schüchtern aus dem Magen ins Gesicht, und die Antwort ist klar: Sie sagt ja. Sie sagt zu. Sie will arbeiten und unabhängig sein, sie will vor allem das Dorf verlassen – und verwechselt es mit Moldawien.

Nicht allzu lange Zeit später holt der Cabriofahrer sie ab, sie hat nicht viel bei sich, eine Tasche vielleicht. Sie fahren zum Bahnhof Chişinăus, und der Mann kauft ihr auch tatsächlich die Fahrkarte, bezahlt, setzt sie in den Zug nach Moskau, küsst ihr zum Abschied beide Wangen, die sich sofort erhitzen, noch nie hat ein Mann sie geküsst. Er wünscht ihr eine gute Reise, sie werde in Moskau vom Bahnhof abgeholt, man werde sich dann um sie kümmern, sie solle sich keine Sorgen machen, es sei alles geregelt.

So einfach geht das.

Die Reise von Moldawien über die Ukraine nach Moskau ist weit. Über tausend Kilometer. Es ist ein Nachtzug, es dauert, aber das macht nichts, sie sieht die Welt, sie schaut aus dem Fenster, sie hat ein Bahnticket und eine Zukunft vor sich. Sie fährt in ein anderes Land, zum ersten Mal, für Russland braucht sie kein Visum, Russisch ist ihre zweite Sprache, das Abenteuer liegt vor ihr, und Maria, 17 Jahre alt, kommt schließlich mit ihrer kleinen Tasche auf dem Moskauer Bahnhof an. Und da steht auch tatsächlich jemand, der sie in Empfang nimmt. Ein Mann, der ihren Namen kennt, ihren Namen nennt und nach ihren Papieren fragt, ihrem Pass. Sie gibt ihm den Pass, vergisst nach seinem Namen zu fragen, er nimmt ihren Pass, behält ihn, gibt ihn nicht zurück und fährt sie in eine Wohnung. Dort sind bereits 20 andere Mädchen, in verschiedene Räume verteilt, auf Matratzen sitzend, die am Boden liegen. Die Tür fällt ins Schloss und wird von außen verriegelt.

Die Mädchen klären Maria auf, was das hier ist, worum es geht, was passiert, was auch ihr passieren wird, und sagen, als sie Marias Entsetzen und Panik sehen: »Du kannst hier nicht raus, du wirst nichts ändern können, wir sind hier eingeschlossen, und man hat uns unseren Pass abgenommen. Niemand weiß, wo wir sind, nicht einmal wir selbst. Am besten du gehst unter die Dusche und legst dich dann hin.«

Doch als sie liegt, kommt jener, der sie am Bahnhof abgeholt hat, und lässt alle Mädchen in einen Kleinbus einsteigen, so ein Ding, wie es als öffentliches Transportmittel durch Chişinău fährt. Doch

Chişinău ist jetzt weit weg, und keiner weiß, dass sie das Land verlassen hat.

»Er ist mit uns zu einer Art Garage gefahren, in der sich viele Männer versammelt hatten«, erzählt Maria und meidet jeglichen Augenkontakt mit uns. Das weiche Mädchen mit den unruhigen Händen kriegt man als Zuhörende nicht mit ihrer harten Geschichte zusammen. In dieser ersten Nacht wurde sie zwangsprostituiert. Und dann jede Nacht. Sie berichtet uns von acht, zehn, zwölf Männern pro Nacht. Schließlich wird sie an ein moldawisches Ehepaar verkauft, das das Sexsklavenbusiness zwischen Chişinău und Moskau bereits seit 1996, also seit acht Jahren betreibt, und einschlägig bekannt ist in den Kreisen der Nichtregierungsorganisationen. Doch das Ehepaar wechselt so oft die Wohnungen, dass man es nicht findet. Bis zu 40 Mädchen hat dieses Ehepaar in seinen diversen und ständig wechselnden Wohnungen gleichzeitig eingesperrt.

Maria sagt uns, dass sie in den sieben Monaten ungefähr 35 000 Dollar gemacht hat. Wie sie das ausgerechnet hat, wage ich nicht zu fragen. Das Geld wurde ihr selbstverständlich nicht ausgezahlt.

Menschen werden gehandelt zwischen armen und reichen Ländern. Sie werden in armen Ländern eingekauft und in reichen Ländern verkauft. Für einen reibungslosen Ablauf auf dem Weg dorthin ist die Korruption der Garant. Der Polizist, sei es in der Republik Moldau oder in Russland, der ein Einkommen von vielleicht 80 Dollar pro Monat hat, erhält von den Traffickern ein Bakschisch von 1000 Dollar. Und auch er, der Polizist, hat vielleicht zwei Töchter. Und so schweigt er, so sieht er weg für einen Betrag, für den er sonst mehr als ein Jahr arbeiten müsste.

Korruption ist das Gift, das den gesamten globalen Süden lähmt, sich zu bewegen und loszugehen.

In der Republik Moldau selbst gibt es 300 Bordelle, in Worten: dreihundert. Die verschwundenen moldauischen Mädchen werden also entweder im eigenen Land zwangsprostituiert oder durch Gewalt und Täuschung ins Ausland verkauft. Sie halten sich dort noch immer auf, während wir derweil auf Projektreise über die Dörfer fahren, auf Reinhard Schlagintweits Suche nach Zahlen.

In Moldawien hatte der Menschenhandel in größerem Umfang erst vor wenigen Jahren begonnen. Die Evaluation begann demnach gerade erst – und sie ging von rückwärts. Sie zählte die Mädchen, die zurückkamen, jene, von denen man erfuhr, dass sie zurückgekommen waren. Verzeihung, dass ich es erneut sagte.

Wir hören diese Zahl in dem »Heim für die Rückkehrerinnen«, gemeinhin als »Shelter« bekannt. Es ist in der Hauptstadt selbst. In einem Geheimversteck. Es wird von der IOM und UNICEF direkt betrieben und existiert seit vier Jahren. 1300 Mädchen und Frauen sind in der Zeit zwischen 2000 und 2004 zurückgekehrt und statistisch erfasst worden. »Zurückkommen« ist natürlich ein Wort, das in diesem Zusammenhang nicht wirklich beschreibt, welcher Anstrengung, welchem Umstand es bedarf, um das Heimkehren überhaupt zu ermöglichen. Zur Zeit unseres Besuches war es immerhin ungefähr eine Person am Tag.

Die Dunkelziffer ist, wie es bei Dunkelziffern so üblich ist, um etliches höher, denn nicht jedes Mädchen oder jede Frau oder jeder Junge, der oder die zurückkommt, meldet sich stante pede im »Shelter«, das nur zu finden ist, wenn man weiß, dass es existiert, und einen persönlichen Kontakt hat, der es einem ermöglicht, auf komplizierte und konspirative Weise in die entsprechenden Räumlichkeiten vorzudringen.

Das »Shelter«, oder auch UNICEF-Flügel (UNICEF-wing) genannt, befindet sich innerhalb eines Gebäudekomplexes, und hier nun bleiben die männlichen Kollegen mit den Kameras zurück. Ein wenig mutet es wie in einem Thriller an: auf welchem Weg wir zu besagtem Ort fahren, wo wir das Auto stehen lassen, damit uns wiederum keiner folgt ... Und wie wir dann, nicht als Gruppe, sondern einzeln oder zu zweit in unterschiedlichen Zeitabständen das Gebäude betreten, nicht mehr sprechen durften und schließlich in das Heim für die Rückkehrerinnen gelangten. Es ist verrückt, aber dieser Ort existiert unter einem

Dach mit Menschen, die hier täglich irgendeiner Arbeit nachgehen und keine Ahnung haben, wer sich hier zusammen mit ihnen aufhält.

Ich habe tiefe Bewunderung für dieses konspirative Sicherheitsdenken, das nun bereits seit vier Jahren aufrechterhalten werden konnte, unter Mitwirkung verschiedenster Menschen und Institutionen, die ich hier aus Sicherheitsgründen nur leider nicht nennen darf.

Und dann gehen wir durch die Tür. Die eben anmutet wie eine Tür, die zu einem Raum führt. Doch sie führt in einen ganzen Flügel mit acht oder neun Räumen, mit Küche und Bädern und Flur. Es ist hell und licht und friedlich und heiter. Hier leben zwölf Frauen und ihre Kinder. Viele noch Babys. Es ist, als hätte man ein Geschenk ausgepackt oder wäre in eines hineingekrochen. Es ist die Tür, die zu der Insel führt. In die Sicherheit.

So wie man als Kind Fangen gespielt hat, was wir in Norddeutschland Kriegen (»ich krieg' dich«) nannten. Es gab ein Palou, irgendein ausgemachter Ort an der Eingangstreppe oder dem Birnbaum, den man berühren musste, und so lange, wie man dort war, war man in Sicherheit und konnte nicht mehr gekriegt werden.

Genauso ist es hier. Sie können nicht mehr gekriegt werden, diese Frauen. Sie sind zurückgekommen, zum Teil aus jahrelangem Trafficking aus allen möglichen Ländern, mit zwei oder drei verschiedenen Geschlechtskrankheiten, schwanger oder mit Kind. Mit beschlagener Seele und mehr oder weniger traumatisiert. Erschöpft, kaputt vergewaltigt, erloschen und alt geworden, abgemagert und übersät mit Narben, innen und außen, und oftmals ohne Pass.

Das Heim ist ihnen Schutz und Sicherheit, Krankenhaus, Therapie, Ausbildungsplatz, Gemeinschaft, Kindergarten und Resozialisierung in die Gesellschaft in einem.

Es ist ein Ort, der aufgrund der Umstände der Not erfunden wurde. Ein Ort, der zeigt, was Nichtregierungsorganisationen, was Menschenrechtsarbeit leisten kann.

In Deutschland sind Frauenhäuser damit vergleichbar. Ich erinnere mich, dass ich einmal, als meine Tochter sehr klein war, ihre Babysachen einem Frauenhaus überlassen wollte und eines in Berlin

Kreuzberg anrief. Man war am Telefon sehr strikt mit mir, fragte nach meinen Daten, Namen, meiner Telefonnummer, Adresse, ob ich verheiratet wäre, Kinder hätte, was es sei, das ich bringen wolle; ich solle im Büro vorstellig werden, erklären, warum ich dieses Frauenhaus ausgesucht hätte etc. pp. Es war wirklich umständlich, und ich kam mir wie ein Täter vor, und dann ging mir als junger Mutter der Atem aus, das gebe ich zu, aber ich war nichtsdestotrotz beeindruckt von der Seriosität und Genauigkeit des Teams. Sie hatten Grund. Es gab Erfahrungen, alles Handeln basiert auf Erfahrungen: Die prügelnden Ehemänner stehen vor den Frauenhäusern. Die gewalttätigen Trafficker vor dem »Shelter«. (Nein, die trafficker stehen nicht vor dem Shelter, denn sie wissen nicht, wo es ist.)

Die Kindheitserfahrung von 90 Prozent der Rückkehrerinnen ist die von Missbrauch und exzessiver häuslicher Gewalt. Die Kinder werden geprügelt und vergewaltigt. Bei 100 Prozent der Einzelschicksale, von denen wir erfuhren, war der Vater verschwunden. Bei fast allen die Mutter nach Moskau abgereist, die Kinder sich selbst überlassend.

Über diese Erfahrungen wird hier mit den Psychologinnen gesprochen. Es gibt eine Psychologin, das ist nicht genug. Ich lerne sie kennen, sie ist kraftvoll und vertrauenerweckend. Im Gespräch mit einem jungen Mädchen erlebe ich dann, wie sie zärtlich wird, wie genau und vorsichtig sie formuliert. Und man sieht ihr an, wie überarbeitet sie ist, wie ihr der Schlaf fehlt und wie lang ihre Tage sind und wie erschütternd die Berichte, die irgendwo in ihr aufbewahrt werden.

Ein Mädchen ist so mutig, mir ihre Geschichte zu erzählen, und wir ziehen uns mit der Psychologin und der Übersetzerin in den gepflegten Therapieraum zurück.

Ja, es gibt Räume, in die kann dann kein Mann mehr folgen. Es ist keine Ausgrenzung, es ist Protektion. Es hat Grund, und ich finde, wir müssen aufhören, uns dafür zu schämen oder schuldig zu fühlen. Die Opfer wollen keine sein. Aber sie müssen sich nicht schämen, dass sie dazu geworden sind.

Irina, so nenne ich sie, ist ein schönes, mageres Mädchen von 18 Jahren. Sie hat sehr weiße Haut und pechschwarze, ganz kurze

Haare, die ihr in die Stirn strubbeln. Ein wenig wie Annie Lennox in Schwarz. Ihre Augen sind so hellblau wie das Eis am Nordpol. Diese osteuropäische Mischung aus Schönheit und Distanz, die einen verunsichern kann, weil man ihr nicht zu begegnen weiß.

Die Psychologin sagt, es ist gut, dass sie erzählt, es ist ein Schritt, auszusprechen, was passiert ist. »Irina ist erst seit kurzem bei uns.« Davor war sie fast ein Jahr in Moskau gewesen. Auch sie kam mit dem Zug dorthin und wurde von dem Mann, der sie nach Russland traffickte, weiterverkauft, und auch sie fand sich in einer Wohnung mit zehn Mädchen wieder, die jeden Abend in eine sogenannte Sauna verbracht wurden, wo viele Männer warteten. Eine Sauna, in der mittig ein Pool untergebracht war, drum herum Tische und eine Bar voller Wodka – und überall die Männer, die dort lagerten, wie Meeressäuger. Die Mädchen hielten sich dort auf, zehn, zwanzig an der Zahl, und »wir mussten immer nackt sein«. Sie waren die ganze Nacht in dieser Sauna nackt, und egal, welcher Mann oder wie viele Männer sie gleichzeitig oder nacheinander penetrierten, egal, wie viele Männer sie nacheinander vergewaltigen, um das richtige Wort zu benutzen, sie blieben nackt, und das Sperma lief aus ihnen heraus oder an ihrem Körper herunter oder aus ihrem Mund, und dann warf man sie in den Pool und zog sie heraus, kippte ihnen Wodka über den Kopf und in den Mund oder die Vagina und vergewaltigte sie erneut, nass von Wodka und Wasser, nackt neben dem Pool liegend. Trink, Irina, trink. »Und die Männer standen um uns herum und schauten zu und masturbierten, und einer schüttete Wodka in meinen Mund, während der andere von hinten ... Ich wurde betrunken, ich hatte nichts gegessen, ich mochte nicht betrunken sein, es machte alles instabil.«

Die Mädchen blieben in diesem Etablissement, bis sie am Ende der Nacht zurückgebracht wurden in die Aufenthaltswohnung. Wie Zirkustiere, die von den Käfigen in die Manege geführt werden und wieder zurück. So war Irinas Leben. Womit sie versorgt wurde, war Wodka, durchsichtige Bekleidung und Schminke. Kein Essen.

»Was? Kein Essen?«, unterbreche ich.

»Nein«, sagt sie und schaut mich direkt an.

»Aber wie kann das sein, du musst doch in der ganzen Zeit was gegessen haben.«

Sie steht auf und zieht ihre schwarze Jogginghose an der Hüfte herunter. »Schau«, sagt sie zu mir, »ich habe in ein paar Wochen 20 Kilo abgenommen, ich habe überall Narben, die gehen nicht mehr weg.« Ich stehe auch mit auf, wir schauen uns ihre Stretchmarks an, neben ihrem heraustretenden Hüftknochen. Weiße Striche, gerissene Haut, die man bekommt, wenn man zu schnell zu- oder abnimmt. »Ich habe zu schnell abgenommen, weil uns kein Essen gebracht wurde, sondern nur Blondiermittel.« Sie musste sich die Haare blondieren, sie hatte viele lange Haare, die ihr bis zur Taille reichten, und sie wurde genötigt, sie hellblond zu färben. »Darum habe ich mir sofort die Haare abgeschnitten und schwarz gefärbt, als ich hierherkam.« Die Psychologin lächelt.

»Das verstehe ich, Irina, das hätte ich auch gemacht«, sage ich. Wir schauen uns an, die Distanz wird kürzer. »Sieht übrigens sehr gut aus, der Haarschnitt, das Schwarz. Steht dir. Wie ein Rockstar.« Kurz geht Annie Lennox an uns vorbei und fährt mit ihrer Hand durch Irinas Haar; neben der Psychologin sitzt Dave Stewart auf der Couch und spielt Gitarre, Annie singt ›sweet dreams are made of this‹ ...

Some of them want to use you

Some of them want to get used by you

Some of them want to abuse you

Dann löst Annie sich auf und wird zu Schaum auf dem Meer.

Der Meter blondiertes Haar, den Irina abgeschnitten hat, wie Rapunzel im Turm, den sie im Müll entsorgt hat, der wurde abgetrennt, um die Erinnerung an diese grausame Zeit zu kappen, um diesen Teil ihres Lebens von ihr abzuschneiden. Amputation der Erinnerung. Hier in diesem Heim, diesem Schutzraum, wird das ermöglicht, nicht nur mit einer Schere, sondern auch mit der gemeinsamen Freude. Oder mit einem Gespräch, falls das Zittern einsetzt. Sie haben alle Albträume, aber sie haben auch wieder ein Leben, einen Alltag, eine Struktur, die vage Idee einer Zukunft sogar, und sie beginnen den Tag – mit einem Frühstück.

Irina magerte ab und wurde allabendlich in die Sauna gefahren, bis es ihr eines Nachts gelang, von dort zu fliehen. Nackt. Sie rannte nackt auf die Straße. »Ich konnte ein Handtuch mitnehmen.«Auf der Straße in Moskau, irgendwo in diesem Koloss von Stadt, rannte sie herum, wusste nicht, wo sie hingehen sollte, barfuß, mit ihrem Handtuch um sich geschlungen, und die Menschen, an denen sie vorbeihastete, dachten, sie sei verrückt, und riefen die Polizei.

»Eins zwei drei, Polizei ...«

Ich wünschte, ich könnte jetzt etwas anderes hinschreiben als das, was man aus jedem Thriller kennt. Ja, die Polizei hat sie zurück in die Sauna gebracht, die Polizisten haben dafür cash Dollars in die Hand erhalten, und Irina wurde wieder in die Wohnung gefahren. Was man mit ihr angestellt hat, darüber haben wir geschwiegen. Manche Lücken werden nie geschlossen.

Kurz danach wurde sie weiterverkauft, an einen anderen Club, wo die Zwangsprostituierten nicht als Gruppe angeboten wurden, sondern einzeln an einzelne Freier. Einer der Freier kam regelmäßig zu ihr und registrierte, dass sie immer dünner wurde, fragte, warum das so sei. Irina traute sich zu antworten und sagte die Wahrheit, dass die Menschen, die hier die Mädchen verwalteten, ihr nichts zu essen geben würden. Dieser Mut hat ihr das Leben gerettet. Der Freier brachte ihr bei der nächsten Session etwas zu essen mit. »Er war nett«, sagte sie, »er hat auch keinen Sex mehr gewollt.« Sie habe gegessen, und er habe dabei zugesehen und Fragen gestellt. Er wollte ihr helfen, überlegte, wie er das machen könnte. Ihm war klar, dass es beide gefährden würde, er verstand, dass man es mit gefährlichen Menschen zu tun hatte. Doch schließlich brachte er Irina ein Zugticket via Odessa nach Chişinău mit.

Die Zugstrecke ist lang, und Irina saß über all die Zeit hinweg voll Anspannung und partiell auf der Toilette in diesem Zug, aus Angst, dass einer der vielen Trafficker, die hier wie die Händler der Seidenstraße immer auf und ab wandern, sie entdecken und wieder zurückschicken würde. Ihr ist das nicht passiert, aber anderen Mädchen.

Irinas Geschichte ist eine Geschichte mit einem erstaunlichen Ausgang: dass ausgerechnet der Freier zu ihrem Retter wurde. Doch es ist kein Einzelbeispiel, lerne ich, dieser Mann war keine Ausnahme. Auch später, als ich die Ladys von »La Strada« kennenlernte, bestätigten sie mir, dass es oft die Freier sind, die den Mädchen helfen.

Als Irina in Chişinău ankam, als sie zu einer Rückkehrerin wurde, erfuhr sie zügig von dem »›Shelter‹ für getraffickte Mädchen und Frauen«, doch erst nach sorgfältiger Vorbereitung wurde ihr die Adresse genannt, und sie durfte einziehen.

»Ich möchte Schneiderin werden, ich lerne gerade nähen«, sagt sie zum Schluss und lächelt. Das ist die Moral von der Geschicht‹: Sie wird Schneiderin und näht sich Kleidung, die nicht durchsichtig ist und die ihr passt, falls sie wieder 20 Kilo zunehmen sollte, Kleidung, von deren Verkauf sie ihr eigenes Leben gestalten und finanzieren wird.

Ich bewundere sie, und das sage ich ihr auch.

Die langfristige Idee des Rückkehrerinnen-Heims ist natürlich, dass die Mädchen und Frauen sich wieder in die Gesellschaft resozialisieren, dass sie aus dem Heim ausziehen, vielleicht gemeinsam in Wohngemeinschaften leben, dass das Skills-Training, wie beispielsweise das Schneidern, fortgeführt wird oder dass sie sich eine Ausbildung suchen, zur Bäckerin, zur Köchin, zur Krankenschwester oder im Pflegedienst, damit sie sich eine Existenz aufbauen können. Bei alledem werden sie beraten und begleitet. Und sowieso erst in diese Art Leben entlassen, wenn sie stabil sind. Denn da draußen hängen irgendwo die human Trafficker ab, die um die Mädchen wissen, die ihnen entkommen sind – sie wissen nur nicht, wo sie sind.

Als nach dem Ende des Kalten Krieges und der Sowjetunion das einigermaßen funktionierende Sozialsystem der Moldau-Republik zusammenbrach, bildete sich keine Nachfolgeinstitution, die diesbezüglich etwas geleistet hätte. UNICEF bemüht sich, zusammen mit internationalen und lokalen Organisationen, Einrichtungen zu schaffen, die als Modelle für staatliche Sozialstationen dienen und einen Mangel beheben könnten, der angesichts der großen Armut für viele Kinder und Frauen katastrophal ist. Die Rückkehrerinnen-Heime sind ein Resultat dieses Gedankens.

Wenn die ehemalig getrafficten Mädchen schließlich in WGs oder allein in einem Appartement leben, sind sie weiterhin in Kontakt und regelmäßigem Austausch mit dem Heim. Erhalten Unterstützung bei administrativen oder juristischen Problemen oder bei der Job- beziehungsweise Arbeitsplatzfindung. Sie werden in die Gesellschaft, die sie ausgespuckt hat, resozialisiert. Das »Shelter« wird weiterhin als Rückendeckung, Schutz und Begleitung dienen, denn es ist Teil eines internationalen Netzwerks. Sie sind nicht mehr die verlorenen Individuen, die Gefahr laufen, von der Erdscheibe geschubst zu werden und runterzufallen, sie sind Teil einer Gruppe, und es baumelt ein Netz unter der Scheibe.

Herr Schlagintweit erhebt sich von seinem Platz am Tisch im Gemeinschaftsraum, wo er sich aufhalten durfte. Er hat mit zwei Kindergartenkindern Ostereier aus Plastilin geformt, er hatte offensichtlich eine gute Zeit und die Kinder auch. Wir gehen schweigend, wie wir gekommen sind, zurück, finden das Auto und gehen was essen.

Es ist ein riesiges Restaurant im Stil der Ostzeiten. Mehr Kantine als Restaurant. Viele Tische, kein Ambiente, keine Deko, unvorteilhafte Beleuchtung für Frauen ab 30. Büfett, in dem die Salatbar aus zu Stiften geraspelten, sauer gewordenen Karotten und leicht blau angelaufenen Eiern besteht. Hauptsache Kalorien. Und Tee! Ich brauche dringend heißen, starken, schwarzen, süßen Tee. Man läuft ziemliche Strecken, um sein Essen vom Point of Sale nach Hause an den Tisch zu tragen. Ich muss aufpassen, dass ich nicht taumle und gegen Menschen, Tische oder Ecken renne, weil mein Gehirn so voll ist, ich muss mich schnell hinsetzen und den Computer runterfahren, damit hier nicht ein Unglück passiert.

Und dann passiert statt eines Unglücks ein Glück. Mein Name wird gerufen. What???!!!

»Katja! What are you doing here?«

Ich drehe mich im Kreis, um zu lokalisieren, woher der Ruf kommt, und mein Blick bleibt an einem Tisch hängen, an dem acht Frauen sitzen mit heiteren Gesichtern, die fast alle in meine Richtung schauen. Eine Frau lächelt mich an.

»Hello Katja, remember me? We met in Sofia last year. We played Backgammon. You won!« Gelächter.

»Elena!« rufe ich. »Ich fasse es nicht, das gibt es ja gar nicht. Hallo, wie schön, dich zu sehen. Was machst du hier?«

Wir umarmen uns. (Ich mit Teller in der Hand.)

Sie hatte recht, ich hatte irrsinnigerweise zweimal gewonnen, und es ist eigentlich ein Ding der Unmöglichkeit, gegen bulgarische Backgammon-Nerds zu gewinnen, und darum gehe ich mal davon aus, dass sie mich haben gewinnen lassen – obwohl ...

Mein Film »Rosenstraße«, inszeniert von Margarethe von Trotta, über den Aufstand der Frauen in Berlin 1943 war im Wettbewerb in Sofia gelaufen, und der anschließende Empfang fand in einem pompösen, schlossartigen Gebäude statt, irgendwas sehr Altes ohne Heizung und Catering jedenfalls. Es war festlich, und alle waren schick angezogen und schlotterten, und Lippen liefen blau an, wie die Eier neben den Karottenraspeln. Und dann hatte der coole Festivaldirektor Stefan Kitanov genug von der Kälte und lud kurzentschlossen die ganze Eröffnungszeremonie zu sich nach Hause in seine Dreizimmerwohnung ein. Viele, nicht alle kamen. Ich kam auch mit, und seine Frau Elena (so nenne ich sie) produzierte plattenweise Essen und Tee für uns. Die Männer saßen im Wohnzimmer, rauchten und spielten Backgammon. Stefan forderte mich heraus, was sollte ich machen? Er hatte nicht damit gerechnet, dass eine Frau aus Westeuropa (obwohl Berlin ja eigentlich Osten ist) es wagt, sich mit ihm zu messen. Ich wagte es ja auch nicht, ich habe nur seine Herausforderung angenommen.

Es war ein großartiger Abend, wir hatten alle irre viel Spaß, spielten, tranken, lachten und wurden wieder warm. Und als ich zu Elena ging, um meine Hilfe anzubieten, sagte sie, ach, ich bin doch längst fertig. Und nun stehen wir ein Jahr später voreinander.

Nachdem ich mit Herrn Schlagintweit gegessen und den Computer runtergefahren habe, setze ich mich mit meinem Tee zu den Damen, und sie erzählen mir in eloquentem Englisch, wer sie sind und was sie hier machen – und spätestens jetzt ist klar, es gibt keine Zufälle, alles fällt auf seinen Platz.

Denn hier sitzt der gesamte Vorstand der Nichtregierungsorganisation »La Strada«, deren Thema Human Trafficking and Forced Labour ist! Sie sind die, die die Mädchen zurückholen und das Thema in die Welt hinausschleudern. Verrückt, dass sie sich ausgerechnet zu einer Konferenz in Chişinău treffen, während wir zu diesem Thema eine Projektreise machen.

Jede der Vorstandsdamen kommt aus einem anderen Land; gegründet wurde der Verein 1995 in den Niederlanden, das Thema liegt in Osteuropa, und so sind die anderen Vorsitzenden aus Moldawien, Tschechien, Polen, Mazedonien, der Ukraine, Belarus und Bulgarien.

La Strada hat ein Netzwerk aufgebaut und ist dabei, es zu vergrößern und bekannt zu machen, das sich darum kümmert, verschwundene und in die Sexsklaverei verkaufte Mädchen, Jungs und Frauen aufzufinden. Es gibt eine Hotline, die 24/7 erreichbar ist. Wenn eine Verschollene diese Telefonnummer erhält oder erfährt und Zugang zu einem Telefon hat, kann man sie binnen 24 Stunden ausfindig machen und rausholen.

»Weißt du, wo du bist?«, wird zuerst gefragt. Nach der Stadt. Die Stadt wissen sie.

»Kennst du die Adresse?«

»Nein.«

»Kannst du an ein Fenster gehen?«

»Ja.«

»Kannst du das jetzt machen?«

»Ja.«

»Schau raus und sag, was du siehst. Ein Straßenschild vielleicht? Oder eine Baustelle?«

»Nein, wir sind in einem höheren Stockwerk.«

»Okay, wie sieht die Straße aus oder das Haus gegenüber. Kannst du einen Kirchturm sehen oder ein anderes höheres Gebäude. Vielleicht eine beleuchtete Werbung? Oder einen Park?«

»Ich sehe einen Kirchturm.«

»Gut. Wie sieht er aus? Wie weit ist er weg. Auf welcher Seite von dort, wo du jetzt bist, siehst du ihn?«

Manchmal müssen sie auflegen, weil es gefährlich wird, da jemand hereinkommt, oder weil sie zurückgehen müssen. Sie werden gefragt, ob sie es einrichten können, zu einer bestimmten Uhrzeit am nächsten Tag erneut anzurufen. Ob sie vielleicht sogar die Telefonnummer kennen des Telefons, von dem aus sie anrufen. Über die Beschreibungen dessen, was sie sehen, oder die Entfernung des Kirchturms, der Werbung, des Parks, einer beleuchteten Uhr oder was auch immer können die Mitarbeiter und das Netzwerk von »La Strada« den Umkreis einschränken und die Mädchen lokalisieren. Zusammen mit lokaler Polizei und Interpol stürmen sie die Wohnungen und holen die Mädchen raus.

Heute (2018) ist La Strada (LSI) sehr breit aufgestellt und arbeitet mit OSCE (Office of the Special Representative on Trafficking in Human Beings), der EU Group of Experts on Trafficking in Human Beings und dem Nichtregierungs-Netzwerk of Human Rights and Democracy Network (HRDN) zusammen. Außerdem dem Council of Europe und den Vereinten Nationen. Sie arbeiten konstitutionell, juristisch und international. Sie haben nicht aufgegeben!

Der Menschenhandel und die moderne Sklaverei florieren. Durch die Völkerwanderung, die im Begriff ist, immer größer zu werden, reißt der Nachschub an Menschen, mit denen Menschenhändler ihr Geld verdienen, niemals ab. Sie kommen aus osteuropäischen Ländern, aus Subsahara-Ländern, aus asiatischen Ländern. Es sind junge Menschen, die oft keine Ausbildung haben und sich auf der Suche nach einem besseren Leben wie die Stadtmusikanten auf den Weg gemacht haben. Nicht alle kommen dort an.

Senegal. 2002/2006/2010/2016

*Life has legs and is walking. We need to walk with
life or we will be left behind. (Das Leben hat Beine
und geht voran. Wir müssen mit ihm gehen, oder
wir werden zurückgelassen).*

Dembe Diawara, Imam and village chief

Eine Mutter holt ihre Tochter am Bahnhof einer kleinen US-amerikanischen Stadt ab. Es sind die 90er Jahre, und die Tochter war nach dem College für ein Jahr nach Westafrika gegangen, um dort im ›Peace Corps‹ zu arbeiten. Heute kommt sie zurück. Ihre Mutter läuft aufgeregt über die leere Plattform, während der Zug einfährt, ihr klopft das Herz, sie hat ihre Tochter schrecklich vermisst und freut sich unbändig auf sie; fragt sich, wie ihr Kindchen jetzt wohl aussieht, nach einem Jahr afrikanischer Sonne auf ihrer Haut. Der Zug hat angehalten, die Türen öffnen sich, Menschen quellen heraus, der Zug war offensichtlich voll besetzt, im Nu ein Trubel auf dem Bahnsteig und Menschenmengen, als hätte ihre Tochter ein afrikanisches Bühnenbild mitgebracht, inklusive Statisten. Sie sucht das vertraute Gesicht zwischen den Fremden, drängt sich an Körpern vorbei. Und dann plötzlich, da vor ihr, da sieht sie einen Koffer über allen Köpfen schweben, Menschen gehen aus dem Bild, und da kommt eine strahlende junge Frau auf sie zu mit gesunder Hautfarbe, einem Lachen im Gesicht – und ihrem Koffer auf dem Kopf, während sie noch rechts und links jeweils eine Tasche trägt.

So kehrt man unter Umständen nach einem Jahr Senegal in die Staaten zurück.

Dieses Kapitel schrieb ich ganz zum Schluss, und die Frage ist, wie fange ich an?

Vielleicht so: Als ich fünf Jahre alt war, schenkte mir meine Mutter, die Dorfschullehrerin des kleinen Dorfes Kirchweyhe in Niedersachsen, in dem ich groß wurde, Zwillingspuppen zum Geburtstag. Schwarze Puppen. Das war ungesehen und einmalig in dem Ort. Es war ihre pädagogische Maßnahme gegen Rassismus. Die Puppen wurden meine Kinder. Ich nannte sie Tipsi und Topsi, und es gibt nicht die Spur einer Erinnerung, wie ich auf diese Namen gekommen war. Niemand außer mir konnte sie auseinanderhalten. Sowohl meine Mutter als auch meine Schwester strickten und häkelten Bekleidung für die beiden neuen afrikanischen weiblichen Familienmitglieder, und zu Weihnachten erhielten sie wie wir alle Geschenke. Eingepackt, mit Namen draufgeschrieben: Ein Doppelbett, zwei Mandarinen, Hüte oder Minikleider. Sie feierten mit, und ich wäre beleidigt gewesen, wenn sie nicht integriert worden wären und keine Geschenke von meinen Geschwistern erhalten hätten, was tatsächlich niemals der Fall war.

Sie wurden mit mir groß, ich erzog sie, und sie kamen auf allen Reisen mit, wobei man sagen muss, dass wir angesichts unseres Budgets niemals reisten, abgesehen von den dänischen Campingplätzen, auf die es immer draufregnete. Und in die Schlafsäcke hinein. Darum bin ich für mein Leben traumatisiert, was Zelten anbelangt.

Bis heute leben sie bei mir und sitzen derzeit in meinem Bücherregal vor Stefan Zweig. Warum gerade da? Kein Grund.

Sie wurden zu meinen Kindern, lange bevor weiße Hollywoodstars afrikanische Kinder adoptierten, und wenn mir damals irgendein Nachbar oder Bekannter versuchte zu erklären, dass es nicht meine Kinder sein könnten, wegen der Hautfarbe, sprach ich nicht mehr mit dieser Person, weil sie offensichtlich nicht begriff, was Liebe ist.

Ich könnte das Kapitel aber auch so beginnen:

Im Jahr 1997 gingen wir mit dem Musikfilm ›Bandits‹ auf Kinotour, um ihn zu bewerben. Es war eine lange Kinotour, so etwas war noch neu in diesem Land. Wir zeigten den Film in diversen Kinos, und nach der Vorstellung kamen die Hauptdarstellerinnen Nicolette Krebitz, Jasmin Tabatabai und ich mit unserer Regisseurin Katja von Garnier auf die Bühne, sprachen mit dem Publikum, machten Musik, machten ein Quiz und hatten eine gute Zeit mit dem Publikum. Kinotouren sind hart, wenn man sich nicht gern in großen Menschenmengen aufhält, was für mich zutrifft. Es war eine gute, erfolgreiche Kinotour, aber wir haben sie nur durchgestanden mit einer Menge Alkohol. So kamen wir schließlich nach Dresden, und ich machte mich nachmittags kurz nach der Ankunft für den Abend fertig, schenkte mir das erste Glas ein, ließ den Fernseher laufen und ging ins Bad. Als ich herauskam, hörte ich aus dem Fernseher, den ich nicht sehen konnte, da er im anderen Zimmer stand, einen Schrei, der mir bis in meine Knochen fuhr. Es war ein Bericht der Sendung ›Mona Lisa‹, in dem es um Mädchenbeschneidung ging. Davon hatte ich noch niemals gehört und erfuhr durch den Beitrag ein wenig darüber. Der Schrei hat mich niemals mehr verlassen.

Zwei Jahre später, im Jahr 1999, erhielt ich den Anruf einer Frau, deren Name Claudia Berger war und die für UNICEF Deutschland arbeitete. Sie fragte mich, ob ich mir vorstellen könnte zu einer Fernsehshow, die sich ›Der geschenkte Tag‹ nannte, zu kommen, um ein Projekt zum Thema FGC, Female Genital Cutting, Mädchenbeschneidung, zu präsentieren.

»Wissen Sie, Katja«, sagte sie, »der 29. Februar 2000 ist doch ein zusätzlicher Tag im Jahr, wie ein Zeitgeschenk, und wir möchten ihn den Kindern der Welt schenken, um weltweit auf unsere Projekte aufmerksam zu machen und dafür Spenden zu sammeln. Im Senegal, Westafrika, unterstützen wir seit einigen Jahren die Arbeit einer lokalen Nichtregierungsorganisation, die sich Tostan nennt und sich mit FGC beschäftigt. Die Initiatorin von Tostan wird extra nach Köln kommen, wo die Sendung stattfindet, um über ihre Arbeit zu sprechen, aber wir suchen händeringend jemand, der das mit ihr zusammen macht. Alle sagen uns ab. Alle sagen, das ist zu grausam, da schaltet man ab.«

Ihre Stimme am Telefon klang verzweifelt.

Der Schrei ...

»Ja«, sagte ich, »das mache ich. Aber ich weiß zu wenig darüber. Würden Sie mir Informationen schicken, und dürfte ich die Initiatorin vorab treffen?«

So kam ich zu UNICEF. So lernte ich Molly Melching kennen, die ich viermal im Senegal besuchte und wiederholte Male in Deutschland traf.

Am 29. Februar 2000 dann saß sie, die Direktorin von Tostan, in ihrem schönsten Seiden-M'Boubou in der Sendung, und ich konnte sehen, dass sie zitterte. Damals war sie noch neu im Umgang mit öffentlichen Präsentationen. Inzwischen gehört Tostan zu den 30 wichtigsten NGOs weltweit, und Molly Melching trifft die Leader der Welt. Aber eins nach dem anderen.

Man stelle sich Folgendes vor: einen Baum, vor dem ein Platz liegt, um den herum Hütten und Häuschen ohne erkennbare Planung verteilt sind. Es ist ein Dorfplatz, auf den Plastikstühle gestellt wurden, die keinen Kreis bilden, sondern nur so eine Kette. Darauf senegalesische Frauen in bunten Kleidern mit passenden Tüchern auf dem Kopf. Große, stattliche Frauen, denen das Lachen leicht sitzt. Um sie herum laufen Kinder. Viele Kinder. Man kann sie nicht der Mutter zuordnen, denn immer mal sitzt irgendein Kind auf irgendeinem Schoß oder wird in Wolof, einer der senegalesischen Sprachen, lautstark gerufen oder gemaßregelt. In der Mitte des Platzes stellen nun ein paar Musiker ihre Instrumente auf. Männer, die über metallene Ölfässer Ziegenfelle gezogen und so eine Trommel hergestellt haben. Statt einer klassischen Djembé aus Holz. Djembé wird mit den Händen gespielt. Um ihre Fußgelenke haben sie sich kleine Ketten mit Ziegenhufen gebunden, die rasseln. Die Männer beginnen zu trommeln, im Stehen, nah beieinander. Die Frauen stehen nach und nach auf und bilden einen Kreis um die trommelnden Männer und beginnen sich gleichmäßig zu bewegen, gehen schrittweise in eine Richtung. Ein stetiger Rhythmus, man bewegt sich gemeinsam. Dann das erste Trommelsolo, das Tempo steigt. Eine Frau schnellt vor und macht einige expressive größere Bewegungen. Zurück in den Groove. Eine Frau nimmt meine Hand und zieht mich von dem Plastikstuhl hoch, auf dem ich saß und schaute, in den Frauenkreis hinein. Wir tanzen. Alle zusammen, der Rhythmus lässt uns uns gemeinsam bewegen. Ich darf daran teilhaben, und wir lachen uns an. Die Männer beginnen zu schwitzen, die Trommeln explodieren geradezu, die hochfrequenten Töne der Djembé steigen bis in den Wipfel des Baumes, unter dem wir uns bewegen – endlos, ewig. Mama Afrika!

Das Dorf liegt weit von der senegalesischen Hauptstadt Dakar entfernt. Wir sind mit einem weißen UNICEF-Auto dorthin gefahren, über Schotterpisten und ohne google maps. Der Fahrer kennt den Senegal wie seine Westentasche.

Ich schaue aus dem Fenster. Endlose Weite, leerer Raum. Neben der asphaltierten Straße rote Erde, die direkt ins gelbe Feld übergeht mit grünem Gestrüpp, darüber ein weißlich-bläulicher Himmel, der hochkant über der Landschaft steht. Vereinzelt Baobabbäume, die die Landschaft in einen Skulpturenpark verwandeln. Zauberbäume, in denen die Geister der Vergangenheit und die Ahnen zu den Griots sprechen, den Musikern, Tänzern, Sängern des Senegals. Die Griots sind die Künstler, die über die kolonial geschaffenen Grenzen Westafrikas hinaus dieselben Lieder singen, dieselben Geschichten erzählen und denselben Schmuck tragen. Unter den Baobabs bekommen sie ihre Inspiration und beerdigen ihre Mitglieder – aufrecht. In die Flachheit hineinverteilt Palmen: haushohe Baumstämme mit einem Puschel obendrauf, sie überragen die Baobabs knapp, deren Finger in alle Richtungen abstehen, als wären sie aus Pappe geschnitten. Aus dem Holz, den Wurzeln, den Blättern des Baobabs wird Medizin und Kosmetik gewonnen. Wir ziehen an weißen Kühen und Ziegen vorbei, und manchmal sehen wir eine nicht zu verstehende Mauer neben der Straße oder ein unfertiges Haus. Weitab Hütten. Wir hören Youssou N'Dour, die perfekte Score-Musik zu dieser Landschaft. Später werde ich ihn kennenlernen.

Frauen gehen hintereinander an der Straße entlang mit Brennholz auf dem Kopf. Es ist warm und etwas diesig, die Landschaft ist friedlich und so wunderschön, dass der Blick ausruhen kann und nicht von

Bildern und Bewegungen gejagt wird. Die Bewegung entsteht durch die Fahrt. Ich schaue aus dem Fenster und sehe den Senegal: ein Land, dem eine Insel vor Dakar vorgelagert ist, von der aus man, wenn man immer geradeaus über das Wasser gehen könnte, in Puerto Rico ankäme. Und kurz danach in Amerika, der neuen Welt. Von dieser vorgelagerten Insel aus wurden die Menschen des afrikanischen Kontinents verschifft.

An dem Tag, als wir von Dakar aufbrachen, standen sieben Frauen aus sieben verschiedenen Dörfern der 5000 senegalesischen Dörfer bei Sonnenaufgang auf und begaben sich zu Fuß auf den Weg in dieses Dorf mit dem Dorfplatz, um uns dort zu treffen. Sie gingen die drei oder vier oder sieben Stunden zu Fuß. Egal, wie lange es dauert, sie werden heute endlich wieder Molly Melching treffen und Mitglieder des senegalesischen UNICEF-Teams, und auch Weiße, Toubabs genannt, aus Europa. Es ist ein wichtiger Tag, denn sie vertreten die Frauen ihrer Dörfer und wollen von den Veränderungen, die sich seit ein paar Jahren in ihren Communities ereignet haben, berichten, die nicht nur ihr persönliches Leben betreffen, sondern im Begriff sind, das ganze Land neu aufzustellen. Und vielleicht zukünftig darüber hinaus noch weitere Länder.

Diese sieben Frauen waren die offiziell von ihren Gemeinschaften gewählten Frauenbeauftragten. Frauen, die als Mädchen beschnitten worden waren und die ihre Töchter wiederum beschneiden ließen. Frauen, die aufgrund des Programms von Molly Melching über ihre Menschenrechte informiert wurden, die den Unterschied und die Veränderung machen sollten. Denn wie soll man sich für seine Rechte einsetzen, wenn man nicht weiß, dass man sie hat.

Wie soll ich eintreten für mein Wahlrecht, wenn ich nicht weiß, dass ich als Frau das Recht habe zu wählen. Wie soll ich für das Recht auf Landbesitz eintreten, wenn ich niemals darüber nachgedacht habe, dass ich ein Stück Land besitzen könnte, um darauf etwas anzubauen und damit eigenes Einkommen zu erwirtschaften. Wenn ich nichts über Verhütung weiß, weil ich weder in der Schule (da ich nicht zur Schule gegangen bin oder, selbst wenn, es dort keinen Aufklärungsunterricht gegeben hätte) noch von den Eltern aufgeklärt wurde, weil diese nicht darüber sprechen. Woher soll man sein Wissen bekommen, wenn einem niemand dieses Wissen vermittelt? Internet? Ich hatte einen Freund, der Ende der 90er Jahre sagte:»Das Internet wird die Welt verändern.« Er hatte recht. Dennoch benötigt man dafür Strom. Was, wenn du keinen Strom hast? Oder kein Geld für einen Computer. Wenn du nicht lesen und schreiben kannst. Die Selbstverständlichkeiten sind für uns manchmal so selbstverständlich, dass wir Wesentliches übersehen. Wenn man nicht weiß, dass man das Recht auf körperliche Unversehrtheit hat, was dann? So entwickelte Molly Melching ein Programm. Sie nannte es»Community Empowerment Program«, CEP, und es dauert dreieinhalb Jahre. Den Unterricht besucht man dreimal die Woche im eigenen Dorf.

Molly war die erste Person, die ich kennenlernte, die maßgeblichen Einfluss auf mich in menschenrechtlicher Hinsicht gehabt hat, die mich geprägt hat mit ihrer Energie, ihrem Engagement, ihrem Respekt Menschen gegenüber, ihrer guten Laune und der Vorbildlichkeit, wie lokale Nichtregierungsorganisationen durchgreifende Veränderungen bewirken können. Sie ist eine Institution. Und ihre Arbeit, ihr Leben, ihr Lebenswerk ist über alle Maßen beeindruckend und wegweisend. Sie ist, ich kann es nicht anders sagen, eine jener Heldinnen im Feld, deren Geschichte und deren persönlich erlebte Geschichten man nicht oft genug erzählen kann und die eigentlich weltberühmt sein müsste. In dieser Frau wird sichtbar, was ein einzelner Mensch bewegen kann. Ich bewundere und verehre sie. Sie stellt unmittelbaren Kontakt her, so wie ich es bei der Begegnung mit Menschen auf allen Reisen in diverse Länder des afrikanischen Kontinents erleben durfte. Man eiert nicht lange herum, sondern bezieht sich sofort auf das Gegenüber. Als wir uns in Köln kennengelernt haben, schien es, als würde sie mich kennen:»Oh, I am so glad, you are here. We need to talk about ...« Und schon begann sie mir begeistert von der Arbeit von Tostan zu erzählen. Wir waren mitten im Thema, und ich sog jedes Wort ein.

Molly Melching kommt aus Illinois, USA – mit deutschen Vorfahren übrigens. (Daher der Nachname.) Sie ist eine weiße Amerikanerin, die nach ihrem Schulabschluss 1974 nach Frankreich ging, um Französisch zu studieren und alles zu lernen, was mit Frankreich zu tun hat. Durch einen akademischen Austausch, der sechs Monate dauerte, kam sie schließlich nach Dakar.

Sie blieb für immer.

Ihr senegalesischer Mann Malik, may he rest in peace, erzählte mir, als ich ihn kennenlernte, in seiner ruhigen Art Folgendes: »Ich habe 20 Jahre in Amerika gelebt und gearbeitet, in Washington, und ich kam zurück in meine Heimat, um zu heiraten. Und natürlich wollte ich eine senegalesische Frau heiraten.« Er schaute mich durchdringend an, die Geschichte war schon zu Ende. Molly kichert, Malik nicht. Das hier ist ernst, denn er wollte eine afrikanische Frau heiraten und fand sie in Molly. »She is so african!«, sagt er. Sie spricht perfekt französisch und Wolof mit einem starken amerikanischen Akzent, und in all den Jahren konnte ich wiederholt erleben, wie Senegalesen davon überrascht waren, dass eine große wohlleibige Weiße ihre Sprache so fließend beherrschte. Es gab Situationen, in denen Senegalesen miteinander Wolof sprachen, nicht ahnend, dass sie jedes Wort verstand. Wenn sie dann, mit Schalk im Auge, etwas sagte, fuhr den Jungs der Schreck in die Glieder, da sie möglicherweise etwas Freches über sie geäußert hatten.

Warum sie das kann? Nun, sie lebte drei Jahre in einem senegalesischen Dorf. Es war als zweimonatiger Aufenthalt geplant, aber es wurden drei Jahre daraus, und in der Zeit lernte sie nicht nur die Sprache, sondern auch das senegalesische Dorfleben kennen. Ein Leben ohne fließendes Wasser: Sie ging täglich einen Kilometer zum Brunnen und trug die Lasten auf dem Kopf. Ein Leben ohne sanitäre Einrichtungen: Sie baute sich eine Latrine hinter ihre Hütte. Kein Strom oder Herd: Sie kochte auf einem kleinen Kohleofen vor ihrer Hütte und zerbarst das Getreide mit hölzernem Mörser und Stößel. So wurde sie zu einem akzeptierten Mitglied des Dorfes, das sie als ihr senegalesisches Zuhause betrachtet.

Sie hatte als Streetworkerin gearbeitet und traf, nachdem sie aus dem Dorf zurückgekehrt war, auf ihren Mentor Cheikh Diop, der entscheidenden Einfluss auf ihre humanitäre Arbeit hatte. 1991 gründete sie dann die NGO Tostan, was ein Wort in Wolof ist und ›Aufbruch‹, ›Durchbruch‹ bedeutet. In den Jahren im Dorf hatte sie bereits von der Situation der beschnittenen Mädchen erfahren und was die Beschneidung für sie als Heranwachsende, als Schwangere, als Gebärende, als Mutter, als Frau im Verlauf ihres ganzen Lebens bedeutet. Aber eins nach dem anderen. Das Programm, das sie mit Tostan entwickelte, das »Community Empowerment Program«, bezieht sich auf Menschenrechte. Einfach gesagt: Sie lehrt Menschenrechte, um von ihnen ableitend Lebensbedingungen zu beleuchten. Doch der Unterricht, der dreimal die Woche stattfindet, beginnt zuerst mit anderen Lerneinheiten.

»Wir beginnen nicht mit Lesen und Schreiben, sondern damit, den Teilnehmern Mittel in die Hand zu geben, die sie innerhalb ihrer Gemeinschaften pragmatisch anwenden können. So ist das Thema der ersten Stunden: Dialog.« Das bedeutet, man trennt Frauen von Männern, denn die Frauen sprechen nicht, wenn Männer dabei sind. Man trennt Kinder von Erwachsenen, denn Kinder sprechen nicht, wenn Erwachsene dabei sind. Ich habe an einer solchen Klasse mit Frauen, auf die sie sich zuerst konzentrierte, teilgenommen. Die Schule war ein überdachter Platz. Vier Pfähle, Matten obendrauf, Plastikstühle hingestellt, Klassenraum fertig. Den Klassenraum muss das Dorf stellen, wenn sie das Programm wollen. Wir saßen im Kreis. Molly hatte einen kleinen Ball aus zusammengeknautschtem Material, voraussichtlich Stoff in der Hand und stellte die Frage: »Was machst du, wenn dir jemand 50 Dollar gibt.« Und warf den Ball einer Kursteilnehmerin zu. Lachen. Keine Antwort. Weiterwerfen. »Ich mache eine Reise.« Lachen. »Ich kaufe ein Stück Land.« Es ist ungewohnt zu sagen, was man möchte. Nein, es ist ungewohnt, überhaupt darüber nachzudenken, was man möchte. Das ist es, was trainiert wird. Zu überlegen und herauszufinden, was man will. Sich zu erlauben, das zu äußern. Zu sprechen. Miteinander zu sprechen. Zuzuhören und sich darauf zu beziehen. Sich zu öffnen, statt sich zu verschließen. Dialog statt Schweigen.

Das ist eine ganze Menge. Obwohl es sich simpel anhört oder gar langweilig. Aber es ist wohl eine Grundlage zwischenmenschlicher Beziehungen, dass man kommuniziert, was mehr meint als das Erlernen einer gemeinsamen Sprache. Eine Lerneinheit, die sicherlich überall in der Welt und nicht nur in westafrikanischen Communities einen Wert haben könnte.

Die Unterrichtseinheiten reichen thematisch über einen Zeitraum hinweg und werden nicht in 45 Minuten eingetaktet. Eine andere heißt Hygiene. Es ist sinnvoll, die Hände zu waschen, bevor man mit den Händen isst. Es ist sinnvoll, das Wasser abzudecken und im schattigen Inneren einer Hütte aufzubewahren. Es ist sinnvoll, eine Latrine hinter der Hütte zu graben, um dort sein Geschäft zu verrichten. Es ist sinnvoll, Essensreste oder anderen Müll zu entsorgen. Bakterien finden sich überall, und daraus entstehen möglicherweise ansteckende Krankheiten bei Nichtbeachtung dieses grundlegenden Wissens. Der ungarische Gynäkologe Ignaz Semmelweis war es, der Mitte des 19. Jahrhunderts herausfand, warum viele Frauen im Kindbett starben. Er führte es auf die mangelnde Hygiene der Ärzte und Krankenschwestern der Geburtsstationen zurück. Hände waschen, desinfizieren. Die Frage ist also, wie man Wissen verbreitet, um es anschließend praktisch anzuwenden.

Ein Beispiel von der Reise, auf die meine Schwester Susanne mich in den Senegal begleitete. Wir fahren mit Molly in ein, so würde ich es nennen, Tostan-Dorf. Was nicht bedeutet, dass das Dorf von Tostan erbaut wurde oder gar Tostan ›gehört‹. Es ist einfach ein Dorf, in dem die weiblichen Bewohner das Programm bereits absolviert und augenscheinlich nachhaltig durchdrungen hatten und das Gelernte bereits kreativ anwendeten.

Wieder ein endloser Weg. Diese Fahrerei immer, man wird irre. Afrika, vielzitierte Wiege der Menschheit, ist in seiner Fläche nach Asien der zweitgrößte Kontinent. Zwischen Bäumen, geradezu malerisch, liegt das Dorf, die Straße dahin unklar. Die Wege verschwimmen, man ist im Nirgendwo. Wir steigen aus, und ich frage mich, was es ist, das mir hier sofort auffällt. Ich komme nicht drauf. Irgendetwas ist hier anders, aber was ist es? Ich schaue ratlos in die Gegend. Die Hütten, die tatsächlich rund sind, wie in einer kolonialen Fibel, stehen herum. Ich lasse den Blick über die gefegten Wege von einem Haus zum nächsten gleiten, mittig ein Platz. Und dann, plötzlich, fällt es mir wie Schuppen von den Augen. Es gibt hier keine blauen Plastiktüten! Nicht eine. Es gibt hier nichts Weggeworfenes. Nichts liegt auf dem Boden herum, alles ist aufgeräumt und wirkt wie durchgefeudelt. Es ist ordentlich, es ist fast wie ein Filmset, der ein bisschen zu gut gemeint angelegt wurde. Hinter den Hütten diskrete Latrinen. Hier wurde angewendet, was im Hygiene-Unterricht durchgenommen wurde. In Deutschland würde man sagen »Unser Dorf soll schöner werden«. Aber das ist hier nicht das Thema. Das Thema ist: Wie gestalten wir unser Leben in und mit der Gemeinschaft, wie sorgen wir vor, dass wir nicht krank werden. Ärzte und Krankenhäuser sind weder frei verfügbar noch in der Nähe zu finden.

Wir gehen weiter. Auf dem mittigen Platz steht ein langer Baum, an den ein paar Zettel genagelt sind. Rechts und links des Baumes zwei geräumige Hütten. Was ist das?

»Das ist der Kindergarten«, sagt Molly begeistert und freut sich wie ein Hundewelpe: »Oh, isn't that phantastic?! I'm thrilled.«

Was war passiert? Die Frauen hatten in ihrem Community-Empowerment-Programm »Management« durchgenommen. How to manage the village. (Wie managen wir das Dorf.) Sie hatten darüber hinaus Mikrokredite erhalten. Und sie hatten gelernt, dass es das Recht auf Arbeit gibt, dass jeder arbeiten und Geld verdienen darf, scheißegal, mit welchem Geschlecht man zur Welt kam.

Die Kombination dieses Wissens hatte sie dazu veranlasst, ein Projekt zu initiieren, dessen Planung und Gestaltung gemeinsam und also demokratisch durchgeführt wurde. Ein Mikrokredit ist ein Darlehen, das eine NGO an einzelne Personen vergibt und das zinslos zurückgezahlt wird. (Wir sprechen von zum Beispiel 50 Dollar.) Es wird geliehen, um Starthilfe für ein eigenes Business zu geben. Wie ein Start-up quasi. Ein Business hier könnte nun sein: Ich kaufe ein Stück Land und bebaue es mit Erdnüssen, verkaufe diese auf dem Markt, verdiene Geld und zahle sukzessive den Kredit ab; ist er abgezahlt, steht das Business im besten Fall auf festen Füßen, und die Person (in diesem Fall eine Frau) hat ein stabiles Einkommen, das dem familiären Haushalt zugutekommt, zumeist den Kindern.

In Afrika leben die meisten Gründerinnen der Welt. Jede vierte Frau in Afrika hat ein Unternehmen gegründet oder managt eines, Dreiviertel aller Frauen jedoch haben keinen Zugang zu Krediten. (ONE, Stand September 2019.)

In der Managementeinheit wurde diese Idee des Start-ups durchgenommen; es auch umzusetzen ist jedem selbst überlassen. So wurden Mikrokredite beantragt, Land und Saat gekauft und den Ehemännern gesagt (Dialog, 1. Stunde), dass man gedenke, in geschäftlicher Hinsicht selbständig zu werden. Schon mal eine Strecke des Weges gegangen. Was aber nun passiert mit den Kindern, wenn Mama auf ihrem eigenen Feld arbeitet, auf den Markt geht und so weiter? In diesem Dorf war es gleich eine Gruppe von Frauen, die sich entschlossen hatte, ihr eigenes Business aufzubauen, es war demnach auch eine Gruppe von Kindern, die betreut werden musste. Der Managementkurs hatte Struktur und Organisation gelehrt. Die Frauen sagten sich: Wir gründen einen dorfeigenen Kindergarten mit Kantine. Bauten zwei Hütten, in einem der Spielraum für die Lütten, in der anderen die Küche. Abwechselnd übernahmen die Mütter die Aufsicht für die Gruppe bzw. das Kochen, während die anderen arbeiten gingen. Also nagelte man Zettel an den Baum, mit Monatstabellen, in die Namen und Daten eingetragen wurden, um zu organisieren, wer wann was macht.

Diese Initiative wurde nicht im Kurs gelehrt, sondern sie erwuchs durch das Erlernen der Idee des life-management. Darum war Molly so ›thrilled‹, denn das Projekt war nicht auf Tostans Mist gewachsen, sondern durch den impulsgebenden Unterricht des CEP entstanden.

Wir gingen also beschwingt in den Kindergarten. Das war fatal. Blonde Weiße! Die Kinder schrien ad hoc und unisono. Schnell wieder raus. Nebenan war die Küche: Essen in großen Töpfen, top.

In der Hütte des Imams, der uns einlud, doch hereinzukommen, stand eine große Terrakotta-Amphore in der Ecke, deren Öffnung mit einem Teller bedeckt war, und das ganze Ding wurde hinter einem Tuch aufbewahrt. Das Wasser! Es ist kostbar und kann leicht verunreinigt werden. Es ist nicht allgegenwärtig, es fließt hier nicht aus irgendeiner Armatur raus, es muss vom Brunnen geholt werden, der ein gutes Stück Weg entfernt liegt. Wasser: der Bodenschatz, um den man in der Zukunft voraussichtlich Kriege führen wird bzw. ja schon führt.

Als ich viele Jahre später wieder im Senegal war, um meine Freundin, die Sängerin und Rapperin Sister Fa, in Dakar zu besuchen, gingen wir zusammen hinunter an den Strand (Dakar liegt am Atlantik), um frischen Fisch zu kaufen. Eine ganze Truppe von Fischern hing da rum in einem wandlosen offenen Haus, dessen Stützpfeiler umkachelt waren und unmittelbar hinter den auf den Sandstrand geschobenen Fischerbooten mit unübersichtlich herumliegenden Netzen standen. Die Fische lagen auf Zeitungen am Boden, die Fischer lagen auf Bänken. Eine Frau war dabei. Eine Fischerin. Ungewöhnlich. Fatou ging zu ihr, inspizierte ihre Ware, sprach mit ihr und kaufte schließlich einen Haufen Fisch. Inzwischen waren die Männer alle von ihren Bänken aufgestanden und bildeten einen Kreis um das Verkaufsgespräch, das damit endete, dass Fatou und die Fischerin Handynummern austauschten, damit Fatou sie zukünftig rechtzeitig anrufen könnte, wenn sie wieder mal für ein größeres Essen eine ganze Ladung Fisch bräuchte. Dann sagte einer: »Warum kaufst du nicht bei uns? Wir haben auch guten Fisch!« Fatou, die ein tough cookie ist, sagte: »Ganz einfach. Wenn ich euch das Geld gebe, dann bringt ihr es in die Kneipe, wenn ich es ihr gebe, dann bringt sie ihre Kinder in die Schule.« Damit schnitt sie jede weitere Diskussion ab. Auf dem Rückweg übersetzte sie mir das und kicherte. »Mais tu sais, Katja, das ist die Wahrheit, die Frauen wollen eine Zukunft für ihre Kinder, die Männer denken erst mal an sich.« Ich war beeindruckt. Das Essen, das sie dann kochte, war übrigens umwerfend.

Nachdem wir das Tostan-Dorf wieder verlassen hatten, sagte Molly im Auto, dass dies allerdings ein Vorzeigedorf gewesen sei, dass hier die Idee des Programms voll aufgegangen sei, was nicht überall in diesem Ausmaß der Fall wäre.

Zurück zum Unterricht: Dialog, Hygiene, Management. Mikrokredite. Das Recht auf Eigentum, Arbeit und Wahl.

»Auf Wahl? Warte, wir dürfen wählen?«

»Ja, ihr dürft wählen, der Senegal ist ein demokratisches Land.«

Die human rights werden in gezeichnete Bilder übertragen, um während des Unterrichts gezeigt zu werden.

Sexualität und Familyplanning (Wort, das unter anderem für Verhütung steht) sind weitere Themen. Aufklärung. Aufklärung darüber, wie ein Körper funktioniert und dass Teenager-Mädchen ihre Tage bekommen. Hier sind es die Teenager, die zusammen und ohne Eltern am Programm teilnehmen. Ich erinnere mich an eine Dokumentation über die Arbeit von Tostan, in dem ein Mädchen sehr frei und selbstbewusst darüber spricht, dass sie dankbar sei für diesen Unterricht, weil ihr sonst niemand gesagt hätte, was im Körper passiert, wenn man zu bluten beginnt, und dass sie so erleichtert sei, weil sie sich sonst gefragt hätte, was mit ihr los sei, als sie plötzlich zu bluten begann, und sie vermutlich in ihrer Scham versunken wäre, da Sexualität mit einem großen Tabu belegt ist. War klar, dass der Satz mit einem Tabu endet.

Artikel 25 der Allgemeinen Erklärung der Menschenrechte (Recht auf Wohlfahrt):

1. Jeder hat das Recht auf einen Lebensstandard, der seine und seiner Familie Gesundheit und Wohl gewährleistet, einschließlich Nahrung, Kleidung, Wohnung, ärztliche Versorgung. (...)
2. Mütter und Kinder haben Anspruch auf besondere Fürsorge und Unterstützung.

Grundgesetz für die Bundesrepublik Deutschland, Artikel 2, Absatz 2:
»Jeder hat das Recht auf Leben und körperliche Unversehrtheit.«

Das Recht auf Wohlfahrt und körperliche Unversehrtheit ist eine Unterrichtseinheit, die am Ende des Programms behandelt wird. Davon abgeleitet wird ein Bezug hergestellt zur Praxis der Mädchenbeschneidung, ein Thema, das Tostan mit größtmöglichem Respekt angeht. Allein der Gedanke, dass es ein Recht gibt, das dir Gesundheit und den Anspruch auf ärztliche Hilfe zugesteht, stellt unwillkürlich die Verbindung her, auch wenn es nicht ausgesprochen wird. Es muss nicht Teil des Lebens sein, Schmerzen zu haben oder permanente Infektionen, Inkontinenz, schwere Geburten, Kindbetttod, schmerzhafte und lustlose Sexualität, Beschwerden beim Urinieren oder Menstruieren und und und. Es ist aber Teil des Lebens von Millionen Frauen und Mädchen in afrikanischen, arabischen und asiatischen Ländern. Und wer denkt, FGC würde nicht in Europa praktiziert werden, irrt.

Das Recht auf Gesundheit und Wohl, auf »health and well-being«, wie es im englischen Original formuliert ist, stellt den kausalen Zusammenhang zu FGC her, fast ohne es zu benennen, aber es ist ein Weg, sich vorsichtig anzunähern. Ein Weg der vorsichtigen Annäherung an ein vulnerables Thema.

Mitte der 90er Jahre nahm ein Imam am CEP teil, der ein enger Freund Mollys wurde. Sein Name: Dembe Diawara, dessen Zitat über diesem Kapitel steht. »Life has legs and is walking, we need to walk with life or we will be left behind.« Er war Teilnehmer des Programms und überzeugt von der Herangehensweise, mit Hilfe der Menschenrechte zu lehren als auch von den Themen der Unterrichtseinheiten. Doch als die Konnexion zu FGC hergestellt wurde, wandte er sich an Molly und sagte sinngemäß: »Don't touch our tradition.« Er sagte es ihr natürlich in Wolof, Molly sagte es mir in Englisch.

»Nein«, sagte sie, »Dembe, ich würde niemals wagen, an euren Traditionen zu rütteln.« Ob seine Töchter, Schwestern, Enkelinnen, Nichten ihm von ihrer Beschneidung erzählt hätten? Oder seine Frau? Ob er jemals danach gefragt hätte?

Dieser Mann hatte sich nicht in seiner Empörung verschlossen, er hörte Molly zu und schwieg, nachdem sie ihm diese Fragen gestellt hatte. Das war der erste Moment, der eine Welle in Bewegung setzte. Es war ein Imam und Village Chief, der sich an Mollys Seite stellte, einfach, indem er die Größe besaß und ihre Fragen prüfte. Er ging nach Hause und erkundigte sich tatsächlich bei den Frauen seiner Familie, und ich kann mir nur vorstellen, dass es ein diffiziles Unterfangen war, das auf beiden Seiten Mut erforderte. Er erfuhr, dass die chronischen Entzündungen, die schwache Gesundheit seiner Nichte, mit dem durch die Beschneidung ausgelösten starken Blutverlust zu tun gehabt hatte, woran sie schließlich gestorben war. Er erfuhr, dass Geburten wegen der beschnittenen Mütter schwer und manchmal tödlich sind. Er erfuhr Dinge, von denen er bis dahin nichts wusste. Er lebte mit den Frauen seiner Familie und dem weiblichen Anteil des Dorfes zusammen und hatte nicht die geringste Ahnung, was die Tradition der Beschneidung für sie und ihr Leben bedeutet.

Er entschied sich unmittelbar zu handeln und ging zu Fuß in zwölf Dörfer, mit denen er in Verbindung stand, und sprach jeweils mit den Imamen und Bürgermeistern über das, was er, angeregt von Artikel 25 der Menschenrechte, von den Frauen seines Dorfes erfahren hatte, und war entschieden, dass sie gemeinsam diese Tradition beenden müssten. Das war der Anfang der »Declarations«.

Vorbildlich für das, was in Westafrika in den 1990er Jahren begann, war die Kampagne einer englischen Frau, Alicia Little, die mit einem Geschäftsmann (ebenfalls englisch) verheiratet war, Archibald Little, der in China arbeitete.

Im Jahr 1898, also ungefähr 100 Jahre vor Molly Melchings Tostan, gründete Alicia Little, die in Chongqing, heute Chungking lebte (das ist so richtig mittendrin in China), die ›Natural Foot Society‹, um die jahrhundertealte Praxis des Foot-Bindings, des Füße-Bindens, abzuschaffen. Entscheidend war, dass die Mädchen nicht stigmatisiert werden, sondern Ehemänner finden würden, auch wenn sie keine sogenannten ›Lotusfüße‹ hatten, die für Mädchen und Frauen vorgesehen und gesellschaftlich anerkannt waren.

Lotus- oder Lilienfüße waren in China ein Schönheitsideal seit dem

10. Jahrhundert, sie hatten eine Größe von 10 Zentimeter, wofür spezielle Seidenschuhe angefertigt wurden.

Es ist erstaunlich, was sich die Menschen ausdenken, der Phantasie in zerstörerischer Hinsicht sind da offensichtlich keine Grenzen gesetzt, vor allem, wenn es um Frauen geht. Kleinen Mädchen während des Wachstums die Füße so eng abzubinden, dass sie nicht wachsen können, so dass die Zehen brechen und die Knochen sich verbiegen, darauf muss man erst mal kommen. So bleibt die Frau im Haus. Sie kann es nicht verlassen, denn sie kann nicht laufen, außer in schmerzenden Trippelschritten. So vergewisserte man sich, dass die Frau den Mann nicht betrügt, und stellte sicher, dass sie vollständig von ihm abhängig war. Macht scheint wirklich männlich konnotiert zu sein. Macht über Frauen ist leicht, sie machen die ganze Scheiße mit. Und als sie begannen, damit aufzuhören, wurde aus der leicht zugänglichen Macht Hass. Anders kann man die Entfesselung nicht verstehen, mit der Männer gegen Frauen vorgingen, die für ihr Wahlrecht kämpften. Und wenn heutzutage weiße, mittelalte bis alte Männer schlechte Laune bekommen, beleidigt sind und sich persönlich angegriffen fühlen, weil Frauen es wagen, von den erlebten sexuellen Übergriffen, Anzüglichkeiten, den Vergewaltigungen und versuchten Vergewaltigungen, den selbstverständlichen Griffen auf primäre und sekundäre Geschlechtsteile und allen sexistischen herablassenden Bemerkungen öffentlich zu sprechen, dann, so würde meine Hamburger Mutter es sicherlich formulieren, »fasst man sich doch an den Kopf«. Es ist befremdend, beleidigt zu reagieren, wenn Frauen von sexuellen Übergriffen sprechen, die sie erlebt haben. »Jetzt darf man nicht mal mehr Darling sagen«, hörte ich unlängst einen Friseur und einen Banker, die miteinander verheiratet waren, in London zu mir sagen in der Hoffnung auf Unterstützung ihrer Empörung.

An diesen nicht mit leichter Hand formulierten öffentlichen Äußerungen hängt eine Geschichte, eine Menschheitsgeschichte, deren Ende noch nicht erreicht ist. Und es ist nicht möglich, die heutigen sexuellen Übergriffe auf Frauen isoliert zu betrachten und von der Geschichte vieler vorhergegangener Generationen zu trennen. Wir sind immer das Resultat des Vergangenen und bewusst oder unbewusst damit verbunden. Die Nicht-Wertschätzung der eigenen Person scheint in den Genen zu stecken. Es hat vor allem mit uns Frauen selbst zu tun. Die Aufklärung und Veröffentlichung wird nicht für die Männer, sondern für die Frauen gemacht. Es ist nicht gegen sie, es ist für uns. Es ist die Hälfte der Weltbevölkerung, die allerdings zu großen Teilen ihrer Entwicklung hinterherhinkt. Wie auch der globale Süden, dem man durch Sklaverei und Kolonialismus die Zeit für die selbsttätige Entwicklung seiner Gesellschaften geklaut hat. Und die Frauen und Mädchen des globalen Südens, sie stehen ganz am Ende der Reihe ...

Darum ist, was in Westafrika vor über 20 Jahren begann, maßgeblich für den Zustand der Welt und für die vielzitierte Gender Equality.

Doch zurück nach Westafrika, zum Wasser und zu den declarations. Wasser kommt aus Quellen, Seen, Teichen, Flüssen, Bächen, barrages, es kommt aus den Wolken und gesalzen aus dem Meer. Es kommt aus dem Boden und wird nicht als Bodenschatz gelistet, obwohl ich es vorhin fälschlich so bezeichnete. Grundwasser: Etwa 97 Prozent des Trinkwassers auf der Welt stammt aus unterirdischen Quellen.

Man gräbt bis zu 100 Meter tief, um es zu erreichen. Brunnen gibt es seit 10 000 Jahren. Der Mensch besteht als Säugling zu 90 Prozent aus Wasser, als Kind zu 70 Prozent, als Erwachsener zu 65 Prozent und als Senior zu 60 Prozent. (Meine Kontaktlinsen bestehen zu 90 Prozent aus Wasser.) Wasser. Wie kommt man da ran? Der Ziehbrunnen, der über Eimer funktioniert, befindet sich im Senegal zwischen verschiedenen Dörfern, die ihn gemeinsam benutzen. Zwölf Dörfer vielleicht. Die Strecke dorthin wird gelaufen, mit Schüsseln auf den Frauenköpfen. Dort treffen sie sich, die Senegalesinnen, und ich stelle mir den Brunnen als ein soziales Ereignis, wie eine Boulevardzeitung, vor, bei dem Information und Gossip ausgetauscht werden. Dort gibt es dorfübergreifende Gespräche, die man in sein eigenes Dorf hineinträgt.

Die Dörfer sind miteinander durch sogenannte intermarriages verbunden. Will sagen: Das Mädchen des einen Dorfes heiratet den Jungen des anderen.

Nun stelle man sich vor, was passierte, wenn eine Frau am Brunnen erzählte, dass sie sich in ihrem Dorf entschieden hätten, zukünftig keine Mädchen mehr zu beschneiden. Es käme, das kann ich gleich vorwegnehmen, einem Skandal gleich, denn es bedeutete, dass die Söhne der anderen Dörfer sich keinesfalls mehr mit den Mädchen des Avantgarde-Dorfes verheiraten würden. Denn unbeschnittene Mädchen gelten als unrein, und der Tradition nach müssen Frauen beschnitten sein. Weil? Weil das immer so war.

Und daher war und ist die Maßnahme Alicia Littles, Molly Melchings und Dembe Diawaras so entscheidend, dass die Dörfer, die gemeinsam einen Brunnen benutzen, auch gemeinsam entscheiden, ihre Mädchen zukünftig nicht mehr zu beschneiden, damit die intermarriages weiterhin bestehen und die Dorfgemeinschaften im Austausch bleiben.

Aufgrund der Aktion des Imams entschieden sich diese zwölf Dörfer tatsächlich, die jahrhunderte- oder wahrscheinlich gar jahrtausendealte Tradition abzuschaffen. Um dafür ein Zeichen zu setzen, kamen sie an einem Tag zusammen, um eine déclaration abzuhalten, in der das Statement abgegeben wurde, um den Tag 1 zu bezeugen, ab dem die Praxis beendet werden würde. So eine déclaration ist ein großes Ereignis, wie ein Fest, mit Tanz, Musik, Gesang und langen Reden. Eine Party quasi, für die das Dorf geschmückt wird und die Stühle rausgestellt, Boxen aufgestellt und Mikrophone eingestöpselt und große Transparente gemalt werden. Und sich alle schön machen.

Als ich auf Tostan stieß, hatten sich im Senegal bereits ca. 400 Communities entschieden, FGC zu beenden, heute sind es über 8000 in sechs Ländern. Und es geht immer weiter.

Es gab déclarations, zu denen 36 Dörfer zusammenkamen. Es gab welche, da waren es 100 oder noch mehr. Ganze Regionen, Hunderte Menschen kamen zusammen und erklärten, deklarierten eine neue Zukunft für Mädchen. Die erste déclaration wurde am 31. Juli 1997 in Malicounda Bambara zelebriert.

Die Frage, die sich automatisch ergibt, ist: Wie wird das geprüft? So eine déclaration feiern ist ja nett, aber dann? Es wird geprüft. Es wird kontrolliert, dass die Praxis nicht heimlich fortgesetzt wird, dafür sind die Frauenbeauftragten der jeweiligen Dörfer zuständig, von denen ich eingangs erzählte.

Mit ihnen saßen wir nun also nach unserem energetisierenden Tanz auf dem Dorfplatz zusammen, auf den Plastikstühlen und auf einem umgekippten oder abgesägten Baumstamm. Ich saß neben einer Frau, die meine Hand nahm und mir von einer Geschichte, die in ihrem Dorf passiert war, erzählte, Molly übersetzte.

»Ècoute, Maman Katja ...«, so ging es los, »Hör zu, Mama Katja ...« Das ist die respektvolle Anrede, da die Mutter geehrt wird. Offensichtlich sah ich aus wie eine Mutter. In ihrem Dorf gab es eine Frau, die in das Dorf hineingeheiratet hatte. Sie kam aus einer Familie, die aus unerfindlichen Gründen ihre Tochter nicht hatte beschneiden lassen. Sie hatte einen Mann gefunden, dem das herzlich egal war, sie war die zweite Frau. Die junge Frau jedoch hatte es in dem Dorf schwer. Sie wurde ausgegrenzt, durfte nicht mit den anderen Frauen zusammen das Wasser holen, keiner wollte die von ihr gekochten Gerichte essen, sie musste sie an einem anderen Platz zubereiten und am Rand des Dorfes die Hütte beziehen. Sie wurde nicht integriert, sondern ausgestoßen, da sie nicht beschnitten war, was sich wie ein Lauffeuer verbreitet hatte.

Das Stigma, der Makel, saß felsenfest, und sie wurde so einsam und traurig, dass sie ihrem Mann sagte, dass sie sich beschneiden lassen möchte, damit das endlich aufhöre und sie Teil der Dorfgemeinschaft werden würde. So wandte sie sich an eine Beschneiderin, die diese Beschneidung an ihr vornahm. Die junge Frau war zu dem Zeitpunkt 20 Jahre alt. »Sie überlebte die Beschneidung nicht. Sie verblutete«, sagte die Frau, deren Hand ich hielt. »Alle haben sich mitschuldig gemacht.«

Die Tradition der Beschneidung reicht weit zurück, die Recherche verliert sich irgendwann, man kann nicht sagen, wer damit anfing, wer auf die Idee kam und eine Mädchenbeschneidung zum ersten Mal vornahm. Möglicherweise war sogar Nofretete beschnitten. Das behaupte ich, um vorstellbar zu machen, wie alt diese Tradition ist. Sie hat nicht mit Religion zu tun, nicht mit dem Islam oder dem Koran, der ja gern für alles Mögliche herhalten muss. Es ist eine Tradition, keine Religion. Vielleicht gab es die Praxis der Beschneidung sogar schon bevor die Gottesbücher geschrieben wurden. Aber es geht hier auch gar nicht um die Frage, warum oder seit wann es sie gibt, sondern was gemacht wird, damit das aufhört.

Es gibt verschiedene Arten der Beschneidung. Eine Form davon nennt sich ›Infibulation‹. Das bedeutet nicht nur das Herausschneiden der Klitoris, sondern auch das Ausschaben der äußeren Schamlippen und auch die Entfernung und partielle Vernähung der inneren Schamlippen, bis auf eine kleine Öffnung für Urin und Menstruationsblut. Ich muss es einmal sagen, damit wir wissen, wovon wir sprechen. Ich weiß, es ist riskant, denn als ich einmal ein Konzert gab, in dem ich darüber sprach, fiel jemand an dieser Stelle in Ohnmacht.

Meine Freundin Fadumo Korn, die als Nomadenkind in Somalia, Ostafrika, aufwuchs, wo 98 Prozent der Frauen beschnitten sind mit der Form der Infibulation, hat ihre Autobiographie geschrieben, die vergleichbar ist mit Warris Diries Buch »Wüstenblume«, was vielleicht bekannt sein dürfte, nur mit dem Unterschied, dass Fadumo kein berühmtes Fotomodell wurde, sondern in München lebt und Aktivistin wurde, einen Verein namens »Nala e. V.« gründete und als Übersetzerin für im Flughafen ankommende oder festsitzende Somali arbeitet. Ihr Buch heißt »Geboren im großen Regen«, und der Satz, mit dem sie den Vorgang ihrer Beschneidung einleitet, heißt »Der erste Schnitt war blau ...«

Als sie in eine Talkshow eingeladen wurde, um über ihr Buch und ihre Arbeit zu sprechen, rief sie mich vorher an, da sie aufgeregt war, und wir besprachen, worauf sie während des Gesprächs achten müsse und wie sie ihre Nervosität in den Griff bekommen könnte. Als ich mir die Sendung ansah, passierte Folgendes: Der Moderator wollte einen kurzen Ausschnitt eines Films zeigen, in dem man sieht, wie ein Mädchen beschnitten wird. In NGO-Kreisen ein No-go. Es war ein Film, der Fadumo bekannt war, und sie managte die Situation, wie ich fand, bravourös, denn sie sagte:»Sie können das gern machen, wenn Sie es für nötig halten, diesen Filmausschnitt zu zeigen, aber niemand in diesem Raum, außer mir, wird wahrscheinlich verstehen, was das Mädchen schreit.«

»Was sagt sie?«

»Sie ruft: Mama, hilf mir, warum hilfst du mir nicht?«

Der Moderator entschloss sich daraufhin, auf das Zeigen des Films zu verzichten.

Molly Melching und Fadumo Korn lehrten mich den Umgang mit dem Thema der Mädchenbeschneidung. Einen Umgang, der immer auf Respekt beruht, auf dem Respekt vor Kultur und Tradition, sei Letztere auch noch so unbegreiflich. Und dem Respekt vor Menschen, denen man überall in der Welt auf Augenhöhe begegnen sollte. Afrikanische Mütter lieben ihre Kinder, und aus dem Grund beschneiden sie sie. Um sie gesellschaftlich nicht auszugrenzen. Die Be- und Verurteilung durch Europäer oder Amerikaner oder weiße Missionare lässt sofort die Augenhöhe vermissen. Wiederholt befand ich mich in Diskussionen mit Menschen, die nicht mit diesem Thema vertraut waren, aber darauf bestanden, dass die korrekte Formulierung, FGM, female genital mutilation, also Verstümmelung, lauten müsse. Das Gespräch drehte sich um die Begrifflichkeit, nicht um die Inhalte, daher nehme ich von derlei Diskussionen Abstand. Die tendenziöse Begriffsbezeichnung erhebt uns über eine uns unbekannte Kultur. Ich finde nicht, dass wir das Recht dazu haben. Andererseits, so sagt Fadumo, ist der Begriff Beschneidung nicht genug Erklärung für das, was passiert, was sie bedeutet und anrichtet. Man könnte auch Amputation sagen.

Tostan versucht sich in der Kommunikation immer auf das zu beziehen, was veränderbar ist und / oder bereits verändert wurde. Bezieht sich auf den Umstand, der eintritt, durch selbständig organisierte Aktionen, wie den Kindergarten, nachdem die Praxis der Beschneidung in einen Kontext gestellt wurde. Sie konzentrieren sich auf das Positive, darauf, dass eines Tages ein Tipping-Point erreicht wird, ein Wendepunkt, der gesellschaftsverändernd sein könnte. Anlässlich einer PowerPoint-Präsentation über die Arbeit von Tostan in dem Ort Thiès vor den Toren Dakars, wo Tostan Seminare für die Facilitator (dazu später mehr) abhält, erklärte sie mir das Phänomen des Tipping-Points am Beispiel eines applaudierenden Publikums in einem Theatersaal. Man stelle sich vor, wie nach einem Konzert die Zuschauer klatschen. Dann stehen drei Leute in einer der ersten Reihen auf, Standing Ovations; kurz danach erheben sich einige Reihen hinter ihnen weitere Zuschauer; und danach Menschen auf dem ersten Rang, und weiter hinten im Parkett stehen gleich zwei Reihen auf und daraufhin noch weitere und so fort. Schließlich erheben sich alle verbliebenen Zuschauer gemeinsam und applaudieren im Stehen. Das ist der Tipping-Point, der erreicht wird, wenn über die Hälfte der Menschen bereits steht. Das ist, was Tostan im Begriff ist mit den déclarations zu erreichen. Dass die Communities flächendeckend entscheiden, nicht weiterhin FGC zu praktizieren. Und natürlich, es bleiben immer ein paar sitzen.

Nachdem ich die Geschichte von der Frau, die an ihrer Beschneidung verstarb, gehört hatte, stellte mir Molly Melching ihre Freundin Ouréye Sall vor, die in diesem Dorf lebte. Eine ältere Frau, die ihr Leben lang Mädchen beschnitten hatte. Das war ihr Beruf, sie war Beschneiderin und war deswegen sehr angesehen und konnte auch gut davon leben. Ouréye hatte zweimal am Programm von Tostan teilgenommen und danach entschieden, ihren Beruf nicht weiter auszuüben. Stattdessen wurde sie eine Aktivistin und reiste mit Molly um die Welt. Sie hatte sich mit einem Mikrokredit selbständig gemacht und deshalb ein Einkommen. Wir standen vor ihrem Haus, vor dem ein kleines Mädchen um uns herumlief. Das war ihre Enkeltochter. »Sie ist nicht beschnitten«, sagte Ouréye ernst. »Sie ist die Erste in unserer Familie, die nicht beschnitten ist«, sagte Ouréyes Tochter, die energetische Mutter der Kleinen, die zu uns getreten war und selbstbewusst lachte. »In unserer Familie wird nie wieder ein Mädchen beschnitten werden. C'est fini.«

Es war meine erste Reise in den Senegal und überhaupt nach Westafrika, und ich war beeindruckt von der Kraft der Frauen, ihren festen Überzeugungen und ihrer Lässigkeit, mit der sie sich von eben auf jetzt begannen durchzusetzen. Nun, nicht unbedingt von eben auf jetzt, das Programm lief ja schon ein paar Jahre, aber man konnte die Auswirkung, die das Tostan-Programm auf die Frauen hatte, ihre Entschiedenheit deutlich spüren.

Ouréye jedenfalls gehörte das Haus, vor dem wir nun standen. Sie hatte einen Mikrokredit beantragt und sich davon ein Stück Land gekauft, darauf angebaut und die Ernte auf dem Markt verkauft. Sie konnte den Kredit zurückzahlen und mehr Land kaufen, bearbeitete es zusammen mit ihrer Tochter. Das Haus war aus Stein, sah neu aus, war aber noch unverputzt – ob da jemals Putz draufkommt, sei dahingestellt. Wesentlich ist, dass sie auch im fortgeschrittenen Alter in der Lage war, beruflich etwas Neues anzufangen, und damit die Familie ernähren konnte. Offensichtlich war es ein Dreigenerationenhaus, ich muss zugeben, ich habe vergessen zu fragen, ob es Männer zu den Frauen gab.

Als wir zu einem anderen Zeitpunkt eine andere Beschneiderin kennenlernten, wurde mir deutlich, wie es auch sein kann. Sie war überzeugt von der Praxis des Beschneidens und zeigte uns das Messer, das sie von ihrer Großmutter, ebenfalls Beschneiderin, geerbt hatte, mit dem sie beschnitt. Die Klinge war in ein kleines Stück Holz eingefasst, das eine Art Halterung ergab. Vor jeder Beschneidung befragte sie das Messer, ob das Mädchen böse Geister um sich hätte oder ob sie es ungehindert beschneiden könne.

Sie war eine große, strenge Frau, im Gegensatz zu den mir so nah gekommenen Dorffrauen, und sie wohnte in einer engen dunklen Wohnung irgendwo in Dakar. Es gab keinen Atem zwischen ihren Sätzen, die ich nicht verstehen konnte. Wenn man nur spricht und nicht hört, dann kann niemals eine Tür geöffnet werden, dachte ich, während ich darauf wartete, dass mir Molly übersetzte. Sie sagte zum Beispiel: »Beschneidung ist im Senegal offiziell verboten, darum beschneide ich nicht mehr, aber ich finde das nicht gut. Ich habe meine drei Töchter alle selbst beschnitten, und niemals gab es deswegen bei ihnen irgendwelche körperlichen Probleme.«

Ja, Beschneidung ist im Senegal verboten, doch wer hält sich dran. Wer hält sich an die Menschenrechte?

Bleibt die Frage: Wer führt das Communitiy Empowerment Program (CEP) in den Dörfern durch? Im Laufe der Zeit gab es mehr und mehr Bedarf und Anfragen nach dem Programm aus den Communities verschiedener Regionen, da Tostan im Land bekannt geworden war. Sie brauchten Mitarbeiter, die vor Ort die Gruppen unterrichten könnten, die die Sprache sprachen, denen die Dorfgemeinschaften vertrauten. Also begann Tostan ihre ›Facilitators‹ auszubilden, so nannten und nennen sie die Anleiter, die aus den Dörfern nach Thiès (Vorort von Dakar, wo die Seminarräume Tostans standen) kommen und in drei Monaten ausgebildet werden, um anschließend das Programm in den Dörfern durchzuführen.

Bislang hatte ich ausschließlich mit Frauen und Kindern und Männern gesprochen, die die Arbeit von Tostan kannten. Darum sagte Molly, komm, wir fahren in einen Ort, der das CEP angefragt, aber noch nicht damit begonnen hat. »Oh, you will see the difference«, sagte sie vorfreudig.

Der Unterschied. Die ganzen verrückten Frauen und Frauenrepräsentanten, mit denen ich gesprochen und getanzt hatte, die Aktivistinnen wurden und geschult in Dialog, die stark und positiv waren, sie realisierten, was passierte, wie sich Strukturen wandelten und Bewegung in ihr Leben trat, wie fröhlich, energetisch und frech ihre unbeschnittenen Mädchen waren, all diese Frauen hatten die Ausbildung des Community Empowerment Programs und der damit einhergehenden Erfahrung hinter sich.

So machten wir uns auf zu einem entfernten Ort, um die Frauen zu besuchen, die darauf warteten, mit dem Unterricht zu beginnen.

Wir fuhren los. Über die Schotterpisten, durch die Westentasche des Fahrers. Auf dem Weg dorthin würden wir noch Stopps an zwei weiteren Orten machen. Los geht's.

Mit der Musik von Youssou N'dour und Salif Keïta im Ohr und den Baobab-Geistern an unserer Seite fuhren wir durch die westafrikanische Landschaft. Nach Stunden bogen wir rechts ab ins Feld. Der Weg mäanderte undefiniert durch die Gegend, wir furchten uns durch die Trockenheit, und dann blieb das Auto liegen, starb im Staub, Ende, aus. Es mochte nicht mehr. Wir stiegen aus, streckten die verhuckelten Körper. Liefen um das erschöpfte Auto herum. Ich ging ein wenig in das Feld hinein, stellte mir vor, wie hier gelaufen wird mit Wasser auf dem Kopf; wo ist der nächste Brunnen, wie erkennt man den Weg dorthin? Die Wege verschwimmen. Die Himmelsrichtungen haben hier alle im Kopf, nahm ich an, die sich immer wundert, wenn mir befreundete Männer den Weg zu einem Ort in Berlin erklären, unter Zuhilfenahme der Himmelsrichtungen. »Du musst nordöstlich fahren.« »Ah ... nee, ist klar.« Na gut, in meiner Stadt weiß ich zumindest immer, wo Osten ist, aber nur weil die Stadt meine Westentasche ist und sie mal eine Mauer hatte, die die Stadt in Ost und West sortierte. Ohne Mauer: kein Plan. Himmelsrichtungen zu können ist hier, im Senegal, überlebenswichtig. Doch die Sonne? Ist im weißen Himmel nicht erkennbar. In welche Richtung wandert sie, um eine Idee zu geben, wo der Westen sein könnte, in dem sie untergeht. Hier auf diesem unendlich weiten Feld ist man der Sonne vielleicht näher. Die Sonne war jedenfalls nah an uns dran, denn sie schien und machte uns warm. Die Männer um die geöffnete Motorklappe diskutierten, steckten Köpfe in den Motorraum, schütteten Öl und Wasser in die dafür vorgesehenen Öffnungen, schraubten – der Motor sprang an und hustete. Das Auto tat mir leid, es schien mir wie ein Pferd, das zu lange galoppieren soll. Wir stiegen also wieder ein und fuhren weiter in Richtung des Dorfes, deren Bewohner seit fast zwei Stunden auf uns warteten. Wo nur soll hier ein Dorf sein, überlegte ich und konnte nichts erkennen. Und dann – lief ein Mädchen über den Weg, mit einer violetten Plastikschüssel auf dem Kopf, sie erschrak, als sie unser hustendes Riesenauto hörte, drehte sich im Schreck um und verlor dabei die Schüssel vom Kopf, ein Schwall Wasser ergoss sich auf den staubigen Weg. Oje. Ich schämte mich. Wegen uns ist sie den Weg umsonst gegangen. Sie sprang zur Seite. Und wir fuhren an ihr vorbei und in das Dorf hinein. Da lag es vor uns: Hütten und 300 Menschen. Sie leben hier. Ohne Auto, ohne Wasserhahn. Ohne Krankenhaus. Aber mit den Himmelsrichtungen im Kopf. Wir stiegen aus und gingen auf den für unseren Besuch vorbereiteten Platz, der mit Matten ausgelegt war.

Nach ausführlicher Begrüßung aller möglichen Exzellenzen nehmen wir zwischen den Dorfbewohnern um die Matten herum auf dem Boden Platz. Alle haben sich schön gemacht für diesen Event. Nicht nur die besten M'Boubous angezogen, auch die Hände und Füße wurden mit Henna kunstvoll bemalt. Ich sitze zwischen den Mädchen und sehe bei vielen neben den Augen symmetrische Tätowierungen in Form zweier Striche, vielleicht sind es auch mit Asche gedunkelte Narben und frage, was sie bedeuten. Die Antwort ist: »Du stellst zu viele Fragen.« Nie habe ich herausbekommen, was es bedeutet.

Und dann beginnt die Vorstellung. Theater! Es war das erste Mal, dass ich auf einer Projektreise sah, dass der Vorgang des Spiels benutzt wurde, um von der Realität zu berichten, über die man im Alltag schweigt. Doch die Bühne, Matten in diesem Fall, bot einen angstfreien Raum, in dem die Mädchen eine Szene spielen, die »Die Reise nach Dakar!« heißt und sozusagen das Codewort ist für den Tag der Beschneidung.

Drei Charaktere befinden sich auf der Bühne bzw. Matte: das Mädchen, das beschnitten werden soll, die Mutter oder Tante, die es begleitet, und die Beschneiderin.

Die Mutter / Tante sagt, dass heute der große Tag gekommen ist, an dem das Mädchen rein werden wird. »Wir fahren nach Dakar!« Das Mädchen freut sich. Es ist früh am Morgen, die Sonne geht gerade auf im Osten. Sie gehen aus der Hütte und dem Dorf hinaus, bis zum Platz unter dem bekannten Baum vor den Toren des Dorfes, wo sie auf die Beschneiderin treffen, die eine Kalebasse, Blätter eines magischen Baumes, Seife und eine Klinge mitgebracht hat. Das Mädchen wird unsicher, fragt, was passieren wird. Sie wird beruhigt, alle Mädchen würden diese Zeremonie erfahren. »Dann bist du rein. Wie alle.« So will man sein, wie alle. Überall auf der Welt.

Die Matte wird ausgebreitet, das Mädchen wird vor die Mutter oder

Tante gesetzt, das Höschen ausgezogen, ihre Beine werden auseinander gemacht, die Tante oder Mutter hält von hinten den Körper des Mädchens, der begonnen hat zu zittern. Die Beschneiderin hat alle Requisiten auf der Matte ausgebreitet, beginnt zu murmeln, wischt mit den Blättern die Kalebasse aus, schüttet Wasser hinein, setzt vielleicht eine neue Klinge in ihr Handwerkszeug. Der Himmel ist im Osten orange, die große afrikanische Sonne erhebt sich, die Luft ist noch frisch, die Hitze setzt erst später ein, es ist eine gute Tageszeit, die inspiriert und einen sich stark fühlen lässt.

Die Beschneiderin setzt sich zwischen die Beine des Mädchens und die Darstellerinnen, die auf der Matte sitzen, die sowohl die Bühne als auch die Ausstattung der Szene bildet, ziehen eine Decke über ihre Köpfe. Die Bühne wird dunkel. Im übertragenen Sinne dunkel, da die Figuren unter der Decke verschwunden sind. Dort findet nun das statt, über das nicht gesprochen wird und das niemand, keine Person in der Lage ist, sich vorzustellen, die es nicht erlebt hat. Die entscheidende Szene wird nicht gezeigt. Auslassung. Das schauspielende Mädchen erschrickt, zieht sich die Decke vom Kopf, ruft Worte. Hätte sie die schauspielerischen Mittel, würde sie schreien. Würde sich wehren, versuchen aus dem Griff der Tante / Mutter zu kommen, würde weinen und schreien und schreien, aus dem tiefsten Punkt heraus, den ein Körper nur in sich tragen kann, dort wo Leben zu entstehen vermag. Von dort kommt der Schrei, der dem Schmerz Platz macht. Ein Schmerz, der einem Schnitt entspringt, geschnitten in das Intimste eines Mädchens, einer Frau. Wie schreit man, wenn dir jemand in deine Klitoris schneidet. Dafür gibt es keinen Ton, dafür reicht der Körper als Klangkorpus nicht aus, er müsste sich auflösen, doch er tut es nicht. Das Mädchen überlebt, Millionen Mädchen überlebten diese Prozedur, dieses Ritual, die Tradition, die bis heute existent ist, die Mädchen ohne hygienische Mittel rein machen soll, sie zur Frau werden lassen soll, weil die Frau im Gegensatz zum Mann offensichtlich unrein geboren wurde, weil das Wunder, das sie geschaffen hat und den Frauen die Gabe, Leben zu gebären, mit auf den Weg gab, sie nicht zum starken, sondern zum schwachen Geschlecht machte.

Die Mädchen im Zuschauerraum, dem Platz um die Matten, halten sich die Hände vor den Mund, manche kichern verhalten. Das Mädchen liegt inzwischen stumm und ohnmächtig auf der Matte, das Licht ist wieder angegangen, die Decke von den jungen Darstellerinnen heruntergezogen. Die Beschneiderin murmelt noch ein paar unverständliche rituelle Sprüche, Handgriffe werden getätigt, die erzählen, dass die Vagina des Mädchens zugenäht wird und anschließend ihre Beine zusammengebunden werden, damit die vernähte Wunde verheilt – dann ist die Vorstellung vorbei. Die drei Mädchen stehen auf, verschwinden im Publikum. Es wird geklatscht, miteinander gesprochen. Das Theaterstück, vielmehr die Szene hat bleibenden Eindruck hinterlassen. Mir waren währenddessen Tränen in die Augen gestiegen, als ich realisierte, dass ich sechseinhalbtausend Kilometer gefahren war, um in einem senegalesischen Dorf zu sitzen und zuzusehen, wie mein Beruf diesen jungen Menschen die Freiheit gab, von etwas zu erzählen, was sie sonst niemals wagen würden anzusprechen. (»You ask too many questions.«) Und dass die Imagination des Schauspiels alles möglich macht; die Bühne zu einem allseits akzeptierten Raum wird. Und wie viel Freiheit die Darstellung einer erfundenen Figur, der Person, die sie spielt, garantiert.

Trevor Noah, den ich bereits im Kapitel Burundi zitierte, der südafrikanische Comedian, hat eine Szene geschrieben, in der ein Kumpel, um ihn als Schwächling darzustellen, zu ihm sagt: »Don't be a Pussy.« »Don't be a Pussy??!«, wiederholt Trevor. »Ich kann aus meiner Erfahrung sagen, dass die Pussy wohl eines der stärksten Dinge ist, die die Welt je gesehen hat. Aus der Pussy kommt Leben! Und danach funktioniert sie einfach weiter. Man müsste sagen: Don't be a Penis!«

Pause.

›Warum‹, könnte man an dieser Stelle fragen. Warum beschneidet man kleine Mädchen an ihrem Geschlechtsteil. Ich verstehe, dass diese Frage wie in einer Achterbahn einem durch das System rast. Sie führt aber nirgendwohin. Höchstens zu Zorn, Verachtung und Voreingenommenheit. In ein kategorisiertes Denken von richtig und falsch, gut und böse, um sein Unverständnis irgendwohin legen zu können, in einen Kasten, in dem es einen nicht mehr tangiert. Erstaunlicherweise bin ich in vielen Gesprächen gefragt worden: »Wie haben Sie das nur ausgehalten?« Das fragte man mich! Warum? Hier geht es nicht um mich, ich bin nur der Bote, der Geschichtenerzähler quasi, von Geschichten, die keine Märchen sind. »Was wird getan, um diese Praxis zu beenden, was wurde getan, und was kann noch getan werden?« Das sollte die Frage sein, meiner Meinung nach. Und darauf gibt es eine Antwort. Die Antwort steht in diesem Kapitel. Und ja, es beginnt immer mit einem Gedanken und dem Bewusstsein oder dem Wissen dessen, was an anderem Ort existent ist, der uns insofern angeht, als es ein Gleichgewicht der Welt geben muss.

Bis in das Jahr 1942 hat man in den Vereinigten Staaten von Amerika Mädchen beschnitten, wenn sie masturbierten.

Pausenende.

Später ziehen wir in einem riesigen Pulk aus Dutzenden Menschen zu der neuen Attraktion des Dorfes. Es ist eine Maschine, die in einem kleinen Verschlag steht. Angetrieben von einem Generator, mahlt diese Maschine das Getreide der Dorfbewohner. In einer langen Reihe stehen davor Emailleschüsseln auf dem sandigen Boden mit Korn darin, das oben in die Maschine geschüttet wird, und unten kommt das Mehl raus. Ein Zeitgewinn, ein Ereignis, eine große Erleichterung. Sonst haben die Frauen in einem Mörser mit einem großen hölzernen Stößel das Korn händisch gemahlen; das dauert, und jede, die vorbeikam, hat für kurze Zeit die Frau des Hauses abgelöst. Das ist nun vorbei, sie haben ihre eigene Mühle, und die Zeit, die dadurch gespart wird, könnte man verwenden, um zum Beispiel in eine Tostan-Klasse zu gehen.

Wir müssen weiter, denn an einem anderen Ort warten Menschen auf uns. Als die Sonne violettorange untergeht, kommen wir dort an, und ich bin fassungslos angesichts dessen, was dort aufgebaut wurde.

Eine große Bühne, diesmal wirklich eine Bühne, mit fetten Boxen und einem klirrenden Mikrophon, durch das lange Reden abgesondert werden. Davor hat sich das zahlreich erschienene Publikum leider teilweise aufgelöst, da wir so spät ankamen, wegen der Wege und des liegengebliebenen Autos. Doch das Publikum kommt zurück. Molly spricht. Der Bürgermeister, der Imam. Lange Reden, wir werden vorgestellt, dann Musik. Woher kommt das ganze Equipment, frage ich mich. Was für ein Aufwand, eine Bühne einmalig zusammenzuzimmern. Die afrikanische Improvisationskunst ist endlos und grandios. (Die indische übrigens auch.) Ein improvisierter Interimszustand bleibt für immer, hat mir mal ein brandenburgischer Handwerker erklärt, was mir sofort einleuchtete und für den afrikanischen Kontinent ziemlich zutreffend ist. Es geht ja irgendwie. Es ist wie mit der Bushaltestelle, die an einem wahllosen Punkt einer Straße als solche vereinbart ist und an die man sich stellt und nötigenfalls auch zwei Tage wartet, bis ein Bus vorbeikommt. Er kommt, man braucht halt die Geduld und das Vertrauen in seine eigene Lebenszeit. Wenn das Leben nicht durchgetaktet ist und kein Anschlusstermin wartet, dann geht das schon.

Nach weiterer Fahrt erreichen wir im Dunkeln unser Gästehaus. Im Zimmer ein Bett und Wasser zum Waschen. Das Licht geht, ich mache es aus, morgen früh ist die Verabredung mit den Frauen. Gute Nacht.

Am nächsten Morgen um 8 Uhr stürmen zehn junge Männer das Gästehaus. Laufen energischen Schrittes und in einer platzverdrängenden Gruppe, mit jugendlicher Kraft und Sonnenbrillen in die Lobby. Die Anwesenden, inklusive ich, erschrecken und sagen besser nichts, jedes Wort könnte Provokation sein. Trotzdem ist es sehr laut, wegen der vielen gleichzeitig schreienden Männer und des Versuchs der Tostan-Mitarbeiter, sie zu beruhigen, alle laufen durcheinander. Ich gehe vor die Tür, und da sehe ich es: Vor dem Gästehaus, das sich nicht innerhalb eines Ortes befindet, sondern auf relativ freier Fläche, steht ein einzelner Baum; an einem von ihm abstehendem Ast ist ein Seil gebunden worden, an dem ein brennender Reifen hängt. Wie in einem Western von Sergio Leone. Die Männer schreien: »You leave our village, or we go and get guns.« So hat es Molly mir übersetzt. »Ihr verlasst unser Dorf oder wir holen Waffen.« Mollys Augen blitzen, es scheint, dass sie sich ein wenig über diese Aussage lustig macht, und fügt hinzu:

»Sie haben natürlich keine Waffen, aber sie haben abgeschlagene Flaschen, und das ist letztlich dasselbe. Darum halten wir uns da raus.«

»Sie wollen, dass wir das Dorf verlassen?«

»Ja, sie wollen nicht, dass wir uns mit den Frauen treffen, wir sollen wieder abreisen, sie drohen uns, dass sonst etwas passiert.«

»Und sollten wir dann nicht besser gehen?«

»Wir warten erst mal.«

Ich setze mich in der Lobby auf ein Sofa und schreibe auf, was ich hier erlebe, da steht zum Beispiel:

»Sonntag. Ich verstehe nicht. Sie wollen nicht, dass wir mit den Frauen reden. Wovor haben sie Angst? Die Frauen organisieren sich, laden uns ein, bereiten alles vor, sind mutig. Die Männer nutzen ihre physische Überlegenheit, um die Frauen zu unterdrücken. Männer wie Frauen leben unter den gleichen Bedingungen: Hitze, Armut, fehlende Schulbildung, Mangel an Wasser und Strom. Doch die Frauen werden beschnitten, bekommen Kinder, leiden unter den Schmerzen, machen die ganze Hausarbeit, die hier ja auch heißt Wasser holen, Feuerholz holen, Mehl mahlen. Wovor haben die Männer Angst? Sind sie verankert in idiotischer Tradition? Behaupten, FGC wäre religiös verankert, behaupten, sie wären es, die bestimmen, wie es hier im Dorf läuft, pochen auf ihre Rechte, auf Demokratie, auf ihre Majorität, räumen den Frauen kein Recht ein, respektieren sie nicht in ihrem Wunsch, mit uns zu sprechen. Also haben Männer mehr Rechte? Sie wollen, dass wir gehen.

Es ist gut, so einen Prozess mitzuerleben, zu sehen, wie viel Arbeit es war, an diesen Punkt zu gelangen, wie weit der Weg noch ist und wie beschwerlich. Dies hier ist nicht das Worst-Case-Szenario, sagt Molly. Es ist gut, nicht nur das Erfolgreiche zu sehen, sondern auch die Herausforderung, die Mühsal, den Gegenwind. Morgen wird ein Artikel erscheinen im »Le Populaire«. Dort wird man eine klare Haltung beziehen, die sich deutlich gegen das Verhalten der Männer richten wird.

Ich bin tief im Inneren an einen Punkt gestoßen, der mich das Leben anders begreifen und empfinden lässt, der mich fast ohnmächtig zurücklässt, aber dennoch nicht resignativ. Es ist gut, physisch zu erfahren, was man nur aus Büchern kennt.«

Abdulaye, einer der Mitarbeiter Tostans aus dieser Region, der die entsprechende Sprache spricht und fast zwei Meter groß ist, sammelt schließlich die lärmenden Jungs ein und bugsiert sie in einen Raum im ersten Stock, um mit ihnen zu sprechen. Allein, auch Molly kann hier nichts tun, sie beobachtet scharf, und ich kann sehen, wie ihr Gehirn arbeitet, um herauszufinden, woher diese Wut der jungen Männer kommt.

Und dann betreten die Frauen, mit denen wir verabredet waren, das Hotel. Sie halten ihre Schals vor ihr Gesicht, denn sie weinen. Sie sind bestürzt und sagen: Bitte geht nicht, wir haben uns so auf euch gefreut, wir möchten mit euch sprechen.

Molly spricht mit ihnen, die Lobby wird immer voller. Dann geht Molly nach oben. Ich darf mit und sehe, wie die sonnenbebrillten angry young men ordentlich in einem Kreis sitzen und Abdulaye ruhig und gefasst mit ihnen spricht. Molly setzt sich dazu, ich stehe an der Tür und verstehe kein Wort, also verdrücke ich mich wieder nach unten zu den Frauen, die ich leider auch nicht verstehe, aber mit denen ich händehaltend auf dem Sofa sitzen kann.

Schließlich kommen alle wieder herunter, und die Männer verlassen ruhig das Hotel. Molly sagt: »Packt eure Sachen, wir fahren ab. Wir verlassen das Dorf.«

»Oh«, sage ich, »okay.«

Claudia Berger und ich wetzen in unsere Zimmer, packen und sitzen schon gleich danach im Auto, während Molly noch umringt wird von den Frauen, bis sie sich ebenfalls zu uns gesellt und wir an dem brennenden Reifen vorbei vom Hotel weg aus dem Dorf hinausfahren.

Im Auto sagt Molly:»Wären wir geblieben und hätten mit den Frauen gesprochen, hätten wir keine Kontrolle darüber gehabt, was nach unserer Abfahrt passiert wäre. Wir mussten gehen.« Alle sehen es genauso. Die Stimmung ist nicht bedrückt, wir sind nur alle aufgewühlt, es war ein extremes Erlebnis, das auch anders hätte ausgehen können und nur der Bedachtsamkeit Abdulayes wegen so ein friedliches Ende nahm.

Nach einer Pause spricht Molly weiter.

»Sie sind eifersüchtig.«

»Wie bitte?«

»Die Männer. Die Männer sind neidisch, weil die Frauen das Programm bekommen und sie nicht. Das ist falsch. Wir müssen unbedingt den Männern des Ortes das Programm anbieten, dann werden sie ein anderes Verhältnis zu den Frauen und Mädchen entwickeln. Sie fühlen sich ausgegrenzt und verstehen nicht, warum sie nicht dasselbe erhalten wie die Frauen.«

»Das verstehe ich.«

Ein Jahr später schreibe ich Molly eine E-Mail und frage, was geworden ist aus dem Dorf.

Sie antwortet sofort, und ihren Zeilen entnehme ich ihre Begeisterung:»Oh, you will not believe, what happened! Wir haben den Männern das Programm angeboten, und alle haben mitgemacht. Du kannst dir nicht vorstellen, was passiert ist, sie sind die größten Beschützer der Frauen geworden, sie sind respektvoll und sanft, und die Stimmung in der Community hat sich vollständig gewandelt.«

Diese Geschichte hat so viel Dramatik, und der Grund dafür ist ein simpler. Es geht um Gleichberechtigung. In jede Richtung. Warum auch sollten die Frauen mehr erhalten als die Männer. Es muss gemeinsam an der Veränderung gearbeitet werden, nur dann wird sich etwas bewegen. Eine Erfolgsstory, die mit einem brennenden Sergio-Leone-Reifen begann.

Wir fahren also aus dem Ort hinaus und sind mit unseren Gedanken bei der Action des Vormittags, bis ich schließlich frage:»Wo fahren wir denn jetzt eigentlich hin?«

»Wir fahren zu Ouréye Salls Mutter, sie lebt hier in der Nähe«, sagt Molly.

»Oh«, sage ich,»so weit weg wohnt sie von Ouréye?!«

Und dann kommen wir in ein wirklich winziges Dorf, nur eine Handvoll Hütten beieinander, Hühner flattern herum, Ziegen sind irgendwo an einen Pflock gebunden und finden das doof. Das Auto fährt auf den kleinen Dorfplatz, und das finde ich doof, denn der Fahrer fährt über ein paar Teetassen aus Blech drüber, das muss ja nun wirklich nicht sein, wir hätten auch vor dem Dorf aussteigen und die dreieinhalb Meter laufen können. Zu spät. Aussteigen.

Molly begleitet mich in die Hütte von Ouréye Salls Mutter, die über 80 ist und eine zarte kleine Person. Molly lässt mich mit ihr allein. Wir sitzen auf dem gestampften Boden der schattigen Hütte, die alte Frau hält ihren gelben Schal vor ihr Gesicht, nimmt meine Hand und weint und spricht immer wieder ein paar Worte. Dazwischen schweigen wir. Erstaunlicherweise kann ich begreifen, was ihr Kummer ist, auch wenn ich die Worte dazu nicht kenne. Sie hat ihr Leben lang als Beschneiderin gearbeitet und ihrer Tochter Ouréye dieses Handwerk beigebracht. Durch Tostan erfuhr sie von den Konsequenzen der Beschneidung, dass diese Tradition zerstörend wirkte auf Generationen von Frauen. Sie hat sich geschämt für das, was sie in gutem Glauben und in guter Absicht getan hatte. Sie tat mir leid in ihrem Kummer. Sie erkannte etwas am Ende ihres Lebens, das nicht zurückzunehmen war ...

Ein beschnittenes Mädchen wird eines Tages verheiratet, in sehr jungen Jahren. Jungfräulich geht sie in die Hochzeitsnacht, um in dieser Nacht ihre »eheliche Pflicht« zu erfüllen (sagt man wohl). Um vom Ehepartner penetriert werden zu können, demnach ihre Jungfräulichkeit zu verlieren, wird sie vorher aufgeschnitten. Es ist diffizil, darüber zu schreiben, daher mache ich es kurz. Es gibt auch die Situation, dass der Partner versucht, das Mädchen oder die junge Frau durch die Penetration zu öffnen. Manchmal werden sie danach partiell wieder zugenäht. Es kommt vor, dass beschnittene Frauen nicht in der Lage sind, ihre Kinder in den Dörfern zur Welt zu bringen. Sie benötigen für die Geburt einen Arzt, eine medizinische Station, besser noch ein Krankenhaus. Wo ist das nächste Krankenhaus? Wie viele Kilometer ist es entfernt? 50 Kilometer? 100? Wie erreicht man es? Wer hat ein Auto, einen Pick-up, auf dem die niederkommende Frau während des Transports liegen kann? Gelingt es, einen Pick-up zu finden, liegt sie dort, während alle paar Minuten die Wehen kommen, der Muttermund sich öffnet, aber der Austritt verschlossen bleibt. Ich habe Fotos gesehen von Fällen, bei denen hochschwangere Frauen vaginal aufplatzten ... die Kinder tot zur Welt kamen. In der Geburtsstation des Krankenhauses, das ich in Dakar besuchte, das manche Frauen aus den Communities mit dem Pick-up erreichten, berichteten Ärzte von den unzähligen Komplikationen, die es unter der Geburt für beschnittene Frauen gibt. Vernarbtes Gewebe ist nicht weich und geschmeidig, dehnt sich nicht entsprechend, sondern geht kaputt.

Es gibt Ärzte und Krankenhäuser in Deutschland und überall in der Welt, in denen Ärzte pro bono beschnittene Mädchen operieren, um sie genital, vaginal wiederherzustellen. Dabei wird manchmal sogar die Klitoris, die nicht herausgeschnitten, sondern vernäht wurde, wiederhergestellt.

Ich kenne ein junges somalisches Mädchen, das sich auf den langen Weg von Ostafrika nach Süddeutschland machte, wo sie schließlich ankam, gut betreut wurde und Freunde fand und eine Ausbildung machte. Eines Tages beschloss sie, diese Operation der vaginalen Wiederherstellung durchzuführen. Sie wusste, zu welchem Arzt sie gehen musste, und erzählte mir, dass sie vorab niemandem ein Sterbenswörtchen gesagt habe, da sie es quasi als Überraschung für die Menschen, die sich um sie kümmerten, handhaben wollte. Und um sich selbst zu beweisen, dass sie dazu selbständig in der Lage sei. Sie fuhr mit der U-Bahn ins Krankenhaus. Dort wurde sie ambulant operiert und fuhr mit der U-Bahn wieder nach Hause. Erst dann rief sie jemanden an. Ihr Gesicht strahlte, als sie mir davon erzählte.

An dem Tag, als ich dies schrieb, erhielt ich den Newsletter von Tostan, in dem stand, dass es in der Community von Song Kunda in Gambia seit neuestem ein dreirädriges Gefährt gibt, mit dem die Frauen zur Geburt in ein Krankenhaus gefahren werden können und nach Geburten mit ihren Babys, für Impfungen, Messungen und Untersuchungen hingebracht werden. Der Titel des Newsletters lautete: »If you want to go fast, go alone. If you want to go far, go together.« (Wenn du schnell gehen willst, geh allein, wenn du weit gehen willst, geht gemeinsam.)

Einmal habe ich Molly an Silvester besucht. Am 30. Dezember fuhren wir hinaus zu ihrem kleinen Haus am Meer, das eine gute Stunde Autofahrt von Dakar entfernt liegt. Als ich das erste Mal dort war, hatte sie mir das Grundstück, das sie für 2000 Dollar gekauft hatte, gezeigt, und nun stand ein rosafarbenes Haus darauf. Chapeau. Sie machte dort Workshops und Seminare oder zog sich zum Arbeiten dorthin zurück. Sie war nur nicht besonders gut darin, sich dort zu erholen; wenn ich morgens runterkam, war sie bereits via Skype in Kontakt mit Gannon, ihrem Neffen, der das Tostan-Büro in Washington, USA, leitete, oder mit irgendjemandem von der Hilton Foundation oder sonstwem in der Welt. Sie stand in Kontakt mit Menschen, die versuchen, diese Welt zu bewegen. Die Hilton Foundation hat ihr einmal eine große Summe gespendet – für die Akquisition von Spenden.

»Das musst du mir erklären. Warum spendet man, damit du Spenden akquirieren kannst?«

»Ich musste das auch erst lernen«, sagte sie. Wenn die Arbeit von Tostan weltweit bekannt werden soll, dann muss man in diverse Länder reisen, um Treffen mit Menschen zu veranstalten, die potenzielle Spender oder Multiplikatoren sein könnten.

Dazu benötigt man naturgemäß entsprechende Mittel. Für Flüge, Unterkunft und Mitarbeiter, die sich um Organisation, Vorbereitung der Akquisition etc. kümmern. Diese »entsprechenden Mittel« sind jedoch nicht vorhanden. Denn alle Mittel werden benötigt, um die wachsenden Anforderungen und Anfragen zahlreicher Dörfer und Regionen zu erfüllen, also um die eigentliche Arbeit der NGO zu leisten, und selbst dafür sind die »entsprechenden Mittel« nicht ausreichend vorhanden. Es ist gut, wenn die Idee eines Programms sich ausbreitet und Veränderungen anstößt, wenn die NGO wächst, aber dazu muss auch das Einkommen wachsen. Daher war das Angebot der Hilton Foundation sinnvoll, es half. Tostan, to make a long story short, wuchs und begab sich schließlich mit einem weiteren Büro in das nächste Land. Und in das nächste. Heute sind sie in 22 Sprachen und sechs Ländern vertreten: Guinea, Guinea-Bissau, Mali, Mauritanien, Senegal, Gambia.

Ihre Mission: Tostan empowers communities to develop and achieve their vision for the future and inspires large-scale movements leading to dignity for all. (Tostan stärkt Gemeinschaften in ihrer Entwicklung und im Erreichen ihrer Ziele und ermutigt zu umfangreichen Bewegungen für die Würde aller.)

Zwischenspiel.
Als ich Molly über Silvester besuchte, gingen wir am 1. Januar in ein Neujahrskonzert, um Youssou N'Dour zu hören, den selbst Europäer durch den Welthit »Seven seconds« kennen. Das Konzert begann mit zweistündiger Verspätung, und als schließlich der Meister in einem grün-glänzenden afrikanischen Anzug die Bühne betrat, explodierte die Stimmung. Das vornehmlich weibliche Publikum sprang auf, tanzte in den Stuhlreihen oder vor der Bühne, sang mit, flippte völlig aus und sah extrem gut aus dabei. Zu meiner Irritation steckten die Frauen den Musikern Scheine in ihre Kleidung, wie Männer Table-Dancerinnen Geld in ihre Tangas stecken. Eindeutig war dies bis heute mein stärkstes Neujahrskonzerterlebnis.

Youssou N'Dour ist der UNICEF-Botschafter Senegals. Bei meiner ersten Reise in das Land hatte ich die Ehre, ihn in seinem Studio besuchen zu dürfen, in dem er nicht nur seine eigene Musik produziert, sondern auch junge senegalesische Musiker, um ihnen eine Chance und dafür eine Plattform zu geben. Senegal ist die Hochburg des afrikanischen Hiphop, so wie Mali die Geburtsstätte des Blues ist. Mama Afrika.

Zwischenspiel Ende.

Außerhalb der indischen Stadt Neu-Delhi gibt es eine Nichtregierungsorganisation, die sich Barefoot-College nennt. Ihr Initiator ist Inder und heißt Bunker Roy, der über sich selber sagt: »Ich hatte eine sehr elitäre, versnobte und teure Ausbildung in Indien. Und das hat mich beinahe zerstört. Alles war bereitet, dass ich Diplomat werden würde, Lehrer oder Arzt. Und dann dachte ich, aus Neugierde, ich würde gern eine Zeitlang in einem Dorf leben, um zu sehen, wie das Leben dort ist. 1965 ging ich also, während der größten Hungersnot, in eines der Dörfer in Bihar. (Zur Information: Das ist in Nordindien an der nepalesischen Grenze.) Dort sah ich Hunger, Verzweiflung, Tod. Menschen starben, weil sie nichts zu essen hatten, weil es kein Wasser gab. Das hat mein Leben verändert. Als ich zurückkam, sagte ich zu meiner Mutter: Ich möchte fünf Jahre in einem Dorf leben und dort Brunnen bauen. Daraufhin fiel sie in Ohnmacht. So lernte ich das Wissen der Armen. Das, was nirgendwo gelehrt und sichtbar gemacht wird. Ich dachte, ich möchte ein College gründen für die Armen. Was sie wissen und für wesentlich hielten, würde auf dem College widergespiegelt werden. Und so begann eine inzwischen 45 Jahre währende Liebesgeschichte mit den Armen, die von weniger als einem Dollar am Tag leben.« (TED-Talk 2011)

Auf dem College werden Frauen aus dem globalen Süden zu Ingenieurinnen ausgebildet. Die gesamte Stromversorgung dort basiert auf Solar. Große Gärten sind angelegt, die mit Solarlampen beleuchtet sind. Nähmaschinen werden mit Solarenergie betrieben und einiges mehr. Viele Frauen sind mit 40 Jahren bereits Großmütter, ihre Kinder erwachsen, so dass sie für sechs Monate ihr Zuhause verlassen können, um in Indien diese Ausbildung zu absolvieren und mit speziellem Wissen in ihr Dorf zurückzukehren, was für entscheidende Veränderung sorgen wird. Sie werden von lokalen oder internationalen Organisationen dorthin gesandt – und sie heißen Solar Mamas.

Als ich mit meiner Tochter im Jahr 2010 im Senegal war, besuchten wir ein Dorf, in dem wir Marianna, eine Solar Mama, eine Ingenieurin, kennenlernen sollten.

Angekommen, gab es die wie immer aufregende und aufgeregte Veranstaltung, für die sich alle versammelt hatten. Eine Überdachung war aufgebaut und Plastikstühle hingestellt worden. Kaum saßen wir, wurde auch schon meine 16-jährige Tochter von einem Dutzend kleiner Mädchen umringt, die ihre beste Freundin sein wollten.

Nächster Tagesordnungspunkt: tanzen. Danach begann der offizielle Teil – der mit den Reden, denen lange einleitende formelle Begrüßungen, Segnungen und gute Wünsche vorangestellt sind. Sie endeten damit, dass meine Tochter und ich zu Bürgern des Dorfes ernannt wurden. Wir waren fassungslos, schauten uns an und fühlten uns nicht nur warm aufgenommen, sondern auch erleichtert, dass wir nun einen Back-up-Plan hätten, dass wir einen Ort hätten, zu dem wir gehen könnten, an dem wir willkommen geheißen werden würden, wenn alles schieflaufen sollte. Wenn im europäischen Heimatland vielleicht ein Bürgerkrieg ausbräche zwischen den Anhängern unterschiedlicher Parteien und Gesinnungen oder weil sich die Nation spaltete zwischen frenetischen Befürwortern und Gegnern eines Drexits. Wenn wir als Erste gehen müssten, weil wir Künstler sind und Frauen. Journalisten, Richter oder Homosexuelle. Wenn wir Europa auf einem Boot verlassen müssten, anlandeten in Marokko zum Beispiel, um uns dann zu Fuß aufzumachen in Subsahara-Länder. Wir würden das Ziel kennen, mein Kind und ich, die wir mit unseren Liebsten losgegangen wären. Das Ziel wäre dort, wo wir uns jetzt gerade befanden und uns nun auf eine Tour durch das Dorf machten.

Dabei lernten wir Marianna kennen. Sie kam vor kurzem aus Indien zurück, wo sie ein halbes Jahr auf dem Barefoot-College studiert hatte, als Analphabetin. Marianna hat mehrere Kinder. Einen Sohn musste sie beerdigen … Nun war sie die Ingenieurin des Ortes und dafür verantwortlich, das Dorf mit Hilfe einer Solaranlage zu elektrifizieren, um Licht zu bringen, so dass auch abends in den Hütten gelesen oder gelernt werden könnte. Ich sagte sinngemäß zu ihr: Mensch, Marianna, wie machst du das mit der Solarsituation, du kannst doch gar nicht lesen und schreiben. Wir grinsten uns an, sie verstand meinen Scherz und sagte lässig: Kein Problem, ich habe hier alles in meinem Notizbuch stehen. Sie zeigte mir ihr Vokabelheft voll mit komplizierten Zeichnungen diverser Schaltkreisläufe und weiterer technischen Instruktionen in verschiedenen Farben. Beeindruckend. Sie hatte bereits alles installiert, wir haben uns die Hütte angesehen, in der die gesamte Technik untergebracht war, und sie erklärte uns, wie es funktionieren wird, wenn die Solarpanels erst angekommen wären, die lediglich aufgebaut und angeschlossen werden müssten. Die Panels waren das Problem bzw. die Mittel von 10 000 Dollar, die dafür noch benötigt wurden, aber wohl auf absehbarem Weg waren.

Auch diesmal schrieb ich Molly wieder nach einigen Monaten und erkundigte mich, ob die Solarmodule inzwischen angekommen seien. Waren sie. Und bereits installiert.

»Oh«, schrieb Molly in ihrer unnachahmlichen Begeisterung, »and they are so bright!« Sie schickte ein Foto, auf dem man Mädchen in einem Häuschen sehen konnte, wie sie vor ihren Heften saßen. Es war wirklich sehr helles, ungemütliches Licht, aber was macht das schon. Marianna hatte ganze Arbeit geleistet, die übelriechenden, flackernden Öl-Lichter ein für alle Mal zu entsorgen, die darüber hinaus teuer und gesundheitsgefährdend sind.

Wir schlenderten durch das Dorf, es war schön und weitläufig. Einen medizinischen Versorgungsraum gab es, wenn auch nicht besonders gut ausgestattet, aber immerhin existent. Ziegen liefen herum oder lagerten auf dem Dorfplatz, die Kinder folgten uns auf Schritt und Tritt, und wenn wir zu langweilig waren, machten sie ein paar Turnübungen oder dance moves neben den lagernden Dorfplatz-Ziegen; Frauen standen und unterhielten sich, lachten manchmal laut.

Die Sonne war dabei unterzugehen, und es senkte sich eine friedliche Stille über das Dorf, das zum Zeitpunkt unseres Besuches und bevor wir in möglicher Zukunft dessen Bewohner würden, abends noch in solarfreie Dunkelheit gehüllt war. Bevor die Sonne unterging, machte ich mit meiner alten Fotoklitsche ein Foto des Dorfplatzes, das nicht besonders gut oder scharf wurde, ein unaufgeregtes Foto, das die Normalität eines westafrikanischen Dorfes zeigte. Denn die gibt es. Eine, ohne das Narrativ von Hunger, Krieg oder Naturkatastrophe.

Am nächsten Morgen in Dakar erhielt ich per SMS die Nachricht, dass meine Schauspielagentin Erna Baumbauer verstorben sei. Sie war gestürzt, musste an der Hüfte operiert werden und hatte sich 91-jährig offensichtlich entschieden, von dieser Operation nicht zurückzukehren ins Leben. Ich klappte zusammen. Sie war meine zweite Mutter gewesen ... Sie war 2001, als meine Mutter gestorben war, aus München nach Berlin geflogen, um bei der Beerdigung anwesend zu sein. Auf dem Friedhof, auf dem sie morgens um 10 Uhr in ihrem schönsten weißen Kostüm stand, hatte sie zu mir gesagt: »Jetzt haben Sie immer noch mich.« Nun war auch sie gegangen.

Ich wusste gar nicht, wohin mit mir, als wir in einer Einrichtung für Frauen und Mädchen, einer Art Frauenhaus, in Dakar saßen. Immer wieder musste ich den Raum verlassen, in dem uns von den Mitarbeitern der lokalen NGO von Gewalt gegen Frauen und Kindern erzählt wurde, um draußen auf der Veranda zu weinen. Dann kam Molly raus, umarmte mich und sagte: »Jetzt lernen wir, und heute Abend trauern wir.« Wir gingen zusammen zurück in den Raum, in dem Frauen allen Alters saßen, die sich vor ihren Männern hierhergeflüchtet hatten.

Ich bemerkte, dass mich eine alte Frau unentwegt mit einem zarten Lächeln auf den Lippen anschaute. Sie rutschte immer näher zu mir heran, strich mir über den Arm und sprach schließlich leise zu mir hin. Ich verstand sie nicht und bat nach der Versammlung eine der Initiatorinnen, mir doch bitte zu übersetzen, was sie sagte: »Sie sagt, sie kann sehen, dass du traurig bist. Und dass du dir keine Sorgen machen sollst, sie sei bei dir. Und die Person, um die du trauerst, auch.«

Erna hatte einen Engel geschickt.

Den Rest des Tages haben wir frei und fahren durch die Stadt auf dem Weg zum Hafen, um überzusetzen zur Insel Gorée. Während wir uns im betriebsamen Stadtverkehr tummeln und oftmals im Stau stehen bleiben müssen, kommen Straßenverkäufer an die offenen Fenster und bieten ihre Waren an: Sandalen. 64-teilige Werkzeugkoffer. XXL-Waschkörbe. Molly spricht mit einem Handtuchverkäufer, der während des in Wolof geführten Verkaufsgesprächs Handtücher unterschiedlicher Farben über meinen Kopf hinweg zu Molly hineinreicht. Die Farbe gefällt ihr nicht, kein Rot, lieber Blau, das Handtuch geht wieder raus, das nächste kommt rein. Hellblau. Combien? Wie viel? Deux milles? Non, non, non, zu teuer, ein Gegenangebot wird vorgeschlagen, nun ist der Verkäufer entsetzt. Zu wenig. Madame! Handtücher rein und raus. Wie viel das? Je vous fait un bon prix. Es wird gehandelt und zumeist gleichzeitig gesprochen, dann ist der Deal gemacht, Scheine werden gereicht, fertig. Manchmal denke ich, ich verstehe Wolof, weil darin einige französische Worte enthalten sind, so wie sich englische Worte in Hindi tummeln.

»Wo sind denn jetzt die Handtücher?«, frage ich Molly perplex, die den Motor wieder startet.

»Ach so, die legt er in den Kofferraum.«

Das nenne ich mal Service.

An einer roten Ampel spricht nun Gannon, Mollys Neffe, der das US-Tostanbüro leitet und sich derzeit in Dakar aufhält, sekundenschnell mit einem Straßenverkäufer. Sie flüstern, als würden sie einen Drogendeal verabreden, es scheint konspirativ, ist aber schlichtweg nur diskret, ohne die große Molly'sche Aufregung. Die Ampel wird grün, wir fahren weiter, ist wohl nix geworden aus dem Deal. Oder? Erst jetzt sehe ich, dass Gannon ein Nagelfeilenset in der Hand hält ... Je vous fait un bon prix, mon ami. So geht senegalesisches Shopping! Chapeau. Vielleicht hätte ich doch den 64-teiligen Werkzeugkoffer ...

20 Minuten dauert die Fahrt mit der Fähre auf die schöne Insel Gorée. Wir sitzen mit Sonnenbrillen wie Touris draußen auf dem Deck und beobachten, wie nicht nur Menschen auf das Schiff strömen, sondern auch Proviant aufgeladen wird, zum Beispiel Säcke mit einem dicken ›Zwiebeln‹-Logo (auf deutsch geschrieben) drauf, in dem sich Kartoffeln befinden.

Wir fahren los auf eine Insel, die mediterran anmutet in ihrer Farbigkeit der Hauswände und den vielen violetten und rosafarbenen Blumen, die sich überall hochranken. Keine Autos, herrlich.

Gorée ist der westlichste Punkt Afrikas. Während der Sklaverei wurden Menschen des Kontinents hier in das sogenannte slave house verbracht. Dort stehen wir nun. Es wurde Ende des 18. Jahrhunderts gebaut und ist von einer hohen Mauer umgeben, die eine Tür hat, durch die man von einer kleinen Gasse aus in den Innenhof gelangt, von dem zwei terrakottafarbene Freitreppen wie Flügel nach oben in eine großzügige Wohnstatt führen. Die des Sklavenhändlers vermutlich.

Rechts und links der Treppen befinden sich niedrige Kerker, in denen die Menschen nach Geschlecht und Gesundheitszustand getrennt warteten, bis sie herausgeführt wurden, um auf dem Hof verkauft zu werden. Zu dem Zweck stand der Sklavenhändler auf der Treppe, um die Angebote der Einkäufer zu hören. Wenn man unter der Treppe durchgeht, kommt man zu einem düster-feuchten und niedrigen Gang, der einst roh in den Stein geschlagen worden zu sein scheint und zu einer Tür führt. Öffnet man diese, blickt man geradewegs auf das offene Meer, das einige steile Meter unter der »porte sans retour« liegt. So heißt dieser Ort. Porte sans retour. Tür ohne Wiederkehr. Davor warteten die Sklavenschiffe. Über eine Gangway gelangten die verkauften Menschen auf die Schiffe. Manche stürzten sich von der Gangway ins Meer hinab in der Hoffnung auf Tod oder Freiheit. Um das zu verhindern, lockten die Sklavenhändler Haie an, indem sie rohes Fleisch ins Meer warfen ...

Als ich während meiner Reise im Jahr 2002 zum ersten Mal nach Gorée kam, das 1978 in die Liste des UNESCO-Weltkulturerbes aufgenommen wurde, ging ich mit Claudia Berger zu einer Wahrsagerin, die man uns empfohlen hatte. Sie las uns die Zukunft aus Muscheln, sogenannten cowry shells, die auch verwendet werden, um daraus Schmuck zu machen. Wir saßen vor ihrer Hütte, die an einem weiten Platz lag, auf dem Boden und bekamen sechs cowry shells in die Hand, die wir werfen sollten. Daraus las sie unsere Zukunft. Sie sagte zu Claudia, dass sie im Laufe des kommenden Jahres schwanger werden würde. Drei Monate nach der Reise rief Claudia mich an und sagte: Ich bin schwanger.

Merke: Don't mess with the african spirits.

Dezember 2016 entfliehe ich dem nicht enden wollenden grauen Himmel über Berlin und mache mich allein auf in den sonnigen Senegal. Diesmal lerne ich etwas völlig Neues von Tostan und Molly Melching. Sie hatte sich mit der Langzeitstudie der amerikanischen Wissenschaftler Todd R. Risley and Betty Hart und mit social norms beschäftigt.

»Social norms? Was ist das?«

»Uns ist es zum Beispiel selbstverständlich, dass man zur Begrüßung die Hand reicht. Dein Gegenüber reicht dir ebenfalls die Hand. Das ist nichts Ungewöhnliches, es ist die Verabredung, die soziale Norm. Die bekannte, verinnerlichte Art der Begrüßung, über die man nicht weiter nachdenkt.«

In anderen Kulturen ist es nicht die Norm; in Indien zum Beispiel, faltet man die Hände zur Begrüßung, dort gibt es keine Berührung. Soziale Normen gibt es in vielen Bereichen, die mit Kultur oder Tradition zu tun haben. Es sind in Gesellschaften ungeschriebene, anerkannte, positiv bewertete Verhaltensmuster; Werte, Gebote oder Verbote, die sich in den normativen Erwartungen anderer Personen ausdrücken und deren Befolgung bzw. Verletzung positiv oder negativ konnotiert ist. Handlungsweisen, die das Sozialverhalten betreffen und gesellschaftlich und kulturell bedingt verschieden sind.

So ist es im Senegal so, dass Mütter ihren Babys nicht in die Augen sehen.

Warum?

»Unsere Vorfahren sagen, dass eine Mutter während des Stillens vermeiden sollte, ihrem Baby in die Augen zu sehen, damit das Kind nicht von bösen Geistern gefangen wird und erkrankt. Wenn eine Mutter in die Augen des Babys schaut, muss sie das Ritual anwenden, in dem sie dem Baby in die Augen bläst.« (Zitat aus der PowerPoint-Präsentation von Tostan zum Projekt RPP.) Don't mess with the african spirits. Babys schauen aber ihre Mama an! Sie schauen sie an, wenn sie gestillt werden, auch wenn sie noch nicht richtig sehen können und sich ihre Welt eher aquarellistisch darstellt! Sie schauen, so scheint es, tief und intensiv, ernst und verliebt ihre Mama an, der sie sich völlig hingeben und ausliefern, in absolutem Vertrauen. Manchmal wird der Blick glasig, wenn sie vollgefressen sind und sich der Grenze zum Schlaf nähern. Sie sind während des Stillens eine Einheit mit ihrer Mutter. Jede Frau, die ein Baby gestillt hat, weiß das. Jeder Mann, der dabei zugeschaut hat, weiß es. Es ist intim und nah, zärtlich und der Inbegriff von Liebe und Verbundenheit.

Eine soziale Norm im Senegal ist, wie beschrieben, das Ritual des In-die-Augen-Pustens: Das Baby schaut seiner Mama vertrauensvoll in die Augen, und die Mutter bläst sanft in diese Babyaugen, die sich daraufhin schließen. So wird die Verbindung von Mutter und Kind unterbrochen oder gar nicht erst aufgebaut. Die Verbindung ist jedoch die erste Art der Kommunikation. Worte, die man dem Baby sagt, während es einen ansieht, die es bereits speichert.

Wie viele Wörter vor dem Vorschulalter zwischen Kindern und Eltern gewechselt werden – damit beschäftigt sich die Studie von Risley und Hart, die sie 1995 in ihrem Buch »Meaningful Differences in the Everyday Experience of Young American Children« veröffentlichten, gefolgt von dem Buch »The Social World of Children Learning to Talk« von 1999.

Über zehn Jahre hinweg haben sie Wörter gezählt. Sie gingen der Frage nach, wie das alltägliche Familienleben von Kindern aussieht; was Eltern und Kinder während des Tages tun, wie viel sie sprechen oder kommunizieren, bevor die Kinder schließlich die Vorschule besuchen. Für die Studie, die 1982 begann, wurden über Geburtsanzeigen der Zeitung von Kansas City 42 Babys diverser Milieus gefunden. Als die Babys sieben Monate alt waren, begannen Risley und Hart, sie einmal im Monat zu unterschiedlichen Zeiten zu besuchen. Tagsüber, abends, in der Woche, am Wochenende. Bis sie 36 Monate, also drei Jahre, alt waren.

»Während jedes Besuches nahmen wir alles auf, das zum Baby gesagt wurde, alle Gespräche, die das Baby mit anhörte, und alles, was das Baby sagte oder tat während einer Stunde des alltäglichen Lebens. Jede der daraus resultierenden 1200 Stunden, die wir aufnahmen, benötigte jeweils ungefähr 20 weitere Stunden Arbeit.« (Open source von Risley and Hart)

Sie hatten sich die einfache Frage gestellt: Was passiert im Alltag, während Babys sprechen lernen, und sie machten überraschende Entdeckungen:

Manche Eltern beschäftigten sich in einer Stunde 40 Minuten mit dem Baby, manche Eltern weniger als 15 Minuten. Manche Eltern sagten über 3000 Wörter zu ihrem Baby, manche weniger als 200. In einer Stunde, wie gesagt. Der Durchschnittswert der gesagten Wörter blieb über die gesamte Zeit konstant, so dass sich die Unterschiede zwischen den Lebens- bzw. Spracherfahrungen der Babys potenzierten. Sie stellten fest, dass, wenn man die aufgezeichneten Wörter auf das Gesamtleben der Babys hochrechnete, manche Kinder bei ihrem Eintritt ins dritte Lebensjahr bereits 33 Millionen Wörter gehört hatten, während andere zehn Millionen gehört hatten. Manche Babys hatten bereits über 500 000 Erklärungen und Bestätigungen über ihr Tun erfahren, andere weniger als 60 000.

Der familiäre Unterschied im Gespräch mit den Babys war so enorm, dass sie zu massiven Vor- bzw. Nachteilen führen würden, wenn die Kinder schließlich in die Vorschule kämen. Risley und Hart stellten fest, dass sowohl die gesprächigen als auch die schweigsamen Eltern die gleiche Anzahl an Imperativen und Verboten äußerten. Hinweise, wie ›hör auf‹, ›komm her‹, ›halt still‹, ›was hast du da?‹, ›lass das‹. Die schweigsamen Eltern sagten oftmals nicht viel mehr als das, was

Risley und Hart »business-talk« nannten. Im Gegensatz dazu gibt der »conversational-talk« die Extraportion von Gespräch, in dem ein weitreichendes Vokabular angewendet wurde, positive Bestätigung getätigt als auch komplexe Ideen vermittelt wurden, die wichtig sind für die intellektuelle Entwicklung.

Jedes Gespräch, das über den business-talk hinausreicht, ist kommunikativ und verbessert bei den Eltern die Fähigkeit, wie mit dem Kleinkind gesprochen werden kann. Der business-talk, also das Imperativische, bleibt konstant, der conversational-talk erweitert sich. »Wir müssen ihnen also nur helfen, mehr zu sprechen.«

Es war die Menge des Gesprächs, die den Unterschied machte, realisierten Risley und Hart, nicht die soziale Klasse, das Einkommen oder die Ethnie. Die Häufigkeit des Gesprächs, die Menge an gesagten Worten, prognostizierte die zukünftigen intellektuellen Leistungen der Kinder.

»Mit drei Jahren lagen manche Kinder so hoffnungslos hinter der allgemeinen Spracherfahrung und dem daraus resultierenden Gesamtumfang des Sprachschatzes, dass später weder die Vorschule noch ein Eingriff durch die Schule dies auffangen würden.«

Die Erkenntnisse dieser Studie wandte Tostan für Senegal, Westafrika an.

Man hatte festgestellt, dass die Kinder in den Bildungsprogrammen des CEP nicht gut lernten und Gelerntes nicht haftenblieb. Molly Melching führte das nach der Beschäftigung mit der Studie darauf zurück, dass die Kinder in ihrem Zuhause zu wenig Lernerfahrung gemacht hatten, dass sie nicht geübt waren in Gespräch und Kommunikation.

Wenn man also Kindern helfen wollte, besser zu lernen, musste man sicherstellen, dass sie bereits im Diskurs der Sprache wären, bevor sie eine schulische Einrichtung besuchten. Wie kann das gehen? Sehr einfach: vorlesen. Das gab es nicht. Völlig neues Konzept. Kinder erhielten in den Familien den oben erklärten business-talk, aber keinen conversational-talk, keine extra Portion an Gespräch und schon gar keine Vorlesezeit. Wie auch, viele der Eltern waren illiterat. So schrieb Molly Kinderbücher, die illustriert und in drei senegalesische Sprachen übersetzt wurden (Wolof, Fulani, Mandinka), um in den Communities verteilt zu werden. Den Eltern erzählte man genau, was in den Büchern stand, so dass diese dann anhand der Bilder die Geschichte ihren Kindern wiederum vorerzählten.

Das Projekt nannte man RPP, »The Tostan Reinforcement of Parental Practices« (ungefähr: »Unterstützung der Eltern«), und es wurde das erste Mal 2012 in 32 Dörfern als Teil des Community Empowerment Programs (CEP) getestet. Bereits nach einem halben Jahr ergab eine Evaluation, dass die Kinder besser lernten.

Ein Jahr später baute man die Idee aus und arbeitete mit 700 Lehrern und Direktoren des senegalesischen Schulsystems eng zusammen. 4000 Familien waren involviert, und 45 000 Menschen haben davon direkt oder indirekt profitiert. Für die Zukunft hat sich Tostan viel vorgenommen: Man will 300 000 Bücher in den Dörfern verteilen, 56 000 Besuche in Familien unternehmen, um aufzuklären über frühkindliche Förderung in den Familien, und über 200 Training-Sessions für Trainer anbieten, die in den Communities arbeiten.

Ein entschiedener Schritt, um festgefahrene social norms zu bedenken, die die intellektuelle Entwicklung der Kinder behindern.

Molly war wie immer »thrilled« über das Projekt, und wir saßen auf ihrem blauen Sofa vor dem sehr lauten Ventilator im Wind, und sie las mir alle Kinderbücher vor, die sie geschrieben hatte.

Zum Schluss

140 Millionen Mädchen und Frauen, schätzt man, sind weltweit beschnitten. Jedes Jahr kommen in Afrika drei Millionen Mädchen dazu.

Tostans Arbeit hat in den Communities von sechs afrikanischen Ländern fundamentale Veränderungen herbeigeführt. Über 8000 Dörfer haben mittlerweile ihre Deklaration zelebriert und die Beschneidung abgeschafft. Doch Mädchen werden auch in arabischen und asiatischen Ländern beschnitten. Und in Europa. Wenn beispielsweise Familienmitglieder in den Sommerferien die Kinder in das elterliche Herkunftsland bringen, um dort das Prozedere durchführen zu lassen.

Frauen tragen die Hälfte des Himmels, sagt ein chinesisches Sprichwort.

Frauen haben den Umstand der Gewalt und Rechtlosigkeit in ihr Leben integriert.

Sie werden verkauft.

Versklavt.

Prostituiert.

Vergewaltigt.

Vergiftet.

Zu Kindersoldaten gemacht.

Mit Batteriesäure überschüttet.

In den Kopf geschossen.

Beschnitten.

Zugenäht.

In der Hochzeitsnacht aufgeschnitten.

Wieder zugenäht.

Sie schweigen.

Verbergen ihr Leid.

Und haben Pflichten.

Sie holen das Holz. Sie holen das Wasser. Sie machen das Feuer.

Sie kriegen die Kinder.

Bluten.

Sind unrein.

Werden aus der Gemeinschaft ausgegrenzt, weil sie unrein sind.

Eigentlich kann das niemand gut finden.

»Frau Riemann, sind Sie Feministin?«, fragt mich eine Dame einer renommierten deutschen TV-Sendung.

»Ja.«

»Finden Sie nicht, dass Feminismus out ist?«

»Warum sollte das so sein?«
»Nun, er ist so lila.«

»We should all be feminists«, sagt die nigerianische Schriftstellerin Chimamanda Ngozi Adichie.

»Mehr Mädchen wurden in den letzten 50 Jahren umgebracht, weil sie Mädchen sind, als Männer in den Kriegen des gesamten 20. Jahrhunderts starben.«
»Mehr Mädchen wurden in jedem einzelnen Jahrzehnt umgebracht in dem Gedanken des ›gendercide‹ als Menschen in den Genoziden des 20. Jahrhunderts.«
»Im 19. Jahrhundert war die zentrale moralische Herausforderung die Sklaverei. Im 20. war es der Kampf gegen den Totalitarismus. Wir glauben, dass im 21. Jahrhundert es das Ringen um Geschlechtergleichheit im globalen Süden sein wird.«
(Nicholas D. Kristof and Sheryl WuDunn, 2009)

1979 wurde von den Vereinten Nationen die »Konvention gegen die Diskriminierung in allen Formen gegen Frauen« verfasst, die von erstaunlichen 186 von 193 Mitgliedsstaaten der UN, auch vom Senegal, ratifiziert wurde. CEDAW heißt die Konvention (»Convention for the Elimination in all forms of Discrimination Against Women«). 1981 wurde CEDAW rechtskräftig und Mitte der 80er Jahre umgesetzt.

Seit 30 Jahren also existiert eine Konvention, die darauf hinweist, dass Frauen (über die Hälfte der Weltbevölkerung, also keine Randgruppe) nicht diskriminiert und benachteiligt werden sollen. Tostans Arbeit versucht diese Konvention Realität werden zu lassen.

Life has legs and is walking.

Deutschland. 2016/2017/2018

>*Aufklärung ist der Ausgang des Menschen aus seiner selbst verschuldeten Unmündigkeit. Unmündigkeit ist das Unvermögen, sich seines Verstandes ohne Leitung eines andern zu bedienen. Selbst verschuldet ist diese Unmündigkeit, wenn die Ursache derselben nicht am Mangel des Verstandes, sondern der Entschließung und des Muthes liegt, sich seiner ohne Leitung eines andern zu bedienen.«*
>
> Immanuel Kant, Was ist Aufklärung?

I.
Fußgänger 2016 (Prä-Thunberg-Ära)

Ich fahre Auto. Es ist ein Auto, das mit heruntergefallenem brandenburgischem Streuobst angetrieben wird und sich durch Osmose fortbewegt, wie ein Perpetuum mobile, man kann am Auspuff lutschen, um seinen Apfeldurst zu stillen, ein schönes gutes Auto aus Ökoknete. Eines, das Ingenieure sicherlich erfinden und bauen könnten, wenn man wollte und ihnen ein entsprechendes Budget zur Verfügung gestellt würde, wenn die internationale Öllobby sie ließe und mein Lektor diesen Satz nicht streicht.

Es ist mir unangenehm, mit den Öffentlichen zu fahren, das gebe ich zu, es hängt mit der Multiplikation meines Berufs zusammen und damit, dass nicht alle Mitreisenden respektvoll oder diskret sind.

Daher fahre ich Fahrrad oder Ökokneteauto in meiner Heimatstadt Berlin. Und in London, Rom, Bhubaneswar, Kandy, Paris, Südfrankreich, New York, Norwegen, Capetown, Mauritius oder Sydney fahre ich Öffentliche, Rad, Auto oder spaziere. So viel zu meiner Person, wenn sie sich fortbewegt.

Neulich promenierten drei Damen auf einer Fahrbahn; sie kamen mir entgegen und erinnerten mich an die heiligen Kühe Barodas, die sich im stärksten Straßenverkehr gemütlich zum Verdauen auf die Straße legen und ein Verkehrschaos anrichten, weil sie offensichtlich wissen, dass sie heilig sind und ihnen niemals etwas passieren wird und alle Inder ihre Extravaganzen, wie Mittagsschlaf im Kreisverkehr, dulden und ertragen werden. Womit ich die Damen auf keinen Fall mit Kühen vergleichen möchte, obwohl ich das ja eigentlich gerade getan habe. Auch sie hatten den Verkehr, der in diesem Fall ich war, lahmgelegt und entsetzten sich darüber hinaus durch das Fenster in mein Auto hinein über meine Verwunderung.

An einem anderen Tag führten zwei Männer ihre Bäuche behäbig bei Fußgängerampelrot über die Straße, während ich ihnen dabei zusehen durfte. Mich brachte dieses Schauspiel ein wenig in die Bredouille, da ich auf einer Fahrbahn stand, die eigentlich für andere Autos reserviert war und die ich nur überqueren sollte; ich war nicht vorbereitet auf die Selbstsicherheit und Ignoranz der Männer, bei ihrer roten Straßenüberquerung und der Eitelkeit, mir der sie den Umstand, dabei Publikum zu haben, offensichtlich genossen. Selbst das Überqueren einer Fahrbahn scheint einen heutzutage zu einem Influencer zu machen. Nun, dachte ich, sie haben ja recht, sie dürfen bei Rot über die Straße gehen, sie sind der Mensch, ich bin die Maschine, so geht das, es hat mit Respekt und Rücksichtnahme zu tun. Das hilft. Würde das in irgendeiner Weise gegenseitig sein, auch aufgrund der Tatsache, dass man recht haben, aber trotzdem ins Krankenhaus verbracht werden kann, würde sich die Situation auf bundesrepublikanischen Straßen mit 3300 Verkehrstoten pro Jahr (Stand 2016, so wenige wie seit 60 Jahren nicht) vielleicht sogar noch verbessern lassen.

In dem Dorf, in dem ich groß wurde, mussten die kleinen Kinder unserer Siedlung eine vierspurige Bundesstraße überqueren, um zu der Dorfschule auf der anderen Seite zu gelangen. Die Eltern reichten ein Begehr beim Bürgermeisteramt ein, dass dringend eine Ampel benötigt würde zur Sicherheit der Schulkinder. Wurde abgelehnt. Als schließlich das erste Kind von einem Auto überfahren wurde und mit einer Behinderung für sein ganzes Leben aus dem Krankenhaus zurückkehrte, wurde die Ampel aufgestellt.

Ich kam damals auch in den Genuss dieser umstrittenen Ampel, obwohl ich schon zum Gymnasium ging. Es gab einen Knopf, auf den man drückte, damit die Ampel auf Grün schaltete. Dann fuhr oder schob ich das Fahrrad über die Bundesstraße, während neben mir die zu Fuß gehenden Grundschüler mit ihren tanzenden Tornistern auf den Rücken auf die andere Seite wetzten. Wir unbegleiteten Kinder wussten: Der slot ist kurz und die Autos rasend. Etwas Sicheres gibt es nicht.

Mit dem Rad an parkenden Autos vorbeizufahren ist zum Beispiel etwas Sicheres, das es nicht gibt. Die Fahrer könnten unbedacht die Tür aufmachen, und dann saust man in diese hinein und gleich weiter auf die Intensivstation. Oder man hat ein gutes Reaktionsvermögen und kann ausweichen.

Mit einem Auto im Schritttempo durch eine Fahrradstraße zu fahren ist vergleichbar unsicher, weil einem Fahrradnerds mit der Hand oder einem Requisit im Vorbeifahren auf die Motorhaube schlagen könnten, wie selbst erlebt.

Die Wut sitzt an der Oberfläche, scheint's, wenn man sich da draußen tummelt und irgendwie miteinander auskommen muss. Trotz Straßenverkehrsordnung gibt es viel Bedarf an Streit, Beleidigung oder gegenseitiger Korrektur, ob des Fahr- oder Laufverhaltens der anderen. Oder überhaupt.

Und dennoch gibt es den Moment, da man sich im Straßenverkehr staut und CO_2-Emissionen ohne Ende produziert und plötzlich hinter sich den unmissverständlichen Sound des Martinhorns, das seinen Namen nach seinem Erfinder, dem sächsischen Signal-Instrumentenbauer Max Martin, erhalten hat, hört. Alle hören die Töne der Quart a und d, denn sie sind unüberhörbar. Und dann geschieht das Erstaunliche: Aus den auf Krawall gebürsteten Individuen wird eine Notgemeinschaft, die dem Einsatzfahrzeug den Weg bahnt und eine Gasse bildet, durch das es hindurchgleitet wie Moses durch das Rote Meer. Selbst in Situationen, die keinen Platz bieten, den man als Ausweichmöglichkeit benutzen könnte. Es gelingt, weil es gelingen kann, wenn alle es wollen. Vergessen sind die humorlosen Kopfschüttler am Steuerrad, die aggressiven Flüche oder Mittelfinger, vorbei der Missmut über den Stau oder sein mittelmäßiges Leben. Man rutscht zur Seite, um Platz zu machen für den Einsatz, der ein Leben rettet oder ein Feuer löscht. Wenn das Fahrzeug mit dem zweitönigen Signalinstrument auf dem Dach vorbeigefahren ist, wagt man manchmal einen Blick zum Nachbarn und sieht freundliche Zugeneigtheit statt Vorwürflichkeit. Das ist ein schöner Moment, man fragt sich, warum der immer die Ausnahmesituation benötigt, um herausgelockt zu werden. Auf der Straße begegnet man der ganzen Gesellschaft. In Form von Auto-, Fahrrad-, Motorrad-, Bus-, Straßenbahn-, S-Bahn-, Rikscha-, Taxi-, Uber-, U-Bahn-Fahrern oder Fußgängern und Rollstuhl-, Rollschuh-, Roller- oder Buggyfahrern. (Wenn ich jemanden vergaß, war es keine Absicht.) Hier draußen sind alle irgendwie unterwegs, ganz egal, welchen Milieus, Alters oder Berufsbildes, wie groß oder klein ihr Bankkonto oder ihre Bildung ist. Egal, welche Nation, ob mit oder ohne Migrationshintergrund, ob Tourist oder Einheimischer. Auf der Straße sind wir alle irgendwann und begegnen uns, einander unbekannt bleibend, obwohl man miteinander in der Bewegung ist. Alle auf dem Weg irgendwohin, von irgendwo weg, zielgerichtet oder irrend, in allen Verfassungen, die ein Mensch nur haben kann, irgendwann sind wir alle da draußen, dort sieht sich die Gesellschaft, die in Deutschland eine demokratische ist, denn alle haben das Recht, rauszugehen und sich frei zu bewegen, die Öffentlichen zu benutzen, ohne Exklusion, mit oder ohne Fahrschein. (In einer idealen Welt wären die Öffentlichen frei verfügbar.) Auf der Straße, im Straßenverkehr zeigen wir uns, da stellt sich die Gesellschaft dar, in der wir leben, und auch wie wir, die wir die Gesellschaft sind, miteinander umgehen. Wie wir sie schätzen und schützen und bewahren, wie wir kommunizieren und uns wahrnehmen. Hier kann man sich gegenseitig eine reinhauen oder verlorengegangenen Touristen den Weg zeigen, man kann Straßenmusik machen oder eine Unterhaltung mit Bekannten oder Unbekannten auf dem Bürgersteig führen, in Hipster-Straßencafés bei der Hafermilchlatte über Kunst und Umwelt debattieren oder an Straßenimbissen beim Bierchen sich über die Knappheit von Hartz 4 beschweren; man kann sich aus vorbeifahrenden Autos anschreien lassen oder Obdachlosen Geld in ihren Pappbecher werfen; man kann Leute beklauen, sich beklauen lassen, sich auf dem Bürgersteig küssen oder dort gefundene Portemonnaies in Postkästen werfen, weil sie dann vielleicht bei »lost and found« landen; man kann an der Ampel jonglieren, die Autoscheiben schmutzig wischen oder ein Schild hochhalten, auf dem »Für Essen« steht. Man kann demonstrieren, protestieren, Love-Parades oder Marathons veranstalten oder Konzerte, Yoga und Meditation im Park machen oder mit der ganzen Mischpoke dort grillen. Man kann nackt am See sitzen oder heimlich unter der Decke Sex haben, man kann mit Bluetoothboxen im Rucksack den S-Bahnhof beschallen oder auf der Bank still ein Buch lesen. Man kann in teuren Cabrios herumfahren, in Elektrowagen oder runtergerockten Autos ohne grüne Umweltplakette, man fährt allein oder zu fünft, man macht einen Heiratskonvoi über den Ku'damm in mit Blumen geschmückten Autos und hupt, was das Zeug hält, oder tut nach einem gewonnenen Fußballspiel dasselbe, egal, wer gewonnen hat. Oder man veranstaltet dort Autorennen, bis alle tot sind.

Die offene Gesellschaft ist auf der Straße wiederzufinden. Sie bewegt sich. Sie bewegt uns. Dort zeigen wir unser Gesicht und lassen uns in unser Gesicht schauen. Das dürfen wir. Wenn wir es wollen.

Denn was wir in Deutschland nicht haben, sind Busse, deren hinterer Einstieg nur für Frauen ist. Nicht weil es luxuriös wäre, sondern wegen der Geschlechtertrennung, die die Gesellschaft vorschreibt. So wie vor nicht allzu langer Zeit Jüdinnen und Juden ihre Fahrräder abgeben mussten und nicht Bus und Bahn fahren durften. Was wir hier nicht haben, sind ausschließlich männliche Autofahrer oder Menschen, die 20, 30 Kilometer von Potsdam nach Westberlin oder von Bonn nach Köln oder von Dachau nach München oder von Harburg nach Hamburg zu Fuß zurücklegen, weil sie kein Geld für einen Bus haben, und wenn sie es hätten, es diesen Bus sowieso nicht gäbe, so wie es vor noch weniger als nicht allzu langer Zeit in Südafrika der

Fall war, während der Apartheid, die erst 1994 ein Ende fand. Es gibt hier auch keine Automobile, die so viele Emissionen absondern wie ein Kreuzfahrtdampfer, sondern einen Technischen Überwachungsverein. Es gibt Bäume in der Stadt, Parks und Grünflächen, die die Luft reinigen, im Gegensatz zu beispielsweise Shanghai, wo man, nachdem man alle Bäume abgesägt hatte, damit begann, Blumentöpfe mit Büschen darin an den Rand der Autobahnen zu stellen, um den Sand und Dreck, der in die Stadt hineinwehte, aus der Luft zu filtern.

In der Bundesrepublik Deutschland gibt es Einrichtungen, Bedingungen und ein Grundgesetz, deren Existenz so selbstverständlich scheint, dass wir die Werte, die damit einhergehen, manchmal aus dem Bewusstsein verlieren. Und mit wir meine ich in diesem Falle mich. Wie oft schaute ich mir Projekte in der Welt an und dachte: Wow, das ist ja eine gute Idee oder Maßnahme, warum haben wir das nicht?! Um erst verspätet zu realisieren, dass wir derlei Einrichtungen schon lange haben, ich mich damit nur nicht beschäftigt hatte. Weil die Demokratie, Freiheit, Sicherheit und der Frieden, der mehr als die Abwesenheit von Krieg ist, weil die noch immer frei verfügbare Bildung, die staatlichen Versicherungen, die Renten und das Arbeitslosengeld uns so selbstverständlich geworden sind, dass wir deren Errungenschaft nicht mehr in unserem täglichen Leben realisieren. Demokratie hat keine Garantie, sie kann schneller verschwinden, als man es sich vorstellen vermag. Demokratie gibt es nur, wenn alle respektvoll mitmachen. So wie an den Tagen, an denen das Martinhorn die Quart spielt.

Taxi fahren 2016 (Prä-Weinstein-Ära)

Wir suchen unser Glück außerhalb von uns selbst,
noch dazu im Urteil der Menschen, die wir doch
als kriecherisch kennen und als wenig aufrichtig,
als Menschen ohne Sinn für Gerechtigkeit, voller
Missgunst, Launen und Vorurteile, welch eine
Verrücktheit!

La Bruyère (1645–1696)

»Das ist aber ein großes Taxi«, sage ich erstaunt, als ich aus der Haustür auf die Straße trete, mehr zu mir selbst als zu irgendjemandem sonst, denn der Taxifahrer sitzt noch vorn auf seinem Bock in diesem, was ist das – Transporter? So was mit Schiebetür und viel Staufläche. Dabei muss ich nur zum Bahnhof.

»Kostet das jetzt mehr?«, fragt das Armeleutekind in mir, bevor ich es zurückhalten kann. »Ich meine, ich habe gar keinen Bus bestellt«, und krabble vorn auf den Beifahrersitz. Erhöht sitzt man, wie in einer Kutsche, nur ohne Pferde. Hat der Taxifahrer schon was gesagt? Nein. Vielleicht »Hm.« Oder »Nö«, als Antwort auf die Kostenfrage. »Zum Bahnhof bitte«, sage ich mit zuvorkommender heller Stimme; helle Stimme ist gut, das strahlt Freundlichkeit und Mädchenhaftigkeit aus, macht weder Druck noch Angst, sondern zeigt deutlich meine Unterwürfigkeit als Fahrgast, und außerdem habe ich mich bereits vom Schreck erholt, in so einem Wohnmobil zum Bahnhof zu gondeln. Schön eigentlich, hier oben auf dem Bock. Los geht's.

Er spricht nicht. Macht ja nichts. Eigentlich im Gegenteil, nur ob er verstanden hat, wo es hingehen soll, ist nicht ersichtlich, so ein kleines Geräusch in Richtung »o. k.« wäre zuvorkommend gewesen.

Er ist ein voraussichtlich straight white man. So was möchte ich ja nicht sein, ehrlich gesagt: so graufarben. Ich kann nicht sagen, was mich erwartet, denn ich habe immer etwas Angst, Taxi zu fahren: vor der Klimaanlage oder dem zu laut eingestellten Funk, vor Fußballübertragungen oder Schlagern, davor, dass ich, hinten sitzend, bitten muss, den Beifahrersitz vielleicht etwas nach vorn zu schieben, wegen der langen Beinchen, oder ob man die Kindersicherung am Fenster hinten ausmachen könnte, freundlicherweise,»ich würde gern das Fenster etwas ...« ...»Ist doch Klimaanlage«,»Ja, ich weiß, aber die ist so kalt, ich würde gern etwas frische Luft ...« Na, und so weiter. Taxi fahren ist immer ein Abenteuer, weil man meistens ausgeschimpft wird, egal, was man macht. Zum Beispiel, weil man es nicht so weit hat, wie gewünscht wird, weil man nicht vom Flughafen bis, na, sagen wir mal nach Dresden gefahren werden möchte, sondern nur irgendwo in den Berliner Westen.

»Ist das Ihr Lieblingssender?«, fange ich ein völlig blödsinniges Gespräch an, was wirklich erstaunlich ist, da ich am liebsten nicht spreche. Er nickt. Er macht mehr Laute als Worte bislang. Wahrscheinlich ist der Grund, diese Konversation angefangen zu haben, eine persönliche Herausforderung: Ich möchte ihn zu einem vollständigen Satz verführen. Riskant. Man weiß nicht, welcher Satz diesem Mund entspringt.

»Bei mir gibt's nur diesen Sender oder Radio aus.«

»Oh«, sofort tut er mir leid,»sind Ihre ganzen anderen Sender kaputt?«, um im selben Moment zu realisieren, dass das der Witz war und ich doof.

»Aha, verstehe«, versuche ich zu retten und finde es fast wirklich lustig.»Sie hören nur diesen einen Sender und sonst keinen, obwohl die anderen gingen, wenn man nur wollte.« Toll, hab ich ihm seinen eigenen Witz erklärt, völlig infantilisiert.»Hören Sie gar keine Nachrichten?« Jetzt bin ich ehrlich interessiert.

»Nee.«

»Sie hören keine Nachrichten??!! Deutschlandfunk? Inforadio?« (Hab ich auch BBC gesagt? Ich hoffe, nicht!)

»Nee.«

»Aber Zeitung. Sie lesen Zeitung!«

»Nein.« (Er lächelt fast ein bisschen.)

»Bücher!«

»Nein, das würde zu lange dauern, ich bin nicht so der Buchstabentyp. Ich brauch für 50 Seiten einen Monat.« (Ich rechne blitzschnell aus, dass er eineinhalb Seiten schafft, pro Tag.)

»Krass. Dann wissen Sie ja gar nicht, was in der Welt so los ist.«

»Doch.«

»Woher?«

»Von den Leuten.«

»Den Kunden?«

»Auch.«

»Wie auch?«

»Am Taxistand unterhalten wir uns.«

»Ach so, Sie kriegen Ihre Informationen von Ihren Kollegen, weil die Nachrichten hören im Gegensatz zu Ihnen, und die erzählen Ihnen dann, was sie so gehört haben?«

Das ist ein bisschen wie bei der Entstehung der Bibel, denke ich, jeder hat mal was gehört und dann weitergesagt, und später haben das dann die Evangelisten aufgeschrieben.

»Ja, aber die Nachrichten stimmen sowieso alle nicht.«

»Ach so.«

»Ich interessiere mich mehr für Naturwissenschaft. Ich bin so 'n naturwissenschaftlicher Typ.«

»Aber wenn Sie weder Bücher noch Zeitung lesen, noch Nachrichten hören, dann wissen Sie ja gar nicht, dass vor ein paar Tagen im All eine große Explosion, 11,5 Milliarden Lichtjahre entfernt, stattgefunden hat, die man bis zur Erde messen konnte, fünf Sekunden Radiowellen, und das, wo Sie doch der naturwissenschaftliche Typ sind.«

»Jetzt weiß ich es. Sie haben es mir ja gesagt, so krieg ich meine Informationen und bilde mir dann meine Meinung.«

»Was für eine Meinung?!«

»Ich hör zu und denk mir meinen Teil und sag dann meine Meinung.«

»Hm.«

»Ich sag mal so: Meine Meinung ist gar nicht so verkehrt. Ich lieg da gar nicht so daneben.«

»Also, Sie lesen oder hören keine Nachrichten, kriegen Ihre Infos von Ihren Kollegen oder Kunden, aber haben eine Meinung. Und die ist richtig.«

»Genau.«

»Meinung haben ist wichtig?«

»Darum geht es ja.«

Ich bin sprachlos.

Dann erzählt er mir noch, dass er schon immer Sport gemacht hat, Badminton. Also früher. Und jetzt ginge er immer als Ausgleich um sein Taxi herum. Das käme vom Bewegungsdrang, darum hätte er auch keine Rückenschmerzen.

Ich habe es geschafft und ihn zum Reden gebracht: Er hat die richtige Meinung, obwohl er keine Ahnung hat, was so abgeht in der Welt, und sich auch ganz offensichtlich nicht dafür interessiert.

Kurze Denkpause. Dann fange ich an zu lachen. Er ist mittlerweile aufgetaut und redet sehr viel, ich bin vertrauenerweckend. (Die helle Stimme!)

»So jemandem wie Ihnen bin ich ja wirklich noch nicht begegnet, Sie sind ja das beste Beispiel dafür, dass Deutschland als Sozialstaat intakt ist. Sie fühlen sich so sicher hier, dass Sie nicht wissen müssen, in was für einem Land Sie leben und was passiert, und wenn irgendwann Berlin evakuiert wird, dann wundern Sie sich wahrscheinlich, wenn Sie auf die leere Straße treten.«

Er lacht mit, er empfindet das offensichtlich als Kompliment. Er hat keine Angst vor mir, denn ich bin auf seiner Seite, weil ich mich für ihn interessiere und ihm nicht gleich eine reinhaue, weil er so ist, wie er ist.

Vor kurzem war ich in Den Haag bei einer Veranstaltung zu »Justice Peace and Security«, bei der der High Commissioner des ICC (International Criminal Court / Internationaler Strafgerichtshof), Zeid Ra'ad Al-Hussein, eine Rede gehalten hat, in der er deutlich darauf hingewiesen hat, dass die Übervereinfachung ein Mittel der Propaganda sei. Dass Simplifizierung gefährlich und gefährdend ist. Und dass genau deshalb in gewissen Parteien damit gearbeitet wird. Heute und immer und hier und überall. Weil die Simplifizierung und die Aufteilung in verschiedene Gruppen, gute, schlechte, ein begreifbares Gruppenzugehörigkeitsgefühl macht, zu dem dann selbstverständlich die Ausgrenzung der anderen gehört, respektive durch das Erkennbarmachen dessen, was man ablehnt, man automatisch einer Gruppe zugehörig wird, weil man gemeinschaftlich sagen kann: Der Grund meines Versagens liegt dort drüben, bei der anderen Gruppe – und zack ist man die Verantwortung für sein eigenes Leben los. Das ist nichts Neues, aber es ist ja auch nichts Neues, dass die Veränderung oder die Veränderbarkeit mit Bildung beginnt, was auch ein sehr vager Begriff ist, da es genug gebildete Menschen gibt, die ausbeuterisch, diktatorisch und manipulativ sind.

»Populists use half-truths and oversimplification – the two scalpels of the arch propagandist, and here the internet and social media are a perfect rail for them, by reducing thought into the smallest packages: sound-bites; tweets. Paint half a picture in the mind of an anxious individual, exposed as they may be to economic hardship and through the media to the horrors of terrorism. Prop this picture up by some half-truth here and there and allow the natural prejudice of people to fill in the rest. Add drama, emphasising it's all the fault of a clear-cut group, so the speakers lobbying this verbal artillery, and their followers, can feel somehow blameless.«

Aus der Rede von Zeid Ra'ad Al-Hussein,
Den Haag, September 2016

Der Mann, der mich freundlicherweise zum Bahnhof gefahren hatte, schien durchdrungen von einer verinnerlichten Widerständigkeit und dem Gefühl, zu kurz gekommen zu sein, das zu einer Grundhaltung führte, die erst mal immer nein sagt und ablehnend ist, die nicht wissen will, sondern weiß.

Wie ein Adlerauge fand er noch die geringste kritische Bemerkung, die seiner Person gegenüber hätte geäußert werden können, um diese, noch bevor sie überhaupt gemacht wurde, abzulehnen, zu rechtfertigen und zu erläutern, dass es sich ganz anders darstelle, dass er nichts dafürkönne und die Verantwortung, die Schuld woanders zu suchen sei, überhaupt die Schuld. Schuld sind immer die anderen, »Ich bin nur ein kleines Licht«. So sagt man doch. Viele kleine Lichter können sehr hell leuchten. Nicht immer ist das ein schönes Licht, es kann zu Flakscheinwerfern führen. Der schottische Philosoph Thomas Carlyle, der im 19. Jahrhundert lebte, glaubte nicht »an die kollektive Weisheit individueller Ignoranz«.

Der Mann darf Quark reden, ohne dafür ins Gefängnis zu kommen, wie in so vielen Ländern in der Welt Menschen ins Gefängnis kommen, die klug sind und differenziert denken, die sich informiert haben, bevor sie reden, die sich einsetzen für Freiheit, Demokratie, Gleichberechtigung und für ein Leben plädieren, das man selbstverantwortlich und frei gestalten darf – in Ländern, in denen das eben nicht so selbstverständlich garantiert wird wie in der Republik mit der jüngsten europäischen Verfassung, die man Grundgesetz nennt, weil es einen provisorischen Charakter behalten sollte und eine vorläufige Teilverfassung Westdeutschlands sein sollte; nach der Wiedervereinigung 1990 wurde es die Verfassung des gesamten Landes.

Der Gestaltungswille schien bei dem Herrn mit dem großen Auto abhandengekommen zu sein, im Austausch mit Bequemlichkeit vielleicht. (»Ich kann sowieso nichts ändern.«) Wenn man aufhört zu denken in einem Land, in dem Denken nicht nur erlaubt, sondern sogar erwünscht ist, in dem man für das Studium an einer staatlichen Universität nicht 9000 Pfund Sterling jährlich bezahlen muss oder 120000 Dollar für eine private, wenn man sein Denken einstellt, um an seine Stelle Stereotype zu setzen, dann ist das natürlich das Beste, was Propagandisten passieren kann.

»Was ist Demokratie?« hat sich auch die britische Schriftstellerin Mary Renault gefragt, die 1948 nach Südafrika auswanderte, um sich dort gegen das Apartheidregime zu engagieren. »Das, was es heißt: die Herrschaft der Menschen. Sie ist so gut wie die Menschen oder so schlecht.«

Ein kluger, sexy, weiser und gerechter König oder Königin, der oder die das alles wuppt, wäre schön bequem. Oder Dumbledore. Der passenderweise sagte: »Die Menschen haben den Hang, genau das zu wählen, was am schlechtesten für sie ist.«

Die Majorität eines Volkes hat ja nicht immer unbedingt den besten Geschmack oder das größte Know-how, siehe demokratische Wahlen von Diktatoren, aber Demokratie ist in ihrer Differenziertheit und Umsetzung nach oben offen, sie wird getragen von jedem einzelnen Menschen, jeder Person – ein Wort, das sich ableitet vom lateinischen per sonare, was hindurchschwingen heißt. Was schwingt in uns? Was schwingt durch den grauen Mann, der im Taxi sitzt und früher Badminton gespielt hat? Durch das Konstrukt der Menge von Individuen entsteht Gesellschaft in einer Demokratie; wenn jedoch die innere Beweglichkeit eingestellt wird, das Schwingen sozusagen, entsteht Stillstand. Das Leben definiert sich aber durch Bewegung.

Wir sind plaudernd am gewünschten Ziel angekommen. Dem Berliner Bahnhof. Er liegt zwischen dem Europaplatz und dem Washingtonplatz. Was soll uns das sagen? Ich bewege mich aus dem Auto hinaus. Der Mann geht vielleicht einmal ums Taxi herum und setzt sich dann durchgesportet wieder hinein. Vielleicht hört er dabei noch die neuesten News, die ihm jemand zwischen zwei Zigarettenzügen zuruft, so was wie: »... die amerikanischen Männer werden jetzt alle von den Frauen angezeigt!« Dann bildet er sich eine Meinung, und die stimmt.

Zug fahren 2017

Nicht die Dinge sind es, die uns beunruhigen,
sondern die Meinungen, die wir über sie haben.
Epiktet (50–138)

Ich fahre an einem anderen Tag mit dem Zug über Hamburg nach Bremen zu einer Konzertprobe mit der »Deutschen Kammerphilharmonie« des »Sommernachtstraums« von Felix Mendelssohn Bartholdy. Sehr früh morgens.

»Hamburg gleicht Alcatraz«, textet mir ein Freund aus Hamburg, »hoffentlich kannst du zwischen den Absperrgittern und berittenen Polizisten umsteigen.« In Hamburg findet derzeit der G20-Gipfel statt. Aschegleiche Gestalten ziehen bereits performativ durch die Straßen; Plakate mit Ermahnungen, Forderungen, Wünschen, Ultimaten überall. Demokratie-Paddler und auch friedliche Milchbauern in Treckern aus dem ganzen Norden machen sich auf in die Hansestadt; eine spektakuläre Greenpeace-Aktion gegen Kohleabbau hat bereits stattgefunden, auf einem anderen Greenpeace-Boot sieht man den nackten rotgesichtigen gelbhaarigen DT ein Papier zerreißen, bei dem auf der einen Seite »climate« auf der anderen »protection« steht. Ein Protestcamp gibt es, ein am Hamburger Oberverwaltungsgericht angemeldeter Ort mit 300 (statt wie gewünscht 1500) Zelten à drei Personen für die Protestierenden, wo sie schlafen, um sich vom Protest zu erholen. Und der FC-St.-Pauli-Chef hat sein Fußballstadion geöffnet für Übernachtungszwecke weiterer 150 Männer und Frauen.

Ich grinse, als ich über das Camp in Entenwerder lese. So wie man häufig lächelnde Gesichter sieht, die auf ihre kleinen portablen Bildschirme schauen und über die Textnachricht lächeln, die sie gerade erhalten haben. Welch intimer Moment inmitten der Metropolen, inmitten der Gewalt des Konsums, der Rechtwinkligkeit der Architektur, der einen die Einsamkeit nicht bemerken lässt, in der dieser lächelnde Moment erlebt wird, so dass man vermuten mag, dass die Abwesenheit des analogen Gegenübers sogar benötigt wird, um Freude zu empfinden, ich nehme mich nicht aus.

Im Berliner Bahnhof hat man an einem Stand mittlerweile auch Porridge verhipstert. Ich stelle mich dafür an. Warme Haferflocken mit Erdbeeren und Banane, das stützt und hilft mir in der Frühe des Tages über den Geruch des Betons, der Klimaanlage der Züge hinweg bis zur Probe. Ein dünner mittelalter Mann ohne Gepäck mit Nike-Schuhen kommt dazu, setzt sich über die Drei-Mann-Schlange hinweg. Ich bin gespannt, was er nun möchte, er zeigt hohe Spannung, hat es eilig oder nötig. Seine Jeans ist unbestimmt, fleckig, oder was ist damit? Sie sieht ein wenig nach dem Hauptbekleidungsstück aus. Pulli, Jacke, ich könnte sie nicht beschreiben: Farben, Muster, Material. Ein Erscheinungsbild von Kleidung, die man überall in Europa sieht, die auch ungetragen eine bestimmte Gruppe definiert. Die Gruppe, die sich auf der Straße aufhält. Der Mann ist schmal, klein, dünn, sein Bart und sein Haar haben dieselbe Farbe und gehen nahtlos ineinander über. Seine Augen sind unruhig, er wartet ungeduldig, bis er schließlich zu der jungen und freundlichen deutschen Frau hinter der Theke sagt: »Water. Water.« Zeigt auf einen der Ökopappbecher: »You have water.« Es ist keine Frage, zumindest keine mit einem Fragezeichen am Ende. »We don't have tab water here«, antwortet das Mädchen zwischen Entschuldigung und Erleichterung. Sie ist freundlich und spricht doch lauter, als sie es mit den anderen Kunden tat. Ich schaue so gebannt zu, dass ich nicht auf die Idee komme, ihm einfach ein Wasser zu kaufen. Shame. Den anderen fällt es auch nicht ein. Niemandem. Ein Moment, der das Leben aus dem Alltag reißt.

Ein Moment wie eine punktierte Note, die den regelmäßigen Fluss der Viertelnoten kurz veränderte. Schließlich geht der Mann vom Porridge weg. Ohne Wasser. Und löst sich am Ende der Bahnhofshalle auf. Es ist vorbei. Er war nur ein Punkt, der die Viertelnote um einen halben Schlag verlängerte und rhythmisch veränderte.

Wir können wieder leiser sprechen und müssen unsere Handtaschen nicht mehr festhalten, können bestellen, ohne in der Anonymität gestört zu werden, die so familiär ist.

Kein Wasser am Berliner Bahnhof. Um zu pinkeln, muss man durch ein Drehkreuz mit Geldautomat gehen, der 50 Cent will oder inzwischen unrunde 70 Cent, auf dem Weg zum Euro. Da könnte man Wasser trinken, kostet aber Eintritt. Er hätte sich einen Ökopappbecher mitnehmen können und jemanden, der sich das Pinkeln leisten kann, bitten, ob er ihn mit Wasser füllt, mit tab water.

Ganz sicher würde sich jemand am Berliner Bahnhof finden, der einen Schluck Wasser vom Klo für jemanden mitbringt, dessen Sprache er nicht spricht und dessen Geschichte er nicht kennt. Susan Sarandon zum Beispiel. Sie hätte ihm Wasser aus der Toilette mitgebracht. Sie hätte wahrscheinlich auch eine Flasche Wasser für ihn gekauft. Sie würde nur nicht morgens um 7 Uhr wie ich allein am Hauptbahnhof der deutschen Hauptstadt vor der Hipsterporridge-Bude stehen.

Sie ist in der Stadt gewesen und hat sich in Wilmersdorf ein Geflüchtetenheim angesehen, wie in einer Papierzeitung zu lesen war. Fand ich absurd. Dass die Hollywoodstars nach Deutschland kommen, um Geflüchtete zu sehen.

Ich hatte die Freude, einen Abend mit Susan Sarandon und ihrem damaligen Mann Tim Robbins zu verbringen. Sie ist wunderbar. Klug, lustig, empathisch und eine grandiose Schauspielerin. Trotzdem komisch, in Wilmersdorf refugee camps zu besuchen. Sie wollte wohl prüfen, ob der von ihr gespendete Tischtennistisch noch steht.

Deutschland soll vorbildlich werden in Sachen Geflüchtete. »Wie sehen jetzt dort die Lager aus?«, fragt man sich in der Welt. Die Wasserversorgung, die Bildungsangebote. Wer wohnt wo, und wie viele wohnen da? Werden sie nach Nationalität getrennt? Oder nach Geschlecht, Alter, Sprache, Religion? Wie lange dauert die Administration? Wer bleibt, wer geht, wer wird abgeschoben, geduldet, asylakzeptiert, verheiratet, imprisoniert, legalisiert, toleriert, integriert. Wer ist gut, wer ist schlecht, wer nervt, wer bereichert. »Wie geht Flüchtlingskrise?!«, fragt man sich und hat keine Antwort und wiederholt ad libitum dieses Wort, das die Tatsache um 180 Grad verdreht.

In Hamburg hat der saudische Prinz, der seinen Thron mitgebracht hat, wohl um des Abends darauf zu sitzen, ein komplettes Fünfsternehotel gegen Vorkasse gemietet. Das Hotel wurde nach des Prinzen Wünschen partiell umgebaut. Fünf Siebeneinhalbtonner mit Gepäck waren angekündigt worden. Alles war vorbereitet, und dann wurde die Sache abgesagt. Vom Saudi, nicht vom Hotelmanager. Der Prinz käme nicht zum Gipfel. Ich weiß den Grund nicht, wer weiß so was schon. Gott sei Dank hat er vorher bezahlt. Wie leichtherzig Geld verbrannt wird, und wie jede fucking 50-Dollar-Spende von lokalen Nichtregierungsorganisationen mit endlosen Quittungen belegt werden muss.

Ich stehe immer noch bei den Porridgeleuten. Wo ist der Mann hin? Er hat sich natürlich nicht wirklich aufgelöst, das habe ich mir nur ausgedacht. Vielleicht lässt man ihn ja in einem Restaurant kurz auf die Toilette zum tab water.

Der Duft des frisch gekochten Breis verweht, und ein anderer Geruch tritt in den Vordergrund. Ich drehe mich, um zu sehen, woher er kommt. Ein Geruch, mit dem man Stahl schmelzen könnte. Da steht einer, der seit langem deutlich ohne Obdach, Dusche und ärztliche Versorgung ist, und spricht mit einem jungen blonden Mann hinter mir in der Reihe, der noch feuchte Haare von der Morgendusche hat. Ich kann nicht hören, was sie sagen, sehe nur, wie der junge Mann sich am Schluss bei dem Alten, dessen Nase einmal in der Mitte durchgebrochen ist oder wurde, bedankt. »Danke«, sagt er und hat einen offenen Ausdruck in den Augen. Der Alte hat ihm wahrscheinlich einen echt guten Tipp gegeben.

Wo kriegt der mit dem fatalen Odeur nur sein Wasser her? Trinkt er überhaupt Wasser, und würde er es teilen mit dem Nike-Schuh-Träger? Sicher nicht, warum sollte er, wir haben unser Wasser auch nicht geteilt mit ihm.

Heute ist G20-Anreisetag, die Lage ist angespannt. Porridge macht glücklich.

Als ich dann schließlich im arschkalten Zug sitze und mir alles übereinanderziehe, was ich dabeihabe, stehe ich schon wieder in einer Schlange, im sogenannten Bordbistro, das mit ausreichend Phantasie so ähnlich aussieht wie der commander room in »Star Trek«, um Tee in meinen Take-away-Becher zu tanken.

Um mich herum, stehen, sitzen und lagern Menschen. Eine Frau, die ein wenig einer sitzenden Bulldogge ähnelt, sagt gerade im herrlichsten Hamburgisch: »Na ja, man muss ja auch immer mit den Verrücktheiten der anderen rechnen. Da ist man ruhig und sutsche und macht alles, und dann kommen die anderen, die Verrückten. Tja.« Sie kuckt mich genauso erstaunt an, wie ich sie. Ich mag, dass sie »sutsche« sagt, es erinnert mich an meine Hamburger Mutter. Die Bulldoggendame mag vielleicht kein Verständnis für Verrückte haben, aber zumindest rechnet sie mit ihnen.

Verliebte und Verrückte
Sind beide von so brausendem Gehirn,
So bildungsreicher Phantasie, die wahrnimmt,
Was nie die kühlere Vernunft begreift.
Wahnwitzige, Poeten und Verliebte
Bestehn aus Einbildung.
William Shakespeare, Sommernachtstraum

Die Freundin der Bulldoggendame kommentiert das Sutsche- oder Verrücktsein nicht, aber vielleicht kann sie auch nicht sprechen. Sie sieht so aus, dass ich schon nicht mehr weiß, wie. Die Erinnerung zeigt mir nur undeutliche Pixel. Der Mann neben mir, der bestimmt gleich ein Bier mit Wurst bestellen wird und der im Laufe seines Lebens seine Lippen verloren hat, trägt ebenfalls eine unbestimmte Hose und ein sehr kariertes Karohemd, das über dem Bauch spannt. Er hat eine eckige silbrige Brille auf seiner nicht durchgebrochenen Nase, und sein Kopf ist ein roter Quader. Komplementär zum grünen Karohemd. Die Unbestimmtheit seiner Kleidung ist nicht fleckig und die Schuhe nicht von Nike, aber lasst ihn nur lang genug in diesem Zug bleiben und die Republik durchqueren, dann wird diese seine Kleidung die internationale Uniform der Wandernden werden und ein Pappbecher sein Sparschwein und Messbecher in einem. Seine Bettelmönchschüssel. So schnell kann es gehen.

Könnte ich auf der Straße leben, frage ich mich.

In Hamburg wird mit 100 000 Protestierenden gerechnet. Gezählt wurden 25 000, aber wer zählt da, die laufen doch alle durcheinander. Man hofft, dass es friedlich bleibt.

In der Zeitung sind heute Fotos von Mossul abgebildet. »Der Krieg gehört zum Alltag«, heißt ein Satz. Ich komme durcheinander mit G20-Alcatraz und Mossuls Kampf und dazwischen der Zug, der, wenn er 4250 Kilometer lang wäre, die beiden Orte miteinander verbinden würde, wie mit einem Lineal.

Das Foto eines Jungen mit Keksen und so viel Schmutz an den Armen und Händen, dass der Obdachlose am Berliner Bahnhof nicht mithalten kann, schaut mich an. Er sitzt auf einer Stufe einer herausgebombten Tür. Es ist Feuerpause, und der Fotograf hat ihm offensichtlich ein Päckchen Butterkekse gegeben. Und hoffentlich auch Wasser.

Wenn verschmutztes Wasser mit Chlortabletten wiederaufbereitet wird, dann schmeckt das schrecklich, ich hab's probiert, aber auf diese Weise wird sichergestellt, dass Erwachsene und Babys sich nicht am Wasser vergiften. Es wird nicht aus Freude, sondern zum Überleben getrunken.

Anders als der Tee, den ich mitnehme, um an den Comicfiguren vorbei zu meinem unterkühlten Platz im Abteil zu gelangen, dessen Klimaanlage funktioniert, obwohl die Küchenkühlung ausgefallen ist.

»Amerika« heißt das Buch, das ich lese und das von Franz Kafka ungefähr im Jahr 1914 geschrieben wurde, in dem er von einem jungen Mann erzählt, der nach Amerika abgeschoben wird und schnell ohne Obdach ist. Zu Beginn wandert er mit zwei anderen Europäern, einem Iren und einem Franzosen, über die Straßen. Er verkauft seinen guten Anzug, damit man an seiner Kleidung nicht erkennt, dass er kein Straßenmensch ist.

In Hamburg trifft derweil der amerikanische Präsident ein – und die Stadt explodiert.

Während wir also den Sommernachtstraum von Mendelssohn proben, brennen in Hamburg die Autos, läuft der schwarze Block durch die Straßen, um Fenster einzuschlagen, Autos in Brand zu setzen, die Polizei mit Flaschen und Molotowcocktails zu bewerfen oder mit Zwillen Stahlkugeln abzuschießen. Die Gewalttätigkeit der Vandalen und der Polizei, die sich im Verlauf des Tages gegenseitig immer weiter steigert, ist in der Berichterstattung Mittelpunkt und macht allen Frieden, alle ideenreichen Performances, Veranstaltungen, Demos oder Know-how der Greenpeacler platt.

Die Gewalt ist stärker, faszinierender, schneller: Sie zerstört. Das ist einfacher, als etwas aufzubauen. Zuschlagen geht schneller, als eine eloquente Rede vorzubereiten und zu halten. Die Gewalt ist wie ein schlechter Geruch, der dich überfällt. Der schwarze Block besteht aus jungen Menschen, die Schwarz gekleidet und vermummt sind, wie IS-Kämpfer, wie Taliban, wie die Mudjaheddin in den Wüstenstaaten. In Deutschland ist Vermummung verboten. Sie zerstören Geschäfte und plündern kleine Supermärkte, werfen Müllcontainer auf die Straße als Barrikade und zünden sie an, und man fragt sich, woher kommt dieser Zorn, dieser Frust, diese Gewalttätigkeit, und was soll mir das erzählen. Was wollen sie? Zerstörung per se? Was ist das Ziel? Gäbe es in Deutschland die Erlaubnis auf Waffenbesitz, wie in den Vereinigten Staaten, hätte es dann ein Massaker gegeben? Dieselben Straßenbilder, mit Feuer, Rauch, Zerstörung und Menschen mit vermummten Köpfen. So schnell kann es gehen.

Als Shakespeare 1596 den Sommernachtstraum schrieb, war er vermutlich nie in Athen gewesen, wo die Geschichte spielt, wo ich vorgestern zufälligerweise noch war. Ich stelle mir vor, wie er sich einen griechischen Wald vorstellte und griechische Götter, Elfen, Trolle und Menschen. Wahrscheinlich kannte er die griechische Dramatik auswendig. Er reiste nicht, er las, erfand und schrieb. Und erzählte damals wie heute von Geschichten und Wesen, die auch für Nichtgriechen Gültigkeit haben.

Es ist Sommer, wir spielen Mendelssohn Bartholdy und Shakespeare, in Mossul ist Krieg und in Hamburg auch. Und Menschen wandern und fragen nach Wasser.

Ich steige aus.

Auch liegt mir Deutschland warm am Herzen.
Ich habe oft einen bittern Schmerz empfunden bei
dem Gedanken an das deutsche Volk, das so acht-
bar im Einzelnen und so miserabel im Ganzen ist.

Johann Wolfgang von Goethe

II.

Farbe bekennen (2018)

Die Aufgabe, die mir Sawsan Chebli, Staatssekretärin für bürgerschaft-
liches Engagement und Internationales des Berliner Senats, per E-Mail
im Herbst 2017 zukommen ließ, ging so:

»Bitte mache ein Video von dir, indem du den Satz ›Ich bekenne
Farben, weil …‹ vervollständigst. Und schicke es uns zu. Wir ma-
chen eine Kampagne zur Unterstützung der Vielfach-Kultur dieses
Landes.«

Vielfach-Kultur mag sich derzeit auf Geflüchtete beziehen, aber
letztlich ist damit die ganze Farbpalette gemeint. Es geht um alle Menschen, die sich in Deutschland tummeln, ob sie aus Versehen oder absichtsvoll hier geboren wurden, ob sie herzogen, ein- oder auswander-
ten, beruflich versetzt wurden, blieben oder sich in Frau oder Mann,
Land oder Leute, Kultur oder Autobahnen verliebten. Oder sich aus
mannigfaltigen Gründen hierherflüchteten.

Unterm Strich wollte man für ein »Dafür« plädieren und ein Bewusstsein schaffen, da die Vielfalt sinnstiftender ist als die Einfalt. Wie
immer bat man Künstler und Sportler um Unterstützung.

Ich sollte also einen Satz vervollständigen. Dazu muss man sagen,
dass ich die Uniformierung in Wort oder Bild schrecklich finde. Alle
sagen denselben Satz, alle tragen dieselbe Rettungsweste, alle halten
ein Pappschild mit unterschiedlichen Menschenrechtsartikeln mit
demselben Edding draufgeschrieben hoch. Alle stehen vor der gleichen Wand in der gleichen Pose und derselben Kameraeinstellung für
das Foto der Kampagne »xyz«. Warum sollte auch die Welt des Mar-
ketings und der Corporate Identity an den Menschenrechtsorganisa-
tionen vorbeigehen. Man muss laut schreien, um gehört und gesehen

zu werden in dem ganzen Trubel der sozialen Medien, daher wohl die Uniformierung, man sieht sie.

Trotz meines Widerwillens sagte ich zu und blieb erst mal phantasielos, was die Vervollständigung des Satzes anbelangte. Außerdem stolperte ich über den semantischen Fehler: »Ich bekenne Farben« Plural. Die Redensart heißt: »Ich bekenne Farbe.« Singular. Das heißt in etwa so viel wie: »Die eigene Ansicht offen äußern«, »Die Hose runterlassen« oder »Ich stehe dazu, bekenne mich (zu euch). Ich sage meine Meinung und zeige mich.« Es ist eine in Deutschland seit dem 18. Jahrhundert gebräuchliche Redensart, die dem Kartenspiel entliehen ist.

Meine Mutter war die Königin der Redensarten. Darum kenne ich sie alle! Und besitze natürlich auch den Herkunftsduden. Der sagt dazu: »Seine wahre Meinung offenbaren. Die Wendung stammt aus dem Kartenspiel und meint eigentlich: die vom Gegner geforderte Farbe zu geben.« (Zur Erinnerung: Mit ›Farbe‹ ist Pik, Herz, Karo, Kreuz gemeint.)

Meine Phantasielosigkeit war so eklatant, dass ich die Aufgabe lange verdrängte und sie mir knapp vor Toresschluss erst wieder einfiel. Da nahm ich kurzentschlossen im Singular den Satz auf: »Ich bekenne Farbe, weil die Vorstellung, dass in Deutschland ausschließlich Deutsche leben mit deutschen Eltern und deutschem Essen, mir unerträglich scheint.«

Und schschschschtttt – sent.

Dann kam der Shitstorm. Von dem ich erst sechs Monate später erfuhr. Er hatte es bis in Radio und Fernsehen geschafft. Ich hatte alles verschlafen. Gott sei Dank. Sawsan erzählte es mir am ersten »Tag der Offenen Gesellschaft«, dem 17. Juni 2018, für den ich einen social spot geschrieben hatte, den meine Tochter inszeniert hatte und den ich mit Oliver Masucci spielte.

Nur sie und ich waren betroffen gewesen, alle anderen waren ungeschoren davongekommen.

Aber egal, sie plante bereits weiter und hatte die Idee einen »Farbenbekennen-Award« auszuschreiben, indem Geflüchtete für ihr ehrenamtliches Engagement für Deutsche ausgezeichnet werden sollten. Ob ich in der Jury teilnehmen würde, die aus den eingereichten Projekten die Finalisten auswählen würde.

Irgendwie muss man ja weitermachen, dachte ich, also sagte ich zu, obwohl mein Herz noch stark klopfte, wegen des verschlafenen Shitstorms, der ja tatsächlich stattgefunden hatte und der des Menschen Drang nach öffentlichem Spießrutenlauf deutlich zu machen schien. Ich sagte zu, weil die Bewegung das Herz zum Schlagen bringt.

So erfuhr ich von Projekten, die mich schwer beeindruckten.

Aus den Einreichungen wurden fünf Finalisten ausgewählt, die am 1. 11. 2018 der Presse vorgestellt wurden. Ich begann meinen Geburtstag also morgens um 10 Uhr im Roten Rathaus der Hauptstadt. Ich kam wie immer knapp und war als einziges Jurymitglied anwesend. Sawsan bat mich, etwas zu sagen, ich war nicht vorbereitet.

»Wenn Geflüchtete in Deutschland sich ehrenamtlich für Deutsche einsetzen, dann würde ich denken: Mehr Integration geht nicht«, sagte ich sinngemäß in der Rotunde des Rathauses vor fünf großen Schwarzweißfotos der Finalisten, die meine junge Kollegin Emilia Schüle fotografiert hatte. Der Shitstorm blieb aus.

Dann kam ein Mann mit sanften Augen und rasiertem Kopf in die Mitte, stand vor seinem eigenen Foto und nahm das Mikro zur Hand. Er sagte: »Ich war in Libyen. Ich war im Gefängnis des Islamischen Staats und dachte, ich werde sterben. Ich sterbe hier ...« Er machte eine Pause und schaute auf den gemusterten Teppich der Rotunde. In einem Film würde man an dieser Stelle seine Subjektive, also seinen Blick auf den Teppich, sehen, der sich in eine Animation verwandelt, die seine Reise erzählt: ein gewebter Mann hinter Gittern, unter der Folter des Daesh.

Er löste seinen Blick und schaute wieder in die Runde, der vor ihm stehenden Journalisten, Fotografen und Teilnehmer und sprach weiter: »Dann kam ich nach Deutschland. Deutschland hat mich gerettet, ich habe diesem Land mein Leben zu verdanken.« Es ist ein Satz ohne Zynismus, er ist für viele Menschen nicht zu verstehen. »Ich ging durch die Straßen von Berlin und sah Menschen, die auf der Straße lebten. Und ich dachte: Das kann nicht sein, in Deutschland kann es keine Obdachlosen geben.«

Also beschloss Alex, etwas zu unternehmen. Ende 2014 war er in Deutschland angekommen, Juni 2015 begann er mit seinem ehrenamtlichen Projekt, das er ›Give something back to german people‹ nannte und das er zu 100 Prozent selbst finanzierte. Er machte Folgendes:

Jeden Freitag kaufte er Gemüse ein, im monatlichen Wert von 100 Euro, die er von den 300 Euro, die ihm zur Verfügung standen, abzwackte. Er schnippelte und kochte das Gemüse zu einem großen Topf Suppe. Linsen mit Kartoffeln und Karotten und Gewürz. Dann nahm er den Topf, seinen Klapptisch, die Wärmeplatte und das Plakat, auf dem oben der Name seines Projektes stand und darunter: »Umsonst Essen. Free food«, und fuhr mit der U-Bahn zum Alexanderplatz, der in der Mitte Berlins liegt, um dort seine Suppe an Obdachlose und Wandernde zu verteilen. Alex am Alex.

Die Menschen im Rathaus hatten gebannt zugehört, als eine deutsche, blonde, freundliche Frau zu ihm trat, der er mit einem Lächeln das Mikrophon übergab. Sie sagte:

»Ich hatte von seinem Aufruf bei Facebook gelesen. Er beschrieb sein Projekt und dass er dafür Leute suche, die ihm beim Schnippeln helfen würden. Ich war sofort überzeugt und wollte meine Hilfe anbieten, dachte aber, dass ich, bevor ich in die Wohnung eines wildfremden Mannes ginge, ihn vorher vielleicht auf einen Kaffee treffen sollte.« Sie schauen sich an.

»Tja, und dann saß er da im Café. Und ich habe mich sofort in ihn verliebt.«

Pause. Applaus.

Nun sind sie seit sieben Monaten zu zweit am Alex. Aus dem gemeinsamen Kochen für Obdachlose wurde Liebe, wurde eine Beziehung, wurde Zusammenleben.

Wenn sie einen der drei dotierten Preise gewinnen würden, sagten sie noch, dann würden sie sich ein Auto kaufen, damit sie nicht mehr den großen Suppentopf in die U-Bahn schleppen müssen und vielleicht auch mehr kochen können, um mehr Orte anzusteuern. Ein Auto würde die Arbeit erleichtern.

Und das war mein Stichwort, denn ich habe ja, wie eingangs beschrieben, das Ökokneteauto.

So ging ich nach den Vorstellungen aller Projekte zu den beiden hin, stellte mich vor und sagte: »Wenn ihr mögt, komme ich nächsten Freitag und wir fahren zusammen mit meinem Auto zum Alex. Und vielleicht habt ihr Lust, mir ein bisschen mehr von euch und eurem Projekt zu erzählen.«

Sie schauten mich an, als wären sie selbst Autos, und waren sich augenscheinlich nicht ganz sicher, ob ich sie verkackeiern würde, reagierten aber sehr freundlich und sagten: »Das wäre natürlich super.« Alex' Freundin Marie gab mir ihre Nummer.

Ich rief sie zwei Tage später, am Freitag, an und fragte, wo ich hinkommen solle. Als ich aus dem Fahrstuhl ausstieg, begrüßte mich Marie an der Wohnungstür, gemeinsam mit dem Linsensuppengeruch. Wir umarmten uns, und ich betrat die Wohnung, zog meine Schuhe aus, stellte mich zu Alex an den Herd und schnupperte an der Suppe. Marie fragte, ob ich etwas trinken wolle, sie hätten frischen Melissentee.

Wer sich niemals mit menschenrechtlicher oder ehrenamtlicher Arbeit im weitesten Sinne beschäftigt hat, weiß vielleicht nicht, wie direkt die Begegnungen sind, wenn man sich doch eigentlich ganz unbekannt ist. Vielleicht ist es wegen des Umstandes, dass man zusammen versuchen möchte, etwas zu bewegen, so dass einige Formalitäten exkludiert werden, vor allem aber das eigene Ego. Es sind Begegnungen, die in jeder Hinsicht bereichernd sind, befreiend, beruhigend und unmittelbar. Ich kann es wirklich nur empfehlen. Nur, wenn man damit das Ego stärken will, dann hat man da nichts verloren. Sie ließen mich in ihre Wohnung, sie vertrauten offenherzig dem, was ich angeboten hatte.

Während die Suppe köchelte, tranken wir den Melissentee, und

Alex, der aus Damaskus kommt und einen anderen Namen hat, begann zu erzählen.

»Meine Mutter ist Jüdische, das sind meine Wurzeln.« Ich mochte, wie er die deutsche Sprache benutzte, ob absichtsvoll oder weil ihm das Substantiv nicht direkt auf der Zunge lag. Später konvertierte er zum Christentum, nun ist er Evangelischer.

Als Kind kam Alex nach Saudi-Arabien, da seine Familie, als Oppositionelle von Hafiz al-Assads Regime, dem Vater von Baschar al-Assad, nicht im Land bleiben konnte. Von dort ging er zum Studium der Telekommunikationstechnik in den Libanon, schrieb einen politischen Blog, der der Hisbollah missfiel, so dass er weiterwanderte nach Ägypten, dann nach Libyen. Er wurde inhaftiert und saß ein halbes Jahr im Gefängnis, bis er all sein Hab und Gut einem Mann überschrieb und dafür eine Bootsfahrt nach Zypern erhielt. Dann Düsseldorf und schließlich Berlin. Er macht derzeit eine Fortbildung, um die Zertifikate zu bekommen, die ihn berechtigen, als Telekommunikationstechniker in Deutschland arbeiten zu dürfen.

Er erzählte ausführlich. Ich erfuhr von den Details, die die Seele kaputt machen oder das Gehirn verrückt, von dem Verlust und Schmerz, der nicht heilbar ist, sondern mit dem man im besten Fall lernt zu leben.

Auch am nächsten Freitag stehe ich wieder vor der Tür, um Mann, Frau, Suppe und Requisiten einzuladen. Dieses Mal mache ich nicht nur den Shuttle, sondern bleibe für die gesamte Session und darf mir Notizen machen. Wir schleichen durch den vorweihnachtlichen Feierabendverkehr und sprechen über die Absicht, die er mit dem Projekt verfolgt, und auch von Veränderungen, die er damit bereits erreichen konnte. Es ist ihm gelungen, ein paar Menschen von der Straße zu holen und ihnen Unterbringungen zu vermitteln, beispielsweise im Refugio in Kreuzberg. »Darum mache ich das«, sagt er schlicht.

Kurz vorm Alexanderplatz parken wir und laufen den Rest des Weges. Alex und Marie tragen die Suppe wie ein Kind zwischen ihren Händen. Ich bin nervös, ziehe meine Mütze bis tief über die Augenbrauen und stülpe die große Kapuze meiner Jacke noch drüber. Hier ist ein Ort, den ich sonst meide. Zu viele Menschen.

Marie und Alex gehen mit dem umfangreichen Gepäck, schnell und behände, im Gegensatz zu mir. Wir überqueren die Straße vor dem Ungeheuer der roten Shopping-Mall, die sich Alexa nennt. Dahinter ist schon ein Weihnachtsmarkt aufgebaut. Menschen, Lichter, Einkaufsmöglichkeiten, Konsum, Lärm und Werbung. Die Wirtschaft, das Wachstum, der Ultrakapitalismus in voller Pracht. Wer jetzt noch denkt, wir würden von Politik regiert werden statt von Wirtschaft, ist entweder ein unerschütterlicher Optimist oder völlig unbeleckt.

Unter der S-Bahn-Überführung, direkt vor den sich automatisch öffnenden Glastüren der S-Bahn Alexanderplatz bauen wir den kleinen Campingtisch auf, auf den die Wärmeplatte mit dem Topf gestellt wird. Plastiklöffel und Schüsselchen werden danebengestellt und ein Müllbeutel an einer Schraube des eisernen S-Bahn-Pfeilers befestigt. An alles ist gedacht worden. Die Pappschilder werden an den Tisch gelehnt, sie haben eine schwere Zeit: der Wind.

Ich filme ein wenig mit dem Telefon, vermeide Gesichter, wer mag schon während des Essens gefilmt werden. Später bin ich froh um jeden kleinen Videoschnipsel, der die besondere Situation zeigt, um nachts daraus einen 90-Sekünder zu schneiden zur Musik von Daft Punk. »Get lucky«.

Die beiden sind ein eingespieltes Team, und während ich noch versuche, innerlich anzukommen, ist Alex bereits mit vier Portionen Suppe verschwunden, die er zu einer Gruppe bringt, von der er weiß, dass sie in einer überdachten Kaufhaus-Einfahrt wohnt und es ihnen unangenehm ist herzukommen, um nach Suppe zu fragen.

»Es ist die Scham«, sagt Alex.

Die Scham ist ein entscheidender Faktor, daraus entsteht große Stille. Überall in der Welt. Die Scham, auf der Straße zu leben. Die Scham, vergewaltigt worden zu sein. Die Scham, ungewollt schwanger zu werden von seinem Vergewaltiger. Die Scham, abgetrieben zu haben, egal, aus welchem Grund. Die Scham, arm zu sein. Die Scham, ungebildet zu sein. Die Scham, Geflüchteter zu sein. Die Scham, die Sprache nicht zu kennen. Die Scham der Opfer, die sich schämen, Opfer geworden zu sein.

Ein Mann, der wie eine Pappel nach oben etwas windschief geworden ist und einen klapprigen Rollkoffer hinter sich herzieht, holt sich schweigend seine Portion.

Ein junger männlicher Reisender in Jeans, mit einem kleinen prallen Rucksack auf dem Rücken und Kopfhörerkabeln, die ihm irgendwie um den Hals herumhängen wie ein digitaler Schlips, steht vor dem Campingtisch und konzentriert sich auf den Vorgang des Suppe-Einlöffelns, während sein Körper hin und wieder selbständig zuckt, entfernt sich dann zügig mit dem Gewünschten vom Schauplatz in eine unbeleuchtete Ecke, die hier in der strahlenden Mitte der Metropole fast nicht zu finden ist.

Gleich neben uns, zwischen den mächtigen Eisenpfeilern, nur knapp einen Meter weg von den Straßenbahngleisen, kampieren zwei junge Männer, sie sitzen in ihren Schlafsäcken und essen die Suppe. Sie haben gute Laune.

Ein junger Mann kommt aufgekratzt an den Tisch, hat sein Klapp-Portemonnaie geöffnet, lächelt, bewegt sich nervös. Seine Absicht ist mutig, aber es ist ihm auch ein wenig unangenehm. Er sagt: »Darf ich euch Geld geben? Das ist toll, was ihr hier tut. Ich möchte euch etwas unterstützen.« Er nimmt ein paar Münzen aus dem Portemonnaie. Alex, dessen aufrechte Körperhaltung der eines asiatischen Martial-Arts-Sportlers gleicht, was von der schillernden Glatze noch unterstützt wird, sagt freundlich und seriös: »Nein, wir nehmen kein Geld. Wir möchten unabhängig bleiben.«

Der junge Mann tut mir fast leid, denn nun weiß er gar nicht, wohin mit seinem Bedürfnis nach Zuneigung und Unterstützung. Man hilft ihm nicht zu helfen.

Marie und ich springen ein: »Das ist wirklich sehr, sehr nett von Ihnen, wir wissen das wirklich zu schätzen, vielen Dank.«

Er lächelt und steckt seine Münzen wieder ein, und fast winken wir zum Abschied.

»Aber könntest du nicht ein Glas hinstellen, für den Fall, dass jemand etwas geben möchte?«

»Nein, das möchte ich nicht«, sagt Alex entschieden.

»Oder vielleicht könnte man wenigstens den Menschen, die etwas geben möchten, ein paar Vorschläge machen, wohin sie stattdessen ihr Geld spenden könnten?«

»Menschen, die spenden wollen, die wissen auch, wo es gebraucht werden könnte. Das kriegen die raus.«

Er ist unerschütterlich. Er will kein Geld annehmen, er will alles allein bezahlen, um unabhängig zu bleiben, um niemals mit dem Vorwurf konfrontiert zu werden, er hätte Geld veruntreut, nicht richtig abgerechnet, würde es für sich verbraten oder oder …

Einmal kam ein Herr aus Hamburg angefahren, der dort eine Kampagne gemacht hatte, um für das Projekt »Give something back to German people« Geld zu sammeln und es Alex zu überbringen. Dann stand er vor Alex am Alex mit dem Geld-Umschlag, und Alex wollte es partout nicht annehmen. Der Mann war richtiggehend verärgert. Und so schickte Alex ihn ins »Refugio« nach Kreuzberg zur evangelischen Projektkirche, weil er wusste, dass man dort für die Spende eine gute und sinnvolle Verwendung haben würde.

»Und wenn ich jetzt ein paar Brötchen kaufe, darf ich das dann auch nicht?«, frage ich verunsichert. Marie lacht. »Doch, das darfst du.« »Na, Gott sei Dank, dann mach ich das jetzt mal.«

Ich gehe in den S-Bahnhof hinein, durch die Schiebeglastüren, dahinter schlägt mir warmes Gebläse ins Gesicht. An Fressständen vorbei, dazwischen ein Bäcker. Normale Schrippen sind am frühen Abend nicht mehr zu erhalten, nur noch extravagantes Gebäck, das Knolle heißt oder Kartoffelchen und 45 Cent pro Stück kostet. Hier bezahlt man für das Großstadtambiente mit. Ich lasse mir eine Tüte vollpacken und gehe zurück zu unserer Suppenküche.

Dort steht jetzt ein Pärchen in Tarnanzügen vor dem Tisch, ein Mann und eine Frau. Sind sie Reisende? Ich biete ihnen Brötchen an und betrachte die Camouflage-Anzüge; sie sagen mir nichts. Ist es Mode? Sind sie Soldaten? Oder Fremdenlegionäre?

Ein Mann mit ausgefallenen oder ausgeschlagenen Zähnen tritt näher und sagt: »Det is ja wie Weihnachten«, reibt seine Hände. Marie gibt ihm einen Löffel und hält die geöffnete Brötchentüte vor ihn. »Nee, lassma, det is schon jut mit die Suppe«, er zeigt seine Zähne, seine nicht-vorhandenen. Verstehe, da wird auch ein Brötchen zur Herausforderung.

Ein alter Mann mit einer roten Cordhose stellt sich schweigend an den Tisch. Alex fragt, möchtest du Suppe, er nickt und schweigt. Das Suppeschöpfen wird zu einer Zeremonie, vielleicht wegen der Stille, in der es geschieht, die einen die S-Bahn-Züge, die über unsere Köpfe donnern, fast vergessen lässt. Dann tritt der Schweigende ein paar Schritt beiseite, lehnt sich gegen den Eisenpfeiler und isst konzentriert. Dahinter, an einem Papierkorb, der zu einem Stehtisch umgewandelt wurde, an dem nun gegessen wird, begegnen sich der zuckende Reisende und der Pappelmann mit dem Rollkoffer.

Nun tritt eine kleine runde Dame auf. Sie hat keinen Mantel an. Aber eine Papiertüte unter dem Arm. Sie lächelt, sie ist schön, ihre Ausstrahlung heiter. Ohne Berührungsangst sagt sie zu Alex und Marie: »Ich habe ein paar Brötchen gekauft und möchte euch danken für die Arbeit, die ihr hier macht, das ist großartig, vielen Dank.« Sie legt die Brötchen auf den Campingtisch, streicht Alex über den Arm, lächelt und geht.

»Whow«, sage ich »das ist ja toll. Sie wusste genau, wie das hier geht.«

»Ja, das passiert oft, dass Leute kommen und etwas bringen«, sagen die beiden nicht überrascht.

Alex nimmt wieder Fährte auf, wie ein Fuchs, füllt eine Schüssel und geht kommentarlos und zügig nach links ab, ich komme kaum hinterher.

Die Straßenbahnen biegen hier von beiden Seiten um die Ecke, und manchmal bilden sie einen Vorhang, der die Sicht verschließt, um sie kurz danach wieder lautstark freizugeben. Wir sind durch den Vorhang hindurchgeglitten, dorthin, wo ein ganzes Haus von den übervielen Weihnachtslichtern wie in Flammen steht. Wir gehen an einer Konzentration von Essensangeboten vorbei. Vorbei an Fish and Chips, McDonald's, McCafé, Asian Food, KFC, Starbucks, Döner und Kamps. Vorbei an Biertischen auf dem Bürgersteig, die voll besetzt sind, mit Menschen in Daunen und Bier vor sich. Weiter geht es, und dann, auf einem Lüftungsrost, der an der Hausmauer in den Bürgersteig direkt eingelassen ist, liegt ein Mann in einem Sack, unter dem großflächigen Schaufenster eines Blumenladens. Warme U-Bahn-Luft strömt unter ihm hindurch, vermengt sich mit der Vorweihnachtsluft. Die Wärme könnte der Grund für die Auswahl seines Schlafplatzes sein.

Alex mit der Suppenschüssel in der Hand hockt sich zu ihm und weckt ihn, wie ein Kind, das zur Schule muss. Der Mann ist sofort wach, setzt sich auf, will noch etwas ungelenk die Plastikschüssel nehmen, verbrennt sich. Alex stellt sie auf dem Bürgersteig ab, neben die Bierflasche, die am Sackbett steht. Er fasst ihn an der Schulter, sagt etwas zu ihm und geht.

Kaum sind wir zurück vom Roomservice, kommt wieder eine junge Frau, eine Studentin, denke ich, mit weißen ear plugs in den Ohren und einem weißem Kabel, das über sie herabhängt. Sie zieht auch eine Tüte heraus, mit dunklem Brot, legt es auf den Tisch. »Vielen Dank«, sage ich, sie schaut mich verwundert an, nickt, lächelt und geht ab. Der alte Mann in der roten Cordhose verstaut umständlich sein Essgeschirr im Müllbeutel, den Marie aufgehängt hat, und zockelt seiner Wege. Wohin ...?

Der Mann ohne Zähne sagt mit seiner lauten Raucherstimme: »So. Bedanke mich.« Und braucht dann aber doch noch eine kleine Weile, bis er sich entschließen kann zu gehen.

Alex ist schon wieder losgegangen, zu einer Punkerin, deren langes, wildes Haar über ihre roten Wangen fällt und unter dem ein verlegenes Lächeln liegt. »Sie traut sich nicht allein«, sagt er.

Ein Reisender, mit der ultimativen Kombination von Kopfhörer und Rucksack, die einer gewissen Generation zu eigen ist, verkabelt mit dem eigenen Soundtrack, schlendert vorbei und schaut, was hier los ist.

»Alex, entscheidest du, wer essen darf und wer nicht?«

»Jeder darf essen. Manchmal sind es Reisende, die aus dem Zug aussteigen und kein Geld mehr haben. Alle dürfen kommen, alle dürfen essen.«

Einer mit langem Mantel und viel zu kurzen Ärmeln, kimonogleich, tritt heran; die Hungrigen kommen plötzlich von allen Seiten, der Pegel der Suppe sinkt deutlich.

Ich schaue in die Runde und sehe die konzentriert ihre Suppe essenden Menschen, die Augenkontakt vermeiden. Die Atmosphäre ist friedlich und respektvoll, man ist auf den Versuch fokussiert, die Scham mit Würde zu bändigen. Umringt von metallenen S-Bahnen und Lichterflut. Das Essen wird zu einem Vorgang, der nicht nur mit der Einnahme von Kalorien zu tun hat.

Nun probiere auch ich die Suppe. »Nur ein bisschen, Marie, ich will niemandem etwas wegessen, aber ich muss doch wissen, wie sie schmeckt.«

Ein junger Mann mit schwarzen Wuschellocken fragt: »Woher kommt ihr?«

»Aus Syrien.«

»Aus Syrien?«

Lange Pause. Er schaut Alex an.

»Aber nicht alle?!«

»Nee, ich bin aus Deutschland«, sagt Marie fröhlich und schmeißt eine leere Tüte in den Müll.

»Ich auch«, sage ich und kämpfe mit meiner zu großen Kapuze, die mir über mein Gesicht fällt, während ich die sehr gute Suppe löffle.

»Syrien«, sagt er noch mal. »Das ist arabisch.«

»Ja«, sagt Alex.

Dann sagt der Wuschelkopf auf Arabisch: »Ich spreche ein bisschen Arabisch.« Ich habe das natürlich nicht verstanden, denn ich spreche leider kein bisschen Arabisch, Alex hat es mir übersetzt.

»Ich bin aus Spanien. Da waren lange die Arabischen.«

Alex nickt. Wir alle wissen von der spanischen Geschichte, den Einflüssen der muslimischen Kultur, die dort noch immer sichtbar ist; Alhambra zum Beispiel. Und wer »Die Jüdin von Toledo« von Lion

Feuchtwanger gelesen hat, weiß noch etwas mehr, und wer das Buch nicht gelesen hat, sollte das schleunigst tun.

Die Suppe ist alle. Wir packen ein und gehen auf einen Kaffee zu Tchibo, wie immer. Sie nehmen mich mit. Ich trinke den ersten Tchibo-Kakao meines Lebens. Was für ein Erlebnis!

Auf dem Weg zurück zum Auto sagt Alex zusammenhangslos: »T-Shirts! Wir wollen T-Shirts machen mit unserem Logo drauf.«

»Für euch oder zum Verkauf?«

»Für uns, das ist professioneller.« Und weiter plant er: »Wenn wir einen Farben-bekennen-Preis gewinnen, kaufen wir ein Auto. Dann kochen wir zwei Töpfe und können auch zum Gesundbrunnen und Zoo fahren. Und wenn ich arbeite, habe ich mehr Geld und kann mehr einkaufen.«

Im Auto dann fragt er mich: »Jamal, kennst du?«

»Der mit dem Verband am Arm?«

Alex nickt, sagt: »Hast du gesehen, mein Tattoo?«

»Du meinst den Davidstern auf deinem Nacken?«

»Ja. Davon gibt es ein Foto auf meiner Facebook-Seite. Ich dachte, wenn Jamal das sieht, dann löscht er mich.«

»Weil du Jude bist?«

»Ja, aber er hat das Foto geliked und ein Herz darunter gemacht.« Er lacht befreit.

Dann fahren wir durch das glitzernde Berlin in unser Zuhause.

PS: Alex und Marie gewannen den zweiten Preis und kauften ein Auto. Im Mai 2019 heirateten sie, ich wurde eingeladen. Alex beendete seine Fortbildung und fand zügig einen Job.

Libanon. 2017

Woher nehmen wir nur all unser Nichtwissen?
Roger Willemsen, »Wer wir waren«

Mein Vater lebte im Libanon. Von 1970 bis 1975. Er wollte dort bis an sein Lebensende leben, denn er hatte endlich eine Heimat gefunden. In einer Stadt, die er als das Florenz des Ostens, das Paris des Orients beschrieb. In dem für ihn das Leben süß war, das Essen gut, das Meer immer gleich neben ihm und die Sonne stetig. Ein Land, in dem die Menschen freundlich waren und offensichtlich Talent zum guten Leben hatten.

Dann begann der Krieg. Und mein Vater musste ausreisen. Mit seinem hellblauen VW samt Einschusslöchern kam er wieder in Bremen an, schaffte es damit sogar in den »Weserkurier« und wartete zwei Jahre auf gepackten Koffern, dass er seine Wohnung in Beirut wieder beziehen könnte, auf die sein Freund, der Schuster, der im selben Haus lebte, aufpasste. Er rief ihn alle paar Wochen an, irgendwann ging er nicht mehr ans Telefon, und die Hoffnung auf Heimat war perdu.

Nie ging er wieder zurück, auch nicht, als der Krieg 1992 vorbei war. Es hat ihm sein Herz gebrochen und den Glauben daran, noch irgendwo ein Zuhause zu finden, außerhalb seines inwendig vollständig bemalten Hauses am Osterdeich in Bremen.

Er war als 18-jähriger, ein Jahr vor dem Abitur, 1944 in den Zweiten Weltkrieg einberufen worden. Als Kanonenfutter. Volkssturm hieß das. Er war Funker und realisierte schnell, dass er nur eine Chance hatte, diesen Wahnsinn zu überleben, wenn er der beste und schnellste Funker würde, so dass man ihn nicht an die Front nach Russland schickte.

Als er sich 2003 eine Vorstellung von mir im Gorki-Theater in Berlin ansah, saß das gesamte (und ausschließlich weibliche) Ensemble in der Kantine um ihn herum und hörte und sah zu, wie seine mit nordafrikanischen Ringen übersäten Finger noch immer blitzschnell, trotz der Arthrose darin, auf dem Tisch trommelten. 90 Anschläge die Minute, wenn mich nicht alles täuscht. Ich kann ihn nicht mehr fragen, er ist 2016 im Alter von 91 Jahren gestorben. Nicht im Libanon, sondern im Land der Nazis, in dem er, wie er sagte, nicht leben wollte. Nun ist er dort gestorben.

Als der Zweite Weltkrieg vorbei war, war er 19 und einer von Tausenden, die, bewacht von russischen Soldaten, zu Fuß nach Sibirien liefen, um dort in Gefangenschaft gehalten zu werden. Wie wir wissen, blieben dort manche Männer bis in die späten 50er. Spätheimkehrer, die anschließend ihr Leben damit verbrachten, zu schweigen. Meinem Vater war klar, dass er eine solche Gefangenschaft nicht überleben würde und haute ab. Zusammen mit einem Kumpel. Abhauen ist in diesem Zusammenhang ein allzu leicht verwendetes Wort, es war lebensgefährlich. Von den Karpaten Ungarns ging er zu Fuß bis nach München, die syrische Balkanroute sozusagen, und hat dieses Ereignis 1946 aufgeschrieben.

Zu seinem 90. Geburtstag saßen wir drei Kinder mit ihm zusammen, und da war das Gedächtnis schon ein wenig durcheinandergeraten, so wie sein Gehör. Er hielt ein querformatig gebundenes Skript auf seinem Schoß, auf dem »Meine Flucht« stand, und als ich ihn fragte, wann er das geschrieben hätte, sagte er: »Mensch. Ja, also, Katja, na, das habe ich so, äh, vor sechs Wochen vielleicht.« Als er zurückkam in das zerstörte Deutschland, konnte er sein Abitur nirgends nachholen und auch nirgendwo studieren. Meine Mutter begann nach dem Krieg zu rauchen, weil die Amis Zigaretten verteilten, und sie realisierte, dass ihr das Rauchen das Hungergefühl nahm. Sie hat dann nie mehr damit aufgehört. Mein Vater nahm, was es gab: Volksschullehrerausbildung. Und dieser Mangel hat ihn sein Leben lang begleitet. Er hatte gehofft, eines Tages an einer Universität Professor für Kunst zu werden. Mit über 40, nach jahrelangen Bewerbungen auf eine Stelle als Lehrer im Ausland, wurde ihm diese im Libanon angeboten, an der deutsch-internationalen Schule Beiruts. Im Libanon fand er Frieden. So habe ich das zumindest verstanden, die ohne ihn erwachsen wurde.

Ein halbes Jahr nachdem er gestorben war, fuhr ich in den Libanon, um das Land kennenzulernen, das er so geliebt hat. Warum so spät, frage ich mich heute. Ich bin die Einzige der Familie, die es jemals in den Libanon schaffte, obwohl das Land nur vier Stunden mit dem Flugzeug entfernt ist.

Ich wollte die Schule besuchen, an der mein Vater fünf Jahre lang unterrichtete. Und weiterhin wollte ich mit Hilfe der UNICEF-Kollegen Beiruts erfahren, wie man mit der Situation der Geflüchteten dort verfährt. Es war eine eindrückliche und aufgrund der persönlichen Geschichte besonders emotionale Reise. Darum wollte ich sie nicht allein antreten.

Der Fotograf Mathias Bothor ist mein Freund, seitdem wir uns zu unserem ersten Fotoshooting in Hamburg trafen. Dabei stand ich halb hinter einem Palmblatt, so dass man meinen schwangeren Bauch nicht sah, denn wir wollten cool sein, wir Mädchen des Films Abgeschminkt. Aus dem Bauch schlängelte sich kurz danach die Liebe meines Lebens, mein Kind Paula. Sie ist nun eine erwachsene Frau, so dass man von einer lebenslangen Freundschaft sprechen kann, die Bothor und mich verbindet.

2017 saßen wir in seinem Studio in Berlin Mitte. Über seinem Schreibtisch der riesige Abzug eines seiner Fotos, die er für sein Buch »Mittelmeer« drei Jahre lang in allen Anrainerländern des Mittelmeeres aufnahm. Ein großartiges Projekt, aus dem ein großartiges Buch entstand.

Das Mittelmeer: unser europäischer Sehnsuchtsort. Immer wollen wir aus dem Grau Deutschlands ans Meer, und immer meinen wir Italien oder Saint-Tropez oder die griechischen Inseln, die wilden Strände Spaniens oder die mallorquinische deutsche Kolonie. Das Blau dieses Meeres ist unvergleichlich, seine sanfte Oberfläche, während der Mittagszeit mit Silber bedeckt, möchte man streicheln. Darunter liegt der größte Müllhaufen, den ein Meer nur in seinem Bauch tragen kann. Dazwischen die Leichen der Geflüchteten, denen Europa der Sehnsuchtsort war. Ein großer Sarg mit einem Lächeln darüber und Kreuzfahrtschiffen, die Narben hinterlassen, darauf. Das Mittelmeer. Es ist die Wasserbrücke zwischen vielen Ländern, Sprachen und Kulturen, es könnte verbindend sein, doch der Abstand wird immer größer.

Das Mittelmeer nun war drei Jahre lang die Profession und Passion Mathias Bothors. Und einer seiner liebsten Orte war Beirut. Ich erzählte ihm von meinem Vater und bat ihn, mich zu begleiten.

Statt einer Antwort zeigte er auf das Foto über dem Schreibtisch.

»Das ist Beirut«, sagte er.

Es war offensichtlich aus der Luft fotografiert. Wie?

»Mein deutsch-libanesischer Freund François hat mich instruiert, auf welcher Seite des Flugzeuges ich einen Fensterplatz reservieren muss, um eine gute Sicht auf die Stadt zu haben, wenn das Flugzeug startet. Ich hatte zwei Minuten. Ich habe das Fenster vorher geputzt.« Er grinste. Ich schaute ihn beeindruckt an.

»Ich komme sehr gern mit dir nach Beirut, Katja.«

Das Foto hat sich tief in meine Netzhaut gegraben. Mittlerweile habe ich es ihm abgekauft, und es lebt mit mir: ein Bild der gefundenen Heimat meines Vaters. Ich sollte Mathias bitten, eine Luftaufnahme von Berlin zu wagen. Die Heimat, die ich fand. Denn man kann Berliner werden. Das ist eine gute Sache, ganz egal, wo man geboren ist und ob man gut Deutsch spricht oder nicht. Dann hinge die Beirut-Berlin-Connection an meiner Wand, die vielleicht posthum die Vater-Tochter-Connection herstellen könnte.

Erst während der Reise realisierte ich, dass das, was ich hier tat, ungewöhnlich war und in dieser Art noch niemals vorher geschehen. Die »Norm« ist, dass man als Sportler oder Filmschaffender, Musiker, als Künstler oder Moderator gefragt wird, ob man eine UNICEF-Projektreise zu einem bestimmten Thema machen würde, wozu man dann ja oder nein sagen kann. Dass jemand eine Reise von sich aus initiiert, war unbekannt und verunsicherte.

Claudia Berger vom deutschen UNICEF-Natcom (National Committee) war ein Jahr vor mir im Libanon gewesen, und ich bat sie nun, ob sie mir einen Kontakt zu dem dortigen UNICEF-Team machen könnte. Ich fragte, ob die ihr bekannten Kollegen ein paar Tage Zeit hätten, um uns einen Einblick zu geben, wie das Land mit der Menge an syrischen Geflüchteten zurechtkommt. Ob sie Bothor und mich in die Geflüchtetenlager begleiten könnten, um uns zu zeigen, was vor Ort passiert.

Nachdem Angela Merkel am 31. August 2015 den berühmten Satz »Wir schaffen das« gesagt hatte, der übrigens einen eigenen Wikipedia-Eintrag hat, und im Jahr darauf Geflüchtete in großer Zahl versuchten, vor allem Deutschland zu erreichen; nachdem in München die Menschen applaudierend am Bahnhof gestanden hatten, um die Einfahrt der Geflüchteten zu bewillkommnen, und die ersten Länder ihre Grenzen schlossen, entstand in Berlin ein riesiges Chaos vor den Türen des »Landesamts für Gesundheit und Soziales«, besser bekannt als »Lageso« im Stadtteil Moabit. Da gründeten Ehrenamtliche »Moabit hilft«, um den Geflüchteten, die zu Hunderten auf der Straße lagerten, zu helfen. Die Zeitungen waren voll. Ich stieg nicht mehr durch. Also suchte ich Kontakt zu »Moabit hilft« und fuhr hin. Es war Dezember und abends, und die Straße war überfüllt. Auf dem Bürgersteig, gegen ein Gebäude gelehnt, waren Männer nebeneinander aufgereiht, die auf dem Boden saßen, rauchten, heißen Tee tranken und sich mit goldenen Decken, die man aus der Seenotrettung kennt, gegen die Kälte schützten. Sie hatten alle gute Laune. Davor standen die Helfenden, mit Tee, mit heißer Suppe, Privatwagen fuhren vor und brachten kistenweise Schokoladenweihnachtsmänner oder Äpfel oder belegte Brote. Ein Bus stand da, der an einen Generator angeschlossen war, so dass es im Inneren warm war. Ein Cateringfahrzeug gleich daneben, das tagsüber geöffnet war. Ein junger Architekt hatte mit Geflüchteten das Hotel Lageso gebaut, einen kleinen Waggon, der mit Lichterketten bedeckt war, eine Minitür und ein Fenster hatte, und im Inneren lagen zwei Schlafsäcke. Er fuhr auf Rädern und konnte an der Schlange der Wartenden vorbeigefahren werden und bot jedem für eine halbe

Stunde oder so die Möglichkeit auf einen warmen Liegeplatz. Neben dem Gebäude, vor dem die Wartenden saßen, war ein Hof mit einem Zaun und einem Tor davor. Dahinter, auf dem Hof stand ein sehr großes, hell erleuchtetes Zelt. Leer.

»Was ist das?«, fragte ich die junge Frau von »Moabit hilft«, mit der ich mich getroffen hatte.

»Das ist das Zelt, in das man ab 4 Uhr hineingelassen wird, um dort zu warten, bis um 8 Uhr die Pforten zum Lageso geöffnet werden, zu denen man auf der anderen Seite des Zeltes Zugang erhält.«

»Aha, und warum können die Jungs da jetzt nicht hinein? Es ist ja leer.«

Man musste auf der Straße warten, um einen guten slot zu erhalten, damit man um 4 Uhr überhaupt in das Zelt hineinkommt. Denn wenn es voll ist, wird zugemacht, wenn du nicht drin bist, kommst du auch nicht ins Lageso. Dort beantragte man Wohngeld und Wohnung und erhielt jede Menge anderer Formulare, wie den Antrag auf den Antrag zum Asylverfahren. Ein kompliziertes Prozedere, das ich nicht durchschaute. Was ich verstand war: Hier wird viel gewartet.

»Könnten wir denn nicht ein Zelt über die Wartenden auf dem Bürgersteig stülpen, in das wir ein an einen Generator angeschlossenes Warmluft-Gebläse stellen? Dann könnten sie in einem warmen Zelt warten mit Tee, bis sie in das andere warme Zelt kommen, bis sie in das Lageso kommen«, fragte ich Neuling unbedarft.

»Nein, das geht nicht. Man darf Bürgersteige nicht mit Zelten überdachen, dagegen gibt es ein Gesetz. Das geht nur, wenn beispielsweise Märkte beantragt werden oder eben im Ausnahmezustand.«

»Wie, im Ausnahmezustand?!«

»Wenn das Land Berlin, vielmehr der Regierende Bürgermeister von Berlin, den Notstand ausruft, dann werden gewisse Gesetze temporär außer Kraft gesetzt, dann gibt es auch Zugriff auf ein Budget, dann werden Ehrenamtliche in einen amtlichen Status versetzt, dann dürfen Polizei, Militär und Feuerwehr eingreifen.«

»Aber dann sollte man das schleunigst machen.«

»In München hat man das gemacht.«

»Und in Berlin nicht?«

»Nein.«

»Dann müssen wir das dem Regierenden sagen.«

Sie lachte und erzählte, dass vor ein paar Tagen eine schwangere Frau hier auf dem Bürgersteig niedergekommen war beziehungsweise im Begriff dazu war; die Johanniter griffen ein und brachten die Frau ins Krankenhaus, da sie es nicht mehr mit ansehen konnten, und pfiffen auf das Gesetz.

Ein prominenter Musiker hatte den Bus gestellt. Ein prominenter Regisseur hatte das gesamte Hostel gegenüber gemietet, damit die Wartenden einen Schlafplatz hatten, dennoch war der Park gegenüber des Lageso übersät mit improvisierten Schlafstätten. Ein ehemaliger Politiker hatte den Cateringwagen dort hingestellt. Ich traf eine junge Frau, die ihren Job gekündigt hatte und Tag und Nacht hier war, um zu helfen. Eine Castingdame schlug sich jede Nacht um die Ohren und saß tagsüber in ihrem Büro. Es war beeindruckend.

Um halb drei in der Nacht kam ich wieder zu Hause an und hatte das Gefühl, von einer Projektreise zurückgekommen zu sein und nicht aus Moabit.

Einige Tage und Moabitnächte später versuchte ich, eine Telefonnummer des Sekretariats des Regierenden zu ermitteln. Es gelang. Ich rief dort an, nannte meinen Namen, was ich sonst nie tue oder einen falschen, und bat darum, den Bürgermeister sprechen zu dürfen in einer wirklich sehr wichtigen Angelegenheit, nannte das Thema. Die Frau am Telefon war sehr freundlich und bat um eine E-Mail-Adresse. Kurz darauf schrieb sie mir, dass am Donnerstag, ich werde nicht vergessen, dass es ein Donnerstag war, Michael Müller mich zwischen 16 und 17 Uhr anrufen würde – ich war sprachlos. Vielen herzlichen Dank, antwortete ich.

Am Donnerstag um kurz vor 16 Uhr nahm ich mein Telefon in die Hand, stellte es auf maximale Lautstärke und ließ es nicht mehr los. Dann kam der Anruf. Herr Müller sagte:

»Frau Riemann, was kann ich für Sie tun?«

»Herr Bürgermeister, ich habe mir die letzten Nächte am Lageso um die Ohren geschlagen, um zu begreifen, was da passiert. Und ich bitte Sie von Herzen: Rufen Sie den Notstand aus, es würde die gesamte Situation entspannen. Man würde die Organisation viel schneller in den Griff bekommen.«

Er sagte: »Wir finden nicht, dass Geflüchtete ein Notstand sind.«

»Das ehrt Sie sehr, aber wenn Sie es dennoch veranlassen, wäre es eine große Hilfe«, und ich erklärte, was das bedeuten würde, was völlig dämlich war, weil er es ja viel besser wusste. Es war ein freundliches zugeneigtes Telefonat, in dem deutlich wurde, dass er sich sorgte und eine gute Lösung finden wollte. Und mir versicherte, das Ausrufen des Notstands noch einmal zu erwägen.

»Darf ich Sie noch etwas fragen?«, sagte er abschließend.

»Natürlich.«

Er würde am Abend immer mal am Lageso vorbeifahren und hätte sich gefragt, was das für ein Bus sei, der dort stehe, aber leer sei.

»Den Bus hat meines Wissens ein Musiker dort hingestellt, für die Frauen und Kinder, damit sie sich aufwärmen können während der langen Wartezeit in der Kälte. Die Sache ist nur die, dass sie dort nicht bleiben können, da die Familien zusammenbleiben müssen, wenn sie in das Wartezelt und von dort ins Amt gehen. Insofern ist der Bus eine gute Idee, aber ein bisschen für die Katz.«

Wir legten auf. Ich war voller Hoffnung. Aber es stellte sich ziemlich schnell heraus, dass ich nichts hatte erreichen können. Ich hatte lediglich etwas besser verstanden und beeindruckende Menschen am Lageso kennengelernt, die nicht aufgaben.

Nun flog ich also mit Mathias Bothor in den Libanon, um zu erfahren, wie man dort mit der Geflüchtetensituation verfährt, und lernte durch den Kontakt, den Claudia Berger hergestellt hatte, Hedinn Halldorsson vom Natcom Libanon kennen, der ganz offensichtlich Isländer ist.

Er schickte mir das SOP, das Standard Operating Procedure (die Standardvorgehensweise in etwa), über das ich ehrlich gesagt lachen musste, als ich es las. Es enthielt beispielsweise solche Texte:

»Do stop taking pictures if people are uncomfortable or hide their faces.« (Machen Sie bitte keine Fotos, wenn die Menschen sich unwohl fühlen oder ihre Gesichter verbergen.)

oder:

»Do not enter a person's private dwelling without permission, or take photographs of the inside through a window / gap.« (Betreten Sie eine private Unterkunft nicht ohne Erlaubnis, und machen Sie auch keine Fotos durch ein Fenster oder eine Lücke.)

oder:

»A male visitor should never enter a tent where there are only women.« (Ein männlicher Besucher sollte niemals ein Zelt betreten, in dem sich ausschließlich Frauen aufhalten.)

oder:

»Refrain from any political questions that could put children and their families at risk.« (Bitte stellen Sie keine politischen Fragen, die die Kinder und ihre Familien gefährden könnten.)

und:

»Please be respectful and use common sense. Treat children and their families how you and your family would want to be treated.« (Bitte seien Sie respektvoll und aufmerksam. Behandeln Sie die Kinder und ihre Familien so, wie Sie auch selbst gern behandelt werden möchten.)

Ich hatte darüber lachen müssen, da ich fand, dass dies nicht explizit gesagt werden müsse, da es selbstverständlich sei, dass man sich so verhält, wie im code of conduct beschrieben. Als Hedinn und ich vertrauter waren, sprach ich ihn darauf an und erfuhr, dass sie diese Verhaltensregeln zusammengetragen hätten, weil alles bereits vorgekommen sei und dass sie nach jedem Besuch von Menschen aus der ganzen Welt, wie beispielsweise Journalisten, Fotografen und Unterstützern, das SOP erweitern. Man kann nicht glauben, zu welchen Respektlosigkeiten Menschen fähig sind. Ich war erschüttert.

Mathias war gebeten worden aufzuschreiben, mit welcher fotografischen Ausrüstung er anreisen würde, und man war ein wenig erstaunt, aber vor allem beruhigt, als er sagte, er käme nur mit zwei kleinen Fotoapparaten. Damit hat er dann die schönsten Fotos gemacht, die das libanesische Natcom-Team jemals erhalten hat, wie sie mir sagten.

Wir flogen mit einer Fluggesellschaft, die »Germania« hieß, und ich fragte mich, ob das wirklich sein müsse. »Germania«, so hätten Speer und Hitler die Stadt genannt, die sie aus Berlin als Reichshauptstadt machen wollten; die Pläne dafür existierten, die »Große Halle« sollte zentral stehen und 320 Meter hoch sein. Es gibt sogar ein Video, das irgendjemand anhand der existierenden Pläne angefertigt hat. Nun also ein Germania-Direktflug, der uns von Berlin nach Beirut brachte und der vier Stunden Verspätung hatte. (Einen Tag nachdem ich dies schrieb, höre ich im Radio die Nachricht, dass die Fluglinie Germania insolvent ist.)

So war es sehr spät, als wir in Beirut ankamen und unser Quartier im Stadtteil Hamra, direkt neben dem UNICEF-Büro, bezogen. Wir gingen hinunter an die Corniche, den berühmten, knapp fünf Kilometer langen Boulevard neben dem Meer. Durch die warme Abendluft, die einen begleitet, als liefe man einem wohltemperierten Föhn in schwacher Stufe hinterher.

Am nächsten Morgen lernten wir dann endlich die Menschen kennen, mit denen ich bislang nur per E-Mail in Kontakt gewesen war. Hedinn, der Communication Specialist des Country Office, und seine beiden Communication Assistents Hiba und Maya, die uns herzlich begrüßten. »Hat gestern denn alles gut geklappt mit der Abholung?«, erkundigte sich Hedinn.

»Ja, vielen Dank, Josef hat uns abgeholt und gleich dreimal geküsst, wie in der Schweiz.«

Wir lachten. Ich war froh, hier zu sein, unter Aktivisten, mit denen man eine emotionale Abkürzung nimmt. Im Büro erhielten wir ein Briefing über das, was die nächsten Tage auf uns zukommen würde. Auch Violet kam dazu, die Vizevorsitzende von UNICEF Libanon, und der Sicherheitsmann James aus Schottland, dessen Englisch all meine Konzentration erforderte. »Er ist hier, um euch Angst zu machen«, sagte Hedinn grinsend und verließ den Raum. Nach dem Briefing stiegen wir in die Autos und fuhren, obwohl der Libanon so klein ist, ewig ins Bekaa Valley (zwei Stunden für 80 Kilometer), wo sich eine hohe Dichte von »Informal Tent Settlements«, ITS, informelle Zeltsiedlungen, befinden, von denen wir einige besuchen wollten. Die ITS sind im Libanon das, was in der Türkei die Flüchtlingslager sind. Oder in Jordanien. Oder im Irak.

Um zu vermeiden, dass ein Geflüchtetenlager, wie man es überall in der Welt kennt, wächst und wächst, wie es auch im Libanon seit 1948 der Fall war, als über 100 000 Palästinenser in den Libanon flohen, die blieben und Familien gründeten, wollte man nun eine Struktur der Dezentralisierung finden, um nach dem Krieg die Lager wieder auflösen zu können, wenn die syrischen Geflüchteten in ihr Heimatland zurückkehren. Der temporäre Fluchtort sollte kein bleibender Stadtteil werden. Aus dem früheren palästinensischen Geflüchtetenlager wurde in Beirut der Stadtteil, in dem heute die Hisbollah ihr Hauptquartier hat und den man tunlichst nicht betreten sollte, wie uns Europäern eindringlich mitgeteilt wird.

Nicht nur in der Bekaa-Ebene, sondern überall im Land sind die ITS verteilt, wie wir einer Karte entnehmen können. 5000 Zeltsiedlungen. Eine gute Idee, statt einer einzigen großen geballten Zeltstadt viele kleinere Orte zu schaffen.

In Pakistan wächst bereits die zweite Generation in einem Geflüchtetenlager heran, Kinder, deren Eltern auch schon im Lager geboren wurden. In Kenia befindet sich das größte Flüchtlingslager der Welt, Dadaab heißt es nach dem Ort, an dem es sich befindet, mit derzeit 250 000 Geflüchteten. So viele Einwohner haben Braunschweig – oder Kiel. In den Hochzeiten lebten dort über eine halbe Million Menschen.

Die Eltern meiner Freundin Sawsan flohen 1948 aus Palästina in den Libanon, wo sie 20 Jahre lebten, bis sie nach Deutschland kamen mit ihren zehn Kindern, die fast alle im Lager geboren wurden, und zeugten noch zwei weitere Kinder, unter anderem Sawsan, die in Deutschland geboren und aufgewachsen ist und Sätze auf Deutsch beginnt und auf Arabisch beendet. Nun ist sie eine deutsche Politikerin. Eine der Biographien, die als Vorbild benötigt werden, um das Narrativ zu beenden.

»Hedinn!« Ich muss ein wenig schreien, weil es so huckelt im Wagen. Das Straßenpflaster. Ich sitze mit Maya hinten, Hedinn vorn, Mathias im anderen Wagen mit Hiba. Josef ist ein cooler Driver, ein großer Mensch, in dem viel Platz für gute Laune ist. Der Fahrer des anderen Wagens heißt Degaulle. Im Ernst. Wie Charles de Gaulle, der erste Präsident der Fünften Republik Frankreichs, der mit dem Algerienkrieg. Degaulles Schwester heißt Pompidou. Wie das Pariser Museum. In Deutschland würden die beiden Geschwister demnach »Adenauer« und »Preußischer Kulturbesitz« heißen. Mit Vornamen.

»Hedinn!«, rufe ich also.

»Yes, Mam.« Das ist Hedinn.

»Wie viele Geflüchtete sind insgesamt im Libanon, weiß das hier irgendeiner?«

»Keiner weiß das wirklich«, ist die prompte Antwort. Registriert sind derzeit ungefähr eine Million. Ganz genau 1001000, Stand August 2017. Aber man vermutet, dass ungefähr 500000 bis 600000 unregistrierte Flüchtlinge dazukommen. Also schätzungsweise sind 1,6 Millionen Menschen zusätzlich im Land, womit jeder 1,3te bis 1,4te Mensch im Libanon syrisch ist.

»Ungefähr die Hälfte davon sind Kinder. Genauer gesagt sind 52 Prozent der Geflüchteten Kinder unter 18«, fügt Maya hinzu.

Wir sehen uns schweigend an. 800000 Kinder leben in den 5000 ITS, den Siedlungen, die ich ja noch nicht kenne, sondern sie mir unkonkret wie kleinere, freundliche Geflüchtetenlager vorstelle.

Die Aufgabe, die sich UNICEF 1946 stellte mit der Absicht und dem Ziel, allen Kindern in Europa nach dem Krieg zu helfen, diese Aufgabe des »United Nations International Children's Emergency Funds«, um endlich einmal die Abkürzung aufzuklären, lautet: »UNICEF ist von den Vereinten Nationen beauftragt, für den Schutz von Kinderrechten einzutreten, ihren grundlegenden Grundbedürfnissen nachzukommen und die Möglichkeiten zu erweitern, ihr volles Potenzial auszuschöpfen.« Was für eine herausfordernde Aufgabe.

Katja: »Wie viele Einwohner hat der Libanon? Also wie viele Libanesen leben im Libanon?«

Hedinn: »Weiß man nicht. Das letzte Mal wurde 1943 gezählt, nach der Unabhängigkeit von den Franzosen. Insofern gibt es auch hier nur die Vermutung von ungefähr 4,6 Millionen Einwohnern. Hängt davon ab, ob man die Palästinenser mitzählt.«

Maya: »Aber dafür wissen wir, wie viele Libanesen außerhalb des Libanons in der Diaspora leben.«

Katja: »Wie viele?!«

Maya: »14 Millionen.«

Katja: »Krass.«

Hedinn: »In Berlin gibt es doch auch eine große libanesische Community, oder?«

Katja: »Ja, gibt es«, und ich denke an die guten libanesischen Imbisse und Restaurants und die schlechten libanesischen Clans.

Wenn die 14 Millionen Libanesen, die außerhalb des Libanon leben, zusätzlich zu den im Libanon lebenden Libanesen in den 10 452 Quadratkilometer großen Libanon ziehen würden, gäbe es eine Bevölkerungsdichte von 1387 Menschen pro Quadratkilometer. Das ist weniger als die Hälfte der Bevölkerungsdichte der Palästinenser im Gazastreifen, denn dort sind es knapp 5000 Menschen pro Quadratkilometer.

Zum Vergleich: In Deutschland leben pro Quadratkilometer 230 Menschen. (Wie viele Deutsche wohl außerhalb Deutschlands leben, frage ich mich.)

Raum steht immer für Reichtum, es ist eine einfache Rechenaufgabe. Wo Armut ist, gibt es wenig Platz, im Reichtum viel. Das gilt zumindest für die sogenannte Zivilisation. Bei Naturvölkern, die noch nicht ausgelöscht wurden, ist es wohl anders.

Während des weiteren Gesprächs im Auto fällt immer wieder der Ausdruck »IS«, den Hedinn und Co. für die Settlements verwenden, und ich zucke jedes Mal zusammen, bis ich schließlich sage, dass für uns die Abkürzung IS mit dem Islamischen Staat verbunden sei, der Daesh würde bei uns so genannt werden. Die Reaktion ist etwas lasch. Daesh, das werden wir noch lernen, ist hier nicht das zentrale Thema, wie in Europas Nachrichten.

Ich schaue aus dem Fenster und sehe ein weites Tal, auf das wir zufahren, vielmehr eine weite Fläche, die nach hinten hinaus von verschwommenen Hügeln begrenzt wird, so dass es dann letztlich doch wieder ein Tal ist, ein sehr weites, das aus Feldern besteht, auf denen derzeit Petersilie angebaut wird für den in allen arabischen Ländern berühmten Salat, der sich Tabouleh nennt und den ich sehr liebe. Hinter den Hügeln liegt Syrien.

Vor den Hügeln liegt die Bekaa-Ebene, in der sich das Zeltlager befindet, das wir heute besuchen wollen. Wir kommen also im »Informal Tent Settlement«, der Siedlung, an. Sie hat eine Nummer und trägt den Namen »Bar Elias«. Es gibt sie seit vier Jahren, und alle dort Wohnenden sind registriert. Sie wächst stetig. 250 Zelte stehen hier, fast 2000 Menschen leben darin. Also doch nicht so eine gemütliche Sache wie unkonkret vorgestellt.

Die Ersten, die auf uns zulaufen, nachdem wir ausgestiegen sind und von den ortsansässigen Kolleginnen Maria von UNICEF und Myrna von WASH begrüßt wurden, sind wie immer die Kinder. Sie kommen in Gruppen, sie sind klein und wirblig und tragen verrückte Kleiderkombinationen, wie Hello-Kitty-Shirts oder irgendwas in Lila mit Disney-Figuren drauf oder Pullis mit Glitzerapplikationen, Jeans-JeansJeans, Anoraks, Flipflops und Gummistiefel.

WASH ist eine Unterorganisation der UNHCR, die sich um Belange wie WAter, Sanitation, Hygiene kümmert, daher auch der Name. Insgesamt sind es über 100 Kooperationspartner, mit denen die Internationalen hier zusammenarbeiten. Abgesehen von den nationalen beziehungsweise lokalen NGOs, die in der täglichen Arbeit zentral sind und Unglaubliches leisten, sind Partner beispielsweise Universitäten oder andere internationale NGOs. Plus die Zusammenarbeit mit der libanesischen Regierung, wie es in allen Ländern für Nichtregierungsorganisationen notwendig ist, in Kontakt mit den Regierungen zu sein.

Wir laufen während unserer Unterhaltung mit Myrna und Maria, die uns herumführen werden, zwischen den Zelten auf breiten Wegen, die wegen des Fehlens von Bäumen staubig und geröllig sind. In einem Tal, das ungeheuer fruchtbar ist wegen des vulkanischen Bodens, in dem Marihuana gut wuchs. Es sind die typischen Zelte aus UNHCR-Plastikplanen, Wellblech und irgendwelchem Holz, manchmal auch unter Verwendung großer Planen oder Pappen ehemaliger Werbung. Bothor macht sein erstes Foto.

Fester Zementboden in den Unterkünften, keine Fenster. Vorhänge dienen als Türen, manchmal ein Brett. Auf den Dächern Autoreifen und Steine als Befestigung der Planen. Pro Zelt leben eine oder zwei Familien – Schiiten, Sunniten, Christen ... zumeist Frauen und Kinder. Die Männer sind vermisst oder kämpfen oder sind nicht mitgekommen, sind in Syrien geblieben oder tot.

Ein kleines Mädchen mit Glitzerapplikation auf dem violetten Shirt, schiebt ihre kleine Hand in meine. Ich schaue sie an, sie strahlt, ich gehöre jetzt ihr.

»Hello, sweetheart, what's your name?«

»Samsa«, antwortet sie nach schneller Übersetzung durch Maria.

»Hello, Samsa, I am Katja.«

»Hello, Katti«, sagt sie.

Wir gehen Hand in Hand und alle zusammen durch ihren hood, und ich bleibe vor einer großen Tonne stehen, die vor einer Unterkunft steht. Eine blaue Wassertonne. Davor eine Pfütze. Wasser ist die Herausforderung und die Infrastruktur der Wasseranlieferung das diffizile Kunststück, da es aus anderer Region angekarrt werden muss, denn die Settlements sind und sollen temporär bleiben, insofern kommt das Verlegen von Kanalisation oder Wasserleitungen nicht in Frage, obwohl UN und UNICEF die libanesische Regierung darum baten. Die aber will sichergestellt wissen, dass die Geflüchteten nach Syrien zurückgehen, sobald der Krieg vorüber ist. Hier wird nicht Krieg, sondern Konflikt gesagt. Die Erfahrung mit den Palästinensern sitzt zu tief. Wenn es Wasserleitungen gibt, Strom, Toiletten und Kanalisation, zu viel Komfort quasi, ist die Wahrscheinlichkeit, dass viele bleiben, höher.

Also wird das Wasser mit Lastwagen transportiert, für jede Familie eine Tonne mit 1000 Litern Wasser, pro Person und Tag werden 30 Liter zur Verfügung gestellt. (Zum Vergleich: In Brandenburg berechnet man pro Person und Tag 300 Liter Wasser.) Es sind die Internationalen, die die Tonnen stellen und den Transport organisieren, nicht die Regierung.

»Ist das Plastik?«, frage ich und klopfe gegen so ein Ding.

»Nur von außen, sie sind im Inneren dreifach beschichtet, wegen des Klimas, damit keine Weichmacher in das Wasser gelangen, es wird mehrmals gereinigt und dann mit Chlor versehen.«

Waschen geht, schmecken tut's nicht. Also besorgen sich die Familien für die Teezubereitung anderes Wasser. Woher sie das haben, weiß kein Mensch beziehungsweise keiner der humanitarians. Wenn man lange genug im Interim lebt, dann wird das Überleben strategisch und die Prioritäten werden klar. Tee ist zentral und muss schmecken, das verstehe ich als zwanghafte Teetrinkerin sehr gut, also handelt man dafür das entsprechende Wasser. Niemand der Nichtgeflüchteten weiß, wie. Ich bin davon angetan, denn es zeigt, dass in der überwachten Situation eines Geflüchtetenlagers, in der alles durchgetaktet und transparent und reguliert ist, dennoch Privates, Unbekanntes, Individuelles möglich ist. Persönliche Geheimnisse, von denen weder Staat noch Betreuer erfahren, wie es das auch in Gefängnissen gibt oder bei Orwells Big Brother. Die vollständige Offenlegung deines Lebens entindividualisiert und macht einen endgültig zu einer Nummer und einer unterworfenen Nichtperson. Erstaunlicherweise wird das Bedürfnis nach Intimsphäre oder Individualität in dieser Art Unterkunft in der allgemeinen halbwissenden Meinung oft verbunden mit negativer Absicht statt mit dem Bedürfnis nach einem kleinen Anteil an Lebensqualität.

Die Tonnen gehen ins Eigentum der Familien über. Wenn Familien von einer Siedlung in eine andere umziehen, nehmen sie die Tonne mit, müssen selbst für den Transport bezahlen. Letzte Woche zogen zwölf Familien samt ihren Tonnen in den Norden, zwölf neue Familien ohne Tonnen kamen an. Die Tanks sind also weg, und es gibt noch keine neuen.

Wenn es nicht genug Wasser gibt, wird es flaschenweise gebracht. Das Grundwasser ist nicht tief, manchmal graben die Bewohner der Siedlung Bohrlöcher, und das gefundene Wasser wird in die Wassertonnen geschüttet und verdreckt das gereinigte Wasser. Aus der Not entstehen immer weitere Probleme. Prävention heißt hier das Schlagwort – und wie immer Bildung.

Toiletten sind ein anderes Thema. Latrinen stehen neben jedem zweiten Zelt, sieben Personen für ein Klo. Nur jene Zelte, die ausschließlich von Frauen und Kindern bewohnt werden, »women headed houshold« genannt, haben eine eigene Toilette mit einer Verbindung zum Wohnraum. Die Zahl der Klobenutzer wird deswegen aber nicht weniger. Eine Mutter und ihre sechs Kinder? Das ist wenig, wie wir später noch sehen werden.

Toiletten müssen entleert werden, dazu braucht es einen weiteren Truck, der die ganze Scheiße, im wahrsten Sinne des Wortes, abholt und irgendwohin entsorgt. Darum kümmern sich die Internationalen mit Erlaubnis der Regierung und fahren partiell bis in den Norden, da es nicht überall die Möglichkeit der Entsorgung gibt. Oder der Inhalt der Latrinen wird durch Gullys in die vorhandene Kanalisation eingespeist ... ja ja, absurdes Verb in diesem Zusammenhang. Manchmal gibt es keine Entsorgungstrucks.

»Und dann?«

»Dann gibt es keine Entsorgungstrucks. Dann muss man warten.«

»O je. Und Müll? Wie geht das?«

»Tja ...«

Gekocht wird, wie in so vielen Ländern, zumeist draußen vor den Zelten auf kleinen Öfen mit offenem Feuer. Und ein anderes offenes Feuer wird in den Unterkünften zum Heizen im Winter entfacht, der von November bis März dauert und in dem es bis zu acht Grad unter null werden kann. Vor ein paar Monaten ist ein Brand ausgebrochen, verursacht durch einen dieser Öfen. 19 Zelte brannten ab, ein Kind kam dabei ums Leben. Aus Not entsteht Not. Elektrizität gibt es manchmal, und manchmal gibt es sie nicht.

Der Libanon ist eine privatisierte Gesellschaft: Wasser, Strom, Krankenhäuser, Transport, Bildung ist privatisiert. Wenn man sich das nicht leisten kann, dann lebt man früher oder später unter der Armutsgrenze oder auch über der Armutsgrenze, man ist sozusagen mehr arm oder weniger arm. Und damit sind nicht die Geflüchteten gemeint. Denn UNICEF ist ja im Libanon nicht in erster Linie wegen des Konflikts im Nachbarland anwesend, sondern wegen der Situation der libanesischen Kinder, Frauen und Familien.

»Was wir machen, ist nicht nur für die syrischen Kinder.« Die prekäre Situation des Krieges kommt dazu und beschwert die Lage der hier sowieso schon am Limit Lebenden, die nicht aus dem Fokus der Internationalen gerückt sind, sondern nur aus dem allgemeinen Bewusstsein.

Das Leben in einem Flüchtlingszelt in der Bekaa-Ebene kostet ungefähr 30 bis 50 Dollar pro Monat, inklusive Elektrizität, falls sie läuft. Richtig, es ist nicht umsonst.

Circa 20 Prozent der aus Syrien in den Libanon Geflohenen leben in den 5000 Siedlungen. Alle anderen leben in Wohnungen über das ganze Land verteilt.

Das Land, auf dem die Zelte der IS stehen (zur Erinnerung: Informal Settlement, nicht Islamischer Staat), kommt von den Landwirten, die es vermieten. Auf diese Weise nehmen sie mehr Geld ein als mit Landwirtschaft. Aus Konflikten lässt sich immer Kapital schlagen, das können nicht nur Staatsmänner. Die Zelte werden von den Geflüchteten in Kooperation mit den Internationalen selbst gebaut. Seit 2015 ist die Grenze zu Syrien geschlossen, darum sind die Neuankömmlinge illegal und dürfen nicht arbeiten, also arbeiten sie illegal. Auch vor dem Konflikt kamen viele Syrer saisonweise zum Arbeiten, zumeist landwirtschaftliche Arbeit. Wo sie früher auf den Feldern Petersilie ernteten, leben sie heute in einem Zelt aus Werbefolien. Sie müssen in der Zeit, in der es Arbeit gibt, so viel Geld verdienen, dass sie damit

durch das Jahr kommen. Miete, Essen, Kleidung. Es gibt keine mone-
täre Unterstützung vom Staat. Den Menschen ist es nur erlaubt, die
Siedlungen zu verlassen, um zu ebendieser Arbeit zu kommen – oder
um in die Schule zu gehen.

Wir gehen weiter durch die Siedlung, an den eng nebeneinanderste-
henden Zelten entlang, durch Schotter und Pfützen mit gelblichem
Wasser, bei dem man nicht genau weiß, ob es aus Dreck, Pisse oder
Benzin besteht. Samsa ist mittlerweile an mir hochgeklettert und hat
sich dort gemütlich und etwas triumphal eingerichtet. Sie ist sehr
dünn, leicht und stark und hat wahnsinnig gute Laune.

Wir werden in das Zelt von Amina gebeten, sie führt einen ›women
headed household‹, einen Frauenhaushalt. Ich stelle Samsa ab, und sie
rennt los. Die Wände im Inneren der Unterkunft sind geschmückt mit
blauen Stoffen und Volants, die partiell glitzern. Es ist ordentlich, oder
sagen wir mal sehr übersichtlich, denn es gibt nichts zum Aufräumen.
Der kleine Raum ist betoniert, leer und dunkel; Matten sind übereinan-
dergestapelt, daneben ein Sofa. Ich darf mich draufsetzen.

»Wie viele Leute schlafen hier?«

»15.«

»Alle in diesem Raum?«

»Ja.«

Immer mehr Menschen betreten das Zelt, Frauen und Kinder. Mathias bleibt draußen. SOP! Maria übersetzt. Eine schöne junge, fast
magere Frau mit einem überdimensionalen weißen Turban, um den
ein blauer Schal geschlungen ist, kommt mit unbestimmtem Gesichtsausdruck herein, setzt sich und legt ein winziges Baby auf ihren Schoß.
Es ist 20 Tage alt, sagt mir Maria.

»Ist sie die Mutter des Babys?«

»Ja.«

»Wie alt ist sie?«, frage ich Myrna, fragt Myrna die junge Frau.

»18«, antwortet diese.

Neben ihr steht ein kleines Mädchen mit Schnuller. Ihr erstes Kind.
Sie ist zwei.

Die Familie lebt seit vier Jahren, also von Anfang an, in der Siedlung, die junge Frau hat hier geheiratet, voraussichtlich mit 15 und in der Siedlung auch beide Kinder bekommen. Das erste mit 16. Zur Geburt fuhr sie in ein Krankenhaus. Sie wollte Familie statt weiterhin zur Schule zu gehen, erklärt sie mir später etwas schlaff. Es ist das, was bekannt ist. Als Frau. Heiraten und gebären. Das hat man immer schon so gemacht, und in dieser grausamen Zeit, in der alles verlorengeht, das Zuhause, die Familie, die Menschen, die Liebe, die Zukunft, das Haus, die Geschäfte und Infrastruktur, die Straßen, Märkte und Autos, die Gedanken und Gefühle – in so einer Zeit mag es hilfreich sein, sich an das Gewohnte und Bekannte zu halten. Wie ihr Zuhause in Syrien ausgesehen hat und wie groß der Unterschied dieser beiden Lebensverhältnisse ist, habe ich nicht herausgefunden.

Doch ich erkenne einen anderen Unterschied, und der ist eklatant: Die Menschen in den libanesischen ITS sind die Armen und Bildungsfernen Syriens. Sie sind keine ›displaced persons‹ mehr, Vertriebene im eigenen Land, sondern Flüchtlinge geworden in dem Moment, da sie die Grenze in den Libanon übertraten, auch wenn sie hier weiterhin als ›displaced persons‹ bezeichnet werden, um die Situation zumindest sprachlich zu entschärfen. Sie sind traditionell lebende Menschen, die immer hart gearbeitet haben, ob vor oder nach dem Konflikt; deren Vorstellung von Geschlechterverhältnissen eindeutig ist. Der Stellenwert der Bildung tritt hinter dem des Geldverdienens zurück. Hier lebt ein anderes Milieu Syriens; nicht die Schriftsteller, Musiker, Ärzte, Studierende, die ihr Studium beginnen, fortsetzen oder partiell anerkennen lassen können; auch nicht die Journalisten, die, nach ihrer Flucht in Deutschland angekommen, dort für deutsche Zeitungen schreiben. Hier sind auch nicht die jungen unbegleiteten Männer, die in deutschen Geflüchtetenunterkünften, Turnhallen oder Flughafenhangars untergebracht wurden und zumeist in Gruppen auftreten.

In den Geflüchtetenunterkünften des Libanon leben Syrer, deren Flucht sie nicht bis nach Europa führte, weil sie nicht das Budget dafür haben. Und vielleicht auch keine Sehnsucht danach. Hier sind Frauen versammelt, die nicht über Selbstverwirklichung nachdenken, über #metoo, Quote oder family planning, sondern die eingehüllt in ihre traditionelle Stellung und Aufgabe die Tage verbringen. Virginie Despentes, die kluge, anarchische, französische Feministin und Schriftstellerin, deren Film Baise-moi (Fick mich) aus dem Jahr 2000 in Frankreich verboten wurde, schrieb in ihrem Buch King Kong Theorie: »Der Zugang zu traditionell männlichen Machtbereichen geht mit der Angst vor Bestrafung einher. Seit jeher wurde bestraft, wer seinen Käfig verließ. Die Vorstellung, dass unsere Unabhängigkeit schädlich sei, ist uns in Fleisch und Blut übergegangen.«

Was ich später sehen werde, zeigt, dass ein Geflüchtetenlager dank der Angebote und Fürsorge der Betreiber eine Chance sein kann.

Die ältere Frau, Amina (Mutter Mohammeds), die neben mir auf dem gemusterten Sofa sitzt im blauen langen Kleid und die wahrscheinlich jünger ist als ich, hat 16 Kinder zur Welt gebracht. 14 davon haben überlebt. Nicht den Krieg, sondern das Leben. Sieben Mädchen, sieben Jungs. Sie kommt aus Sfireh, in der Nähe Aleppos, das ist 330 Kilometer von der Bekaa-Ebene entfernt. Ihr Mann ist in Syrien, in Idlib, da sei es nicht so schlimm wie in Aleppo. Was er macht, weiß oder sagt keiner. Man habe Kontakt per Telefon. Sie zieht das Handy kurz aus der Tasche ihres langen Kleides und wedelt damit, steckt es wieder ein und erzählt, dass sie vor dem Krieg eine Taxifirma hatten.

Die junge Frau, die mit 16 ihr erstes Kind gebar, ist ihre Schwiegertochter, die Ehefrau von einem ihrer sieben Söhne. Amina kommt ins Reden, vermeidet aber Augenkontakt, quetscht ihre Hände ineinander, wie man es macht, wenn einem etwas weh tut. Manchmal schiebt sie eines der Kinder, die in immer größerer Zahl den Raum entern, zur Seite, wenn sie in unserer Sichtachse stehen, weil sie mich anstarren müssen, wahrscheinlich, weil ich blonde Haare habe, ihre Sprache nicht spreche und einfach so in ihrem Zelt sitze. Amina erzählt mir von dem Leben vor dem Krieg, vor dem Geflüchtetenlager, das ein gutes war, und dass sie ein Haus hatten, ein Stück Land für Gemüseanbau, die Firma, ein Einkommen, und meine Vermutung, ihr Zuhause wäre vergleichbar mit dem Zustand hier, war völlig abstrus.

Es sind die vielen, die alle eine persönliche Geschichte haben. Die vielen sind das Volk, aber die vielen gibt es nicht, wenn man mit dem Einzelnen spricht. Hier sitzen die Menschen, die nicht zu einem kurzen Bericht in den Tagesthemen wurden, der heißen könnte: »In der vergangenen Nacht gab es erneut Bombenangriffe auf Sfireh. 20 Menschen kamen dabei ums Leben.« Darunter hätte Amina sein können mit ihrem Mann und ihren 14 Kindern und Enkeln und Schwiegertöchtern und Schwiegersöhnen. Aber sie ist hier mit den meisten ihrer Kinder. Ein Sohn wird vermisst, zwei Söhne sind in der Armee, seit zwei Jahren hat sie sie nicht mehr gesehen. Ob alle drei leben oder überleben werden, weiß kein Mensch. Gerade betritt ein recht phlegmatisches Mädchen, ebenfalls eine Tochter, den Raum. Sie ist 13 und wird ab sofort nicht mehr zur Schule gehen, sagt mir Myrna besorgt, da die Familie das Geld benötigt, das das Mädchen auf den Feldern mit Petersilieschneiden verdienen könnte. Vier Dollar für fünf Stunden. Kinderarbeit ist im Libanon verboten.

»Und nun?«

»Darüber denken wir gerade nach.«

Ein Versuch wird sein, der Familie das Geld zu geben, das das minderjährige Kind verdienen würde, in der Hoffnung, dass sie dann stattdessen zur Schule gehen darf. Völlige Umkehrung, man zahlt Familien Geld, damit sie ihr Kind in die Schule schicken.

»Wir fangen damit gerade erst an, mal sehen, was daraus erfolgt. Glücklich sind wir damit nicht«, sagt Hedinn später, denn auch er ist nicht mit in das Frauenzelt gegangen.

Aufgrund der Tatsache, dass die Zahl der syrischen Schulkinder in der Bekaa-Ebene die der libanesischen Schulkinder überstiegen hat, 200 000 syrische, 180 000 libanesische, sind die öffentlichen Schulen am Ende ihrer Kapazität und Möglichkeiten angekommen. Darum haben sich die Internationalen in Kooperation mit dem Ministerium für Bildung ein Zwei-Schichten-Schulsystem ausgedacht. (Two shifts) Vormittags- und Nachmittagsunterricht für jeweils verschiedene Klassen und verschiedene Nationalitäten. Vormittags die libanesischen Kinder, nachmittags die syrischen. Mehr Lehrer wurden eingestellt. Der Nachmittagsunterricht und auch der Transport vom Lager zur Schule wird von den Internationalen organisiert und finanziert.

Die öffentlichen Schulen kosten mal wieder Geld ... Es ist doch wirklich nicht zu fassen, dass die Regierungen so vieler Länder es nicht leisten können, ihre Bevölkerung auszubilden, ohne dafür Geld zu nehmen. Gemeint sind hier nicht nur Länder des globalen Südens, sondern auch Länder wie UK oder die USA. Dass Bildung der Schlüssel ist, ist offensichtlich immer noch nicht oft genug gesagt worden.

Zusätzlich zum Zwei-Schichten-Konzept haben die Internationalen ein Programm entwickelt für jene Kinder, die wegen des Konflikts schon lange nicht mehr zur Schule gehen und erst einmal wieder den Anschluss finden müssen, bis sie am regulären Unterricht teilnehmen können.

Kinder einzuschulen und ihnen möglichst eine lange Schulzeit zu ermöglichen ist den NGOs überall auf der Welt ein zentrales Anliegen. Wie die Bildung im Einzelnen aussieht, ist ein anderes Thema.

Maria erzählt mir von einem anderen Mädchen einer anderen Familie in Bar Elias. Sie ist 14 Jahre alt und im sechsten Monat schwanger und hat selbst entschieden, nicht mehr zur Schule zu gehen.

Ich frage, ob das Thema der Familienplanung hier im Lager angesprochen wird. Dabei geht es darum, das Entstehen einer Familie zu gestalten, und zentral ist dabei Verhütung, Aufklärung, Sexualkunde und die Frage: Wie viele Kinder kann man sich leisten?! Traditionell sollen die Kinder irgendwann für die Eltern sorgen, je mehr Kinder, desto sicherer scheint später ein Auskommen. Das kenne ich auch aus dem Dorf, in dem ich groß wurde. Aber bei 14 Kindern ist nicht sichergestellt, dass alle ernährt und ausgebildet werden können.

Ich werde gefragt, ob man in Deutschland auch so viele Kinder bekäme und wie viele Kinder ich hätte. Ich lüge und sage: zwei. Zähle meinen Stiefsohn dazu. Oder vielleicht habe ich auch drei gesagt und in Gedanken meine Patentochter noch hinzugefügt, damit ich mich nicht blamiere.

In »Bar Elias« ist das family planning ein heikles Thema. Was die humanitarians hier versuchen, ist, eine Situation so zu befrieden, dass kein weiterer Konflikt entsteht, dass die Menschen, die ihre Heimat verlassen haben, verlassen mussten, nicht verrückt werden angesichts der Perspektivlosigkeit, der zerstörten Hoffnung, des Wartens, der Langeweile, des Lagerkollers, der Verzweiflung angesichts der Verluste, die sie erfahren haben.

Hier geht es nicht primär um einen Beitrag zur Veränderung und Weiterentwicklung einer Gesellschaft, sondern darum, den Geflohenen ein temporäres, sicheres und einigermaßen würdiges Leben zu ermöglichen. Aber später stellt sich heraus, dass es tatsächlich mehr ist.

Es gibt einen Ausdruck, der nennt sich »coping mechanism«. Definition: »Die Art des Umgangs mit einem als bedeutsam und schwierig empfundenen Lebensereignis oder einer Lebensphase.« (»Something a person does, to deal with a difficult situation.«)

Das bedeutet, dass die belastende Situation hier in den ITS negative Auswirkungen haben und Reaktionen hervorrufen kann, wie zum Beispiel den Missbrauch von Kindern. Auch das Verhalten des 14-jährigen Mädchens, nicht zur Schule zu gehen, fällt darunter, lerne ich. Sie reagiert auf den Stress im Lager, indem sie sich entzieht.

Ich erhebe mich von dem gemütlichen Sofa, und wir verabschieden uns von Amina, bedanken uns, winken den Kindern in die Runde und verlassen das Zelt. Während unseres dortigen Aufenthaltes hat die Sonne Kraft bekommen. Mathias wartet gegenüber im Schatten und dreht sich eine Zigarette, spricht mit den Kindern, die ihn umzingelt haben. Er ist cool, er hat Technik. Und er hat sie fotografiert. Sie mögen das offensichtlich, wobei es eher um die Beschäftigung mit ihrer Person zu gehen scheint als um den fotografischen Vorgang. Sie erhalten Bedeutung und Aufmerksamkeit, wenn man sie fotografiert. Stehen für einen Moment im Mittelpunkt. Und sie können sich hinterher betrachten, weil: digital. Erstaunlich ist, dass sie nicht affektiert oder verlegen werden in dem Moment, in dem sie sich vor die Kamera stellen. Es gibt in dem Transit von »Leben« zu »Moment des Lebens durch Foto einfangen« nichts Sichtbares, das ihr Verhalten äußerlich ändern würde, es passiert ausschließlich innerlich, in ihrer Haltung. Es ist irre, das zu beobachten.

Mathias geht zum höchsten Platz der Siedlung, um ein Foto zu machen. Er sucht immer einen höheren Standpunkt, das hat er während seines Mittelmeer-Projekts für jedes Land gemacht, als wiederkehrendes Prinzip, wie er mir einmal erzählte. Ich suchte daraufhin im Buch nach jeweils dem Foto, das von dieser erhöhten Position aus geschossen wurde, und fragte mich, was es wohl für ein Ort war, den er dafür fand. Hügel? Baum? Haus? Leiter? Klippe? Dach? Für den Libanon beziehungsweise Beirut war es die denkbar höchste Position: der Schuss aus dem Flugzeug. Das Bedürfnis nach dieser Perspektive ist ihm geblieben. Darum ziehen also die Kinder und ich ihm nun als Truppe, wie in dem Film »Der Club der toten Dichter«, hinterher. Auf den Hügel.

Dort angekommen, überblicken wir die Zelte, die ein Flüchtlingslager sind. Dahinter erstrecken sich die Felder, auf denen gearbeitet wird, und das weite Tal, eingefasst von weiteren Hügeln, die nicht mit Häusern übersät sind, sondern leer und schön eine Landschaft bilden. Allein das Wissen, dass dahinter Syrien beginnt, verändert die Haltung zu dieser Schönheit, wie die Ruhe vor dem Sturm.

Wie immer rennen die Kinder den Autos hinterher, als wir abfahren. Bye-bye, Samsa, I hope you'll live well.

Auf dem Weg in ein weiteres ITS kommen wir zu einer Brücke, die mitten im Feld steht. Darunter müssen wir durch. Darüber führt die wegen des Krieges nicht fertig gewordene vierspurige Straße nach Syrien. Wir steigen aus, da die Fahrer kontrollieren, ob die Antennen unter der Brücke durchpassen. Während sie langsam drunter durch tuckern, klettern wir nach oben auf die geschlossene Autobahn nach Syrien und stehen da herum – highway to war. Wie ein Überbleibsel eines Actionfilms.

In der Siedlung Al Majar, ebenfalls in der Bekaa-Ebene, hat die NGO »Himaya« ein »gathering together for coffee and talk in the morning« für Frauen etabliert. Eine regelmäßige morgendliche Zusammenkunft. Eine Frau nach der anderen betritt das Zelt, in dem ich bereits sitze, zusammen mit Antoine von »Himaya«, der das Gespräch moderiert. Ich bin erstaunt, dass es ein Mann macht. Alle zehn haben Zettel in der Hand mit krakeligen Kinderzeichnungen drauf, die sie selbst angefertigt haben, in dem sie versuchten zu zeichnen, woran sie erkennen, dass ihrem Kind (einem ihrer Kinder) Gewalt angetan wurde. Jede erklärt ihr Bild, erzählt, was es bedeutet und warum sie es so gezeichnet hat.

»Wenn mein Kind nicht in die Schule geht, dann schlage ich es natürlich«, sagt eine Frau überzeugt.

»Du kannst dein Kind doch nicht deswegen schlagen, man schlägt Kinder nicht«, antwortet eine andere.

»Aber er soll in die Schule gehen, das ist wichtig, und wenn er das nicht macht, wie soll ich ihn dazu bewegen, also prügle ich ihn, das hilft, dann versteht er, sonst versteht er das ja nicht, er ist ja ein Kind.«

Eine rege Diskussion beginnt über die Vor- und Nachteile des Prügelns, die tatsächlich darin resultiert, dass die Mutter versuchen will, zukünftig mit ihrem Kind zu reden, statt es zu hauen.

Eine andere Mutter hat bemerkt, dass ihr Kind sich immer weiter absondert, kaum spricht, sich zurückzieht. »Irgendetwas ist passiert, sie ist immer beschwert, ich frage, aber sie antwortet nicht. Was soll ich machen, ich kann mit ihr nicht sprechen, sie spricht nicht mit mir.« Sie legt ihr Gesicht in beide Hände. Antoine schaltet sich vorsichtig ein, versucht herauszubekommen, ob es in der Familie eine andere weibliche Vertrauensperson gibt, mit der die Tochter sich trauen würde zu sprechen. Ob sich die Mutter erinnert an Vorfälle innerhalb der Familie oder der Siedlung, die auf Missbrauch schließen lassen könnten.

»Himaya« ist eine Organisation, die sich vornehmlich mit Kindesmissbrauch und dem Recht auf das Kindeswohl beschäftigt, präventiv, aber auch auf psychologischer und therapeutischer Ebene für die Opfer von Gewalt. Sie sind nicht nur in syrischen refugee camps vertreten, sondern vor allem in libanesischen Schulen, Kindergärten oder religiösen Einrichtungen oder anderen Institutionen. Deswegen hat Antoine die Moderation übernommen da er psychologisch geschult ist.

Die Mitglieder dieser morgendlichen Gesprächsgruppe, der ich beiwohnte, üben den Dialog, üben die Auseinandersetzung und Beschäftigung mit diversen Themen und die Argumentation und Bewusstmachung der eigenen Haltung. Was, wenn ein Konflikt entsteht, weil jemand in der Gruppe eine andere Haltung vertritt. Dies ist Teil der Prävention und dient weiterhin dazu, herauszufinden, was im Lager passiert, wo Kinder in Situationen geraten, in denen sie dringend Hilfe benötigen.

Zu sprechen, miteinander zu kommunizieren muss man üben, in allen Gesellschaften, ganz egal, wie hoch das Bruttosozialprodukt ist. Man versteht gar nicht, dass es so selten praktiziert wird. Und dort, wo der Staat seine Kinder nicht beschützt, versuchen NGOs diesen Mangel auszugleichen.

Als ich aus dem Zelt krabble, steht Mathias mit angespanntem Gesicht davor. Er erzählt mir fassungslos, wie aggressiv die Jungs, die er fotografieren wollte, hier wären, dass sie ihm gegen die Beine getreten hätten, als er ihnen den Fotoapparat nicht in die Hand geben wollte. Dass er keinen Zugang zu ihnen bekommen habe. Coping mechanism! Die Kinder haben von ihren Eltern gelernt, wir leben vor, die Kinder machen nach. »Himaya« hat vor allem in den refugee camps noch einen Weg zu gehen.

In einem anderen Zelt wohnt eine alte Frau, auf deren Stirn und Kinn Zeichen tätowiert sind. Ihr Mann ist in Syrien, der Bruder ihres Mannes leitet den Haushalt. Er war Bäcker. Jetzt ist er nichts. Schnell wird das Zelt wegen unserer Anwesenheit voll. Vor allem mit Kindern. 900 Kinder leben in Al Majar.

Die tätowierte Frau erzählt uns von ihrer Flucht aus Syrien in den Libanon (Kinder kommen rein), die sie mit einem Bus antrat (Kinder kommen rein), der über die grüne Grenze fuhr (Kinder laufen herum), sie sei erst seit vier Monaten hier. (Mehr Kinder kommen ins Zelt.)

Eine junge Frau, die stark geschminkt ist und ein Kopftuch trägt, setzt sich zu mir, und wir unterhalten uns, obwohl wir keine gemeinsame Sprache haben. Sie ist cool, modern, heiter, schön, wir lachen zusammen und halten die Hand der anderen immer mal ein bisschen in der eigenen.

Lebte sie in Berlin, würde sie vielleicht an einer Universität studieren, irgendein Orchideenfach, wie Ägyptologie, oder an einer Maskenbildnerschule eine Ausbildung zur Visagistin machen. Wir würden uns vielleicht auf der Straße an der Ampel begegnen, und ich würde zu ihr sagen: »Du bist ja wunderschön.« Und sie würde lachen, sich bedanken und kurz meinen Arm berühren. Statt auf einer Berliner Straße machen wir das nun im Flüchtlingslager, und sie fragt, ob ich nachher zum Schminkkurs komme. »Natürlich«, sage ich.

Doch vorher passiert etwas, das uns in die Knochen fährt. Mathias möchte gern ein Gruppenfoto machen von allen Anwesenden, und wir bilden eine dichte Gruppe. Dann macht er ein Foto von den Kindern, einmal mit offenen, einmal mit geschlossenen Augen. Sie machen das großartig. Dann wird nur mit den Erwachsenen ein Foto arrangiert, und mein zufällig gewähltes Blumenkleid fügt sich übergangslos in die Farbpalette der anderen. Und während wir das miteinander anstellen und eine gute Zeit haben, erscheint plötzlich ein schnurrbärtiger Mann in einem langen weißen Gewand mit einem Stock in der Hand in der Tür und beginnt übergangslos lautstark und zornig zu schimpfen. Hebt den Stock, haut ihn wiederholt gegen den türlosen Türrahmen und hört nicht auf mit dem Fluss seiner Flüche, von denen ich zwar kein Wort verstehe, aber begreife, dass wir hier etwas Verbotenes machen, bei dem mir nur nicht klar ist, was es ist. Die Kinder rasen hinaus. Die offenen, heiteren Gesichter haben sich mit einem Schlag geschlossen. Ich schaue zur Tür hinaus und sehe dort einen staubigen Pick-up stehen, auf dessen Ladefläche die Kinder gescheucht werden. Klappe zu, lautstarke Abfahrt, weg sind sie. Das Zelt ist leer.

Nur die Frau mit den Tätowierungen sitzt weiterhin im Schneidersitz auf dem Boden, bewegungslos. Ich setze mich zu ihr, und da sehe ich erst, dass sie weint. Ich nehme ihre Hand, und ihre Tränen laufen ihr nur so über das Gesicht.

»Was ist?«, frage ich erschrocken und schaue in das leergefegte Zelt, in dem Mathias und Hedinn herumstehen wie übrig gebliebene Gegenstände.

»Warum weint sie?«, frage ich Hedinn. »Was hat der Mann gesagt, wer ist er, und was haben wir nur angerichtet?« Er weiß es auch nicht.

Maya und Hiba kommen nun ins Zelt und sprechen mit der Frau.

Der Mann war erzürnt, weil alle Kinder und Teenager sich in diesem Zelt aufhielten, statt zur Arbeit aufs Feld zu fahren. Dass sie mit uns abhingen, statt rechtzeitig draußen auf den Pick-up zu steigen, der sie zu dieser Arbeit fährt. Sie sollen arbeiten und Geld verdienen, das braucht die Gemeinschaft. Was er im Einzelnen sagte, wissen wir nicht.

Die alte Frau schämte sich. Sie schämte sich, weil wir bezeugt haben, wie sie und die Kinder ausgeschimpft wurden. Sie weinte, weil es entsetzlich ist, vor Fremden gedemütigt zu werden, weil es ihr peinlich ist, dass wir sehen, wie sie behandelt werden und sich nicht wehren. Ein stilles, verhaltenes Weinen der Ohnmacht. Wir bleiben, bis sie sich beruhigt hat, dann gehen auch wir.

Im Schminkkurs. In einem Raum, der ein Zelt ist, steht ein langer Tisch, an dem sitzen vielleicht zwölf junge Frauen, die sich gegenseitig schminken. Eine libanesische Friseurin und Visagistin leitet den Kurs, bringt den Frauen Schminkmethoden und Hochzeitsfrisuren bei. Einmal die Woche findet er statt, und anschließend haben die jungen Frauen zumindest innerhalb des IS die Gelegenheit, das Gelernte anzuwenden, denn geheiratet, geschminkt und frisiert wird auch hier. Es verbessert das Lebensgefühl, aber letztlich geht es um das klassische skills-training, das mir aus anderen Ländern und von anderen NGOs bekannt ist. Diese Frauen gehen nicht in die Schule, aber sie lernen etwas, das bleibt und zu einem anderen Zeitpunkt ein Verdienst werden kann. Vor allem ist es eine Beschäftigung in der Öde der vergehenden Tage.

Alle Frauen sind fast maskenartig geschminkt, es sieht ein bisschen lustig aus. Das wenige Maskenmaterial, das auf den Tischen herumliegt, ist desaströs, wird aber in den Händen der Mädchen fachgerecht angewendet. Eine Ruhe liegt in diesem Raum, konzentrierte und entspannte Atmosphäre, die durch den Lärm, den der schnurrbärtige Mann machte, besonders deutlich zutage tritt.

Wir fahren die 80 oder 90 Kilometer nach Beirut zurück, während die Sonne expressiv versinkt, bis schließlich einer im Himmel das Licht ausknipst. Dunkel.

Als Bothor und ich am frühen Abend nach Hause kommen, sind wir beide so erledigt, dass wir das Essen ausfallen lassen. Ich lege mich ins Bett und bewege mich möglichst nicht. Irgendwann schalte ich apathisch die Nachrichten ein, und da sehe ich es: In Barcelona wurden 13 Menschen ermordet mit einem Auto, das in die Menge hineingesteuert wurde ...

Der libanesische Ministerpräsident Rafiq al-Hariri ist 2005 durch ein Autobombenattentat ums Leben gekommen. Er hatte sich dafür eingesetzt, dass die syrische Einflussnahme im Libanon ein Ende fände. Er legte sein Amt nieder, kurz darauf fand das Attentat an der Corniche statt, bei dem 22 weitere Menschen starben und ein riesiger Krater entstand, wie ein Einschlag eines Meteoriten. Daraufhin brach die Zedernrevolution aus, die fast wieder einen Bürgerkrieg heraufbeschworen hätte, aber dazu führte, dass die syrische Regierung ihre Truppen abzog. Ein paar Jahre später kehrten die Syrer als Geflüchtete zurück. »Liebt eure Feinde und betet für die, die euch verfolgen.« (J.C.)

Maria Himmelfahrt. 15. August. Nicht nur die Bayern und Saarländer, auch die Christen im Libanon feiern diesen Tag und arbeiten nicht. In diesem Land leben und regieren Christen, Muslime und Drusen miteinander.

Die Religionsgemeinschaft der Drusen, die sich im 11. Jahrhundert von den Schiiten abgespalten hat, findet man nur in Syrien, dem Libanon, Israel und Jordanien. Sie feiern demnach nicht die Aufnahme Marias im Himmel, ihre Geschäfte sind geöffnet. Viele Büros sind jedoch geschlossen, jeder kann entscheiden, ob man arbeiten will oder nicht an diesem christlich geprägten Feiertag. So habe ich es verstanden.

Die apostolisch-armenische Kirche feiert auch die Aufnahme Marias im Himmel. Im ersten Jahrhundert nach Christus, als wahrscheinlich niemand wusste, dass sie im ersten Jahrhundert leben, brachten die Apostel das Christentum nach Armenien, daher apostolische Kirche.

Wir haben frei und fahren in das armenische Viertel, das den schönen Namen Barj Hammoud trägt, und die Geschäfte sind geöffnet. Soll einer verstehen.

Barj Hammoud ist ein Stadtteil Beiruts, in dem sehr viele Armenier leben, seitdem ihre Vorfahren 1915 aus Anatolien fliehen mussten. Es ist ein melting pot, in dem alle zu Libanesen geworden sind.

Wir sehen: wie die Menschen wandern und ankommen. Oder niemals ankommen. Wie sie eine neue Heimat finden oder ihre Heimat ihr Leben lang vermissen. Oder ihre Heimat niemals verleugnen können, obwohl mein Vater es versuchte.

In einem Telefonladen helfen mir zwei junge Männer, eine libanesische SIM-Karte in mein Telefon zu bugsieren. Wir unterhalten uns über Filme; einer will nach Deutschland zum Studieren, er will Ingenieur werden, na klar, da geht man nach Deutschland, die können Technik.

Ein anderer Mann, der in dem Laden chillt und sich später als cabin chief einer Fluggesellschaft (nicht Germania) herausstellt und armenische Vorfahren hat, sagt zu uns:

»Wenn ihr zehn Minuten wartet, dann zeige ich euch die Stadt. Ich muss kurz duschen.« Und dann bekommen wir eine Stadtrundfahrt, die sich gewaschen hat. Wir essen bei »Arax« ultimative Falafel auf dem Bürgersteig gegenüber einer drei Meter hohen Plastikmadonna und fahren anschließend durch die schicke Altstadt, vorbei an den vielen berühmten Treppen und über die wegen des Feiertags leeren Autobahnen. Weiter durch das palästinensische Viertel, das mit einem Flüchtlingslager begann, und schließlich hinein in den Stadtteil der Hisbollah.

»Dürfen wir das?«

»Of course.«

»Aber ist es nicht gefährlich?«

»Nein, solange wir nicht aus dem Auto steigen.«

Es ist eine Stadt in der Stadt. Wenn sich ein Unfall ereignet, kommt nicht die libanesische Polizei, sondern die Hisbollah. Zwölf palästinensische Camps gab es ehemals im Land, alle haben sich in Städte verwandelt, die die libanesische Polizei nicht mehr betritt. Wir sehen einerseits Checkpoints, Zäune, Barrikaden aus Säcken, Panzer. Und andererseits Geschäfte, Leuchtschriften, Menschen auf der Straße und in Restaurants. Was immer man sich vorgestellt hat – es ist anders. Wer weiß schon, wie das Leben geht, dort wo man nicht ist.

Aus dem Tagebuch meines Vaters, 11. Mai 1945. (Er ist 19 Jahre alt.)

»Es ist bezeichnend für Fliehende, dass sie nur von einem Gedanken beherrscht werden. Wir sind ganz erfüllt von dem gegenwärtigen Geschehen, dem wir unsere ganze volle Konzentration schenken. Was aufmerksam sein heißt, habe ich in dieser Zeit gründlich gelernt. Es ist Mittagszeit, die Sonne brennt unbarmherzig. Wir haben entsetzlichen Durst. Wir müssen Wasser haben.«

Am Ende des Tages voller geschichtlicher und architektonischer Eindrücke und Begegnungen verstehe ich, warum mein Vater hier leben wollte: Das Klima, die Kontraste, die Kulinarik, die Menschen, ihr Humor und die direkte Art, mit der sie anderen begegnen und in Kontakt treten, die Freundlichkeit, das Meer, die Lebendigkeit des Lebens, besetzen direkt dein Herz und deinen Verstand.

Warum so viel Krieg?, fragt man sich. Das Aufgezählte ist die Oberfläche, die schöne gute Sonnenseite, die wahr ist und existent, aber eben nur ein Teil des Bildes. Denn auch Libanesen verbrannten ihre Pässe und machten sich auf die Reise über den Balkan oder das Meer, um sich bei der Einreise als Syrer auszugeben und eine Chance auf Asyl zu bekommen.

Artikel 1 der Genfer Flüchtlingskonvention von 1951 definiert einen Flüchtling als Person, die »… aus der begründeten Furcht vor Verfolgung wegen ihrer Rasse, Religion, Nationalität, Zugehörigkeit zu einer bestimmten sozialen Gruppe oder wegen ihrer politischen Überzeugung sich außerhalb des Landes befindet, dessen Staatsangehörigkeit sie besitzt, und den Schutz dieses Landes nicht in Anspruch nehmen kann oder wegen dieser Befürchtungen nicht in Anspruch nehmen will ...«

Wir machen einen Schulausflug. Ich möchte gern die Schule sehen, an der mein Vater fünf Jahre lang unterrichtete. Wäre dies nun ein Film, würde die Tochter zu der Adresse der Wohnung fahren, in der der Vater lebte. Die Tochter würde an der zerrütteten Haustür stehen und es gäbe eine Aufnahme der Klingelschilder, die partiell keine Namensschilder tragen, kaputt sind oder aus überklebten Papierschildern auf metallenem Grund bestünden. Die Tochter würde ihre Sonnenbrille hochschieben und ein paar Schritte zurücktreten, um am Haus hochzublicken, das ein altes Haus ist und vielleicht dreistöckig. Es befände sich nicht in einer reichen Gegend, sondern dort, wo die überwiegende Mehrheit der Beiruter lebt, mit einem überwiegend niedrigen Einkommen. So sähen wir sie nun auf der kleinen Straße stehen, am Haus hochschauend. (Totale.) Und just in dem Moment ginge die Haustür auf, und eine mittelalte Frau träte heraus. Eine Libanesin. (Woran man das erkennt? Keine Ahnung.) Sie würden sich anschauen, und die Tochter träte etwas unsicher an sie heran. Die Frau würde in Englisch oder Französisch fragen:
»Can I help you?« »Est-ce que je peux vous aider?«
»Mein Vater hat in diesem Haus gelebt von 1970 bis 1975. Er war Lehrer an der internationalen Schule.«
»Woher kommen Sie?«
»Aus Deutschland.«
»Und wie heißt Ihr Vater?«
»Gerd Riemann.«
»Gérard?«
»Ja.«
Die Frau würde nachdenken und dann sagen: »Ich glaube, mein Vater kennt Ihren Vater. Ich erinnere mich an den Namen ...«

»Mein Vater lebt nicht mehr.«

»Oh, das tut mir leid. Möchten Sie vielleicht hereinkommen und mit meinem Vater sprechen?«

»Ach wirklich? Das wäre ja wunderbar«, würde die Tochter sagen. Vielleicht würde sie aber auch nichts sagen und nur in einem Gegenschuss zu sehen sein.

Dann gäbe es die Szene in der Wohnung mit dem alten Vater der Libanesin, der ein Schuster war und in einem dunklen Zimmer sitzt, weil er sowieso kaum mehr etwas sehen kann. Er raucht und erzählt von seinem deutschen Freund Gérard, der zwei Stockwerke über ihm wohnte und mit dem er abends immer Arak trank. »Oh, er war trinkfest, Ihr Vater«, würde er sagen, und die Tochter würde lachen, weil das auf jeden Fall etwas ist, das sie von ihrem Vater wusste.

Später ginge sie dann die zwei Stockwerke hoch und stünde vor der Wohnungstür, und es gäbe eine emotionale Großaufnahme von ihr oder so. Musik.

Fakt jedoch ist, dass die Adresse, die ich tatsächlich über einen ehemaligen Beiruter Kollegen meines Vaters ermitteln konnte, mit dem ich telefonierte, nicht mehr existiert. Also nicht nur das Haus nicht, sondern auch die Straße nicht und überhaupt das gesamt Viertel nicht. Weggebombt. Ich musste also gar nicht suchen, ob noch irgendetwas übrig war, es gab in dem Viertel, in dem sich seine Wohnung damals befand, ausschließlich Neubauten.

Aber die Schule haben wir gefunden. Sie stand noch, und ein Schild stand dort auf Deutsch. »Deutsche Internationale Schule Beirut«. An dem Tag, an dem wir da waren, war sie geschlossen, wegen Ferien. Aber darum ging es auch nicht. Ich stand einfach nur davor und schaute. Und Bothor wartete, bis ich meine mich überfallenden Emotionen wieder in den Griff bekam, um ein kleines Foto von mir aufzunehmen.

Als wir am Abend mit seinem Freund François essen waren, der Freund, der gesagt hatte, wo man sich im Flugzeug für den ultimativen Beirut-shot am besten hinsetzt, sprachen wir über die Schule, und

François sagte, dass er dort zur Schule gegangen sei, weil er ja halb Deutsch ist, und dann fragte er doch tatsächlich, wie die Libanesin in dem nie gedrehten Film von vorhin: »Wie heißt dein Vater, und was hat er unterrichtet?« »Kunst«, antwortete ich. Daraufhin war kurze Stille. Dann sagte François: »Ich hatte bei deinem Vater Unterricht.«

Mathias flog nach Berlin zurück, er musste arbeiten. Ich blieb noch. Es war der 19. August 2017. Heute wäre mein Vater 92 Jahre alt geworden. Ich bin in seiner Stadt.

Kongo. 2006

It's getting better, a little better all the time,
it can't get worse.

Lennon / McCartney

Es ist 2006, und die Projektreise führt mich in die »Demokratische Republik Kongo«, die östlich neben der »Republik Kongo« liegt, die ein anderes und selbständiges Land ist. Wir fahren in den Osten der Demokratischen Republik Kongo, genauer in die Distrikte Nord- und Südkivu, die um den Kivusee herum an der Grenze zu Ruanda und Burundi liegen.

In der Demokratischen Republik Kongo, DRC, wird demnächst die erste demokratische Wahl stattfinden, und damit diese auch sicher und demokratisch über die Bühne gehen wird, haben sich unter anderen die Blauhelme der UN hier eingefunden. Der Favorit um die Präsidentschaft ist Joseph Kabila; insgesamt gibt es 33 Kandidaten, darunter auch einige Frauen.

Während unserer Fahrten durch einen kleinen Teil des großen Landes, in dem während unserer Anwesenheit noch immer Krieg herrschte, konnten wir die Wahlkampfveranstaltungen der PPRD, der Partei Kabilas erleben, der Partei des Volkes für Wiederaufbau und Demokratie, Parti du Peuple pour la Reconstruction et la Démocratie, zu der Hunderte und Tausende von Menschen sich versammelten und nicht nur auf den Plätzen und Straßen standen, sondern auch auf Hausdächern saßen, um zu hören, was er zu sagen hatte.

Joseph Kabila ist der derzeitige Präsident, der das Amt von seinem 2001 ermordeten Vater einfach übernahm. 2006 ist der Kongo aufgrund der ersten freien Wahlen in den deutschen Medien präsent, und wir hoffen daher, dass unsere Berichte über die humanitäre Situation des Landes Interesse wecken könnten. Der thematische Schwerpunkt der Reise heißt: Vergewaltigung als Kriegsinstrument.

Überall in der Welt, in allen Kriegen, zu allen Zeiten wurde strategisch vergewaltigt, um Macht und Bedrohung zu demonstrieren, auch wenn erst 2008 die Definition »Vergewaltigung als Kriegsinstrument« durch den UNSC (Sicherheitsrat der Vereinten Nationen) etabliert wurde. Es ist keine Erfindung des Kongos, aber zum Zeitpunkt meiner Reise war es dort besonders schwerwiegend. »Willst du einen Mann demütigen, vergewaltige seine Frau.« In der DRC wird in allen Parteien vergewaltigt, seien es Rebellen, Soldaten oder Polizisten. In vielen Ländern, so auch im Kongo, ist Vergewaltigung keine Straftat. Männer wissen augenscheinlich nicht, dass man das nicht darf, dass man nicht vergewaltigt, selbst wenn es nicht unter Strafe steht.

Die Projekte, die wir während unserer Reise besuchen, stellen die Opfer, nicht die Täter in den Mittelpunkt und beschäftigen sich mit der Perspektive und den Lebensumständen der Frauen, die mit der Erinnerung an die Vergewaltigung und dem daraus resultierenden Trauma und den physischen Konsequenzen leben müssen und auch verstehen, damit zu leben, begleitet und unterstützt von lokalen und internationalen Nichtregierungsorganisationen.

Ich lese das Kapitel »Sexualisierung der Waffen und aggressive Aufladung der männlichen Genitalität« aus dem Buch »Feindbild Frau« des Sozialpsychologen Rolf Pohl, der sein Lebtag über männliche Gewalt forschte. Er schreibt:

»Eines der wichtigsten Mittel zur Erzeugung soldatischer Kampfbereitschaft ist die Umwandlung von Angst, Wut und Hass in Destruktivität unter paranoidem Vorzeichen.«

Unlängst sah ich eine amerikanische Serie, die sich ›Unbelievable‹ nennt, die meiner Meinung nach nur entstehen und produziert werden konnte, weil es die #metoo-Kampagne gab, die zumindest in der amerikanischen und englischen Filmbranche ein deutliches Umdenken mit sich brachte und davon inspiriert statt limitiert wurde. Zwei weibliche Detectives suchen einen Serienvergewaltiger; in einer Szene sagt eine der beiden zu einem Studenten, den sie verhört: »Dein Kommilitone hat also wiederholt Studentinnen vergewaltigt?« »Nein«, antwortet er erschrocken, »das habe ich nicht gesagt.« Darauf sie. »Sie haben gesagt, er hätte Mädchen gezwungen, mit ihm Sex zu haben.« Pause zwischen den beiden im Verhörraum, sie sehen sich an. Dann sagt sie: »That is rape.«

Der Flug geht von Berlin nach Brüssel und weiter nach Kigali, Ruanda. Dort übernachten wir, um dann mit dem Auto über die ruandisch-kongolesische Grenze nach Goma zu fahren, was Grenzstadt und bereits Kongo ist, aber fest verwachsen mit der ruandischen Stadt Gisenyi. Man könnte theoretisch auch nach Goma fliegen, aber der Flughafen ist derzeit wegen des Krieges geschlossen.

Wir fliegen mit Brussels Airways. Der Brüsseler Flughafen ist eindrucksvoll reich und glitzernd. Seitdem es dort im Jahr 2016 einen Anschlag gab, wissen wir, dass nichts unberührt bleibt, auch nicht in Europa. Und nicht mal in Neuseeland. 2006 war das noch anders.

Wir landen am späten Nachmittag im hügeligen Kigali. Einem friedlichen Ort, wie ich in der Kürze der Zeit, die ich dort verbrachte, empfand. Die Schrecken der Geschichte des Völkermords sind aus der Erinnerung nicht mehr zu tilgen. Aber die Erde ist rot, das Grün dazwischen saftig, die Schönheit der Landschaft bemerkenswert, kleine Häuser sind aus Ziegelstein gebaut und stehen verstreut, gelbe Lichter leuchten vereinzelt, während die Sonne zügig untergeht und unbekannte Geräusche aus herüberwehenden Rufen der fremden Sprache in mein Ohr dringen.

Vor dem Gästehaus sehe ich einen dünnen, langbeinigen Mann, der konzentriert die sauberen roten Wege kehrt. Er erinnert mich an Beppo, den Straßenkehrer aus dem Buch »Momo«: »Schritt – Atemzug – Besenstrich«, nur so kommt man bis ans Ende der Straße. Schritt für Schritt. Auch die Arbeit der NGOs kann so nur gehen: Schritt für Schritt. Wo ein Loch gestopft wurde, tut sich an anderer Stelle ein neues auf. Geduld brauchen sie und Optimismus, die Helden im Feld.

Die Luft hier ist feucht und geruchgeschwängert. Abendliche Feuer, würzige, sinnliche Gerüche, die irgendwie dreidimensional zu sein scheinen und verheißungsvolle Lebendigkeit versprechen. Ich fühle mich angekommen, als ich ankomme. Mein Herz schlägt, es riecht gut, es ist mir angenehm, dieses Unbekannte. Hier leben Menschen. Die Vorstellung vom afrikanischen Kontinent, wie er uns erzählt wird, hat keine Überschneidung mehr mit der Ruhe und Schönheit der Stadt, durch die wir fahren, die getroffen wurde von der Grausamkeit und dem Unrecht des Genozids. Zuletzt initiierte der ruandische Präsident einen »Reconciliation Process«, einen Prozess der Versöhnung, in dem Täter und Opfer sich begegneten.

Der Mann fegt immer noch. Der Boden ist feucht. Wir sind sicher angekommen in diesem Teil der Welt, der 10 000 Kilometer von dem uns Bekannten entfernt ist. Noch am Abend lernen wir unsere UNICEF-Kollegen kennen, die uns bis über die Grenze begleiten werden.

Francesca zum Beispiel, die in Italien geboren und aufgewachsen ist, dort auch studierte. Seit vier Jahren lebt sie in Ruanda. Nun ist sie hochschwanger von ihrem ruandischen Mann, ebenfalls ein Menschenrechtsaktivist bei einer anderen internationalen NGO. Ich frage sie, wo sie ihr Kind auf die Welt bringen wird. In Italien sagt sie.

Ich schlafe gut. Danke, Afrika. Am nächsten Morgen geht es direkt los mit dem dicken Buschtaxi, einem der weißen Autos, mit denen die internationalen NGOs fahren, die auf der Kühlerhaube dieses absurde eineinhalb Meter hohe Dings haben (»Pinökel« würde meine norddeutsche Mutter sagen), das eine Antenne ist, die sie via Satellit mit den Kollegen verbindet.

Der Weg führt uns durch die Zeit außerhalb der Zeit. Vier Stunden fahren wir durch eine Landschaft, die wie erfunden aussieht, anders als alles, was wir Europäer kennen. Keine Häuser, nicht eines sehen wir. Keine Menschen, kein Müll. Unter einem gigantischen Himmel mit XL-Wolken darin fahren wir durch Wälder, die aus gigantisch großen Bäumen bestehen, durch ein intensives Dunkelgrün, durch hügelige Landschaft, durch die sich eine erstaunlich gute Straße schlängelt. Und nur die Affen, die manchmal in einer Gruppe darauf sitzen, zwingen uns, anzuhalten. Ich habe Angst vor Affen. Die Erinnerung

an mein Affenerlebnis in Gibraltar sitzt tief. »Solange es den Affen-
berg in Gibraltar gibt«, habe ich dort gelernt, »werden die Engländer
Gibraltar in Spanien besitzen.« Der belgische König Leopold II. jedenfalls hat sich Ende des 19. Jahrhunderts überlegt, den Kongo besitzen
zu wollen. 1885 bis 1908 war er persönlicher Eigentümer eines gigantischen Landes. Da muss man erst mal drauf kommen. 1960 wurde die
Demokratische Republik Kongo unabhängig, die Belgier mussten gehen, und zornig rissen sie die Elektrizitäts- und Telefonkabel aus den
Wänden, um möglichst wenig Infrastruktur zu hinterlassen.

Die Straße mäanderte an Tälern vorbei. Rechter Hand konnte ich
hinabschauen auf die unfassliche Weite des Tales, und linker Hand,
direkt von der Straße ausgehend, erhob sich mächtig wie eine Wand
ein Dickicht aus Bäumen. Ich dachte: Wenn jetzt ein Dinosaurier
durch das Tal schaukeln würde, wunderte ich mich nicht. Vier Stunden
scheinbar unberührte Natur. Vor vier Jahren jedoch wurden auf dieser
Strecke Menschen lebendig verbrannt und Busse in Brand gesetzt. Die
Gewalttäter kamen aus dem Kongo über die Grenze.

Und dann kamen wir an diese Grenze. Sie sah so aus: ein Schlagbaum. Fertig. Einer ohne Elektrik. Man musste ihn mit starken Ärmchen hochstemmen. Das wurde von den Securitys gemacht, die daneben an Tischen saßen und die sehr starke Arme haben. Vor den
Coltanminen dieses Landes sitzen auch Männer an Tischen im Dickicht des Dschungels. Der Tisch wird dort zu einem Posten und er-
langt durch die Wächter, die an ihm sitzen, gefährliche Bedeutung.
Vorbei kommt dort keiner, der ihnen nicht bekannt ist.

Zwischen Ruanda, dessen Grenze durch den Schlagbaum markiert
wird, und dem Kongo, dessen Beginn vom Tischposten definiert wird,
liegt die kurze Strecke des Niemandslandes. Dort fuhren versehrte
Menschen hin und her, denen zum Beispiel beide Beine fehlten oder
die klein gewachsen waren oder beides. Sie fuhren in kleinen, augenscheinlich selbstgezimmerten Gefährten herum, die wie eine Kombination aus Mini-Wildwest-Kutsche und Rollstuhl aussahen. Das waren
die Schmuggler. Sie fuhren immer von einer Grenze über die andere
und zurück und saßen beispielsweise auf einem Sack Reis oder einem

Sack Gold oder was weiß ich, den sie von A nach B schmuggelten, wobei A und B für Kongo und Ruanda steht oder andersrum. Sie wurden nicht richtig kontrolliert wegen ihrer Versehrtheit oder weil es Bakschisch für die Posten gab. Die Schmuggelei war ihr Business und sicherte ihr Überleben. Sie waren sehr beschäftigt und gut gelaunt und fanden sogar die Zeit, uns kurz zuzuwinken.

Wir durften passieren, wir hatten unsere Visa. Die afrikanischen UNICEFler hatten ihre berühmten türkisen Ausweise, mit denen sie sowieso überall passieren können. Ein Welt-Passport sozusagen, beneidenswert. Es gab an dieser Grenze kein Schlangestehen oder Sicherheitskontrollen, keine Fingerprints, Fotos, elektronische Passdatenspeicherungen oder Vergleichbares. Der Übertritt war einfach: Der Schlagbaum wurde hochgestemmt, und wir fuhren in den Kongo ein, hinein in die Stadt Goma, um unser erstes Projekt zu besuchen: das Krankenhaus von Doktor Lusi.

Doktor Kasereka ›Jo‹ Lusi hat eine Klinik in der Provinz Nord-Kivu, die medizinische und psychologische Hilfe für Opfer sexueller Gewalt leistet. Im Krankenhaus werden Ärzte und medizinisches Personal, das dringend benötigt wird, trainiert.

Der Doktor ist Kongolese und studierte in London Medizin. Er ist Chirurg. Mit seiner gelassenen klugen englischen Frau, die er 1974 kennen und lieben lernte, gründete er bereits in den 70ern die »Doctors on call for services«, DOCS, die fliegenden Ärzte. 2002 wurde daraus HEAL, das Acronym steht für »health, education, action in the community, and leadership development« (Gesundheit, Bildung, Aktivität in den Dörfern und Entwicklung in Führungspositionen). »Alle zusammen bilden die Komponenten einer gesunden Gesellschaft«, sagte Lyn Lusi, die 2012 verstarb ... may she rest in peace.

Das Krankenhaus, das wir nun besuchen, das Zentrum der DOCS oder HEAL, wurde mit der internationalen Unterstützung diverser Organisationen aufgebaut. In der Chirurgie hat sich Dr. Lusi auf zwei diffizile Operationen spezialisiert, die in diesem Teil des Kongo besonders benötigt werden.

Doktor Lusi ist umfassend gebildet, sprach- und weltgewandt, klug, erfahren, empathisch, sensibel, und dazu sehr humorvoll und heiter. In Europa oder Amerika hätte er sicherlich eine steile Karriere machen und zu Recht viel Geld verdienen können. Doch er entschied sich, zurückzukommen in sein Heimatland. Es war wohl niemals eine Frage gewesen. Das Krankenhaus befindet sich 25 bis 30 Kilometer von den beiden aktiven Vulkanen Nyiragongo und Nyamuragira entfernt, die 2002, vier Jahre vor unserer Reise, ausgebrochen waren, zwei Drittel Gomas zerstörten und DOCS dem Erdboden gleichmachten.

Doch Doktor Lusi und seine Frau gaben nicht auf und bauten auf den Trümmern, die mit schwarzer Lava bedeckt waren, neue Gebäude auf, größer und besser als die vorherigen. Wir konnten die Auswirkungen dieses Vulkanausbruchs nach all der Zeit noch immer sehen. Das Haupthaus der Klinik war noch nicht vollständig wiederaufgebaut, so dass daneben große Zelte aufgeschlagen worden waren, um den Klinikbetrieb weiterhin zu erhalten, bis alles wieder vollständig hergestellt sein würde. Wie immer fehlte dafür die restliche benötigte finanzielle Unterstützung. In den Zelten lagen viele Frauen in Betten und warteten auf ihre Operationen, beziehungsweise sie lagen dort mit ihren gerade neugeborenen Babys. Über jedem Bett ein Moskitonetz. Wir durften hineingehen und sie besuchen.

In Nord-Kivu, wo »DOCS Heal Africa« aktiv ist, stehen im Umkreis von 500 Kilometern vier Ärzte zur Verfügung, somit kommt ein Arzt auf 160 000 Einwohner. Die Medikamentenversorgung ist mangelhaft und die Infrastruktur schlicht eine Katastrophe, wie wir selber erfahren werden, als wir statt über eine Straße über schwarze Lava fahren, auf der praktischerweise Wäsche zum Trocknen ausgelegt wird, weil sie dort in einem Affenzahn trocknet. Straßen? Gibt es hier gerade nicht.

Der Doc zeigt mir freudestrahlend den neuen, im Design altmodisch anmutenden Krankenwagen, den er vor Freude streichelt, während er sagt:

»Oh, isn't it beautiful?! Ihr könnt euch nicht vorstellen, was dieser Krankenwagen für uns bedeutet, er ist eine solche Hilfe und Erleichterung.« Nun können sie die Frauen zu sich in die Klinik holen.

Frauen, die irgendwo an der Straße oder im Feld liegen, nachdem sie gruppenweise vergewaltigt wurden. DOCS hat an verschiedenen Stellen der Provinz Transithäuser eingerichtet, »Sensibilisierer« suchen die Frauen und helfen ihnen, in eines dieser Häuser zu gelangen, von dort holt die neue mobile Ambulanz sie zu sich. Rekrutiert werden die Sensibilisierer durch die Netzwerke der Dörfer, wie beispielsweise Kirchen.

»Ich danke den deutschen Spendern, die dies möglich gemacht haben.«

»Wir werden es weitergeben, Doktor«, sage ich, angesteckt von seinem Enthusiasmus. In den späteren Gesprächen, Vorträgen und Interviews, die ich, zurück in Deutschland, gab, wurde ich nicht müde, das zu tun.

Ein Auto. Es macht den Unterschied.

Dass Frauen nach einer Vergewaltigung zügig in ein Krankenhaus müssen, ist verständlich, doch konkret geht es um Folgendes: Wenn sie innerhalb von 72 Stunden zu DOCS gelangen, erhalten sie eine »Post Exposure Prophylaxis«, ein nachträgliches Prophylaxe-Kit, PEP genannt: Medikamente, die das Risiko einer HIV-Ansteckung reduzieren, dazu einen Schwangerschaftstest und die Pille danach. Über die Gewalttat hinaus, die die Körper der Frauen ertragen mussten, kann es also geschehen, dass sie mit HIV infiziert oder schwanger werden. Im Verlauf der Reise werden wir erfahren, dass es immer noch schlimmer geht. Die verwundete Psyche, das Trauma wird erst nach dem Körper behandelt, und da gibt es noch viel Handlungsbedarf.

Doktor Lusi und sein Team sind Spezialisten für eine Operation, in der sie die Fistula der Frauen versuchen wiederherzustellen. Das Wort heißt auf Deutsch »Fistel« und ist eine röhrenartige Verbindung zwischen Organen oder Körperoberflächen. Zum Beispiel zwischen Darm und Blase oder im Bereich des Afters. Durch die Gruppenvergewaltigungen entstehen diese Fisteln, da das Geschlecht der Frauen zerfetzt wird, der Übergang von Vagina zum After kaputt gerissen. Die Chirurgen in den Krankenhäusern, die wir besuchten, können das operieren. Häufig reicht eine drei Stunden dauernde OP nicht aus, und manche

Frauen werden bis zu fünfmal operiert, um einigermaßen wiederhergestellt zu werden und nicht lebenslang inkontinent zu bleiben. Von 2003 bis 2006 wurden 820 Fistula-Operationen bei DOCS durchgeführt. In dem unfertigen Krankenhaus und den angebauten Zelten warten derzeit noch 165 Frauen auf ihre Operation, andere haben sie bereits hinter sich und bleiben weitere drei Monate bis zur vollständigen Genesung.

Ich spreche mit einigen von ihnen in dem hellen heißen Zelt, und sie beeindrucken durch Stärke und Humor. Ich kann es mir nicht anders vorstellen, als dass ihre Kraft dem Wissen entspringt, dass sie an einem Ort sind, an dem ihnen geholfen werden kann.

Wir gehen aus dem Zelt raus und hinein in den neuen Trakt, für den es noch 10 000 Dollar braucht, um ihn fertigzustellen.

»Doktor«, sage ich, »hier stand doch schon Ihr Krankenhaus, und nun ist es vom Vulkan zerstört worden. Das kann doch wieder passieren. Warum bauen Sie das Krankenhaus nicht woanders wieder auf?«

»Because the people need me here«, sagt er lächelnd. Er ist entschieden, es gibt keinen Zweifel, hier muss die Arbeit fortgesetzt werden, denn er weiß, dass man weiß, dass man ihn hier findet.

In einem Brutkasten liegen Frühchen. Zwillinge. Zwei Jungs. Sie sind nackt und so winzig klein, dass man es kaum aushalten kann. Aber sie werden leben, da ist sich Doktor Lusi sicher. Sie sind das Ergebnis der Vergewaltigung eines 14-jährigen Mädchens. Das Mädchen, das nun Mutter von zwei Kindern ist, will nichts mit ihnen zu tun haben, sie nicht sehen, sie erinnern sie zu sehr an den Schrecken, durch den sie gezeugt wurden. Sie pumpte nur Milch für die Babys ab, die jetzt versiegt ist. Und doch sind es ihre Kinder, und diese können nichts dafür, dass sie in die Welt gesetzt wurden. Ganz behutsam haben die Mitarbeiter des Krankenhauses mit der jungen Frau gesprochen und geschafft, dass sie die Babys hin und wieder besucht und ihnen sogar Namen gab. Nun heißen sie Martin und David, nach zwei humanitarians aus der Gegend. Sie möchte zur Schule gehen, wenn sie aus dem Krankenhaus entlassen wird, und eine Ausbildung machen, die Kinder werden zur Adoption freigegeben.

Überall in den unfertigen Krankenhausräumen und -fluren sehe ich kleine Kinder mit eingegipsten Beinchen herumkrabbeln. Der Gips ist nicht mehr weiß, ist klar. Ihre Krankheit: Poliomyelitis, Kinderlähmung. In Rumänien habe ich etwas Ähnliches gesehen. Auch diese diffizile Operation führt Doktor Lusi aus, so dass die Kinder eines Tages werden laufen können. Derzeit sind sie aber bereits sehr behände mit ihren kleinen vergipsten Krabbelbeinen. Es sei denn, sie erstarren, weil ihnen weiße blonde Frauen wie Außerirdische auf den Gängen begegnen, die sie gründlich und schweigend begutachten müssen.

Ich war einmal über Ostern in Kenia und wollte unbedingt an einem Gottesdienst teilnehmen. Dieser fand unter freiem Himmel, einem Open-Air-Altarraum quasi, und unter Zuhilfenahme einer fett verstärkten Rockband statt. Die Kenianer saßen in ihren schönsten Kleidern und Anzügen auf den Bänken und fächelten sich Luft zu. Kleine Mädchen rannten in weißen Kleidern, Tutus und Lackschuhen herum. Mein Freund und ich traten, ebenfalls schön gemacht, von ganz hinten heran und setzten uns vorsichtig in die letzte Reihe. Ein Mädchen rannte im Mittelgang herum, sah uns und lief schreiend davon. Ein anderes Kind vor uns in der Bank hatte sich zu uns umgedreht und starrte uns mit einem Ausdruck an, der zwischen Faszination und Panik lag. So verbrachte es den ganzen Gottesdienst mit zur Show abgewandter Haltung und offenem Mund. Wir waren die Schau für sie, weiße Menschen. Ich traute mich kaum, sie anzusehen, um nicht noch furchteinflößender zu wirken. Die Eltern drehten sich immer wieder zu uns um, mit entschuldigendem Gesichtsausdruck, und wunderten sich nicht im Geringsten über uns. Es ist eine gute Sache, die Erfahrung zu machen, in der Minorität zu sein. Kann ich jedem empfehlen.

Wir verabschieden uns herzlich von Doktor Lusi und versichern, alles daranzusetzen, die fehlenden Mittel für die Vollendung des Krankenhauses aufzutreiben. (Ist gelungen.)

Mit dem Auto huckeln wir über die bereits erwähnten nicht vorhandenen Straßen, an ausgelegter Wäsche auf poröser Lava vorbei, und gelangen schließlich auf Schotterpisten: Verbesserung. Wir versuchen, uns Notizen zu machen, Claudia wagt es sogar, ihren Laptop zu öffnen, um hineinzutippen, schließt ihn aber schnell wieder, weil er ihr fast vom Schoß ins Gesicht fliegt. Unsere UNICEF-Kollegin Francesca erzählt uns, während wir mit den Schreibrequisiten kämpfen, dass sich in den letzten zehn Jahren durch die anhaltenden kriegerischen Auseinandersetzungen in der Demokratischen Republik Kongo die Gewalt gegen Frauen gesellschaftlich geradezu etabliert hat. Sie sind weniger wert, das hat sich wohl herumgesprochen.

Rebellen der diversen Gruppen vergewaltigten die Frauen, die auf den Feldern arbeiteten, und erschossen die Männer. Dann ließen sie alle dort liegen. Niemand traute sich mehr hinaus. Die Felder lagen brach, die Menschen waren ohne Einkommen. Erst jetzt wagen sich die Bauern ganz langsam wieder auf ihre Felder. Und wir sehen am Schotterpistenrand kleine Unterstände, in denen Zigaretten, Bonbons, Seife verkauft wird. Geschäfte, wie Spätis (Kioske), die eröffnet wurden, weil man wieder rausgehen kann.

Es geht zur Anlegestelle des Kivusees, der mit 2401 Quadratkilometer Fläche fast fünfmal so groß ist wie der Bodensee. Hier besteigen wir ein Boot, das uns in zwei Stunden nach Bukavu, einer Stadt auf der anderen Seite des Sees, in die Provinz Südkivu bringen wird. Der Lake Kivu ist gewaltig, so wie das ganze Land gewaltig ist. Das Grün ist grüner, das Rot intensiver, das Blau tiefer. Alles scheint XL-Maße zu haben: die Seen, die Blätter, der Himmel, die Wolken, die Probleme.

Kameramann, Fotograf, Claudia Berger, ich und unser aller Chef, Johannes Wedenig, der Head of UNICEF Ostkongo, gehen an Bord.

Man steigt ein paar Stufen nach unten, dort befinden sich die Sitzplätze wie in jeder Fähre. Über dem Eingang dorthin ein Schild auf orangem Grund. Es zeigt eine schwarze Kalaschnikow, die durchgestrichen ist. Ich muss lachen. Alles klar, hab' ich verstanden, Kalaschnikows sind auf der Fähre verboten. Wie gut, dass ich meine zu Hause gelassen habe.

Die Fahrt beginnt. Wir stehen oben auf dem Deck und schauen über den See. Die abwechslungsreiche Küste umschließt ganz weich das

Wasser, auf einem grünen Hügel steht ein großes weißes Haus aus kolonialer Zeit. Was sie doch für einen Sinn für gute Plätze hatten. Übervoll beladene Bananenboote gleiten still auf dem Wasser, auf denen Menschengruppen mit bunten Regenschirmen unter der Sonne sitzen. Sie winken, wir winken. Blaues Wasser, das bis zum Horizont reicht, ein nicht enden wollender See. Gott hat dieses Land gesegnet, falls Gott das war. Und man fragt sich: Warum ist dieses schöne Kongoland mit seinen Bewohnern so geschunden von Sklaverei, Kolonialisierung, Diktatur, Krieg, Gewalt, Naturkatastrophen, Korruption, Armut und Vergewaltigung?!

Nach zwei Stunden nähern wir uns der Küste. Am Ufer ein Haufen zusammengezimmerter kleiner Häuser, die, so scheint's, aus einem Würfelbecher auf das Land geworfen wurden. Ein chaotisches, matschiges Gewimmel, unverständlich, was das sein soll. Ach so, das ist der Hafen von Bukavu. Am Anlegesteg steht entspannt ein lächelnder Mann in Jeans und T-Shirt, der uns empfängt. Das ist der Italiener Matteo, der in Bukavu mit dem Österreicher Johannes Wedenig zusammenarbeitet.

Alle fünf Jahre gibt es bei UNICEF eine Rotation der Chefs, die »Head of UNICEF« und »Vice Head of UNICEF« genannt werden. Es sind also pro Land und Natcom zwei Personen, die aus zwei verschiedenen Ländern kommen, aber nicht aus dem Land, in dem sie arbeiten, im Gegensatz zu dem sonstigen gesamten Team.

Wiederhole ich mich? Hab ich es schon mal erklärt? Nun, es werden auch verbale und tatsächliche Angriffe auf Menschenrechtsaktivisten wiederholt, in Form popularisierender, ignoranter Reden oder sozialer Netzwerkkommentare. Nicht wissend, wer da letztlich im Feld steht oder im Haus der demobilisierten Kindersoldaten oder in irgendwelchen Dörfern außerhalb der Strom- und Wasserversorgung, in Gefängnissen oder Kinderheimen; nicht wissend, wer es ist, der Straßen-, Waisen- und Findelkinder versorgt oder Mädchen, die an ihrer Beschneidung fast verbluten. Wer weiß von der Not der Seenotretter, die nächtlich 500 Menschen aus dem Mittelmeer ziehen und sie notversorgen? Noch und noch werden herablassende ignorante Wiederholungen produziert und multipliziert, nicht wissend, wer in den Krankenhäusern auf einem Vulkan operiert oder die mit glühender Lava vollgespuckten Operationssäle ausräumt, um danach weiterzumachen, ohne ausreichende Medikamente, Infrastruktur und Personal. Woher soll man das auch wissen ...

Nein, ich habe mich nicht wiederholt. Und ja, ich verstehe die Skepsis, ich bin voller Skepsis auf die Welt gekommen. Ich war sogar meiner Familie gegenüber voll Skepsis und dachte: »Diese Menschen, bei denen ich wohne, sind wirklich sehr nett zu mir, das muss ich sagen, obwohl ich doch ein Findelkind bin, haben sie mich aufgenommen und so freundlich behandelt, das ist nicht selbstverständlich.« Das dachte ich bereits, bevor ich eingeschult wurde. Mir hat Skepsis in meinem Leben stimmungsmäßig jedoch nur so mittelgut getan. Diese Reisen hier wurden deshalb ohne sie unternommen. Sie blieb zu Hause im Findelkindkorb, da, wo auch die Kalaschnikow liegen blieb.

Wir fahren nach Bukavu hinein, Matteo hat auch ein Auto mit Pinökel. Bald wird es Abend, gleich wird das Licht ausgeknipst. Das passiert an diesem Abend in doppelter Hinsicht, denn wir sind von Johannes in sein Haus zum Abendessen eingeladen. Nachdem wir in einem Gästehaus unser Gepäck abstellten, fahren wir los, und der Weg dahin ist naturgemäß völlig unbeleuchtet, wir fahren also suchend auf dem Acker herum, endlos, bis wir das dunkle Haus im Dunkeln endlich finden, kein einziges Licht weit und breit. Auch im Haus nicht. Stromausfall. Seine Frau und er sind entspannt, es passiert alle naselang. »Morgen früh wird es wieder gehen. Oder übermorgen«, sagt der 1,90 Meter große Johannes ruhig und lächelt.

So sitzen wir draußen an einem langen Tisch bei vielen Kerzen und Öllampen. In seinem Haus sind vor allem Frauen und eine Menge Kinder versammelt, bei denen sich mir nicht erschloss, ob sie seine leiblichen sind oder nicht. Sicher ist nur: Es sind seine Kinder, und sie gehen zur Schule.

Johannes wurde mein Freund. Wir haben in Deutschland gemeinsam Vorträge an Unis gehalten oder für die Ehrenamtlichen von

UNICEF, wir sind uns später in Burundi wiederbegegnet und in Kenia. Im Laufe der Jahre starb erst sein Vater und dann meiner. Seine älteren Kinder sind in Europa zu diversen Universitäten gegangen oder haben Ausbildungen gemacht. Er wurde in Graz geboren und hat in Wien und Paris studiert und ist nach seinen Studien in die Welt gegangen, durch die er bis heute zieht, zu den Kriegs- und Krisenschauplätzen, um unermüdlich für Veränderung und Verbesserung der menschlichen Zustände zu sorgen, soweit es in seiner Macht liegt. Er arbeitete in Bosnien, als der Krieg ausbrach; er war Head of UNICEF in Sierra Leone, als dort Krieg war, ebenso wie im Kongo. Er ist ein bescheidener Mensch, der andere respektiert und viel Erfahrung hat in humanitären, menschenrechtlichen, politischen und historischen Belangen. Er ist eine Person, die Leben bereichert. Er ist ein Vorbild. Ich bin froh und dankbar, dass ich ihn kennengelernt habe und er mein Freund ist. So sitzen wir nun also an dem Tag, an dem wir uns kennenlernten, draußen auf der Terrasse, trinken Tee, die Kinder rasen um uns herum und schauen in die Schwärze der Landschaft, die vor uns liegt, und in die Schwärze des Himmels, der über uns mit Lichtern und Sternen versehen ist, und sprechen über den nächsten Tag, der auf uns wartet und an dem wir ein weiteres Krankenhaus besuchen werden, das ebenfalls von einem Kongolesen (mit Unterstützung einer norwegisch-kirchlichen Stiftung) gebaut wurde. Ein Chirurg mit einer weltweiten Reputation, ein wirklich berühmter Mensch, kann man sagen, der zwölf Jahre später, im Jahr 2018, den Friedensnobelpreis erhalten wird. Morgen fahren wir zu Doktor Denis Mukwege.

Musik.

Doktor Mukweges Klinik liegt etwas außerhalb Bukavus, im Vorort Panzi. Deswegen heißt sie »Hôpital de Panzi«.

Das Hauptgebäude ist um einen Hof herumgebaut, der blüht und grünt. Ein überdachter Gang, auf schmalen Pfeilern stehend, läuft im Inneren einmal ringsherum. Von diesem betritt man die diversen Räume. Auf dem Outdoor-Gang sitzen Frauen mit und ohne Kinder auf Bänken und warten. Auf eine Untersuchung, auf Aufnahme für sich oder ihr Kind, auf einen Termin. Auf was man eben so wartet in einem Krankenhaus. Nur, dass es hier ausschließlich Frauen sind. Manche sind nach einer Vergewaltigung 300 Kilometer gelaufen, um diese Klinik zu erreichen. Auf dem Weg kann es passieren, dass sie erneut vergewaltigt werden. Eine lokale Organisation namens CADEAL holt mit ihrer Ambulanz die Frauen in die Panzi-Klinik. Jährlich werden 25 000 Vergewaltigungen in der Demokratischen Republik Kongo registriert, 15 Prozent der Frauen sind unter 18 Jahre alt. Die Dunkelziffer liegt, wie man sich unschwer vorstellen kann, deutlich höher.

In einem Labor der Panzi-Klinik werden Aidstests vorgenommen und direkt ausgewertet – ein Schnelltest, den jede Frau gleich bei ihrer Aufnahme macht. Das war 2006 neu und eine große Erleichterung, denn vorher mussten die Frauen für diesen Test ein separates Labor aufsuchen und zu lange auf das Ergebnis warten.

Vor den Operationsräumen steht eine Tafel, auf der mit Kreide die Operationen der nächsten Tage angekündigt sind. Sie ist von oben bis unten mit Uhrzeiten, Namen der Ärzte und OP-Räumen beschrieben. Ein volles Programm. Jeden Tag. Zwischen 1998 und 2013 wurden hier 40 000 Operationen durchgeführt.

Der Doktor, der sich den ganzen Nachmittag für uns freigenommen hat, führt mich durch seine Klinik und erklärt mir, was hier wo gemacht wird, erzählt von seiner täglichen Arbeit, dem Werdegang des Krankenhauses; vor allem aber spricht er von der Situation, der die Frauen im Kongo ausgesetzt sind. Wie sie ihr Leben wiederaufnehmen, wenn sie aus der Klinik entlassen werden. Er ist ernst und spricht mit Leidenschaft, Anteilnahme, Mitgefühl und manchmal voll Zorn und Unverständnis ob der menschlichen Grausamkeiten. Neben dem Labor, in dem die Aidstests von einer Ärztin untersucht werden, ist ein Raum für die einzige Psychologin des Panzi-Hospitals. Er stellt sie mir vor und sagt: »Wir brauchen mehr ausgebildete Psychologen, aber es ist schwer, sie hier zu finden.«

Das Problem ist, dass die Frauen nicht sprechen. Sie haben es nie gelernt, vor allem aber ist die Scham zu groß und die Erinnerung zu grausam. Sie schweigen, sie finden keinen Kanal, keine Worte für das

Erlebte. Die Psychologin erzählt mir von einer Frau, die im wahrsten Sinne nicht mehr sprechen konnte, sie hatte ihre Sprache regelrecht verloren und war verstummt. Das Trauma der Vergewaltigung hatte sie ihrer Worte beraubt. Sie war stumm geworden.

Wer immer Grausamkeit und Demütigung erlebt hat, kennt die Scham, die man empfindet, dass einem dies widerfuhr; alle anderen können versuchen, es sich vorzustellen, aber ich kann gleich vorwegnehmen, es wird nicht gelingen. Die Dunkelziffern der Vergewaltigungen stehen nicht für Feigheit, sondern für Scham; diese kann einen körperlich völlig versteifen lassen, sie kann dauern und bleiben, einen über Jahrzehnte begleiten, man kann die Erinnerung verdrängen, aber man kann nicht zurückspulen und überschreiben, das geht nicht in diesem einen Leben.

»Wenn wir es nicht schaffen, die Frauen dazu zu bringen, sich mit ihrer Traumatisierung auseinanderzusetzen, werden sie darin ertrinken«, sagt die Psychologin. So entstand die Idee zu einer anderen therapeutischen Methode. Dabei werden Frauen zusammengebracht, das Gespräch angeleitet, so dass sie untereinander, miteinander über ihre Erlebnisse sprechen, so dass sie realisieren, dass sie nicht allein sind, dass die Scham geteilt wird und das Leid und die Angst, weil es all den Frauen, die hier sind, passiert ist.

Es hat funktioniert. Die Frau ohne Worte begann wieder zu sprechen. Fand sich wieder in den Berichten und Gefühlen der anderen. Gruppentherapie, voilà.

Denis Mukwege ist Sohn eines protestantischen Pastors und studierte erst in Burundi und dann in Frankreich Medizin. Er ist Gynäkologe, Geburtshelfer und führender Chirurg auf dem Spezialgebiet der Fistula-Operation. Er hat sich menschenrechtlich immer eingemischt, da er zuerst die Auswirkungen im Kongo durch den Genozid in Ruanda in seiner ersten medizinischen Station, die er aufgebaut hat (und die natürlich irgendwann vollständig zerstört wurde) hautnah miterlebte und dann den nicht zu Ende gehenden Krieg im Ostkongo. Er sah, wie die Vergewaltigungen als Kriegsinstrument im Kongo immer grausamere Ausmaße annahmen.

Im Jahr 2012 hielt er dazu eine Rede vor den Vereinten Nationen und forderte die Weltgemeinschaft auf einzuschreiten. Er sagte, dass man sexualisierte Gewalt als gesellschaftliches Problem zu wenig anerkannt hätte, dass man sie strafrechtlich verfolgen und die Täter wegen Verbrechen gegen die Menschlichkeit vor Gericht stellen müsse. Er benannte auch die Mitschuld der kongolesischen Regierung.

Daraufhin wurden sowohl er als auch seine Familie bedroht, sie entgingen nur knapp einem Mordanschlag und flüchteten für einige Monate nach Belgien.

Wir sitzen allein in seinem Zimmer, und er erzählt mir von einer Patientin, deren Geschichte er anhand ihrer Verletzungen rekonstruieren konnte. Während er erzählt, was man mit ihr gemacht hat, verdunkelt sich sein Gesicht, aus der ärztlichen Berichterstattung bricht immer mehr Zorn, gepaart mit hoffnungslosem Unverständnis hervor. Ich sitze vor ihm und höre konzentriert seinem französischen Redefluss zu, von dem ich erstaunlicherweise jedes Wort verstehen kann und dabei das Gefühl habe, jemand würde in meine Lunge einen Knoten machen.

Eigentlich hatte ich mir gesagt, dass ich das Folgende niemals erzählen würde, weil es so grausam ist und die Sensationslust auf Brutalität keine Grenze zu kennen scheint, in den Bildern, die uns täglich überfluten und überfordern und möglicherweise dazu führen, dass das Mitgefühl oder die emotionale Imagination ausgeschaltet wird. Ich wollte es nicht sagen, weil ich nicht möchte, dass es in falsche Köpfe fällt. Doch die Frauen haben in der Gruppentherapie sprechen gelernt, und dann fiel mir die kluge Analyse von Carolin Emcke ein.

Sie hat in ihrem Buch »Gegen den Hass« ein Kapitel geschrieben, in dem sie versucht, den Unterschied zwischen dem Bild und dem Wort zu erläutern. Sie beschreibt ein Video, das viral gegangen war. Es handelt sich um den Vorfall zwischen zwei weißen amerikanischen Polizisten und einem afroamerikanischen Mann namens Eric Garner, einem amerikanischen Staatsbürger, der tödlich ausgeht. Was sie in diesem Kapitel macht, ist das elfminütige Video zu beschreiben. Sie beschreibt die Kleidung von Eric Garner, seine Bewegungen, die Umgebung, die Mützen der Polizisten und zitiert die Sätze, die gesagt werden, und gibt sogar Auskunft über den Zeitverlauf des Videos.

»... ›I can't breathe‹, 4.56, alle zwei Minuten bricht es aus Garner hervor, 4.58, ›I can't breathe‹, ›I can't breathe‹, ›I can't breathe‹, ›I can't breathe‹, elfmal keucht der asthmakranke Eric Garner, dass er nicht atmen kann. Dann hört man nichts mehr ...«

Was sich dabei einstellt, ist meiner Meinung nach ein tieferes Erlebnis, als es das Bild des Videos zu erzeugen vermag, es ist die Macht des Wortes, die unsere eigene Vorstellungskraft herausfordert und das Bild zum Wort entstehen lässt. Und diese Vorstellung ist subjektiv und irgendwie persönlich. Sie lässt einen, wenn man will, Anteil nehmen.

Doktor Mukweges Patientin wurde von einer Gruppe von Männern vergewaltigt. Anschließend nahmen sie eine Flasche, steckten sie ihr in ihre zerrissene Vagina und brachen die Flasche darin ab. Danach setzten sie sie mit ihrem nackten, verwundeten Geschlecht auf eine heiße Herdplatte.

»Warum machen Menschen das?«, fragt Mukwege mich zornig, »Dites-moi, pourquoi?«

Ich schweige. Was soll ich auch sagen ... Wie kann man das überleben, frage ich mich. Doch er erzählt weiter, von einer anderen Frau, die er behandelt hatte, die nackt ausgezogen worden war (Nacktheit im Kongo hat eine andere Bedeutung als in Europa), deren Beine weit auseinandergehalten wurden, um ihr dann mit einem Gewehr in ihre Vagina zu schießen.

Ist es die Angst vor der Frau, die Leben gebären kann? So wie ich den eingangs bereits zitierten Soziologen Pohl verstanden habe, der das sehr wissenschaftlich analysiert hat, läuft es wohl darauf hinaus. Männer werden erschossen, Frauen vergewaltigt. Fast wünschte man, dass man den Frauen dieselbe Behandlung zukommen ließe wie den Männern. Ein Schuss und aus. »In Uganda«, sagte mir vor einigen Jahren Florence, die in Den Haag am ICC arbeitet und in diversen Geflüchtetenlagern heranwuchs, »in Uganda ist die Anzahl der Vergewaltigungen mittlerweile höher als die von Erschießungen.« (»The amount of rapes has the amount of killings, done with a shotgun out-numbered.«)

Die Angst des Mannes vor der Frau. Vor was?! Die Angst des Man-nes vor seiner eigenen Begierde macht offensichtlich, dass man die Frau vollständig einpackt, wie ein Paket. Damit der Mann keine Erek-tion bekommt, wenn er ihre Haare sieht, ihre Augen, Lippen oder Beine. Und immer rächt man sich an dem Teil des Körpers, aus dem alle Männer der Welt herausgekrochen sind, als fackelte man den Weg hinter sich ab. Ich kann es nicht verstehen. Denis Mukwege kann es nicht verstehen.

»Kommen Sie, ich möchte Ihnen ein paar Frauen vorstellen«, sagt er nach einer Weile. Wir verlassen sein kleines Büro, verschließen hinter der Tür die Geschichten, die dort ausgepackt wurden, und gehen über den Hof, an der Seite der Klinik einen Weg hinab zu einem großen Haus, das auf einer Wiese steht, auf der überall Wäsche aufgehängt ist. Das Haus ist eigentlich nur ein weitläufiger, sehr hoher und of-fener Raum aus Holz. Darin sitzen und gehen über hundert Frauen in farbenprächtiger Kleidung herum. Sie sind mit allem Möglichen beschäftigt; sie nähen, sticken, flechten, reden, chillen. Kinder dazwi-schen. Absurderweise stehen Waschmaschinen herum. Eine friedliche Atmosphäre. Dies sind die Patientinnen, die noch auf ihre Operation warten.

Jede einzelne dieser Frauen wurde auf bestialische Weise vergewal-tigt, mit Flaschen, Stangen, Gewehren und dann irgendwo blutend, mit abgerissenen Schamlippen und eingerissenem Gewebe zwischen Geschlecht und After liegengelassen. »Sagen Sie etwas zu ihnen«, for-dert der Doktor mich auf, »das ist wichtig, es gibt den Frauen Mut.«

Was soll ich sagen?! Dazu in Französisch. Mir rutscht das Herz in die Hose.

Er stellt sich prominent vor die Frauen hin, bittet um Aufmerksam-keit und stellt mich kurz in Suaheli vor. Wahrscheinlich sinngemäß so etwas wie: »Das ist Madame l'Ambassadrice honorée de l'UNICEF, die aus Deutschland hergekommen ist, um die Schicksale und Geschichten kongolesischer Frauen kennenzulernen. Sie möchte Ihnen gern etwas sagen.« Er lächelt mir aufmunternd zu. Die Frauen sind alle stehen geblieben, blicken mich erwartungsvoll an, haben aufgehört zu reden und zu arbeiten.

Und ich fange einfach irgendwo an ... Bedanke mich, dass ich sie besuchen darf. Spreche über ihren Mut und sage, wie schön sie alle sind und wie sehr ich sie bewundere für ihre Kraft, ihre Hoffnung und die Fähigkeit, nicht aufzugeben. Dass ich glaube, dass sie hier im Hôpital de Panzi angekommen sind an einem Ort der Sicherheit und der Genesung, von dem sie hoffentlich in ein Leben zurückkehren werden, das sie im besten Fall selbständig gestalten und erhalten können, bereichert durch Gespräche und Austausch mit Frauen, die ähnliche Erlebnisse zu bewältigen haben. Bedanke mich abschließend nochmals, dass ich sie besuchen durfte.

Irgendwie so was. Dabei halte ich die Hand vom Doc, oder vielleicht hat er auch meine Hand gegriffen, um mir Mut zu machen. Die Frauen hören konzentriert zu, und als ich fertig bin, gibt es Applaus und die hohen Trillertöne, die nur afrikanische Frauen hervorzubringen verstehen. Ich bin erleichtert.

Wie schon in anderen Momenten meiner Projektreisen denke ich anschließend: Das ist doch Wahnsinn, ich komme hierher und versuche etwas zu geben und habe nichts, das ich geben könnte, außer meinem ehrlichen Interesse an dem, was hier geschieht, um es in das bisschen Welt zu tragen, das ich kenne. Und gehe nach Hause, beschenkt und fast beschämt von der Zuneigung dieser Menschen, die ein Leben leben, das man sich, selbst wenn man es bezeugt hat, letztlich nicht vorzustellen vermag.

Mein Respekt vor dem Doktor ist grenzenlos. Dies hier ist sein Werk, sein Leben. Er gibt und hört nicht auf, er macht immer weiter, operiert und nimmt Frauen auf, hört ihre Geschichten, die sich alle ähneln und die sein kleines Büro füllen. Er fliegt um die Welt, um darauf aufmerksam zu machen, was den Frauen im Kongo passiert, und fliegt wieder zurück und operiert weiter. 90 Prozent der Frauen werden das

Krankenhaus verlassen und körperlich gesunden, die anderen werden niemals wieder gesund sein.

Was ist das für ein Leben, das nach dem Hôpital de Panzi vor ihnen liegt?

Sehr oft passiert es, dass die Gemeinschaften und Dörfer, aus denen die Frauen kommen, sie ausgrenzen, dass ihre Ehemänner sie verstoßen, und die Mütter ihre Kinder nicht mehr sehen dürfen. Sie wissen nicht, wohin. Sie haben durch die Vergewaltigung alles verloren. Daher gibt es diverse Projekte, in denen versucht wird, Resozialisierungen zu ermöglichen, um den Dörflern zu verstehen zu geben, dass die Frauen keinen Fehler gemacht haben, dass der Makel der Vergewaltigung nicht einer ist, den sie selbst herbeigeführt haben, und dass sie angewiesen sind auf Unterstützung und Solidarität. Diese Resozialisierungen haben durchaus eine positive Erfolgsquote, und Frauen werden wieder eingegliedert, vor allem dann, wenn die Ehemänner ihnen beistehen. Darum sind die sogenannten skills trainings wichtig, weil die Frauen lernen, selbständig eigenes Einkommen zu erwirtschaften und so zum Haushalt beizutragen.

Der Garten, der an das Krankenhaus angrenzt, ist schön und fruchtbar. Hier wächst Gemüse und Obst. Überall sind die Wege gesäumt von kleinen roten Steinen, neben denen Blumen wachsen. Keine Plastiktüten sind zu sehen, es ist ordentlich und sauber. Ein Ort, wie man ihn sich für das ganze Land wünschte, ein Land, das an Bodenschätzen reich ist. Der Fluss Kongo ist so kraftvoll, dass er, wenn man ihn entsprechend nutzte, das ganze Land mit Elektrizität versorgen könnte. Gold, Diamanten, Coltan, Kautschuk, Bananen, Früchte, Seen mit Fischen, es ist alles da, es ist ein riesiges Land mit jeder Menge fruchtbarem Platz und vielen Möglichkeiten. Man muss es eben nur organisieren, man benötigt dafür Infrastruktur, speziell in einem Land ohne Zugang zum Meer. Der Bürgerkrieg und die Korruption aber zerstören alles. Und die chinesische Regierung und Wirtschaft ist schnell, hat längst auf dem ganzen Kontinent ihre Fühler ausgestreckt.

Hier, der Garten, so liebevoll bebaut und besorgt, weiter hinten zeigt uns ein Mitarbeiter die Hütte für die externen, die mangelernährten Kinder, die wöchentlich herkommen, um gepampert zu werden, mit dickem Maisbrei, der kalorien- und kohlenhydratreich ist und, ehrlich gesagt, nicht besonders gut schmeckt.

Wir betreten das Haus, in dem gerade die kleinen Mäuse essen. Ich muss mir das Lachen verkneifen, weil sie da alle so ordentlich aufgereiht nebeneinander am Boden sitzen, rechtwinklig die Beine ab der Hüfte nach vorn abgeknickt, wie nur ganz kleine Kinder sitzen können. Auf dem Schoß orangefarbene Plastikteller mit festem gelbem Brei, der mit Fingern gegessen wird, manchmal füttert ein älteres Kind ein jüngeres. Ich sehe die Unsicherheit in ihren Augen, da sie nur sehr selten Weiße sehen. Das Essen bleibt ihnen fast im Halse stecken. Darum gehen wir zügig wieder hinaus, sie sollen in Ruhe essen und zunehmen.

»Au revoir, les enfants et bonne chance, Docteur.«

So verabschieden wir uns von Doktor Mukwege und fahren zu einer Wohngemeinschaft, die Panzi eingerichtet hat und die von UNICEF unterstützt wird, in der die Frauen wohnen, die nicht vollständig geheilt werden konnten. Die inkontinent bleiben. In jeder Hinsicht. Die keine Chance haben auf eine Resozialisierung in ihren Dörfern oder in neuen Gemeinschaften. Sie leben zusammen und arbeiten. Sie weben, nähen, flechten Körbe oder gärtnern. Es ist erstaunlich zu sehen, wie hier Gemüse auf Stein wächst. Die Technik muss man erst mal begreifen. Das Gemüse wird auf dem Markt verkauft.

Ich setze mich zu ein paar Frauen auf eine Bank auf der Veranda vor der Holzhütte und schaue zu, wie sie blitzschnell und kunstvoll Körbe flechten und Netze häkeln. Sie konzentrieren sich eher auf das Gespräch, das sie miteinander führen, als auf der Flechterei. Es ist faszinierend zuzuschauen.

Es ist warm, die Sonne geht bald unter, und wir sitzen nebeneinander auf der Holzbank, lächeln uns an und werfen uns ein paar Worte zu, obwohl wir keine gemeinsame Sprache haben. Eine junge Frau kommt aus der Hütte rausgerannt, sie kann ein bisschen Französisch und übersetzt. Aber das ist nicht entscheidend, es geht auch so ganz gut, denn wir haben gemeinsam gute Laune. Und ja, es riecht nach Urin. Hier ist ein Ort, der für diese Frauen ermöglicht wurde, in dem sie leben und arbeiten und miteinander kochen und reden können. Hin und wieder gehen sie auf den Markt, um ihre Erträge zu verkaufen, dann kehren sie zurück in ihr Zuhause. Es ist sicher, es ist ein Leben ohne Gewalt und mit Würde.

Der Tag ist vorüber, wir fahren über unbekannte Schotterpisten in das nächste Gästehaus der Tour, das wir erst im Dunkeln erreichen wegen der ausgeknipsten Sonne. Auf der Fahrt dorthin erzählt uns Johannes von einem Seminar, das er ein Jahr zuvor für Polizisten und Soldaten initiiert hat, nachdem sie evaluiert hatten, dass bei Polizei und Militär die Zahl der Vergewaltigungen gefährlich anstieg. Bei diesem Seminar ging es darum, Respekt gegenüber Frauen zu bekommen und ein Bewusstsein für eigenes Verhalten zu erlangen. Vereinfacht gesagt, zu lernen, dass man keine Frauen vergewaltigt. Ihnen wurde die Erkenntnis vermittelt, dass Frauen unter dem Schutz von Militär und Polizei stehen sollten, statt dass von ihnen Gefahr ausgeht. Sie seien Bürgerinnen dieses Landes, für die Menschenrechte ebenso gelten würden. Es war ein einfaches Prozedere, in dem die Männer zusammenkamen in einem Kreis oder einem Haufen, um sich den Vortrag anzuhören und darüber zu debattieren. Erstaunlicherweise war die Beteiligung recht hoch, und der Erfolg des Seminars, nach weiterer Evaluation, durchschlagend: Die Zahl der Vergewaltigungen sank beträchtlich.

»Nun wird es Zeit, diese Maßnahme zu wiederholen«, sagt er, »denn die Zahlen sind wieder deutlich gestiegen.« Mir ist ja schleierhaft, wie diese Evaluationen funktionieren. Man kann ja nicht davon ausgehen, dass eine kongolesische Frau nach einer Vergewaltigung zu einer Polizeistation läuft, um den Vergewaltiger anzuzeigen, oder die Soldaten in ein Amt gehen und sagen, wir haben gerade vier Frauen vergewaltigt, die Info braucht ihr ja wahrscheinlich für eure Evaluation.

Es gibt einen Dokumentarfilm von Ilse und Femke van Velzen, holländische Zwillingsschwestern, über die Vergewaltigungen als Kriegsinstrument im Kongo. »Weapon of War« heißt der Film. Was die beiden unterscheidet von anderen Dokumentarfilmern, ist, dass sie für alle ihre Filme ein mobiles Kino gegründet haben und, nachdem sie die Filme in Holland geschnitten und fertiggestellt haben, zurück in das entsprechende Land fahren und die Filme den Menschen in den Communities zeigen. Sie fahren also durch die Lande mit einer Leinwand und einem Projektor im Gepäck und zeigen den Dokumentarfilm zumeist open air. Bei der Doku »Weapon of War« führten sie ihn vor allem Polizei und Militär vor, veranstalteten ein anschließendes Gespräch und erreichten auf diese Weise 27 000 bis 45 000 Leute.

Das Gästehaus, in das wir gefahren sind und das wir mal wieder nicht sehen können, weil es, wie sollte es auch anders sein, gerade keinen Strom gibt, besteht aus lauter kleinen Hütten, die auf dem gesamten Grundstück verteilt sind und die man über kleine Wege erreicht. Wir tasten mit dem Schlüssel in der Hand für unsere entsprechenden Hütten über das pechschwarze Gelände. (Damals gab es noch keine Smartphone-Taschenlampen.) Schließlich komme ich vor meiner Hütte an, und Claudia und ich verabreden, dass wir beide unser (oldschool) Mobiltelefon mit ins Bett nehmen, falls irgendwas sein sollte, so dass wir uns schnell anrufen können. Was soll sein. Irgendwas ist immer.

Gute Nacht, sagen wir, und ab in meine Hütte aus Pappe. Abschließen. Nützt nichts, man kann die Papptür eindrücken.

Ich steh im Raum, und zack, das Licht geht an, Stromausfall zu Ende. Das Licht ist so hell wie eine sterbende Kerze. Ich putze mir die Zähne mit Flaschenwasser und lege mich ins Bett, hoffend, dass sich keine Tiere darin befinden oder zu mir gesellen. Irgendein Geräusch in der Hütte ist nämlich komisch. Im Bett sind nur ein paar schwarze Krabbeldinger, die ich rausschubse. Immer noch dieses Geräusch. Ich schlafe besser schnell ein, sage ich mir, was nur mühsam gelingt. Dann träume ich von Vergewaltigung, Folter, Mord, Todschlag, Krieg und Apokalypse. In Schwarzweiß und zu dem immer gleichen Sound dieses unerfindlichen Geräuschs. Schließlich mischt sich die Angst hinein, ein Trupp Bewaffneter stürmten in meine Hütte und entführte und vergewaltigte mich und schnitte mich in kleine Stücke. Man kann sehen, der Schlaf war nicht echt. Irgendwas ist immer, sag ich ja.

Bis 7 Uhr morgens habe ich die Träume durchgehalten, dann war Ende, denn die Hütte wird hell. Ich kann sehen, wo ich bin. Ich ziehe einen Vorhang beiseite, hinter dem sich ein Fenster befindet – und traue meinen Augen kaum: Meine Hütte steht direkt an einem See! Das Geräusch war das Wasser, das gegen das Häuschen schwappte! Ich öffne das Fenster und sehe, wie die Sonne aufgeht. Der See ist still, diesig, sanft und weit. Da vorn gleitet ein Boot vorbei. Dahinten ein Hügel, der ins Wasser ragt, auch hier ein majestätisches weißes Haus darauf. Koloniale Andenken. Es war ein unvergesslicher Ausblick. Alle Albträume sind vergessen.

Wir treffen uns zum Frühstück auf der Terrasse und sehen jetzt, wo wir sind: an einem Spot, der so wunderschön ist, dass es einem die Sprache verschlägt, und für den man, befände er sich irgendwo in Europa, in der Schweiz oder in Skandinavien oder Südfrankreich, wahrscheinlich ein Vermögen ausgeben müsste.

Nachdem wir ein bravouröses Omelette aus Eiern, deren Erzeuger sich hier auf der Terrasse tummeln, gegessen und heißen, starken, süßen, schwarzen Tee getrunken haben, geht es wieder los. Vor dem Hotel werden afrikanische Masken verkauft, Tourismus wird versucht. Wäre das Land nicht so von Korruption, Bürgerkrieg und Gewalt gezeichnet, gäbe es Straßen und eine halbwegs stabile Regierung, könnte der Tourismus kommen, so wie es ihn zuletzt in den Fünfzigern gab, kurz vor der Unabhängigkeit. Ein prominenter Amerikaner hat in diesem Gästehaus seine Flitterwochen verlebt, wird mir erzählt. Vielleicht war es Conrad Hilton.

Wir fahren wieder hinein nach Bukavu, um uns ein Straßenkinderprojekt anzusehen. In Bukavu gibt es nämlich keine Straßenkinder. Whow. Das kann nicht sein, dachte sich Johannes Wedenig ein Jahr zuvor, begann mit seinen Mitarbeitern zu suchen und fand schließlich 72 Kinder in den kleinen Zellen, die sich hinter jeder x-beliebigen Polizeistation befinden. Die Idee war: Wir in Bukavu zeigen, dass es bei uns keine Straßenkinder gibt, also verhaften wir sie einfach alle.

So wurde ein ›Open House‹ eingerichtet für diese Straßenkinder und für minderjährige Prostituierte, in dem sie sich tagsüber aufhalten können und lernen und arbeiten. Um die Ecke des Haupthauses befindet sich in einem riesigen halboffenen Holzschuppen eine Mühle. Mittig darin die donnernde analoge Mühle, die die gesamte Umgebung einweißt, inklusive der jungen Müller, die alle wie geschminkt wirken, mit weißem Puder auf schwarzer Haut. Es ist eine öffentliche Mühle. Die jungen Leute wissen sie zu bedienen und notfalls unter Anleitung ihres Betreuers auch zu reparieren. Die Einwohner Bukavus kommen hierher und lassen ihr Getreide mahlen. Säcke und Schüsseln liegen und stehen herum, mit Korn, das noch gemahlen werden muss oder bereits gemahlen wurde. Die Ex-Straßenkinder wirken professionell und engagiert und haben deutlich keine Lust, dass man ihnen bei ihrer Arbeit zuschaut. Verstehe ich. Hier arbeiten Jungs und Mädchen und verdienen damit etwas Geld. Es ist viel zu tun, die Mühle der Straßenkinder ist günstiger als die Hauptmühle des Ortes, was deren Betreibern zuerst nicht gefiel, aber man konnte sich auf unterschiedliche Kunden einigen. Somit ist es nun auch weniger Betuchten möglich, ihr Getreide mahlen zu lassen.

Nebenan befindet sich ein fast ebenso großer Schuppen, sehr dunkel, in dem die Mechaniker schrauben. Hier sind nur Jungs und kaputte Autos. Das Äquivalent des weißen Mehls ist hier das schwarze Öl.

Dies ist, was die NGOs weltweit skills training nennen. Ihm geht eine Art Seminar oder Workshop voraus und dann eben learning by doing. Sie lernen etwas, um eine Perspektive zu haben, einen Job, der die ganze Existenz motiviert und sinnvoll macht, womit sie Geld verdienen und unabhängig werden. Wie überall junge Menschen in die Welt gehen, um sie kennenzulernen, ihr Talent und ihre Leidenschaft zu entdecken, einen Beruf zu erlernen, darin besser zu werden, Anerkennung zu erfahren durch ihr Tun – das ist doch universell oder etwa nicht?! Wenn die Perspektive genommen wird oder gar nicht erst vorhanden ist, bleibt den Mädchen die Prostitution, den Jungs die Kriminalität und beiden die Drogen in den Papiertüten. Am Ende landen sie in den Zellen der Polizeistationen, und dort werden sie unsichtbar.

Klassisches skills training für Mädchen ist natürlich Nähen und für Jungs Autos-Schrauben, aber in der Mühle hat sich das bereits verändert; dort arbeiten beide Geschlechter, und weitere Ideen kommen hinzu wie Computerkurse oder Kochen.

In einem anderen großen Raum sitzen Mädchen an Nähmaschinen. Sie nähen Hemden, Kleider; Auftragsarbeiten und zwischendurch Eigenes. Kreatives, wie zum Beispiel genähte Collagen, die an einem Stock als Bild aufgehängt werden können. Ein Mädchen mit knallrotem Perückenhaar kommt zu mir und schenkt mir so ein Bild. Ich bin sprachlos.

Das Mädchen war eine Prostituierte. Nun ist sie eine kreative Schneiderin und wird hoffentlich eines Tages ihr eigenes Geschäft eröffnen und unabhängig sein von NGOs, Freiern, Zuhältern oder Ehemännern. Ein junges Mädchen mit einem roten Haarschopf und offenem Lächeln, das von ihrer Nähmaschine aufstand, um einer weißen Fremden, die rumsteht und guckt, etwas zu schenken. Das Bild hing lange Zeit bei mir zu Hause.

Das Prinzip des open house in Bukavu kannte ich bereits aus Rumänien. Hier können die Straßenkinder sich und ihre Kleidung waschen, bekommen ein Mittagessen und Lernangebote. Wohnen kann man in den open houses nicht, es ist eine Anlaufstelle tagsüber, die man besuchen kann, wenn man das Leben auf der Straße der Reintegration vorzieht. Doch letztlich geht es um die Resozialisierung in die Gesellschaft und um den Versuch, die Familie wiederzufinden. Die Mitarbeiter dieser Einrichtungen versuchen, den kleinen Kindern einen Zugang zur Schule zu ermöglichen, was aber nur geht, wenn die Kinder es wollen. Schulpflicht? Gibt es hier nicht.

Nach einem Leben auf der Straße ist die Regelmäßigkeit und das Regulativ einer Schule für viele nicht einfach. Doch die Anlaufstelle des open house kann alles verändern. Zumindest sind die Straßenkinder aus den Hinterzimmern der Polizeistationen raus. Sie sind sichtbar geworden.

An einem anderen Tag fahren wir in das Gefängnis von Bukavu. Und dort tat ich etwas, was man nicht tun darf ...

Das Gefängnis liegt ein wenig außerhalb auf einem Hügel. Braunrote schlammige Erde umgibt es. Es ist vor drei Wochen teilweise abgebrannt. Das Büro des Direktors wurde durch die Flammen vollständig zerstört. Die Brandstifter waren die männlichen Insassen. Bernard, der für UNICEF Kongo arbeitet, acht Kinder hat und hier für uns übersetzt, der Französisch, Englisch, Suaheli und weitere Sprachen des Kongos fließend spricht, begleitet mich und zeigt auf das Eingangstor, das mittelalterlich in einem Bogen zentral in dem Gebäude angebracht ist und so aussieht, wie man sich kindlich ein Tor vorstellen würde: aus dicken schwarzen Eisenstangen. Dahinter stehen und gehen Gefangene in Gruppen, rauchend, redend, lassen ihre Arme durch die Gitter hängen.

Ich halte Abstand, nicht aus Furcht, sondern weil ich es respektlos finde, mich von außen vor das Gitter zu stellen und durch das Gitter auf den Gefängnishof zu starren wie im Zoo. Aber letztlich ist auch der von mir eingenommene Abstand trügerisch, weil derselbe Eindruck entsteht, nur über ein paar Meter mehr hinweg. Vor dem Eingang steht Wachpersonal in Uniform mit Kalaschnikows, es muss noch irgendetwas Administratives geklärt werden, obwohl wir angekündigt waren.

Der Grund unseres Besuches ist, die sieben Kinder zu treffen, die hier inhaftiert sind. Sie sind zwischen 12 und 18 Jahre alt.

Die inhaftierten erwachsenen Männer sind zum größten Teil Maï-Maï-Rebellen und demnach wohl fast alle Mörder. Jene, die zwischen den Gitterstäben des Tors hängen, rufen mir etwas zu, was Bernard nicht übersetzt.

Wo sind die Kinder untergebracht, frage ich mich, gibt es eine Kinder-Gemeinschaftszelle, zwischen lauter Männer-Einzelzellen? In welchem Teil sind sie untergebracht? Wand an Wand mit den Rebellen? Benutzen sie dieselben Waschräume?

Es wird am Eingang zum Gefängnis, neben dem Eisentor, wo sich auch ein kleiner Raum mit einem Pförtner befindet, der halb aus der Tür hängt und machtunterstreichende Requisiten wie Schlüsselbund und Mobiltelefon in der Hand hält, diskutiert, wo das Treffen stattfinden soll. Das war offensichtlich nicht final entschieden worden, oder der Brand hat dem einen Strich durch die Rechnung gemacht. Männer in Uniform besprechen sich mit unseren Männern, dazwischen die rufenden Männer am Gittertor. Plötzlich fällt mir ein, dass wir vielleicht über den Hof gehen müssen, um zu den Kindern zu kommen, vorbei an den Rebellen, und nach zwei Sekunden des Überlegens entscheide ich mich dagegen. »Ich werde nicht über den Hof gehen«, flüstere ich Claudi zu, »im Ernst, du weißt, ich mach' alles, aber das mach' ich nicht.«

An ihrer Reaktion sehe ich, dass das wohl auch nicht ernstlich erwogen worden war. Es nimmt kein Ende, die Diskussion, es ist eine aufgeladene Situation, aber vielleicht ist es auch nur die Umgebung, das Ambiente, die Lautstärke der fremden Sprache, die ich nicht dechiffrieren kann.

Doch schließlich ist es entschieden, und wir gehen für unser Treffen in das abgebrannte Direktorenzimmer, wohin auch die Kinder gebracht werden. Das Büro ist ein leerer, verkohlter Raum, der aussieht, als gehörte er zu einer Ruine. Zügig werden ein paar klapprige Stühle hineingestellt, um aus der Ruine einen Konferenzsaal zu machen. Für die Kinder, Claudia, mich und Bernard, der als Übersetzer und Mediator mitkommt, falls uns die Luft ausgeht. Alle anderen bleiben draußen, dies ist kein Platz, um Fotos zu machen oder den Kindern zu viele fremde Menschen begegnen zu lassen.

Der Raum ist dunkel, wegen der schwarzgebrannten steinernen Wände und weil durch das kleine Fenster kaum Tageslicht dringt und das elektrische Licht offensichtlich im Feuer verbrannt ist. Ob hier Akten waren? Unterlagen über die Fälle der Kinder? Verbrannt? Ein Tresor mit amerikanischen Dollars? Tresore sind feuersicher. Wir warten. Die Kinder werden geholt, und ich weiß nicht, von wo und wie es dort aussieht oder ob sie nun etwa über den Hof gehen müssen. Zu viel fragen, zu viel reden ist hier nicht angebracht, das ist eindeutig, die Stimmung kann schnell umkippen. Wir haben eine Anfrage gemacht, wir sind angewiesen auf den guten Willen und die Kooperationsbereitschaft der Menschen, die in diesem Gefängnis arbeiten oder es leiten. Wir sind nicht die, die anderen sagen, was sie tun sollen, wir fragen freundlich nach etwas; wenn es uns gewährt wird, müssen wir uns entsprechend benehmen, das ist eindeutig. Dies ist ernst, wie alle Reisen ernst sind, wer die Waffe in der Hand hat, hat im Ernstfall recht, so ist das, so ist es auch hier. Wir warten also und schweigen, sitzen auf unseren drei Stühlen nebeneinander und schauen auf die sieben Stühle, die unseren gegenübergestellt sind, wie in einem Tribunal. Warten auf die Angeklagten oder die Richter in den Roben. Hinter den Tribunal-Stühlen die schwarze Wand ...

Während wir warten, denke ich: Was soll ich sagen?! Was fragt man Kinder, die in ein Männergefängnis gebracht wurden? Warum nur sind sie hier, gibt es keinen anderen Ort? Haben sie etwas Kriminelles getan? Warum verbringt man sie in ein Gefängnis statt in ein Kinderheim oder in eine Institution für strafmündige Kinder? Gibt es den Schutz minderjähriger Kinder im Kongo? Es gibt ihn in Deutschland.

Die Direktorentür öffnet sich, und die Kinder betreten nacheinander in einer Reihe den Raum, setzen sich auf die vorbereiteten Stühle. Wir stehen von unseren Jurystühlen auf, begrüßen sie, möchten ein kleines Durcheinander kreieren, weil das guttut und entspannt, aber es gelingt nicht richtig. Sie sitzen und schauen uns erwartungsvoll an. Ich nehme sie wahr, wie sie da nebeneinandersitzen mit zarten, dünnen Körpern, verschlissenen Hosen und Shirts, manche baumeln mit den Beinen, sie erreichen den Boden noch nicht, es sind sechs Jungs und ein Mädchen, und schließlich stelle ich fest, nur einer von ihnen trägt Schuhe, genauer gesagt: Ein Junge hat einen Flipflop an. Nicht die Richter mit den Roben sind gekommen, sondern die Angeklagten, die keine staatsanwaltliche Anklage erleben werden und schon gar keine Verteidigung. Die Tür hat sich von außen geschlossen, im abgebrannten Raum ist es still, wir lächeln uns schüchtern an. Bernard begrüßt sie in ihrer Sprache, bei der ich nicht sicher bin, ob es Suaheli ist, wahrscheinlich nicht. Es gibt im Kongo so viele Sprachen wie Ethnien. Die Kinder kommen von überall. Er macht das gut, er bringt sie halbwegs zum Lächeln. Sie schauen uns mit blitzblanken Augen neugierig an, sie sind nicht erloschen, falls das irgendjemand denken würde, sie sind Kinder ohne Eltern und mit viel Erlebtem, sie sind hier im Gefängnis, doch Normalität kann sich überall einstellen.

Darum nehme ich die Absurdität der Situation gelassen und schließe mich der Heiterkeit Bernards an, als ich uns vorstelle, unsere Namen sage und erzähle, woher wir kommen. Bernard übersetzt, sie hören konzentriert zu. Ich erzähle ein bisschen, was wir so machen, und frage schließlich jedes einzelne Kind: »Und wie heißt du? Wie alt bist du?« Sie sagen ihre Namen und ihr Alter, nun sind sie nicht mehr schüchtern, sie sprechen mit mir, das ist nicht selbstverständlich.

Der Kleinste ist der mit dem Flipflop, er ist zwölf Jahre alt und trägt ein T-Shirt, auf dem steht: »Somebody needs a hug«, darunter eine Comicfigur, die ich undeutlich als Katze oder Maus wahrnehme. ›Jemand braucht eine Umarmung‹ steht auf seinem T-Shirt, meine Tochter war damals auch zwölf.

Ich frage: »Was hat man euch gesagt, warum ihr hier seid?« Eine Pause entsteht, wer fängt an, wer traut sich. Und obwohl ich nicht die Sprache verstehe, merke ich an der Weise, wie Bernard übersetzt und spricht, wie er die Kinder ansieht und an seinen Gesten, dass er sanft und zugeneigt mit ihnen ist. Er bringt sie dazu, zu erzählen, zu sagen, was man ihnen gesagt hat, was sie angestellt hätten, was nicht gleichbedeutend damit ist, dass sie es auch getan haben.

Der Zwölfjährige baumelt heftig mit den Beinen, lächelt dazu unentwegt wie eine Lächelmaske und sagt, er sei hier, weil er ein Radio geklaut habe.

Ein anderer Junge sagt, man habe ihm gesagt, er habe ein Baby vergewaltigt.

Der Nächste erzählt ausführlich, er wäre mit seinem älteren Bruder nach einem langen Tag der Feldarbeit zu Hause in seinem Dorf auf ein Bierchen gegangen und auf dem Weg dorthin wären sie von einem vorbeikommenden Trupp Soldaten beschimpft worden. Sie wären weitergegangen, aber die Soldaten hätten nicht aufgehört, sie zu beschimpfen, und hätten sie schließlich festgehalten und dann gezwungen, miteinander Geschlechtsverkehr zu haben. Die Brüder weigerten sich, und er wurde dann von den Soldaten hierher ins Gefängnis gebracht. Wo sein Bruder sei, wisse er nicht. Er schaut auf seine Knie.

Das 18-jährige Mädchen trägt ein weißes gehäkeltes Spitzen-oberteil. Sie ist seit über zwei Jahren hier. Vorher hat sie als Prostituierte gearbeitet, da muss sie 15 oder 16 gewesen sein, und ist von einem Freier schwanger geworden. Daraufhin verprügelte der Zuhälter sie so sehr, dass sie das Kind verlor, und sie wurde dann wegen unerlaubter Abtreibung ins Gefängnis gebracht.

Was ihr im Gefängnis passiert war, habe ich sie selbstverständlich nicht gefragt, ich wusste inzwischen, dass die Kinder anfangs gemeinsam mit den Männern in Gemeinschaftszellen gesperrt worden waren. Aufgrund der Intervention von UNICEF bekamen sie schließlich ihren eigenen Trakt, was eleganter klingt, als es ist. Es sind abgetrennte Zellen, in denen sie zumindest vor Übergriffen durch die erwachsenen männlichen Mithäftlinge geschützt sind.

Ein Junge sitzt bereits 16 Monate, ein anderer neun Monate ein. Wie lange sie noch hierbleiben müssen, wissen sie nicht, weiß niemand. Es gab keinen Prozess, kein Verfahren, keine Untersuchung und kein Strafmaß.

Bernard spricht ein paar Worte mit dem Jungen, der bislang nichts gesagt hat. Er war Soldat, nun sei er wegen Mordes hier. Ein ehemaliger Kindersoldat.

Ob die Geschichten wahr sind, wissen wir nicht. Es ist das, was man ihnen gesagt hat, was sie getan haben sollen. Und es ist das, was sie erlebt haben oder was sie uns erzählen, dass sie es erlebt haben, an Ungerechtigkeit erlebt haben, die von einem Tag auf den anderen das ganze Leben ändert, die dich ins Gefängnis statt in die Kneipe bringt und alles, was dein Leben war, hinter dir ertrinken lässt.

Mir ist die Luft ausgegangen, weitere Fragen wären zu verstörend für die Kinder, aber worüber wir ansonsten sprechen könnten, fällt mir einfach nicht ein, darum sehe ich Bernard an, ich weiß nicht, was ich tun soll, er weiß es und spricht noch ein bisschen mit den Kindern, und dann kommt jemand ins Direktorenzimmer, um die Kinder wieder abzuholen. Wir winken, obwohl sie dringend einen hug brauchen ...

Nachdem wir das Büro verlassen haben, stehen Bernard und ich im Schlamm vor dem Gefängnis und schweigen. Die Rufe der Männer schallen wieder aus dem Hof heraus. »Sie wollen sich auch mit uns unterhalten«, sagt Bernard, der neben mir steht, leise und reicht mir ein Taschentuch.

Und dann tue ich etwas, dass gegen die Policy von UNICEF verstößt. Ich gebe ihm Geld und bitte ihn, den Kindern Schuhe zu kaufen, T-Shirts, Seife, Obst und Kekse.

»Kannst du das machen, Bernard?«

»Ich werde mich darum kümmern«, sagt er.

Ob es ihm gelungen ist, habe ich nie erfahren.

Der Code of Conduct von UNICEF besagt, dass niemals einzelne Kinder oder Frauen unterstützt, sondern immer die Gemeinschaften gefördert werden. Um einen gesellschaftlichen Bezug herzustellen, in dem eine grundsätzliche Veränderung erreicht werden soll. Nicht ein Kind wird versorgt, damit es in die Schule gehen kann, sondern Schulen werden gebaut und viele Kinder mit Schulmaterial ausgestattet und im besten Fall eingeschult.

In dem Zusammenhang gibt es ein Beispiel einer weiteren Evaluation, die Johannes im Ostkongo durchführte: Alle Schulen, die registriert waren, wurden in eine Übersicht eingetragen und Stück für Stück besucht, um herauszubekommen, ob sie existieren und in welchem Zustand sie sind. Desgleichen die Lehrer. Auf diese Weise stellte sich heraus, dass manche dieser registrierten Schulen gar nicht mehr vorhanden, dass sie abgebrannt oder leerstehend waren oder dass eingetragene Lehrer bereits gestorben oder weggegangen waren, es aber andererseits neue Schulen und Lehrer gab, die in dieser Übersicht nicht erfasst worden waren. Viele Schulen waren desaströs ausgestattet. Ohne Tafel, Kreide, Papier oder Stifte, von Büchern ganz zu schweigen. Man hatte sich geholfen und Kohlestücke als Stift verwendet, mit denen man auf großen Blättern oder Baumrinden schrieb. (Das macht keinen Spaß, kann ich versichern, ich hab's versucht.) Nach dieser umfassenden Evaluation, für die die Mitarbeiter über vorhandene und nicht vorhandene Huckelpisten der Region fuhren oder über Lava oder partiell zu Fuß durch den Dschungel gingen, wurden die Schulen grundlegend und neu registriert, und es wurde geprüft, in welchen Gebieten dringend Schulen eingerichtet werden müssten. Lehrer wurden gesucht und eingestellt und 100 000 Kinder mit Schulmaterialien ausgestattet. In den UNICEF-Schulbeuteln, die an die Kinder verteilt wurden, waren Kreide, Stifte, Hefte, Lineal und Springseil; in der Ausstattung für die Lehrer war ein Topf Farbe, die man mit einem Pinsel, der ebenfalls dabeilag, auf Holz aufträgt, um eine Tafeloberfläche herzustellen, so dass mit Kreide darauf geschrieben werden kann. Gedichte, Zahlen oder Vokabeln. In der Ausstattung der Lehrer befand sich auch ein Fußball. (Sportunterricht.)

Eine beeindruckende, aufwendige Evaluation, die konkrete Maßnahmen zur Folge hatte, um flächendeckend und bildend wirken zu können, und deren Output schließlich zu einer Notiz im UNICEF-Magazin wurde, die da hieß: »100 000 Kinder im Ostkongo mit Schulmaterialien ausgestattet«. Der Weg zu dieser Zeile jedoch war abenteuerlich, langwierig, diffizil und verbunden mit vielen Kilometern Wegs.

Es geht immer um die Gesamtheit, um vielen Kindern Zugang zu Bildung zu ermöglichen. Oder vielen Frauen Zugang zu Krankenhäusern, viele Menschen impfen zu lassen. Oder vielen Polizisten beizubringen, dass man Frauen nicht vergewaltigt.

Wir erzählen individuelle Geschichten, wir lernen Menschen persönlich kennen, aber wir versuchen, die Situation grundsätzlich zu verbessern. Ich nun hatte dieses Gesetz gebrochen. Vorsätzlich und wissend. Ich hatte Geld für sieben Kinder gegeben, um nur ihnen etwas zu kaufen, von dem ich hoffte, dass es ihre Situation temporär erleichtern würde und das auch nur marginal. Schuhe, T-Shirts. Obst, Seife, Kekse. Ich konnte nicht anders. »Somebody needs a hug« stand auf dem T-Shirt des Kindes ...

Noch am selben Abend treffen wir den Mann, der dafür verantwortlich ist, dass diese Kinder im Gefängnis sitzen. Ein schöner jugendlicher Mensch in einem Fake-Armani-Anzug, der sich das Logo außen auf den Ärmel genäht hatte. Wir treffen uns in der Nähe des Gefängnisses im ersten Stock einer Gastwirtschaft, deren Plastikstühle und -tische von Neonröhren beleuchtet werden. Neben unserem Tisch eine große Familie, Kinder laufen herum, das Leben hier ist wie immer sehr lebendig und laut. Wir sitzen in großer Runde und bestellen etwas zu essen, trotz des Schattens, den die Gefängnissituation der Kinder auf unser Gemüt gelegt hat.

Das System ist einfach: Wer zahlt, kommt raus. Wer besticht, dessen Akte landet oben auf dem umfangreichen Haufen der zu bearbeitenden Fälle, dann gibt es eine sogenannte Gerichtsverhandlung, und man kann gehen. Die Akten der Kinder jedoch landen ganz unten im Stapel. Sie haben weder Bestechungsgeld noch Einfluss, noch verfügbare Eltern oder korrupte Freunde. Sie zünden auch nicht das Gefängnis an, um ihre Akten zu verbrennen. Sie halten einfach aus, sie warten ab und warten. Sie sind jung, sie haben vielleicht noch Hoffnung. Ein Prozess ist nicht in Sicht und keine Haftentlassung, auch kein Verteidiger. Die Eltern unauffindbar oder weit weg, und selbst wenn sie kämen, könnten sie helfen? Die Idee des Rechtsstaats kommt nicht zum Tragen. Die Kinder verrotten im Gefängnis. Es sei denn, es kommen Menschen, die von ihnen erfahren haben, die einer Organisation angehören, die nicht Teil der Regierung ist, sondern die internationale Unterstützung hat und Gehör findet. Mit diesen Menschen habe ich die große Ehre jetzt an einem Plastiktisch zu sitzen, um mit dem Juge des enfants zu sprechen. Dem Anwalt der Kinder.

»Monsieur le Juge«, sage ich, »darf ich Sie fragen, warum in dem Distrikt, den Sie vertreten, Kinder in einem Gefängnis für Männer sitzen, von denen viele offensichtliche Schwerverbrecher sind? Die Kinder sind minderjährig, was sagt hier das Gesetz dazu?«

Er antwortet nicht, er doziert. Er macht mich nervös. Seine Nicht-Antworten sind endlos. Irgendwann unterbreche ich ihn, stelle die Frage erneut. Er ist weder verärgert über meine Unterbrechung, noch bringt es ihn irgendwie aus der Ruhe, er redet einfach weiter und sagt dabei nichts aus. Johannes und Matteo sprechen bedacht, hören ihm zu, beziehen sich auf seine Aussagen, machen begründete Vorschläge, die er mit absurden Argumentationen widerlegt, während die beiden wiederum versuchen, seine Widerlegung auf ihren gemachten Vorschlag zu beziehen, um diesen erneut mit Beispielen zu ergänzen. Es ist nicht auszuhalten. Ich grätsche erneut in seinen Vortrag über Justiz im Kongo und werde konkret.

»Es ist ein Junge der Vergewaltigung an einem neun Monate alten Baby angeklagt. Er ist zwölf! Gab es diesbezüglich eine Aufnahme der Anklage und Beweise oder Aussagen von Zeugen?«

»Es ist das Beste, das wir für den Jungen tun konnten«, sagt er nach einer Weile der einführenden Vorrede, aber er gibt immerhin eine Antwort. »Der Vater des Babys wollte ihn umbringen. Wir haben ihn geschützt vor dem Vater, dessen Selbstjustiz und Wilkür, indem wir den Jungen ins Gefängnis brachten.«

Ich muss eine rauchen und gehe runter an die Bar. Matteo kommt mit. Wir rauchen, sehen uns schweigend an.

»Ich bewundere euch«, sage ich schließlich, »wie ihr es schafft, so geduldig und verständnisvoll zu bleiben und zu argumentieren.«

»Wir müssen mit ihm auskommen«, antwortet er schlicht, »Er ist es, der einen Unterschied machen kann, nur wenn wir uns mit ihm verständigen und zusammenarbeiten, kann sich etwas ändern. Er ist unser Partner, er repräsentiert eine staatliche Instanz, es geht nur langsam, und es geht nur mit ihm.«

»Verstehe.«

Nichtregierungsorganisationen können Regierungen lediglich beraten und Vorschläge machen. Die Regierungsorgane entscheiden, ob sie einer Kooperation zustimmen und, wenn ja, in welchem Ausmaß. In der Angelegenheit der in ein Gefängnis gesperrten Kinder und Jugendlichen geht es um den Versuch der Einrichtung einer Institution für straffällig gewordene Jugendliche. »Jugendstrafanstalt« nennt man das in Deutschland, es ist eine staatliche Einrichtung, und niemand wundert sich, dass es das gibt. Weiterhin versucht man auf die Regierung dahingehend Einfluss zu nehmen, ein Gesetz der Strafmündigkeit zu erlassen, so dass Kinder bis zur Vollendung des 14. Lebensjahres nicht verurteilt werden können. Das geht nur im Schneckentempo, so wie der Mann in Kigali mit seinem Besen den Weg kehrte.

Matteo und ich drücken die Zigaretten aus, gehen wieder hoch zum Juge des enfants im Armani-Anzug und reden bedachtsam weiter.

Hier eine Zahl: 7 693 609 877. Macht Sinn, sie laut zu lesen.

In Worten: siebenmilliarden sechshundertdreiundneunzigmillionen sechshundertneuntausend achthundertsiebenundziebzig.

Ich habe sie einer Seite entnommen, die https://countrymeters. info/de/World/ heißt. Diese Zahl ist, laut dieser Seite, die Summe der Weltbevölkerung, am 6.4.2019 um 15.27 Uhr nordafrikanischer Zeit. 7 693 609 877 Menschen gibt es jetzt, da dies geschrieben wird, auf dem Planeten Erde. In dem Moment, da sie gelesen wird, stimmt die Zahl nicht mehr. Aber hier ist Platz, um die aktuelle Zahl einzutragen: _

Diese Seite nennt sich ›Weltbevölkerungsuhr‹ und hier wird alles Mögliche gezählt. Das Bevölkerungswachstum beispielsweise beträgt heute 165 339 Menschen. Es ist jetzt zwei Minuten später. Tote gab es im Jahr 2019 bislang 15 736 515. Wieder eine Minute später, und diese müssten wir abziehen von den Geburten. Es ist eine Bewegung auf dieser Seite, der man kaum mit den Augen folgen kann. Es wird geboren und gestorben in Zahlen. Denn jetzt gibt es, vier Minuten später, bereits 7 693 610 817 Menschen auf der Welt.

Ich sitze während der Beschäftigung mit diesen Zahlen in der Medina Marrakeschs, auf einer Rooftop-Terrasse eines kleinen Cafés, das »Koulchi Zine« heißt und bedauerlicherweise die Initialen des Namens groß und weiß auf schwarz auf die Titelseite seiner Speisekarte gedruckt hat. Dabei heißt der Name übersetzt »all nice things«. Dumm gelaufen. Im Hintergrund läuft eine abenteuerlich schlechte Coverversion von »Revolution« von den Beatles. Auch das noch.

Weltbevölkerung, KZ und Revolution. Die perfekte Überleitung zu dem letzten Projekt des Kapitels Kongo. Manchmal muss man sein Leben nur in Bezüge setzen.

Als 1946 die Nürnberger Prozesse stattfanden, um die Nazis, die wenigen, die man fand und die sich noch nicht nach Argentinien oder in den Vatikan verabschiedet hatten, zu verurteilen, saß ein US-amerikanischer Anwalt dem Untersuchungsausschuss bei, der vielen ein Begriff sein könnte: Benjamin Ferencz. 1920 wurde er geboren und lebt, Mazel tov, noch immer.

Es war das erste Mal in der Geschichte der menschlichen Kriege, dass es einen Prozess gab, in dem die Kriegsverbrecher für ihre Taten verurteilt wurden. Sie wurden nicht wegen des Genozids verurteilt, wie der aus Lemberg stammende Anwalt Raphael Lemkin, der dieses Wort erfand, vehement einforderte, sondern wegen Verbrechen gegen die Menschlichkeit. Schutz des Individuums versus Schutz der Gruppe.

Die Nürnberger Prozesse führten langfristig zu der Gründung des »Internationalen Strafgerichtshofs« (International Criminal Court, ICC) in Den Haag, der 2002 gegründet wurde und für dessen Etablierung Ferencz sich über Jahrzehnte hinweg eingesetzt hat. Alle europäischen und fast alle afrikanischen Länder traten dem ICC freiwillig bei, im Gegensatz zu den USA, China, Indien und Russland. Ferencz forderte die amerikanische Regierung unter der Präsidentschaft George W. Bushs auf, den Vertrag, der von der USA nur unterschrieben worden war, endlich auch zu ratifizieren, wie die anderen Staaten es getan hatten. Er sagte, Bush müsse vor dem ICC angeklagt werden wegen des Irakkrieges, den er begonnen hätte, ohne die Erlaubnis des UN-Sicherheitsrates einzuholen, denn ein politisches Ziel mit bewaffneter Gewalt herbeiführen zu wollen sei ein nationales und internationales Verbrechen.

In dem Dokumentarfilm »The Court« (2013) von Marcus Vetter und Michele Gentile, in dem die Menschenrechtsanwälte beim Prozess gegen den kongolesischen Rebellenführer Thomas Lubanga ein Jahr begleitet wurden, wird auch Ben Ferencz befragt.

Lubanga rekrutierte eine ganze Armee von Kindersoldaten, die er konditionierte, grausame Morde zu begehen. Er ist ein studierter Mann, der im Jahr 2010 zu 14 Jahren Gefängnis verurteilt wurde als, wie gesagt, erster Angeklagter des Internationalen Strafgerichtshofes.

Ferencz wurde gefragt, was er meine, wie man mit diesen Kindern, Lubangas Kindersoldaten, verfahren solle, und er sagte: »They are all murderers and perpetrators.« Sie sind alle Mörder und Straftäter, dementsprechend sollte man sie behandeln. Er war erbost und laut, als er das sagte.

Die Szene zwischen ihm und einer Anwältin, die in dem Film ungeschnitten zu sehen ist, geht so:

Ferencz: I have seen people burned alive and beaten to death. And I am sure these kids never had that.

Anwältin: They did that, they were forced to beat up people.

Ferencz: Look, they are young kids, you tell them: ›Go beat up, kill that other guy.‹ And they'll do it. Give them a helmet and a bat and they kill.

Anwältin: Yes, but I don't think it's that easy. As much as you were traumatized by seeing people beaten up and killed – they saw it every day.

Ferencz: Then they're the ones, they're the criminals too, they are co-conspirators. Children.

Anwältin: But they are traumatized, they were forced to do that.

Ferencz: Co-conspirators, they were perpetrators.

Anwältin: But they were forced to do that.

Ferencz: Perpetrators. Murderers.

Anwältin: They were forced to do that.

Ferencz: Perpetrators, murderers, perpetrated murder.

Anwältin: They were forced ...

Ferencz: Forced? That's no excuse. They rape, they burn, they pillage, they fight, they get drunk.

Anwältin: They were children. I disagree.

Ferencz: Well, I don't have to agree with your disagreement. We can debate later. (He exits.)

Übersetzung:

Ferencz: Ich habe Menschen gesehen, die lebendig verbrannt und totgeschlagen wurden. Und ich bin mir sicher, diese Kinder haben das nicht erlebt.

Anwältin: Sie wurden gezwungen, Menschen zusammenzuschlagen.

Ferencz: Sehen Sie, das sind kleine Kinder, du sagst ihnen: ›Geh und schlag jemanden zusammen, bring den Typ um‹, und sie tun es. Gib ihnen einen Helm und einen Stock, und sie töten.

Anwältin: Ja, aber ich glaube nicht, dass das so einfach ist. So sehr Sie auch von dem Umstand traumatisiert wurden, dass Sie sahen, wie Menschen erschlagen und getötet wurden – diese Kinder sehen das jeden Tag.

Ferencz: Dann sind sie es, sie sind Kriminelle, sie sind Mitverschwörer. Kinder.

Anwältin: Aber sie sind traumatisiert, sie wurden dazu gezwungen.

Ferencz: Beteiligte, sie waren Straftäter.

Anwältin: Aber sie wurden dazu gezwungen.

Ferencz: Straftäter. Mörder.

Anwältin: Sie wurden gezwungen, das zu tun!

Ferencz: Straftäter, Mörder, verübter Mord.

Anwältin: Sie wurden gezwungen …

Ferencz: Sie wurden gezwungen? Das ist keine Entschuldigung. Sie vergewaltigen, sie brandschatzen, sie plündern, sie kämpfen, sie betrinken sich.

Anwältin: Sie waren Kinder. Ich widerspreche.

Ferencz: Nun, ich muss Ihrem Widerspruch nicht zustimmen. Wir können das später debattieren. (Er geht ab.)

Ich spreche mit einem Schweizer Menschenrechtsanwalt, der beteiligt war am »Internationalen Strafgerichtshof für das ehemalige Jugoslawien«, dem ICTY, im Jahr 1993 gegründet, und frage ihn, wie er diese Aussage von Ferencz verstehen würde. Er sagt, dass es eine juristische Argumentation sei. Da ist die Tat, sie ist begangen worden von einem Kind, das Kind ist der Täter. Erst im nächsten Schritt wird untersucht, unter welchen Bedingungen diese Tat stattfand. Das muss beim Urteil berücksichtigt werden. Hier handle es sich nicht um eine moralische, sondern um eine juristische Betrachtung.

Es ist schwierig, kompliziert, zum Verzweifeln. Ich kann mir diesbezüglich keine Meinung erlauben, schon gar keine, die juristisch korrekt wäre. In dem Film Brothers lässt die Regisseurin Susanne Bier zwei dänische Soldaten in Afghanistan eine Situation erleben, in der beide durch Taliban mit dem Tod bedroht werden. Dann wird der eine vor die Entscheidung gestellt, seinen befreundeten Kollegen zu erschlagen, um sich zu retten und zu leben. Oder mit ihm zu sterben. Er schreit. Seine Verzweiflung ist unermesslich. Dann erschlägt er den anderen.

Revolution, KZ und Weltbevölkerung, die Menschen haben offensichtlich kein Talent zum guten Leben. »When you talk about destruction, you can count me out.« (Lennon / McCartney, Revolution)

Es ist ein schönes Haus, vor dem wir halten, denn es wird von einem Garten umgeben. Pflanzen verschönern sofort alles. Der Tag heute ist trüb, die Sonne weg. Das Grün der Bäume feucht und irgendwie düster und dunkler als sonst. Den roten Pigmenten des Bodens scheint die Leuchtkraft entzogen zu sein.

Wir steigen vor dem »Transit Center BVES« Bukavu aus. Einer Einrichtung für demobilisierte Kindersoldaten. Demobilisierung heißt in diesem Zusammenhang Entwaffnung. Die Kinder geben ihre Gewehre ab, beziehungsweise man gibt einfach die Kinder ab und behält die Waffen. Mit »man« sind hier vor allem die sogenannten Rebellen gemeint, Männer, deren Gewerbe der Krieg und das Morden ist.

Die Kinder, die Soldaten waren, müssen alles abgeben, das ihnen nicht gehört. Und ihnen gehört nichts. Sie haben kein Eigentum. Kindersoldaten besitzen nichts, außer ihrer Erinnerung, und die ist getrübt von den vielen Drogen, die sie erhielten. Sie wurden abgegeben vor diesem Haus. Zumeist nackt.

Die Einrichtung kümmert sich um die Kinder, die übrigens nicht nur Jungen sind, wie man annehmen könnte, nach der Demobilisierung. Derzeit sind 33 Kinder hier untergebracht. Sie erhalten hier Essen, Kleidung, medizinische und psychologische Versorgung, einen Schlafplatz, Gemeinschaft, Bildung. Vor allem wird versucht, sie wieder in die Gesellschaft zu integrieren, sie zu resozialisieren und ihre Eltern zu finden, zu erfahren, aus welchen Dörfern sie ursprünglich stammten und ob es dort noch Verwandte oder Bekannte gibt, zu denen sie zurückkehren könnten. Manchmal wissen die Kinder nicht, wie ihre Eltern heißen oder wie das Dorf heißt, aus dem sie kommen, da sie zu jung waren, manchmal nur acht Jahre alt, als man sie von dort entführte, um sie zu Kindersoldaten zu machen. Sie kommen aus verschiedenen Regionen des Landes. Sie möglichst weit von ihren Familien zu entfernen war Strategie.

2002 wurde das Transit Center BVES mit Unterstützung von UNICEF gegründet. Seitdem, also in knapp vier Jahren, wurden 1030 Kinder auf ihren Weg ins zivile Leben vorbereitet. 915 Jungen, 115 Mädchen im Alter zwischen acht und siebzehn Jahren. Sie sind bis zu sechs Jahre lang mit bewaffneten Truppen unterwegs gewesen und mit Atemwegserkrankungen, Haut- und Geschlechtskrankheiten zurückgekehrt; manche sind HIV-positiv, die Mädchen häufig schwanger.

Sie bleiben mindestens drei Monate hier. In der Zeit versuchen Mitarbeiter in Kooperation mit lokalen Kinderschutzgruppen die Familien zu finden. Das Auto dafür wurde von den Internationalen gestellt. Die Erfolgsquote ist hoch! 89 Prozent der ehemaligen Kindersoldaten kehren zurück in ihre Dörfer, zu ihren Familien, um dort ihr Leben neu zu beginnen.

Hinter dem Haus befindet sich ein Garten mit Gemüsebeeten, auf dem Rasen dahinter stehen zwei Hütten aus rauem gelbem Holz, in denen einige Bankreihen mit schmalen Tischen stehen, aus demselben Holz gezimmert wie die Hütte selbst. Vor den Bänken eine Tafel, der Boden ist aus Gras. Es sind zwei schöne, freundliche, nach Holz riechende Klassenräume, die die Schüler gemeinsam mit ihren Betreuern selbst gebaut haben. Eine Tür gibt es nicht, nur einen Eintritt und statt eines Fensters eine Öffnung in der Wand, es wurde an alles gedacht.

Der Unterricht läuft. Hier wird gerade ›Dessin au choix‹, Zeichnen nach eigener Vorstellung, unterrichtet. Im nächsten Klassenraum gibt es Geschichtsunterricht. L'histoire. Ich nehme nacheinander an beiden Unterrichtsstunden teil; erst zögerlich, doch die Kinder sind einverstanden, und so quetsche ich mich schließlich auf die Bank neben einen Jungen und schaue, was hier so gezeichnet wird.

Vor ihm liegt ein DIN-A5-Blatt, er hat einen Kugelschreiber in der Hand und zeichnet langsam und gekonnt eine Kalaschnikow auf sein Papier. Als er damit fertig ist, streicht er sie durch und malt, etwas ungelenker, eine Blume daneben. Ich versuche auf die anderen Zeichenblätter zu schielen und sehe bei vielen dasselbe Motiv. Die freie Wahl, au choix, lässt sie Gewehre malen, das ist, was sie kennen, ein vertrautes Requisit, das nun aus ihrem Leben gestrichen ist. Sie sind demobilisiert worden. Vielleicht muss man nur genug gezeichnete Kalaschnikows durchstreichen, um sie überwinden zu können. Andererseits weiß ich nicht, ob sie froh sind, dass es vorbei ist, oder ob sie hier im Center neu gelernt haben, dass Kalaschnikow böse ist und durchgestrichen werden muss.

Ich erhalte auch ein Blatt und biete einfach mal eine Sonne an, die ja heute, wie erwähnt, nicht scheint. Ich streiche sie nicht durch, und ich muss sagen, es ist beruhigend, eine Sonne zu malen, ich sollte häufiger Sonnen malen.

Meine Mitschüler schauen rüber. Sie haben die Sonne erkannt, ah, gute Idee, mach ich auch. Es wird kopiert. Sonnen entstehen überall neben den durchgestrichenen Kalaschnikows, wir schauen uns an und grinsen.

Ich schleiche mich in das Nachbarklassenzimmer, zum Geschichtsunterricht. Welcher Teil der Geschichtskunde wird unterrichtet? Die Geschichte Afrikas? Die Kolonialgeschichte des Kongos? Was seit der

Unabhängigkeit im Jahr 1960 so passierte? Mobutus 37-jährige Tyrannenherrschaft? Und dann: Kabila Vater, Kabila Sohn? L'histoire eben.

Ich täusche mich gewaltig, denn dies ist kein Geschichtsunterricht, wie wir ihn kennen, in dem über Geschichte gelehrt wird – hier werden Geschichten erzählt. Vor der Tafel steht ein kleiner Junge in kurzen Hosen und T-Shirt und beginnt gerade mit seiner Geschichte. Es geht um einen alten Mann und einen kleinen Jungen. Sind sie Fischer? Alle hören gespannt zu. Die Geschichte, scheint mir, fällt ihm in dem Moment ein, in dem er sie erzählt, oder vielleicht hat er sie von seinem Vater oder seiner Mutter erzählt bekommen, als er klein und noch zu Hause war. Jetzt kommt er richtig in Fahrt, die Klasse lacht, er ist ein Entertainer und zieht alle in seinen Bann, es ist eine One-Boy-Show. Nun beginnt er zu klatschen, und seine Worte werden zu Gesang, zügig klatschen und singen alle mit. Vielleicht ist es ein bekanntes Lied, vielleicht eine Improvisation, der die Mitschüler folgen, keine Ahnung. Hier tobt der Bär, und die Geschichte kommt zu ihrem dramatischen Ende. Es gibt Applaus und begeisterte Anerkennung. Kurz danach ist der Unterricht aus. Schule kann Spaß machen.

Ich verlasse die Schule und gehe zum Haupthaus zurück; davor sitzen Jungs, die ernster, vielleicht auch finsterer in die Welt und auf uns schauen. Sie spielen ein Spiel wie Dame oder Mühle, ein Brettspiel jedenfalls, auf Karton gemalt, mit Kronkorken, die zur Unterscheidung einmal so herum und einmal andersherum aufgestellt sind.

Von den Mitarbeitern des BVES, was übrigens »Bureau pour le Volontariat au Service de L'Enfance et de la Santé« heißt – ein komplizierterer Name war damals nicht zu finden –, erfahre ich, dass die brettspielenden Jungen 16 Jahre alt sind.

»Niemals«, sage ich, »sie sind doch viel zu klein für das Alter.«

»Sie haben in der Zeit ihres Heranwachsens Gewehre und schweres Gepäck tragen müssen«, ist die Antwort, »sie sind schlecht ernährt worden und standen oftmals unter Schock und Stress, erlitten Traumata. Darauf reagierte der Körper und hat das Wachstum eingestellt.«

Viele Jahre später habe ich bei meinem Kumpel Lama, der mit 15 aus Gambia zu Fuß losging durch die Sahara, nach Libyen, Algerien und schließlich Marokko, wo er in Melilla den grausamen Zaun überwand und kurz vor seinem 18. Geburtstag in Berlin eintraf, dasselbe gesehen. Zu seinem Kummer ist er ebenfalls nicht besonders groß gewachsen. Ein Arzt in Berlin hat ein Röntgenbild gemacht, in dem sichtbar wurde, dass sich am Ansatz seiner Rippen die Knochen verhärtet hatten.

Dann bekommen Claudia und ich von Betreuern und Jugendlichen die Erlaubnis, mit einigen der Jungs einzeln zu sprechen. Sie erzählen uns von ihrer Zeit als Kindersoldaten.

Isaac zum Beispiel ist 15 und sagt, dass er der Arzt der Truppe war, weil er die Blätter kannte, die unverwundbar machen. Er war zehn Jahre alt, als er ein »Kadogo« wurde und lernte, wie man mit einem Gewehr umgeht, es auseinandernimmt, zusammenbaut und damit schießt. »Kadogos« heißen die ganz kleinen Kinder, die die Vorgruppen der militanten Gruppierung bilden. Wenn jemand aus seiner Truppe getötet wurde, dann musste man Rache nehmen, erzählt er, und sie nicht nur töten, sondern in Stücke reißen und diese im Wald verteilen. Nachts schlief er in einem Biwak aus Blättern, deren Rauch er einatmete, um unverwundbar zu werden. Er hat viele Menschen verwundet und getötet. »Ich weiß nicht, wie viele.« Dass er immer Albträume hatte, fand er normal, weil man von den Menschen träumen muss, die man getötet hat. Seine Angst war, von den Feinden in der Nacht in seinem Biwak angezündet zu werden. Zu seinem Vater kann er nicht zurück (seine Mutter ist inzwischen gestorben), da in der Gegend noch immer gekämpft wird und er sofort wieder rekrutiert werden würde. Er möchte ein Auto haben und Fahrer werden.

Oder Espoir, er ist 17 und hat zwei Jahre für die »Mudundu 40« gekämpft. Er spielte gerade mit seinen Freunden Fußball, als sie von einer Rebellengruppe entführt wurden. Sie wurden trainiert und lernten, mit einem Gewehr umzugehen. Als er von dort floh, wurde er von einer anderen Gruppe rekrutiert. Sein Freund starb an Unterernährung, kurz bevor sie demobilisiert wurden. Er möchte Mechaniker werden.

Und Kangela ist 16 und war fünf Jahre Kindersoldat. Sein Onkel, an dem er sehr hing, wurde von den Maï-Maï getötet. Er schloss sich freiwillig den Maï-Maï an, um dem Mörder seines Onkels zu begegnen und ihn zu rächen. Er zeigt uns seinen kaputten Unterschenkel, der von Gewehrkugeln durchschossen wurde und auf dem großflächig alte, schlecht verheilte Narben zu sehen sind. Seine Aufgaben waren: Wasser holen, kochen, kämpfen und das Herstellen von Medizin: »J'était un Docteur«, sagt er fröhlich und erklärt uns die komplizierten Rituale, die für besondere Medikamentenherstellung nötig waren. Wie beispielsweise nachts mit einem Kanister allein in den Wald zu gehen, um auf Blättern abgesetztes Wasser einzusammeln, wobei man sich auf keinen Fall umdrehen durfte, sonst wäre man auf der Stelle tot umgefallen. Um Mitternacht musste er das gesammelte Wasser über den Körper schütten, unbedingt unbeobachtet. Dann erhielt man Riesenkräfte und konnte im Kampf nicht mehr sterben.

Als er schließlich tatsächlich dem Mörder seines Onkels gegenüberstand, tötete er ihn nicht, weil er erkannte, dass das nicht richtig war, er hatte ihm ins Auge geblickt, und das genügte ihm. Er möchte nun zu seiner Familie und seinen sechs Geschwistern zurückkehren und ihnen auf dem Feld helfen.

Nach den Gesprächen versammeln wir uns alle vor dem Haus, denn die Mädchen und Jungen haben uns in der Vorbereitung auf unseren Besuch einen Brief geschrieben, den sie nun gern verlesen möchten. Ich habe ihn seitdem aufbewahrt, hier ist er.

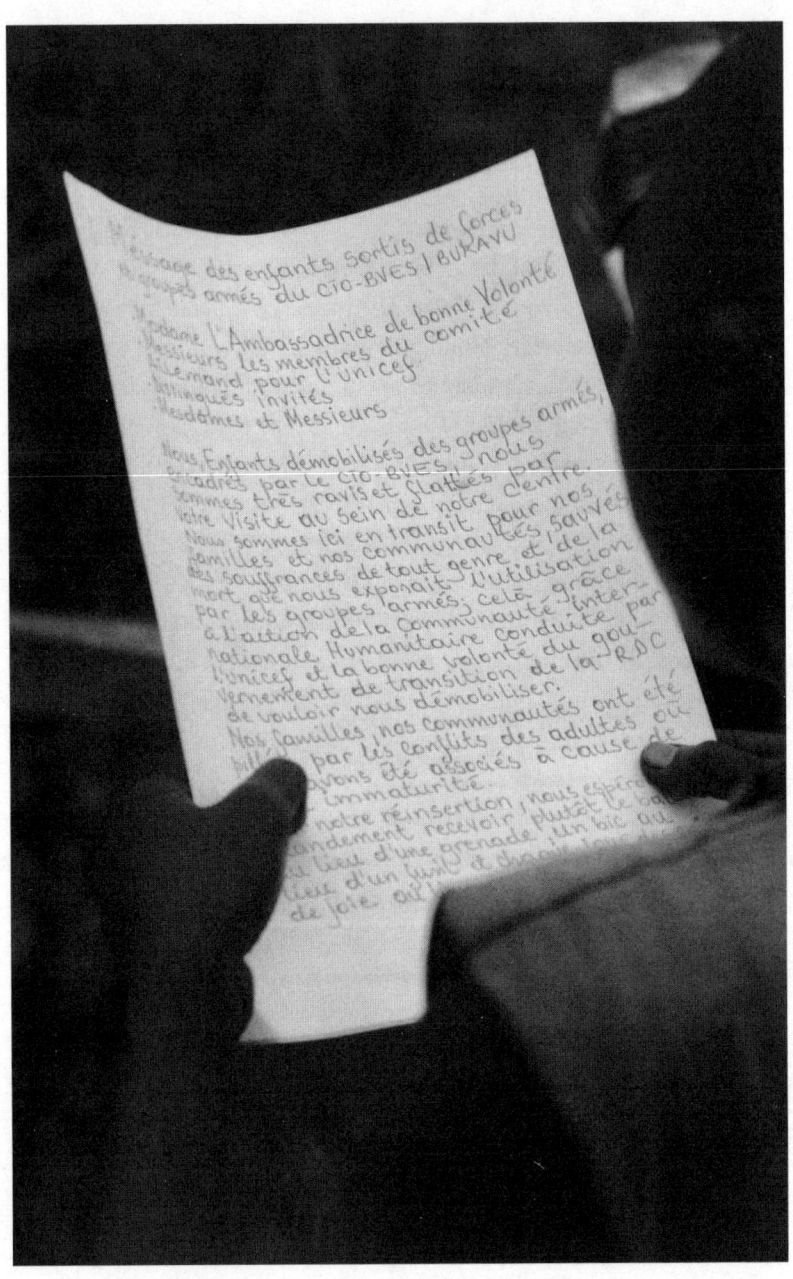

Der Brief der Kinder.

Bukavu, 4. Mai 2006.
Nachricht der Kinder, die die Streitkräfte und die bewaffneten Gruppen verlassen haben, die Kinder des CTO-BVES in Bukavu.
Frau Botschafterin, die Herren Mitglieder von UNICEF Deutschland, geschätzte Gäste, Damen und Herren.

Wir, die demobilisierten Kinder der bewaffneten Streitkräfte, betreut von der CTO-BVES sind glücklich und geehrt von Ihrem Besuch in unserem Zentrum. Wir sind hier, auf dem Weg zu unseren Familien und Gemeinschaften, nachdem wir von jeglicher Art Leid gerettet wurden und vor dem möglichen Tod, der uns durch die bewaffneten Milizen bevorgestanden hätte. Doch dank des Einsatzes der internationalen humanitären Organisationen, ausgeführt von Unicef, wie auch der Unterstützung der Übergangsregierung der Demokratischen Republik Kongo wurden wir demobilisiert.

Unsere Familien und Dörfer sind wegen der Konflikte der Erwachsenen geplündert worden.
Für unsere Resozialisierung hoffen wir, dass wir einen Luftballon statt einer Granate, einen Kugelschreiber statt eines Gewehrs erhalten und jeden Tag Freudenschreie statt Explosionen und Gewehrfeuer hören werden.
Madame, unsere Botschafterin, wir bitten Sie, bei all Ihren Bemühungen, Menschen zu sensibilisieren, niemals das Schicksal der Kinder des Kongos zu vergessen, denen der Krieg die Lebensfreude geraubt hat:

Die Kindersoldaten, die Straßenkinder, die missbrauchten Mädchen, die AIDS-Waisen, die verlassenen und unbegleiteten Kinder, die der Hexerei beschuldigten Kinder, die Kinder auf der Flucht, die Waisen des Krieges. ...

Abblende

Ende. Das Licht blendet aus, der Abspann beginnt, das Saallicht wird eingeschaltet, und manche Menschen stehen auf und verlassen zügig den Kinosaal, andere schauen während des Verlassens ihrem Schattenspiel auf der Leinwand zu, das wiederum anderen die Sicht auf die Credits nimmt. Manche sitzen noch und küssen sich oder flüstern, putzen sich berührt die Nase oder trinken den letzten Schluck Wasser, schauen nach vorn, ohne was zu sehen. Man schaltet das Mobiltelefon ein und ist ratlos oder gesprächig.

Wir gehen nach Hause. Allein oder zu zweit oder als Familie. Die Geschichte ist zu Ende. Die Geschichten, die ich erzählte, sind keine Märchen oder Fictionfilme. Man kann abblenden, das ist wahr, aber alles ist dennoch in seiner Gleichzeitigkeit existent. Jetzt. Und in jedem Moment. Was weiß man schon, und will man was wissen. Etwas Sicheres gibt es nicht, nur eins ist sicher: Wir werden älter auf dem Weg zum Tod, es sei denn, wir sterben jung.

Nachwort
von Harald Welzer

Beim Lesen von Katja Riemanns Buch fiel mir ein Wort ein, von dem ich mir dann aber nicht mehr sicher war, ob es das überhaupt gibt. Das Wort lautet »herzensklug«, und ich meine, es mal in der Süddeutschen Zeitung als eine Roger Willemsen zugeschriebene Eigenschaft gelesen zu haben. Aber dieses eigentümliche Wort gibt schon mal einen Super-Punkt: denn Google kennt dieses Wort nicht, und da es praktisch nichts gibt, was diese fiese Company nicht schon vereinnahmt hat, müssen wir es in jedem Fall für die Guten reservieren. Herzensklug.

Mir scheint, dass die Geschichten und Widerfahrnisse, die Katja Riemann in ihrem Reisebuch erzählt, exakt dies auch als eine ihrer Eigenschaften deutlich werden lassen: dass sie nicht nur ein großes Maß an Mut und Engagement erkennen lässt, auch und gerade dort, wo sie mit dem Schicksal von Menschen konfrontiert ist, was wir im Alltag so routiniert abblenden. Und da ihre Reisen für UNICEF nun schon fast zwei Jahrzehnte umfassen, konfrontiert Katja Riemann uns, die Leserinnen und Leser, mit den Kinderschicksalen im Post-Ceausescu-Rumänien genauso wie mit den Frauenschicksalen im Kongo und mit Kindersoldatenschicksalen und Menschenhandelsschicksalen. Aber was das Außergewöhnliche dabei ist: In ihren Schilderungen treten uns alle diese Menschen, die wir gerne im Modus des Opfers betrachten, als eigenständige, würdige, einzigartige Menschen entgegen, so dass schon diese Art, ihre Erlebnisse zu beschreiben, immer im Sinne derjenigen beschrieben ist, die hier, im Leben der Autorin, im Geist der Leserin und des Leser, tatsächlich vorkommen, existieren, ein Leben haben und ein Leben leben. Eines das erheblich schwieriger ist, als das Leben, das ich zum Beispiel bislang leben durfte.

Aber Riemann gestattet sich in keinem Augenblick die Herablassung des Mitleids, sondern zieht aus der punktgenauen Konfrontation ihrer selbst mit all diesen Anderen Erkenntnis und Anerkennung zugleich. Und das führt sie immer wieder zu der entscheidenden und alles andere als naiven Frage: Wie kann das bitte sein? Wie kann es heute noch, über 70 Jahre nach der Verkündung der Allgemeinen Erklärung der Menschenrechte, die brutale Entrechtung, Verstümmelung, Vergewaltigung, Versklavung von Menschen geben, die sich außer ihrem persönlichen Pech, an einem schlimmen Ort zu schlimmer Zeit geboren zu sein, nichts von dem zuzurechnen haben, womit und wogegen sie zu leben haben.

Es gibt zwei literarische Handgriffe, mit denen Riemann bei aller Empathie und praktischer Teilnahme jene Distanz ermöglicht, die es ihr erlaubt, ihre Leute nie in die Objektrolle der passiv Erleidenden rutschen zu lassen: das ist zum einen dieses unablässige Fragen, wie das sein kann, warum das so ist, obwohl es doch leicht anders sein könnte, und wie es uns allen normalerweise so prächtig gelingt, über all das hinwegzusehen, damit wir davon unbehelligt die wunderbaren Segnungen unseres Reichtums, unserer Freiheit, unserer Versorgung, unseres Rechtsstaats konsumieren können. An einer Stelle schreibt sie: »In der Bundesrepublik Deutschland gibt es Einrichtungen, Bedingungen und ein Grundgesetz, deren Existenz so selbstverständlich scheint, dass wir die Werte, die damit einhergehen, manchmal aus dem Bewusstsein verlieren. Und mit wir meine ich in diesem Falle mich. Wie oft schaute ich mir Projekte in der Welt an und dachte: Wow, das ist ja eine gute Idee oder Maßnahme, warum haben wir das nicht?! Um erst verspätet zu realisieren, dass wir derlei Einrichtungen schon lange haben, ich mich damit nur nicht beschäftigt hatte. Weil die Demokratie, Freiheit, Sicherheit und der Frieden, der mehr als die Abwesenheit von Krieg ist, weil die noch immer frei verfügbare Bildung, die staatlichen Versicherungen, die Renten und das Arbeitslosengeld uns so selbstverständlich geworden sind, dass wir deren Errungenschaft nicht mehr in unserem täglichen Leben realisieren. Demokratie hat keine Garantie, sie kann schneller verschwinden, als man es sich vorzustellen vermag. Demokratie gibt es nur, wenn alle respektvoll mitmachen.« Das ist der eine Handgriff: In der Beschreibung des Lebens der Anderen die scheinbaren Selbstverständlichkeiten der eigenen Existenz als ganz und gar nicht selbstverständlich erfahrbar zu machen.

Der andere sind ihre manchmal sehr schnoddrigen Einschübe, die beim Lesen irritieren und wie von einer zweiten Erzählerin zu kommen scheinen. Genau diese Brechungen sind es, die es dem Leser unmöglich machen, die Geschichten in wohlfeiler Identifikation zu goutieren, ach Gott nun aber auch, schrecklich, schrecklich, was diesen armen Menschen so geschieht... Da tritt die Schauspielerei als Erkenntnismedium mit auf, und zum Teil kann man sich gerade über diese Passagen kaputtlachen, gerade weil man nie rauskriegen wird, wie das mit dem Ökokneteauto wohl gemeint ist. Anyway: Günther Anders hat mal formuliert, dass die Beschreibung des Schicksals eines Einzelnen mehr über das der Millionen sagen kann, als die Beschreibung des Schicksals der Millionen über das eines Einzelnen. Übrigens hat er das 1979 zur Fernsehserie »Holocaust« gesagt, die im deutschen Qualitätsfeuilleton zu einer erregten Diskussion führte, ob es legitim sei, das Grauen der Vernichtung in diesem Modus darzustellen. Dieselbe Debatte gab es dann noch einmal beim Erscheinen von »Schindlers Liste«, wo Feuilleton und Geisteswissenschaft wiederum mehrheitlich der Position von Claude Lanzman folgte und einmal mehr mitteilte, dass das Grauen eben nicht darstellbar sei, weshalb sich folgerichtig ergab, dass Spielberg es eben auch nicht darstellen könne.

Aber das ist eigentlich ein Plädoyer dafür, seiner Kunst nicht vertrauen zu dürfen, aus Angst, sie könne in den Augen strenger Geschichtstheoretiker oder Kulturredakteure irgendwie ganz grundsätzlich unzulässig, weil unangemessen sein. Das ist sie natürlich immer, aber haben Raul Hilberg, Susan Sontag oder Roger Willemsen das Angemessenheitsregelbuch konsultiert, wenn sie sich dem zu nähern versucht haben, worüber gesprochen werden musste? Denn dass gesprochen werden muss über das, was Menschen angetan wird, das steht ja wohl außer Frage.

Sonst gäbe es die Allgemeine Erklärung der Menschenrechte nicht und auch nicht die immer wieder zu stellende Frage, warum sie denn noch nicht überall in Geltung ist. Sie, diese Erklärung, ist eben auch nur eine Geschichte darüber, wie es sein sollte. Katja Riemann erzählt ihre Geschichten, weil sie anders sein sollten. Eigentlich. Und zum Glück kommen ja auch viele Leute vor, die dafür sorgen, dass sie hier und da tatsächlich anders werden. Auch deshalb ist dies ein unbedingt lesenswertes Buch, klug und auf sehr überlegte Weise emotional. Herzensklug. Und noch mal: Dieses Wort kriegt Google nicht. Das Leben, und davon handelt dieses Buch, gehört einfach nicht in die Hände der falschen Leute.

Dank

Ich danke ...

Insa Wilke, die meinen Text an S. Fischer gab und zu mir sagte: ich bin stolz auf dich.

Nina Sillem, die dieses Buchprojekt erfand und ermöglichte.

Oliver Vogel, meinem einzigartigen Lektor, der mich beflügelte und mir Selbstvertrauen gab.

Ertugrul Eren, meinem Agenten, der mich klug berät und auch in emotionalen Phasen erträgt.

Selma Nielsen, meiner Agentin, die zuverlässig und liebevoll mein ganzes Leben organisiert.

Nadine Schori, für ihre Liebe und loyale Freundschaft und dass sie als Erste gelesen hat.

Christian Dunker, mit dem alles begann.

Claudia Berger von Unicef, meiner Reisepartnerin, von der ich soviel gelernt habe.

Markus Dankyi Beeko, dem Generalsekretär von amnesty international Deutschland, der immer an das Projekt glaubte und mich mit Informationen versorgte.

Mathias Bothor für die Reise in den Libanon und die unvergleichlichen Fotos.

Harald Welzer für sein Denken und Reden, sein Nachwort und seine Freundschaft.

Lama, dass er mir seine Geschichte erzählte, auch wenn sie nicht ihren Weg in dieses Buch fand.

Paula Riemann, dass sie mit mir reiste und sich künstlerisch inspirieren ließ von menschenrechtlicher Arbeit. Sie ist der Grund, dass mein Leben Bedeutung hat.

Ich danke Christian Schneider, Reinhard Schlagintweit, dem deutschen Unicef Natcom in Köln, den Unicef-Natcoms von Rumänien, Moldawien, Senegal, Kongo, Burundi, Burkina Faso, Südafrika; Marianne Raven, dem deutschen, nepalesischen und sri-lankischen Team von Plan International; dem deutschen Team von Amnesty International; dem Team der Offenen Gesellschaft; Stefan Exo-Kreischer von ONE; Michael Rahlfeld und seinem Team der CRF; Heddin Halldorsson und seinem Team.

Ich danke den Menschenrechtsaktivisten...
Molly Melching
Johannes Wedenig
Marguerite Birankitse
Katrin Rohde
Fadumo Korn

... als auch allen anderen Humanitarians, denen ich auf den Reisen und im Feld begegnete, und jedem Menschen, mit dem ich währenddessen ein bisschen Lebenszeit verbringen durfte.
I hope you all live well.

Links

UNICEF, Deutschland: http://www.unicef.de

Plan International, Deutschland: https://www.plan.de/

Amnesty International, Deutschland: https://www.amnesty.de/

Tostan, Senegal: https://www.tostan.org/

Maison Shalom, Burundi und Ruanda: https://www.maisonshalom.org/

Aegis Trust, Ruanda: https://www.aegistrust.org/

AMPO, Burkina Faso: https://www.sahel.de/ampo/entstehung

Children's Radio Foundation, Südafrika: https://www.childrensradio
foundation.org/

Freed Kamalari Development Forum, Nepal: http://www.nepalyouth
foundation.org/programs/freed-kamlari-development-forum/

Oslo Freedom Forum, Norwegen: https://oslofreedomforum.com/
speakers/

The World's Children's Prize, Schweden: https://worldschildrensprize.
org/

Heim für demobilisierte Kindersoldaten, Kongo: http://www.bves-rdc.org/
Presentation.htm

Jeunialissime, Kongo: https://twitter.com/jeunialissime

https://voice.global/grantees/jeuniafrica-lgbtiq-youth-radio-in-the-drc/

If productions, Niederlande: https://ifproductions.nl/

Mobile Cinema Foundation, Niederlande: http://mobilecinema
foundation.com/website/

WASH/UNHCR: https://www.unhcr.org/lb/water-sanitation-and-
hygiene

Himaya, Libanon: https://www.facebook.com/himayaleb/

jugend rettet, Deutschland: https://jugendrettet.org/de/

SOS Mediterranée, Deutschland: https://sosmediterranee.de/

Médecins sans frontières, MSF: https://www.msf.org/

Die offene Gesellschaft, Deutschland: https://www.die-offene-gesellschaft.
de/
Farben bekennen, Deutschland: https://farbenbekennen.de
Nala e. V., Deutschland: https://www.nala-fgm.de/

Ab dem 1.4.2020 sind unter der Adresse www.hundertvierzehn.de
Fotos von allen Reisen zu sehen.